वैश्विक युग का भारत

आर्थिक सुधार और समावेशी विकास का आधार

वैश्विक युग का भारत

आर्थिक सुधार और समावेशी विकास का आधार

डॉ. वंदना डांगी

पुस्तक में दिए गए आँकड़े विश्वस्त स्रोतों से प्राप्त किए गए हैं और उनके विश्लेषण द्वारा की गई विवेचना लेखिका की व्यक्तिगत राय है। लेखिका अपने सभी पाठकों को सचेत करती है कि वे किसी भी प्रकार के वित्तीय कारोबार या निवेश आदि से संबंधित निर्णय लेने से पूर्व सभी जरूरी तथ्यों, आँकड़ों और अन्य जानकारी को स्वयं जाँच-परख लें तथा अपने विवेक का इस्तेमाल करते हुए अपनी जिम्मेदारी पर कार्य करें। इस पुस्तक में प्रकाशित सभी लेख एक समय-बिंदु या काल में समसामयिक परिस्थितियों, घोषणाओं, तथ्यों और विवेचनाओं आदि के परिप्रेक्ष्य में लिखे गए हैं, जो वक्त के साथ बदल सकते हैं।

प्रकाशक

प्रभात पेपरबैक्स

4/19 आसफ अली रोड, नई दिल्ली-110002

फोन : 23289777 • हेल्पलाइन नं. : 7827007777

इ-मेल : prabhatbooks@gmail.com ❖ वेब ठिकाना : www.prabhatbooks.com

संस्करण

प्रथम, 2018

मूल्य

चार सौ रुपए

अ.मा.पु.स. 978-93-5266-953-0

मुद्रक

आर-टेक ऑफसेट प्रिंटर्स, दिल्ली

VAISHVIK YUG KA BHARAT
Aarthik Sudhar aur Samaveshi Vikas ka Aadhar
by Dr. Vandna Dangi

Published by **PRABHAT PAPERBACKS**
4/19 Asaf Ali Road, New Delhi-110002

ISBN 978-93-5266-953-0

₹400.00

श्री गुरुदेव के चरणों में
समर्पित

एक सराहनीय प्रयास

'हमारा महानगर' और वंदना डांगी का साथ लगभग एक दशक पुराना हो गया है। आर्थिक क्रिया-कलापों का वर्णन, मूल्यांकन और समाधान सुझानेवाला उनका कॉलम जो हर शुक्रवार 'हमारा महानगर' व्यापार पृष्ठ पर छपता है, आज तीसरी पुस्तक के रूप में आपके सामने है। यह बड़े ही आनंद का विषय है। इसके लिए बतौर संपादक मैं श्रीमती डांगी को हार्दिक बधाई देता हूँ। उन्होंने अपनी खास शैली में गूढ़ आर्थिक मुद्दों का विश्लेषण और चर्चा का जो कार्य अपने स्तंभ के मारफत करने का बीड़ा उठाया है, वह तमाम आमोखास लोगों को सप्ताह-दर-सप्ताह गूढ़ आर्थिक मुद्दों और विभिन्न मुद्दों पर देश की हालत और सरकार के रुख से रू-ब-रू कराता है। जानकार बनाता है। ऐसा पुनीत कार्य पूरे मनोयोग से सतत् करना और वह भी कभी भी, तय समय-सीमा का उल्लंघन न करते हुए अपने आप में बड़ी बात है। इनका यह कार्य इसी तरह जारी रहे और समय-समय पर पुस्तक के रूप में अतीत की स्मृति के लिए और भावी पीढ़ी के मार्गदर्शन के लिए संकलित होता रहे, यही कामना।

—विधायक आर.एन. सिंह

संपादक 'हमारा महानगर'

कार्य की निरंतरता चिरंतन हो

समसामयिक, दुरूह और जटिल आर्थिक मुद्दों का सिंहावलोकन कर, उसकी बारीक और तार्किक जाँच-परख कर सप्ताह-दर-सप्ताह 'हमारा महानगर' के व्यापार पृष्ठ पर छपनेवाला स्तंभ आज तीसरी पुस्तक के रूप में आपके समक्ष है। इसके पूर्व 111 स्तंभों की पहली और 113 स्तंभों की दूसरी पुस्तक आपके समक्ष आ चुकी है। 156 स्तंभों की तीसरी पुस्तक उस कड़ी को आगे बढ़ा रही है। यह गर्व और आनंद का विषय है, पाठक, स्तंभकार और संपादक, तीनों के लिए। कारण इतने दिन तक लिखना और लिखवाना आसान नहीं होता। साथ ही, लंबे समय तक पाठकों को बाँधना तो और मुश्किल होता है, परंतु वंदनाजी का उत्साह, उनकी समय परायणता और जटिल आर्थिक मुद्दों, समस्याओं और चुनौतियों को आमजन को समझ में आनेवाली भाषा-शैली, इसे साकार कर सकी और कर रही है। इसके लिए वे निःसंदेह साधुवाद और सराहना की पात्र हैं। समस्या का विश्लेषण हर कोई करता है, पर सुझाव और समाधान से कतराता है। श्रीमती डांगी यह कार्य भी पूरे कर्तव्य भावना से करती हैं, परिणामतः यह स्तंभ और रोचक हो जाता है। नित नवीन विषय (अर्थ जगत् के) और उसकी व्याख्या, गुण, दोष, निरूपण और समाधान के सुझाव की यह यात्रा सप्ताह-दर-सप्ताह चलती रहे, यही कामना। पुस्तक स्वयं में एक इतिहास भी है और ज्ञान का भंडार भी। अतीत के इन मुद्दों, घटनाओं, नियमों को समझने में विज्ञ पाठक और शोधार्थी, दोनों के लिए अत्यंत सहायक है। साथ ही, भावी पीढ़ी और नीति निर्धारकों के लिए अच्छा संदर्भ ग्रंथ है। इस कार्य के लिए मैं श्रीमती डांगी को कोटिशः बधाई देता हूँ और इस कार्य की निरंतरता चिरंतन हो, सतत् जारी रहे और इन पुस्तकों यह शृंखला 3 से 33 तक पहुँचे, यही कामना।

अनंत शुभकामनाओं सहित

मुंबई, 3 मार्च, 2018

—राघवेंद्रनाथ द्विवेदी

कार्यकारी संपादक 'हमारा महानगर'

आमुख

पिछले कुछ वर्षों में भारतीय अर्थव्यवस्था का संरचनात्मक स्वरूप बहुत तेजी से बदला। फिर चाहे नोटबंदी जैसा अप्रत्याशित फैसला हो या फिर जी.एस.टी. जैसे बहु–प्रतीक्षित बदलाव को आखिरकार लागू करने का साहस, मौजूदा सरकार ने एक के बाद एक ऐसे अनेक निर्णय लिए जिससे वैश्विक स्तर पर भारतीय अर्थव्यवस्था को एक गतिमान, आधुनिक और तकनीकी तौर पर सक्षम अर्थव्यवस्था के रूप में स्थापित करने में सफलता मिली है।

कुछ फैसले ऐतिहासिक होते हैं जो किसी भी देश, समाज या व्यवस्था में आज, बीते हुए कल और आगे आनेवाले कल के बीच की कड़ी बन जाते हैं, जिससे बदलाव की दिशा और स्वरूप निर्धारित होते हैं। भारत में 'आधार' को सभी सरकारी अनुदान योजनाओं के तहत डायरेक्ट कैश ट्रांसफर के लिए जरूरी बनाना ऐसा ही एक निर्णय रहा, जिसे भी विश्व भर में काफी सराहा गया। नोटबंदी के जरिए देश के करोड़ों नागरिकों को बैंक के दरवाजे तक पहुँचना ओर जनधन खातों के माध्यम से बैंकिंग सेवाओं को आम लोगों की पहुँच तक ले जाना, यह भी एक ऐसा कदम रहा, जिससे बड़े पैमाने पर लोगों में बैंक अकाउंट की उपादेयता और डिजिटल बैंक सेवाओं के प्रति समझ और उपलब्धता बढ़ी।

भारत जैसे एक युवा देश में नौजवानों को आधुनिक तकनीक के इस्तेमाल से रू-ब–रू कराना, उनमें दक्षता का विकास करना और नौकरियों के पर्याप्त अवसर उपलब्ध कराना वाकई एक बड़ी चुनौती है। आर्थिक सुधारों की एक झड़ी–सी देश में लगी, जहाँ भारत में 'मेक इन इंडिया' कैंपेन के तहत 'ईज ऑफ डूइंग' बिजनेस बढ़ाने के प्रयोजन से अनेक कदम उठाए गए, जिन्हें भी वैश्विक स्तर पर खासा प्रतिसाद मिला।

भारत में व्यवसाय करना आसान हो इसके, लिए जहाँ एक ओर अनेक अनुपयोगी कानूनों को उखाड़ फेंका गया तो दूसरी ओर कुछ कानूनों में बदलते वक्त की जरूरतों के हिसाब से बदलाव किए गए या फिर नए कानून भी बनाए गए। ऐसा ही एक कानून

रहा, इंसोलवेंसी एंड बैंकरप्टसी एक्ट 2016, जिसके तहत दिवालिएपन के कगार पर खड़ी कंपनियों को समयबद्ध और पारदर्शी तरीके से दिवालिएपन से बाहर निकलने के विकल्प ढूँढ़ने और चुनने का मौका मिला।

वहीं दूसरी ओर, बैंकों में खराब ऋणों की समस्या बद से बदतर होते जाने पर बैंकों के पुनः पूँजीकरण का विकल्प तलाशा गया। हालाँकि जिस प्रकार एक के बाद एक जान-बूझकर डिफॉल्ट करनेवाले विलफुल डिफॉल्टर्स की फेहरिस्त बढ़ती गई तो आर्थिक अपराध करनेवालों और देश छोड़कर भाग जानेवाले भगोड़ों को पकड़कर बकाया रकम की त्वरित वसूली के लिए मौजूदा कानूनों में बदलाव या फिर कड़े कानून बनाने की आवश्यकता भी महसूस की गई।

भारत की अर्थव्यवस्था को मजबूती प्रदान करने के लिए समाज के सबसे गरीब, पिछड़े और अविकसित लोगों या इलाकों को विकास की मुख्यधारा से जोड़ने के लिए अनेक सामाजिक, आर्थिक व डायरेक्ट कैश सब्सिडी जैसे प्रोजेक्ट और कैंपेन चलाए गए या फिर योजनाएँ भी क्रियान्वित की गईं। वर्षों से गरीबी और आर्थिक पिछड़ेपन की समस्याओं से जूझ रही भारतीय अर्थव्यवस्था को विश्व की सबसे तेज गति से विकास कर रही अर्थव्यवस्था के रूप में स्थापित करना वाकई यह दर्शाता है कि किस तेजी से भारत में सर्वांगीण विकास करने की दिशा में भरपूर कोशिशें की गईं।

हालाँकि तेजी से विकास करने की आपाधापी में कई फैसलों या फिर उनके क्रियान्वयन में कहीं कोई चूक या परेशानी भी हुई, जिससे लोगों में नाराजगी या असंतोष भी पनपा। दूसरी ओर, इन कमियों के उजागर होने पर उन्हें दूर करने हेतु आवश्यक सुधार भी उतनी ही तत्परता से किए गए, जिससे कहीं-कहीं लोगों में मौजूदा व्यवस्थाओं या नियमों को समझने या फिर उनकी अनुपालना में खासी दिक्कतें भी पेश आईं। विशेष रूप से जी.एस.टी. के तहत पुराने कराधान सिस्टम से नए फ्रेमवर्क में बदलाव की प्रक्रिया काफी जटिल रही और इसके सरलीकरण की प्रक्रिया निरंतर जारी है।

वैश्वीकरण के इस युग में किसी भी देश की अर्थव्यवस्था वैश्विक स्तर पर हो रहे नीतिगत, भू-राजनीतिक तथा आर्थिक बदलावों से भी प्रभावित होती है, जहाँ एक ओर वैश्विक आर्थिक विकास दर में सुधार से भारतीय अर्थव्यवस्था लाभान्वित हुई, वहीं दूसरी ओर ब्रेक्सिट और अमेरिकी संरक्षणवाद जैसी नीतियों ने चुनौतियाँ भी पेश की हैं।

जब सन् 2013 में 'भारतीय अर्थव्यवस्था-बदलते स्वरूप' प्रकाशित हुआ तब भारत के आर्थिक-राजनीतिक पटल पर बदलाव की सुगबुगाहट चहुँ ओर महसूस की जा रही थी। इस पुस्तक में 3 अगस्त, 2010 से 2 नवंबर, 2012 तक के अंतराल में लिखे गए 111 लेखों में भारतीय अर्थव्यवस्था के बदलते रूप की व्याख्या तो की ही गई है, साथ ही वैश्वीकरण के समकालीन युग में यूरोप, चीन, जापान, अमेरिका सहित समूची

वैश्विक अर्थव्यवस्था में आ रहे बदलाव और उसके परिणामस्वरूप भारतीय अर्थव्यवस्था पर पड़नेवाले संभावित प्रभावों की विवेचना भी की गई। यही सिलसिला हाल ही में प्रकाशित 'आर्थिक वातावरण : बदलते आयाम, में भी बरकरार रहा, जिसमें 9 नवंबर, 2012 से लेकर 2 जनवरी, 2015 के दरम्यान लिखे गए 113 लेखों का समावेश है।

भारतीय अर्थव्यवस्था में बदलाव के स्पंदन को महसूस करते हुए 9 जनवरी, 2015 से लेकर 29 दिसंबर, 2017 तक लिखे गए 156 लेखों को प्रस्तुत पुस्तक 'वैश्वित युग का भारत : आर्थिक सुधार और समावेशी विकास का आधार' में शामिल किया गया है, जिनका उद्देश्य राष्ट्रीय और अंतरराष्ट्रीय स्तर पर हो रहे समसामयिक नीतिगत निर्णयों के भारतीय अर्थव्यवस्था और उससे जुड़े विभिन्न मसलों, पहलुओं और प्रभावों की समीक्षा करना है।

हिंदी में तकनीकी या कानूनी भाषा को काम में लेने की अपनी सीमाएँ हैं। कहीं-कहीं मेरी लेखनी में अंग्रेजी और उर्दू लफ्जों का इस्तेमाल हुआ है। अर्थ तंत्र से जुड़े जटिल मुद्दों को सह-सरल, या यूँ कहें कि बोलचाल की भाषा में प्रस्तुत करने का प्रयास भी किया है।

उम्मीद है, मेरी यह प्रस्तुति वैश्विक युग के भारत में एक ओर आर्थिक सुधार हेतु उठाए जा रहे अनेक कदमों, नीतिगत निर्णयों और उनके क्रियान्वयन से जुड़े मसलों तो दूसरी ओर समावेशी विकास के लक्ष्य का पीछा करते 'आधार' आधारित डिजिटल इंडिया के सुनहरे भविष्य की ओर बढ़ रहे हर छोटे-बड़े कदमों की आहट और प्रभाव से पाठकों को अवगत कराने में सफल होगी।

—डॉ. वंदना डांगी

आभार

अपने जीवनसाथी श्री ललितजी डांगी को उनके द्वारा प्रदत्त सक्रिय सहयोग और प्रोत्साहन के लिए धन्यवाद देती हूँ। साथ ही उपासना, विक्रमादित्य और श्रद्धा का भी तहे दिल से शुक्रिया अदा करती हूँ, जिन्होंने सदैव मुझे कर्मशील रहने की प्रेरणा दी। इसके अलावा उन सभी गुरुजनों के प्रति सादर आभार व्यक्त करती हूँ, जिन्होंने मुझे स्वयं को परखने, परिष्कृत करने और अपनी क्षमताओं को समझने-बूझने के लिए प्रेरित किया।

मैं 'हमारा महानगर' समाचार-पत्र के संपादक श्री आर.एन. सिंह और कार्यकारी संपादक श्री राघवेंद्रनाथ द्विवेदी को धन्यवाद देना चाहती हूँ, जिन्होंने मेरे लेखों को अपने समाचार-पत्र में प्रकाशित किया और उन्हें पुस्तक के रूप में संकलित करने की सहमति जताई। मैं उप-संपादक श्री ब्रजेश मेहर सहित समग्र हमारा महानगर परिवार के सदस्यों को उनके द्वारा दिए गए सहयोग के लिए धन्यवाद देती हूँ।

अनुक्रम

1

तेल की कीमतों में कमी कितनी प्रासंगिक?

तेल की कीमतों का जून 2014 में 115 डॉलर्स प्रति बैरल से लुढ़ककर करीब 50 डॉलर्स प्रति बैरल तक आ जाना एक आश्चर्यजनक रुख ही समझा जा सकता है। तेल की कीमतों में कमी का रुख इस प्रकार कायम है कि अब इसकी कीमतें कहाँ जाकर रुकेंगी, इससे भी कहीं अधिक प्रासंगिक सवाल आज यह है कि इस भारी गिरावट का वैश्विक अर्थव्यवस्था पर क्या प्रभाव पड़ेगा? साथ ही, भारत की अर्थव्यवस्था, जो अपनी घरेलू जरूरतों के लिए काफी हद तक तेल के आयात पर निर्भर है, वहाँ तेल की कीमतों में कमी से प्रस्तुत अवसरों का किस प्रकार लाभ उठाया जाए, इस पर भी मंथन आवश्यक है। सबसे पहले तो उन कारणों पर कुछ मंथन करना होगा, जिनकी वजह से तेल की कीमतों में इतनी तीव्रता से कमी आई है। अगर अर्थशास्त्र के सिद्धांतों के माध्यम से कहें तो साधारण शब्दों में, तेल की आपूर्ति अंतरराष्ट्रीय बाजारों में उसके लिए की जानेवाली प्रभावी माँग से कहीं ज्यादा है।

दरअसल अंतरराष्ट्रीय एनर्जी एजेंसी (आई.ई.ए.) ने सन् 2014 में तेल की माँग सन् 2013 के मुकाबले 14 लाख बैरल प्रतिदिन से बढ़ जाने का अनुमान लगाया था, लेकिन हकीकत में यह माँग उससे आधी रफ्तार से बढ़ी अर्थात् महज सात लाख बैरल प्रति दिन के औसत से बढ़ी।

उधर, सप्लाई की बात करें तो एक ओर अमेरिका के शेल उत्पादकों ने अपने लक्ष्यों से 10 लाख बैरल प्रतिदिन का उत्पादन अधिक किया तो दूसरी ओर ईराक व लीबिया जैसे तेल निर्यातक देशों ने क्रमश: 2 लाख और 3 लाख बैरल (प्रतिदिन) का उत्पादन अधिक किया। उधर, तेल निर्यातक देशों के संगठन 'ओपेक' (ऑर्गेनाइजेशन ऑफ पेट्रोलियम एक्सपोर्टिंग कंट्रीज) ने अमेरिकी शेल को अधिक उत्पादन क्षमता रखते हुए तेल की कीमतों को प्रभावित कर सकनेवाले उत्पादकों की नेतृत्व रूपी मशाल तो थमा दी, पर तेल की कीमतों को और अधिक गिरने से बचाने हेतु अपना उत्पादन कम

नहीं किया, बल्कि वह तेल के अंतरराष्ट्रीय बाजारों में अपना वर्चस्व बनाए रखने में लग गया। यही कारण है कि नवंबर माह में हुए ओपेक शिखर सम्मेलन में इस संगठन के सदस्य देशों ने जब अपने उत्पादन के अनुपात को बरकरार रखा तो तेल की कीमतें तेजी से लुढ़कने लगीं।

अब कुछ ऐसा आभास हो रहा है कि तेल के अंतरराष्ट्रीय बाजारों में पारंपरिक रूप से 'स्विंग उत्पादक' (कीमतें प्रभावित करने की क्षमता रखनेवाला) सउदी अरब और ओपेक अपने मार्केट शेयर को बचाए रखने में दिलचस्पी ले रहे हैं। इससे अमेरिकी शेल को एक जबरदस्त झटका लगा है, क्योंकि यदि तेल की कीमतें यूँ ही गिरती रहीं तो ऊँची लागत के चलते उनका बाजार में टिक पाना मुश्किल हो सकता है। एक अनुमान के अनुसार, अमेरिकी शेल की उत्पादन लागत करीब 80 डॉलर्स प्रति बैरल तक भी आती है।

गौरतलब है कि फरवरी माह के लिए ब्रेंट क्रूड ऑयल में तेल की कीमतें 54.85 डॉलर्स प्रति बैरल हैं, जो कि पिछले साढ़े पाँच वर्षों का न्यूनतम स्तर है। उधर, रूस पर लगे प्रतिबंधों के बाद वहाँ का औसत तेल उत्पादन सन् 2014 में 10.58 मिलियन बैरल प्रतिदिन रहा, जोकि सोवियत रूस के इतिहास में सर्वाधिक स्तर रहा।

ऐसे में ओपेक समूह द्वारा उत्पादन कम न करके तेल बाजार में अपना वर्चस्व बनाए रखने की कोशिश साफ तौर पर एक तेल युद्ध के रूप में देखी जा रही है, जिसमें तेल की कीमतें और भी कम होती जाएँगी। कुछ अनुमानों के अनुसार, यदि सब कुछ यूँ ही चला तो तेल की कीमतें 43 डॉलर्स प्रति बैरल तक भी गिर सकती हैं।

हो सकता है कि ओपेक देश ये भी अनुमान लगा रहे हों कि इतनी कम कीमतों पर लाभप्रद ढंग से काम करने में अमेरिकी शेल जब असमर्थ होता जाएगा, तब उसका उत्पादन कम हो जाएगा, पर ऐसे संकेत भी मिल रहे हैं कि अमेरिकी 'शेल' कीमतों में उतार-चढ़ाव के प्रभाव को सीमित करने हेतु अपने 'हेजेज' को पुनर्गठित कर सकती हैं। उधर, अंतरराष्ट्रीय एनर्जी एजेंसी ने सन् 2015 के लिए पूर्वानुमान लगाया है कि अब तेल की मांग 2.30 लाख बैरल प्रति दिन के हिसाब से ही बढ़ेगी, जबकि गैर-ओपेक देशों का उत्पादन 13 लाख बैरल (1.3 मिलियन) प्रतिदिन से बढ़ने की संभावना है। दूसरी ओर, ओपेक क्रूड ऑयल की माँग तीन लाख बैरल प्रतिदिन से कम होने का पूर्वानुमान लगाया गया है। जहाँ तक वैश्विक अर्थव्यवस्था का सवाल है, अमेरिकी शेल बिजनेस मॉडल पर भारी दबाव तो पड़ेगा ही, साथ ही ओपेक सदस्य राष्ट्रों की आय भी घटेगी। इराक, रूस और वेनेजुएला जैसी तेल पर काफी हद तक निर्भर अर्थव्यवस्थाओं पर भी विपरीत प्रभाव पड़ेगा।

अगर भारत की बात करें तो तेल के आयात बिल में भारी गिरावट पहले ही आ चुकी है, महँगाई कम हुई है और सब्सिडी का भार भी कम हुआ है। नौ वर्ष पहले सन्

2005–06 में भी तेल की आयात कीमतें 55 डॉलर्स प्रति बैरल पहुँची थीं। तब रुपए की विनिमय दर 44 रुपए प्रति डॉलर्स थी, जो आज 63 रुपए प्रति डॉलर्स है। तब पेट्रोल की कीमतें करीब 40 रुपए प्रति लीटर थीं, जो आज 50 प्रतिशत से अधिक बढ़ चुकी हैं, हालाँकि पिछले कुछ महीनों में तेल की कीमतें कम जरूर हुई हैं।

सन् 2005–06 में सब्सिडी बिल 2,930 करोड़ रुपए था, जो सन् 2014–15 के बजट में 65,000 करोड़ रुपए रखा गया है। अत: यदि पेट्रोल की कीमतें और गिरीं तो सब्सिडी बिल को कम किया जा सकेगा, चालू खाता घाटा कम होगा और रुपए की विनिमय दर पर दबाव कम होगा। हालाँकि भारत की अर्थव्यवस्था और महँगाई के स्तर को तेल के अलावा अन्य कई तत्त्व प्रभावित करते हैं, पर फिलहाल तेल की गिरती कीमतें 'अच्छे दिनों' के लिए सकारात्मक रुख के रूप में देखी जा सकती हैं।

(मुंबई में प्रकाशित दैनिक 'हमारा महानगर' में शुक्रवार 09-01-2015 को व्यापार पृष्ठ पर प्रकाशित)

□

2

वाइब्रेंट गुजरात में दिखी जीवंत भारत की तसवीर

हाल ही में संपन्न हुआ 'वाइब्रेंट (जीवंत, गतिशील) गुजरात शिखर सम्मेलन 2015' कई कारणों से काफी चर्चा में रहा। पिछले दस वर्षों के इतिहास में पहली बार वाइब्रेंट गुजरात सम्मेलन का इस्तेमाल एक व्यावसायिक कूटनीति (बिजनेस डिप्लोमेसी) के मंच की तरह किया गया, क्योंकि अमेरिकी सेक्रेटरी ऑफ स्टेट जॉन कैरी और संयुक्त राष्ट्र के सेक्रेटरी जनरल बान की-मून सरीखे कूटनीतिज्ञों ने इस राज्य स्तरीय सम्मेलन में शिरकत की।

गौरतलब है कि 'वाइब्रेंट गुजरात' के नाम से गुजरात सरकार द्वारा हर दो वर्षों में एक बार आयोजित किए जानेवाले इस सम्मेलन में प्रमुख व्यवसायियों, निवेशकों, निगमों, श्रेष्ठ विचारकों, नीति निर्धारकों और राय निर्माताओं आदि को एक मंच पर एकत्र किया जाता है, जहाँ कि वे गुजरात राज्य में उपलब्ध व्यावासायिक अवसरों को समझ सकें और यह पता लगा सकें कि वे इस राज्य में कैसे और कितना निवेश करके लाभान्वित हो सकेंगे।

सन् 2003 में हुए पहले सम्मेलन में 76 समझौता ज्ञापनों (मेमोरेंडम ऑफ अंडरस्टेंडिंग या एम.ओ.यू.) पर हस्ताक्षर हुए थे, जिनमें 14 बिलियन अमेरिकी डॉलर्स तक के निवेश हेतु सहमति बनी थी। सन् 2005 में इन समझौतों की संख्या बढ़कर 226 (20 बिलियन डॉलर्स), सन् 2007 में 672 (152 बिलियन डॉलर्स) तथा सन् 2009 में 8,662 (243 बिलियन डॉलर्स) हो गई थी। सन् 2011 में 7,936 समझौतों (450 बिलियन डॉलर्स) पर हस्ताक्षर किए गए थे। सन् 2013 के सम्मेलन में 1,700 से अधिक एमओयू पर सहमति बनी थी।

हालाँकि इन समझौतों में से कितने क्रियान्वित हुए, यह अलग विषय है, पर एक बात तो तय है कि इन सम्मेलनों की लोकप्रियता और गुजरात राज्य में निवेश की मात्रा

लगातार बढ़ती रही। सन् 2015 में 11 से 13 जनवरी तक चले सातवें सम्मेलन में तो पिछले सभी रिकॉर्ड टूट गए। गुजरात के तत्कालीन मुख्यमंत्री, जिन्होंने इस प्रकार के निवेश सम्मेलन की परिकल्पना की और सन् 2003 में 'वाइब्रेंट गुजरात' का पहला सम्मेलन आयोजित किया वे आज भारत के प्रधानमंत्री हैं। पिछले ही वर्ष पूर्ण बहुमतवाली सरकार बनाने के बाद से ही वे अनेक देशों व अंतरराष्ट्रीय शिखर सम्मेलनों में भारत को निवेश के लिए उपयुक्त स्थान के रूप में प्रोजेक्ट करते रहे हैं और इस वर्ष गणतंत्र दिवस पर स्वतंत्र भारत के इतिहास में पहली बार विश्व के सबसे शक्तिशाली समझे जानेवाले राष्ट्र अमेरिका के राष्ट्रपति बराक ओबामा द्वारा भारत के प्रधानमंत्री का आमंत्रण (निमंत्रण) स्वीकार करने मात्र से ही पता चलता है कि आज भारत को कूटनीतिक और निवेश की दृष्टि से विश्व भर में एक उगते सूरज के रूप में देखा जा रहा है।

स्वतंत्रता दिवस पर 'मेक इन इंडिया' कैंपेन की नींव रखनेवाले हमारे प्रधानमंत्री ने अपने शुरुआती कार्यकाल ही में यह संकेत दे दिया है कि विभिन्न आर्थिक, नीतिगत और प्रशासनिक सुधारों के माध्यम से वे भारत को व्यवसाय करने के लिए सरलतम स्थान बना देना चाहते हैं। बीमा क्षेत्र में एफ.डी.आई. सीमा बढ़ाने और कोयला आवंटन जैसे मसलों पर अध्यादेश लाने से लेकर योजना आयोग को बदल कर 'नीति आयोग' बनाने जैसे निर्णयों से निवेशकों को एक संकेत जरूर मिला है कि वाकई भारत सरकार देश में विकास और निवेश बढ़ाने के लिए कटिबद्ध है।

यही नहीं, कई महीनों के बाद रिजर्व बैंक ने फरवरी 2015 में होनेवाली मौद्रिक समीक्षा से पहले ही नीतिगत दरों और बैंक दर में 25 बेसिस प्वांइट की कटौती की घोषणा कर दी है। उम्मीद की जा सकती है कि इससे उपभोक्ताओं और उत्पादकों के लिए भी ब्याज दरों में कटौती होगी, जिससे निवेश सेंटीमेंट को बल मिलेगा। महँगाई की दर कमजोर पड़ने, अंतरराष्ट्रीय बाजारों में तेल की कीमतों में गिरावट का दौर जारी रहने और भारत में नीतिगत व आर्थिक सुधार की प्रक्रिया के जोर पकड़ने जैसे सकारात्मक तत्त्व पहले ही मौजूद हैं।

उधर, अंतरराष्ट्रीय पटल पर अमेरिका में आर्थिक विकास दर बेहतर होना और चीन की विकास दर सुस्त बनना, ये दोनों ऐसे रुझान हैं, जिसमें वैश्विक अर्थव्यवस्था के बेहतर बनने और चीन की अर्थव्यवस्था के सुस्त पड़ने से उत्पन्न अवसरों का लाभ भारत को मिलने की संभावना बढ़ गई है। ऐसा प्रतीत होता है मानो भारत की विकास यात्रा फिर से जीवंत हो उठी हो।

'वाइब्रेंट गुजरात 2015' का आयोजन इस प्रकार राजनीतिक, वैश्विक और आर्थिक समीकरणों के एक बिंदु पर होकर गुजर जाने के संयोग की वजह से काफी सफल रहा है। इस सम्मेलन में करीब 21,000 समझौतों के माध्यम से 25 लाख करोड़ रुपए

के निवेश किए जाने की संभावना है। इनमें भारत से रिलायंस इंडस्ट्रीज, अडानी ग्रुप, आदित्य बिड़ला ग्रुप, सुजलान और वीडियोकॉन सरीखी बड़ी कंपनियाँ और विदेशों से रियो टिंटों, सुजुकी,सीएलपी होल्डिंग्स और इमरसन इलेक्ट्रिक कंपनी जैसी कंपनियाँ शामिल हैं। मध्यम और छोटे आकार के उद्योगों के लिए करीब 17,000 एमओयू पर हस्ताक्षर हुए हैं।

इस प्रकार गुजरात में नए रोजगार के अवसर बढ़ेंगे और आर्थिक विकास दर भी। इसके अलावा भारत में होनेवाले कुल निवेश का 15.14 प्रतिशत (114 बिलियन डॉलर्स) निवेश गुजरात में होता है। भारत के क्षेत्रफल का 6 प्रतिशत हिस्सा रखनेवाले गुजरात में 41 बंदरगाह हैं, जहाँ से भारत में समुद्र के रास्ते होनेवाले व्यापार का 25 प्रतिशत कारोबार होता है।

भारत की सकल राष्ट्रीय आय में गुजरात का योगदान करीब 11 प्रतिशत है, जो भारत में किसी भी राज्य से श्रेष्ठतम योगदान है। ऐसे में यदि 'वाइब्रेंट गुजरात 2015' के मंच से वहाँ की विकास यात्रा का प्रचार होता है और उससे वहाँ निवेश और रोजगार बढ़ता है, तो निश्चित तौर पर भारत की विकास दर बढ़ेगी। हालाँकि 21,000 समझौता-ज्ञापनों को सफलतापूर्वक लागू करना गुजरात सरकार के लिए खासा चुनौतीपूर्ण होगा।

(मुंबई में प्रकाशित दैनिक 'हमारा महानगर' में शुक्रवार 16-01-2015 को व्यापार पृष्ठ पर प्रकाशित)

□

3

विश्व भर में बढ़ रही है आर्थिक असमानता

विश्व में, और खासतौर पर विकासशील देशों में आर्थिक असमानता बढ़ रही है यह बात तो जग जाहिर है, लेकिन आर्थिक असमानता का दायरा इतनी तेजी से बढ़ रहा है कि किसी को भी हैरानी हो सकती है। इसी हफ्ते स्विट्जरलैंड के दाओस शहर में आयोजित विश्व आर्थिक मंच (वर्ल्ड इकोनॉमिक फोरम) की वार्षिक बैठक में जब अनेक नीति-निर्माता, अर्थ विशेषज्ञ और अरबपति उद्योगपति आदि आर्थिक और वैश्विक मसलों पर गंभीर चर्चा कर रहे हैं, उससे कुछ ही दिनों पूर्व जारी की गई ऑक्सफोम इंटरनेशनल की एक रिपोर्ट में सन् 2008-09 से शुरू हुए वैश्विक मंदी के दौर में बढ़ती हुई आर्थिक असमानता की दर के बारे में चौंका देनेवाले तथ्य सामने आए हैं।

जहाँ सन् 2009 में विश्व के टॉप (सर्वोच्च) एक प्रतिशत अमीर लोगों के पास विश्व की 44 प्रतिशत संपत्ति का जो स्वामित्व था, वह सन् 2014 में बढ़कर 48 प्रतिशत हो गया है। गौरतलब है कि इस रिपोर्ट के अनुसार यदि यह रुझान यूँ ही कायम रहा तो सन् 2016 तक सर्वोच्च एक प्रतिशत अमीरों के पास 50 प्रतिशत से भी अधिक संपत्ति का स्वामित्व होगा, जबकि शेष 99 प्रतिशत लोगों का हिस्सा 50 प्रतिशत से कहीं कम ही होगा।

अमीरों के हाथ में आर्थिक सत्ता का ऐसा केंद्रीकरण काफी खतरनाक समझा जा रहा है, विशेष तौर पर गरीब और विकासशील देशों में आर्थिक असमानता न सिर्फ आर्थिक विकास के लिए, बल्कि सुशासन की दृष्टि से भी अहितकारी समझी जा रही है।

यही नहीं, पिछले वर्ष पेश की गई ऐसी ही एक रिपोर्ट में, जहाँ विश्व के 85 सबसे अमीर लोगों के पास 3.5 बिलियन सबसे गरीब लोगों की सम्मिलित संपत्ति के बराबर धन था, वहाँ सन् 2014 में इनकी संख्या घटकर 80 रह गई है। उल्लेखनीय है कि सन् 2010 में इनकी संख्या 388 थी। इससे साफ तौर पर पता चलता है कि किस प्रकार आर्थिक असमानता का दायरा बढ़ता ही जा रहा है।

पिछले वर्ष दिसंबर माह में आर्थिक सहयोग और विकास संगठन (ओ.ई.सी.डी.)

द्वारा जारी एक रिपोर्ट में स्पष्ट किया गया है कि आर्थिक असमानता और आर्थिक विकास में एक नकारात्मक संबंध जरूर है। विश्व के सर्वाधिक विकसित देशों की सूची में शामिल ब्रिटेन (यू.के.) का उदाहरण देते हुए यह निष्कर्ष निकाला गया कि यदि सन् 1980 के बाद के दो दशकों में वहाँ आर्थिक असमानता तेजी से न बढ़ी होती तो वहाँ की अर्थव्यवस्था में विकास की गति कहीं अधिक तेज रही होती।

उल्लेखनीय है कि ओ.ई.सी.डी. की इस रिपोर्ट में यह माना गया कि सबसे महत्त्वपूर्ण बात यह है कि किसी भी देश में आय के वितरण में ध्यान रखा जाए कि गरीब और अधिक गरीब न हो जाएँ। इसके अलावा भी कई ऐसे प्रभावशाली शख्सियतें हैं, जिनमें अंतरराष्ट्रीय मुद्रा कोष की प्रबंध संचालक क्रिस्टीन लागार्ड शामिल हैं, जो ये मानती हैं कि बढ़ती हुई आर्थिक असमानता वैश्विक अर्थव्यवस्था के विकास के लिए नुकसानदेह साबित हो सकती है।

यही कारण है कि समकालीन विचारकों और नीति-निर्माताओं में यह राय बनती जा रही है कि गरीबों के लिए स्वास्थ्य और शिक्षा से लेकर न्यूनतम आय की गारंटी जैसे प्रभावी उपायों और अमीरों के लिए प्रगतिशील कराधान आदि द्वारा आर्थिक असमानता को कम करना नितांत आवश्यक है। इनमें अमेरिकी राष्ट्रपति बराक ओबामा भी शामिल हैं, जिन्होंने अमेरिका के सबसे अमीर लोगों पर निवेश से होनेवाले प्रॉफिट (लाभ) पर सीमा निश्चित करने और अमीरों के वारिसों द्वारा संपत्ति प्राप्त करना कठिन बनाने जैसे विचार किए हैं।

अब यह स्पष्ट-सा होने लगा है कि अमेरिकी मुद्रा प्रसार (क्यू.ई.) जैसी नीतियों की वजह से आर्थिक असमानता को बल मिल रहा है। दरअसल, अमीर लोग राजनीतिक स्तर पर नीतियों को प्रभावित करने की क्षमता रखते हैं, जिसके कारण आर्थिक नीतियाँ ऐसी बनाई जा सकती हैं, जो अमीरों को और अधिक अमीर बनाने में मदद करें और इस प्रकार पीढ़ी-दर-पीढ़ी आर्थिक सत्ता का केंद्रीकरण कुछ हाथों में सिमटता चला जाता है।

उल्लेखनीय है कि संयुक्त राष्ट्र आर्थिक व सामाजिक मामलों के विभाग द्वारा 'वैश्विक सामाजिक स्थिति 2013' नामक रिपोर्ट में आर्थिकअसमानता के मसले पर गंभीर चर्चा की गई थी। इस रिपोर्ट में सन् 2000 में वैश्विक नेताओं द्वारा की गई सहस्राब्दि घोषणा (मिलेनियम डिक्लेरेशन) के हवाले से कहा गया है कि यद्यपि इसमें उन्होंने 21वीं सदी में एक समानता वाले विश्व की परिकल्पना की गई थी, पर हकीकत यह है कि अधिकांश देशों में आर्थिक असमानता बढ़ती चली गई है।

भारत में भी कहानी कुछ ऐसी ही है। रिलायंस इंडस्ट्रीज के निदेशक मुकेश अंबानी की अगुवाई में सर्वोच्च पाँच अमीरों के पास करीब 89.7 बिलियन डॉलर की संपत्ति है, जबकि टॉप 100 अरबपतियों के पास 346 बिलियन डॉलर हैं। पिछले वर्ष भारत में

अरबपतियों की संख्या 63 थी, जो बढ़कर 109 हो गई है। 'फोर्ब्स पत्रिका के अनुसार' इनकी संपत्ति में करीब 30 प्रतिशत इजाफा हुआ है।

गौरतलब है कि आर्थिक असमानता सिर्फ गरीबों के लिए ही कष्टदायक नहीं है, बल्कि आर्थिक विकास, स्थिरता और सामाजिक कल्याण के लिए भी अहितकारी है। आवश्यकता है कि विश्व भर में सरकारें वृहद् आर्थिक और सामाजिक नीतियों द्वारा आर्थिक असमानता को कम करने का प्रयोजन करें जिससे कि सन् 2015 के बाद से वैश्विक विकास को चिर स्थाई बनाया जा सके।

(मुंबई में प्रकाशित दैनिक 'हमारा महानगर' में शुक्रवार 23-01-2015 को व्यापार पृष्ठ पर प्रकाशित)

□

4

ओबामा की यात्रा से भारत-अमेरिकी सबंधों में खुला एक नया अध्याय

हाल ही में भारत के 66वें गणतंत्र दिवस के उपलक्ष्य में आयोजित समारोह में सम्मानित अतिथि के रूप में भारत आए अमेरिकी राष्ट्रपति बराक ओबामा का सफर कई मायनों में कूटनीतिक, राजनीतिक, आर्थिक, सामाजिक और पर्यावरण जैसे प्रमुख मसलों की दृष्टि से काफी महत्त्वपूर्ण रहा, खासतौर पर इसलिए कि चाहे मन की बात हो या औपचारिक वार्ता, सभी में ओबामा ने तहे दिल से भारत के वजूद को स्वीकारा। उनके अमेरिका से भारत तक के सफर का सांकेतिक रूप में 'नमस्ते' से लेकर 'जयहिंद' तक चलना 21वीं सदी के युवा भारत के लिए एक शुभ संकेत के रूप में देखा जा सकता है। अपने तीन दिवसीय दौर के अंत में जो भाषण ओबामा ने दिया उसमें उन्होंने स्पष्ट तौर पर कह दिया कि अमेरिका भारत के लिए श्रेष्ठतम पार्टनर सिद्ध हो सकता है।

इसके अलावा उन्होंने भारत और अमेरिका के राजनीतिक और सामाजिक ताने-बाने में विद्यमान समानताओं की चर्चा भी की, जिससे यह और भी स्पष्ट हुआ कि दोनों देशों में मौजूद लोकतांत्रिक प्रणाली, धार्मिक स्वतंत्रता, नारी शक्ति की अहमियत और सभी के लिए समान अवसरों की उपलब्धता आदि ऐसे अनेक तत्त्व हैं, जिनकी वजह से वे और करीब आकर एक-दूसरे के साथ साझेदारी कर सकते हैं। 21वीं सदी के परिप्रेक्ष्य में यह साझेदारी कितनी महत्त्वपूर्ण होगी, इस बात का अंदाजा भी आसानी से लगाया जा सकता है।

जिस प्रकार भारत के प्रधानमंत्री और अमेरिका के राष्ट्रपति मिले, वो अंदाज कुछ ऐसा था कि जैसे दो मित्र आपस में मिलकर आनंदित हुए हों। ओबामा द्वारा स्वामी विवेकानंद और महात्मा गांधी जैसी शख्सियतों का जिक्र और मोदी द्वारा बेंजामिन फ्रेंकलिन जैसी अमेरिकी शख्सियत की तारीफ दो नेताओं द्वारा एक-दूसरे के नागरिकों के

दिलों से रिश्ता जोड़ने का प्रयास भी इसी ओर इशारा करता है कि भारत और अमेरिका अपने रिश्तों को उन ऊँचाइयों तक ले जाना चाहते हैं, जहाँ कि उन्हें चिरस्थायी बनाया जा सके।

गौरतलब है कि पिछले 50 से अधिक वर्षों में किसी भी अमेरिकी राष्ट्रपति की भारत में यह छठी यात्रा है। भारत में वैश्वीकरण और आर्थिक खुलेपन के दौर की शुरुआत के बाद दोनों देशों में व्यावसायिक और कूटनीतिक ताल्लुकात बढ़े हैं। उल्लेखनीय है कि भूतपूर्व प्रधानमंत्री अटल बिहारी वाजपेयी ने अमेरिका को भारत का स्वाभाविक सहयोगी बताकर एक ऐसे समय में अमेरिकी रिश्तों को मजबूत करने का प्रयास किया, जबकि उसने सन् 1998 के परमाणु परीक्षण के बाद भारत पर आर्थिक प्रतिबंध लगाने की वकालत की थी। भारत को अनेक देशों का समर्थन भी मिला, जिसके बाद कई प्रतिबंध हटा भी लिए गए और तब सन् 2000 में अमेरिकी राष्ट्रपति क्लिंटन जब भारत आए तो दोनों देशों में रणनीतिक साझेदारी बढ़ाने हेतु कई सकारात्मक प्रयास भी हुए, जो जॉर्ज बुश के कार्यकाल में आगे बढ़े। भूतपूर्व प्रधानमत्री मनमोहन सिंह ने नागरिक क्षेत्र में अणु शक्ति सहयोग बढ़ाने के लिए गंभीर प्रयास किए, लेकिन अपने दूसरे कार्यकाल में वे अपने साझा दलों के दबाव में आकर उन्हें मूर्त रूप न दे सके। परिणामतः ये रिश्ते कुछ ठंडे-से पड़ गए थे, लेकिन आज परिस्थितियाँ बदल चुकी हैं। ओबामा और मोदी ये—दोनों ही नेता अपने अपने देशों में करिश्माई व्यक्तित्त्व के रूप में अत्यंत लोकप्रिय हैं। ओबामा तो एक बार पहले भी भारत आ चुके हैं, लेकिन इस बार ऐसा लगा कि पिछले कुछ वर्षों से ठंडे बस्ते में पड़े भारत-अमेरिकी रिश्तों में दोनों नेताओं की व्यक्तिगत केमिस्ट्री ने कुछ गरमाहट अवश्य ला दी है।

इन दोनों नेताओं ने चाय पर चर्चा करते हुए जिस आसानी से भारत के न्यूक्लियर लाएबिलिटी कानून, द्विपक्षीय निवेश समझौते जैसे जटिल मुद्दों को सुलझाते हुए दोनों देशों के रिश्तों को नई ऊँचाई तक ले जाने का प्रयास किया, वह अद्‌भुत अवश्य प्रतीत होता है।

हालाँकि इन सबके बीच यह समझना आवश्यक है कि जब दो या अधिक देश आपस में दोस्ती का हाथ बढ़ाते हैं, तब कहीं-न-कहीं दोनों का कुछ-न-कुछ हित या स्वार्थ निहित होता है। पिछले कुछ वर्षों में दोनों देशों के बीच के व्यापार में 60 प्रतिशत की वृद्धि हुई है और इसने 100 बिलियन डॉलर्स के स्तर को छू लिया है। आर्थिक मंदी की जद्दोजहद से बाहर निकल रहे अमेरिका को अपना उत्पादन खपाने के लिए एक बड़े उपभोक्ता बाजार की तलाश है, तो भारत को तेजी से विकास करने के लिए निवेश और पूँजी की दरकार है।

इसके अलावा, भारत के लिए अमेरिकी दोस्ती से वैश्विक मंच पर बड़ा रोल अदा

करने का अवसर बढ़ सकता है। फिर चाहे संयुक्त राष्ट्र की सुरक्षा परिषद में स्थायी सदस्यता का मसला हो या अंतरराष्ट्रीय मुद्रा कोष के कोटा नियमों में सुधार के जरिए भारत की वोटिंग ताकत में वृद्धि का प्रश्न, सभी जगह अमेरिका जैसे महत्त्वपूर्ण देश का समर्थन मायने रखता है। दूसरी ओर, आतंकवाद के सफाए के लिए वैश्विक स्तर पर रणनीति बनाने में दोनों देशों की सहमति होना भी भारत के लिए लाभदायक है, क्योंकि इससे भारत को आतंकवाद से निपटने के लिए नई तकनीक व अन्य जानकारी मिलेगी। तीसरा, पहली बार दोनों शीर्ष नेताओं और उनके रक्षा सलाहकारों के बीच हॉट लाइन बनाई जा रही है, जिससे दोनों देशों के बीच जो परस्पर सहयोग और साझेदारी का दौर शुरू हुआ है, उसे कायम रखा जा सके। चौथा, सामाजिक सुरक्षा, दोहरे कराधान से मुक्ति जैसे मुद्दों पर संयुक्त प्रयास हेतु सहमति बनी है।

भारत में 'व्यापार करना आसान' और ' मेक इन इंडिया' जैसे आर्थिक सुधार एजेंडे से अमेरिका निश्चित तौर पर आकर्षित हुआ है और उसे भारत में अपना व्यावसायिक हित बढ़ाने की अपार संभावना नजर आ रही है। हालाँकि 21वीं सदी के भारत में एक 'सुनहरा कल' बनाने का वायदा तो स्वागत योग्य है, पर खाद्य सुरक्षा, स्वदेशी कंपनियों का संरक्षण, विशिष्ट उद्योगों की समस्याओं का निराकरण, रोजगार बढ़ाने और शैक्षणिक योग्यता का विकास करने जैसे कई ऐसे मसले हैं, जिन पर भारत सरकार को कठोर परिश्रम करने की आवश्यकता होगी। इसके अलावा, आर्थिक नीतियों में उचित तालमेल बैठाने और सरकारी मशीनरी में कार्यकुशलता बढ़ाने की भी आवश्यकता है।

(मुंबई में प्रकाशित दैनिक 'हमारा महानगर' में शुक्रवार 30-01-2015 को व्यापार पृष्ठ पर प्रकाशित)

□

5

अब आर.बी.आई. को भी बजट का इंतजार

हाल ही में घोषित मौद्रिक नीति में रिजर्व बैंक ने नीतिगत दरों को यथावत रखा है, अर्थात् रेपो दरें 7.75 प्रतिशत पर बनी हुई हैं, जबकि रिवर्स रेपो रेट 6.75 प्रतिशत पर यथावत है। उल्लेखनीय है कि करीब 20 दिनों पूर्व ही रिजर्व बैंक ने नीतिगत दरों में 25 बेसिस अंकों की कटौती की घोषणा की थी, जिससे यह संकेत मिला था कि नीतिगत दरों में कटौती का यह दौर आगे भी कायम रह सकता है। हालाँकि जिस प्रकार नीतिगत दरों में कटौती के बावजूद कोई बड़ा रूझान बनता दिखाई नहीं दे रहा था, कुछ लोगों को यह भी अपेक्षा थी कि इस मौद्रिक नीति में नीतिगत दरों में कटौती करना शायद संभव न भी हो। दरअसल, यदि यह कहा जाए कि मौद्रिक नीति लोगों की अपेक्षाओं का प्रबंधन करने का एक महत्त्वपूर्ण जरिया है, तो अतिशयोक्ति न होगी।

नई मौद्रिक नीति के तहत, बैंकों की उधार देने की क्षमता कुछ बढ़ सके, इसके लिए स्टैच्युटरी लिक्विडिटी रेश्यो (सांविधिक तरलता अनुपात/ एस.एल .आर.) को 22 प्रतिशत से घटाकर 21.50 प्रतिशत कर दिया गया है। उल्लेखनीय है कि एस.एल.आर. बैंकों के शुद्ध मांग और मियादी (टाइम) डिपॉजिट का वह न्यूनतम हिस्सा है, जो उसे नकद, स्वर्ण या फिर निर्धारित प्रतिभूतियों में निवेश करके रखना होता है।

भारत में एसएलआर अधिकतम 40 प्रतिशत तक बढ़ाया जा सकता है। यह एक ऐसा उपकरण है कि जिसके माध्यम से देश में क्रेडिट की मात्रा को नियंत्रित किया जा सकता है। गौरतलब है कि इस अनुपात को महज 50 बेसिस अंकों से कम करने पर करीब 45,000 करोड़ रुपए की वित्तीय तरलता बैंकिंग सिस्टम में बढ़ेगी, जिससे देश में आर्थिक विकास को बल मिलेगा। यह एक सांकेतिक निर्णय है, जिसमें रिजर्व बैंक ने एक ओर बैंकों को अपने ऋणों की मात्रा बढ़ा लेने का अवसर दिया, तो दूसरी ओर नीतिगत दरों को यथावत रखते हुए महँगाई को नियंत्रित करने के प्रति अपनी प्रतिबद्धता भी दिखला दी।

नीतिगत दरों में यथास्थिति बनाए रखने के फैसले के मूल में कई कारण निहित हैं।

पहला तो यह कि सामान्यतया मौद्रिक नीति को, जो चार तत्त्व बड़े पैमाने पर प्रभावित करते हैं, वे हैं–आर्थिक विकास की दर, महँगाई की दर, चालू खाता घाटा और राजकोषीय घाटे का आकार। इनमें से प्रथम तीन क्षेत्रों में सकारात्मक रुझान दिख रहे हैं, जबकि राजकोषीय घाटे के आकार को लेकर असमंजस की स्थिति है। कारण यह है कि केंद्र में एक ऐसी सरकार है, जिसे विकास के प्रति कटिबद्धता के लिए आम समर्थन मिला है। मुश्किल यह है कि विकास के एजेंडे पर आगे बढ़ने के लिए उपलब्ध बजटीय संसाधन सीमित हैं। नवीनतम आँकड़ों के अनुसार राजकोषीय घाटा अपने पूर्व निर्धारित स्तर को 99 प्रतिशत तक छू चुका है। ऐसे में सरकार, को राजकोषीय घाटे को बजट में निर्धारित पूर्वानुमान पर बनाए रखने के लिए अपने खर्चों में कटौती करने और अन्य स्रोतों, जैसे कि विनिवेश आदि के माध्यम से आय बढ़ाने की कोशिश करनी होगी।

रिजर्व बैंक के समक्ष दूसरी बड़ी चुनौती है, अमेरिकी अर्थव्यवस्था के भविष्य की। आज भी हालात ये हैं कि यदि अमेरिका को छींक आ जाए तो भारत सहित विश्व की अनेक अर्थव्यवस्थाओं में जुकाम लग जाने जैसी स्थिति उत्पन्न हो जाती है। अगर कहीं अमेरिकी फेडरल बैंक ने ब्याज दरें बढ़ाईं तो वैश्विक अर्थव्यवस्था में भारी अस्थिरता आ सकती है। शायद यह भी एक कारण है कि रिजर्व बैंक फूँक-फूँककर कदम रखना चाहता है।

तीसरा, भारत में जैसे-जैसे निवेश सेंटीमेंट सुधर रहा है, यहाँ विदेशी पोर्टफोलियो निवेश लगातार बढ़ते रहने का रुझान कायम रहने की संभावना है। जाहिर है कि ऐसे में रुपए की विनिमय दर में और भी मजबूती आ सकती है।

रिजर्व बैंक की चिंता यह भी है कि कहीं रुपए की विनिमय दर बहुत ज्यादा मजबूत हो गई, तो हमारे निर्यात न प्रभावित हो जाएँ। उल्लेखनीय है कि इस कैलेंडर वर्ष में रुपए के मूल्य में करीब तीन प्रतिशत वृद्धि हुई है। उधर, वैश्विक बाजारों में मांग का प्रभावी स्तर भी संतोषजनक नजर नहीं आ रहा। यही कारण है कि रिजर्व बैंक ने विदेशों में भेजी जानेवाली रकम (रेमिटेंस) की सीमा 75,000 डॉलर्स प्रति वर्ष से बढ़ाकर 2,50,000 डॉलर्स कर दी है। इसके अलावा कॉर्पोरेट बॉण्ड्स में विदेशी पोर्टफोलियो निवेश को कुछ हद तक सीमित करने का प्रयास भी किया है। उल्लेखनीय है कि भारत के विदेशी मुद्रा भंडार में मार्च 2014 के बाद 17.81 बिलियन डॉलर्स की बढ़त हुई, जिसकी बदौलत 21 जनवरी, 2015 तक वह 322 बिलियन डॉलर्स के शानदार स्तर पर पहुँच गया था। उधर, चालू खाता घाटा भी सकल राष्ट्रीय आय के 1.3 प्रतिशत स्तर पर है, जो काफी अच्छा प्रदर्शन है। खुदरा व थोक महँगाई की अपेक्षाएँ भी कम हुई हैं। यही कारण है कि यद्यपि मौद्रिक नीति में नीतिगत दरें यथावत रखी गई हैं लेकिन उसका लहजा ऐसा है कि लगता है, आनेवाले समय में नीतिगत दरों में कटौती की अपेक्षा की जा सकती है।

कुल मिलाकर रिजर्व बैंक ने यह स्पष्ट कर दिया है कि महँगाई के मामले में वह कोई चाँस नहीं लेना चाहता। ऐसे में नीतिगत दरों में कटौती हेतु केंद्रीय बजट के पेश होने का इंतजार करना ही होगा।

(मुंबई में प्रकाशित दैनिक 'हमारा महानगर' में शुक्रवार 06-02-2015 को व्यापार पृष्ठ पर प्रकाशित)

□

6

ग्रीस समस्या के चलते यूरो संकट अभी भी बरकरार

ग्रीस, जो यूरोपियन यूनियन के 27 सदस्य राष्ट्रों में 15वीं सबसे बड़ी अर्थव्यवस्था है, इन दिनों काफी चर्चा में है। दरअसल, ग्रीस में पहाड़ जैसे ऋण-भार को कम करने और पाँच वर्षीय मिताव्ययिता कार्यक्रम की शर्तों को ढीला करने को लेकर वहाँ की नई सरकार और यूरो जोन के ऋणदाताओं के बीच गतिरोध जारी है और जिस प्रकार दोनों ही पक्ष अपनी-अपनी बात पर अड़े हुए हैं, फिलहाल इस समस्या का कोई ठोस उपाय भी नजर नहीं आ रहा।

ग्रीस में सन् 2007 के मध्य से ही मंदी के हालात उत्पन्न हुए जो सन् 2008 और 2009 में भी दिखाई दिए। साथ ही, वहाँ सार्वजनिक ऋण का भार सकल राष्ट्रीय आय से भी कहीं अधिक हो चला है। सन् 2009 में यह 127 प्रतिशत था जो कि सन् 2010 में बढ़कर 146 प्रतिशत हो गया। फिर क्या था, तमाम रेटिंग एजेंसियों ने ग्रीस की क्रेडिट रेटिंग को 'कबाड़' की रेटिंग में डाल दिया, जिसका सीधा-सा अभिप्राय ये हुआ कि ग्रीस की वित्तीय जरूरतों के लिए निजी पूँजी बाजारों के दरवाजे एक तरह से बंद पड़ गए।

इसके बाद सन् 2010 में यूरो जोन देशों, यूरोपियन केंद्रीय बैंक और अंतरराष्ट्रीय मुद्रा कोष (आई.एम.एफ.) ने ग्रीस के लिए 110 बिलियन यूरो का बेल आउट ऋण जारी किया, जिससे कि यह देश सार्वजनिक 'डिफॉल्ट' जैसी स्थिति से बच सके और जून 2013 तक की अपनी वित्तीय आवश्यकताओं को पूरा कर सके। यह ऋण पैकेज सशर्त था। इसमें मित्तव्ययता के उपाय लागू करने, संरचनात्मक सुधार करने और सरकारी संपत्ति का निजीकरण करने जैसी शर्तें शामिल थीं।

लेकिन कुछ तो इन शर्तों को लागू करने में देर हुई और इस बीच मंदी का एक और दौर अगले ही वर्ष ग्रीस को आहत कर गया, जिसकी वजह से ग्रीस के लिए 130

बिलियन यूरो का एक और बेल आउट पैकेज स्वीकृत किया गया। इस प्रकार मई 2010 और दिसंबर 2014 के मध्य कुल 240 बिलियन यूरो का बेल आउट पैकेज ग्रीस को उपलब्ध कराया गया। इसे तकनीकी कारणों से फरवरी 2015 तक बढ़ा दिया गया।

गौरतलब है कि ग्रीस में सरकारी कर्ज का भार उसकी सकल राष्ट्रीय आय के 175 प्रतिशत के स्तर पर पहुँच चुका है। चिंता इस बात को लेकर भी है कि 28 फरवरी को मौजूदा बेल आउट प्रोग्राम की समाप्ति होने के बाद ग्रीस पर एक वित्तीय संकट आ सकता है।

उधर, अनेक यूरोपियन देशों के मंत्रियों ने ग्रीस को और अधिक रियायतें न देने पर जोर दिया है। ऐसे में यदि ग्रीस ने अगले महीने बेल आउट प्रोग्राम में डिफॉल्ट किया तो ई.सी.बी., ई.सी. और आई.एम.एफ. की इस तिकड़ी को उसे अपनी एकल करेंसी के साथ अकेला छोड़ देने के लिए मजबूर होना पड़ सकता है।

अगर ग्रीस की घरेलू अर्थव्यवस्था की बात करें तो पिछले 6 वर्षों से मंदी की मार झेल रही ग्रीक अर्थव्यवस्था में सन् 2014 के मध्य से आर्थिक विकास के चिह्न दिखाई पड़ने लगे थे और ऐसा भी लगा कि शायद बेरोजगारी ने अपनी चरम सीमा को छू लिया है अर्थात् अब बेरोजगारी भी कम होगी, लेकिन हाल ही में वहाँ अचानक संसदीय चुनाव करवा दिए गए, जिसमें मित्तव्ययता के विरुद्ध खड़ी होनेवाली राजनीतिक पार्टी ने न सिर्फ चुनाव जीता, बल्कि नई सरकार बनाते ही यह घोषणा कर दी कि अब पुराना बेल आउट समझौता तो खत्म हो चुका और नए समझौते के तहत बेल आउट पैकेज तैयार होने तक भुगतान की समय सीमा को 28 फरवरी से आगे बढ़ा दिया जाए।

इसी बीच अंतरराष्ट्रीय रेटिंग एजेंसी स्टैंडर्ड एंड पूअर्स ने ग्रीस की क्रेडिट रेटिंग आउटलुक को 'स्थिर' से संशोधित कर 'नकारात्मक' दिखाया है। इसे एक प्रकार से ग्रीस के लिए रेटिंग डाउनग्रेड की धमकी के तौर पर भी देखा जा सकता है।

गौरतलब है कि ग्रीस को कर्ज देनेवाले संस्थानों के भयंकर दबाव के बावजूद वहाँ के लोकप्रिय प्रधानमंत्री ने अंतरराष्ट्रीय बेल आउट की शर्तों को दरकिनार करते हुए और कई मित्तव्ययता उपायों को त्यागते हुए टैक्स में कटौती से लेकर न्यूनतम मजदूरी की सीमा बढ़ाने जैसी अनेक घोषणाएँ कर दीं। इससे यह साफ हो गया है कि ग्रीस की अपने यूरोपियन पार्टनर देशों के साथ सीधी भिड़ंत होना लगभग तय है।

जनवरी में हुए चुनावों के मद्देनजर यूरोपियन केंद्रीय बैंक, ई.सी. और आई.एम.एफ. द्वारा बेल आउट पैकेज की बची हुई अदायगी पर रोक लगाने और करों के माध्यम से आनेवाले राजस्व में कमी आ जाने से ग्रीस डिफॉल्ट के कगार पर खड़ा है और यदि उसने डिफॉल्ट किया तो उसे यूरो त्याग कर अपनी खुद की मुद्रा लागू करनी होगी। इससे एक ओर ग्रीस यूरोपियन यूनियन की सहायता राशि से महरूम हो जाएगा,

तो दूसरी ओर उसके कर्जदाताओं (यूरोप तथा आई.एम.एफ.) ने जो पैसा बेल-आउट हेतु दिया था, वो उन्हें वापस नहीं मिल पाएगा।

समस्या यह भी है कि अगर ग्रीस के साथ रियायत न बरती गई तो स्पेन और पुर्तगाल जैसे आर्थिक संकट झेल रहे देशों को भी ग्रीस की तर्ज पर बाहर का रास्ता दिखाया जा सकता है। इस प्रकार न सिर्फ ग्रीस, बल्कि यूरो जोन भी बिखरने के कगार पर खड़ा है। यद्यपि कोई भी यूरोपियन देश ग्रीस को यूरो जोन से बाहर निकलते देखना नहीं चाहता परंतु जिस प्रकार के आर्थिक और राजनीतिक-समीकरण इस वक्त बने हुए हैं, उससे तो यही लग रहा है कि इस संकट का निकट भविष्य में कोई व्यवहार्य समाधान ढूँढ़ना मुश्किल होता जाएगा।

(मुंबई में प्रकाशित दैनिक 'हमारा महानगर' में शुक्रवार 13-02-2015 को व्यापार पृष्ठ पर प्रकाशित)

□

7

कृषि विकास को गंभीरता से लेने की आवश्यकता

भारत एक कृषि प्रधान देश है, इस तथ्य से लगभग सभी वाकिफ हैं, लेकिन धीरे-धीरे औसत कृषक परिवारों की आर्थिक स्थिति कमजोर होती जा रही है। राष्ट्रीय नमूना सर्वेक्षण ऑफिस (एन.एस.एस.ओ.) ने सन् 2012-13 में किए गए 70वें दौर के राष्ट्रीय नमूना सर्वेक्षण में 'कृषक परिवारों की स्थिति मूल्यांकन सर्वेक्षण' पर आधारित रिपोर्ट हाल ही में जारी की है।

इस रिपोर्ट के अनुसार, ग्रामीण भारत में 90.2 लाख कृषक परिवार हैं, जो कुल ग्रामीण परिवारों का 57.8 प्रतिशत है। इनमें से अनुमानित तौर पर करीब 52 प्रतिशत कृषक परिवार ऋणग्रसित हैं। हालाँकि अलग-अलग राज्यों में ऋण ग्रसित कृषकों का प्रतिशत भिन्न है। उदाहरण के लिए, कुछ राज्यों, जैसे कि आंध्र प्रदेश (92.9 प्रतिशत), तेलंगाना (89.1 प्रतिशत) व तमिलनाडु (82.5 प्रतिशत) में अधिकांश कृषक परिवार ऋणग्रस्त हैं, तो कुछ अन्य राज्य, जैसे कि असम (17.5 प्रतिशत), झारखंड (28.9 प्रतिशत) और छत्तीसगढ़ (37.2 प्रतिशत) में ऋणग्रस्त किसानों का प्रतिशत औसत से कम भी है।

अधिकांश राज्यों में आधे से अधिक कृषक परिवारों, विशेषकर छोटे और सीमांत किसानों, पर ऋणों का भार उनकी सलाना आमदनी से भी कहीं ज्यादा है। रिपोर्ट के अनुसार, इन ऋणों में करीब 60 प्रतिशत संस्थागत ऋण हैं, जिसमें सरकार से लिया गया ऋण 2.1 प्रतिशत, कोऑपरेटिव सोसायटी से 14.8 प्रतिशत और बैंकों से 42.9 प्रतिशत लिया गया है। बाकी ऋण गैर-संस्थागत क्षेत्रों से लिए गए हैं।

जहाँ छोटे और सीमांत (मार्जिनल) किसानों, जिनकी औसत भूमि आकार एक हेक्टेयर से कम है, महज ने 15 प्रतिशत ऋण संस्थागत स्रोतों से प्राप्त किए थे, वहाँ बड़े किसानों, जिनकी औसत भूमि-आकार दस हेक्टेयर से अधिक है, ने 79 प्रतिशत

ऋण संस्थागत स्रोतों से लिया है। इसका अभिप्राय यह है कि छोटे-छोटे किसान आज भी गैर-संस्थागत स्रोतों से जिनमें मुख्यत: साहूकार लोग शामिल हैं, ऋण उठाते हैं, जो अक्सर न सिर्फ ऊँची ब्याज दर पर उधार देते हैं, बल्कि कहीं-कहीं हिसाब-किताब में गड़बड़ी तक कर देते हैं।

गौरतलब है कि एनएसएस रिपोर्ट में, जहाँ किसानों की औसत आय 36,973 रुपए प्रति वर्ष आंकी गई है, वहाँ उन पर 47,000 रुपए का औसत ऋण है। पिछले एक दशक में जहाँ औसत आय 318 प्रतिशत बढ़ी, वहाँ प्रति परिवार ऋण भी 273.5 प्रतिशत बढ़ा, जिससे यह निष्कर्ष निकाला जा सकता है कि यद्यपि कृषि उत्पादों की बिक्री से उनकी आय तो बढ़ी, पर उससे उनकी ऋण ग्रसितता में कोई कमी नहीं आई। अनेक किसान आज भी कर्ज के बोझ तले दबे हुए हैं।

जाहिर तौर पर कृषि क्षेत्र की कुछ बुनियादी समस्याएँ हैं, जिनकी वजह से किसानों के लिए कर्ज का बोझ बढ़ता चला जाता है। कृषि क्षेत्र में आई हरित क्रांति से उत्पादकता तो बढ़ीं, लेकिन साथ ही कैमिकल खाद, कीटनाशक, पानी, बीज आदि की कीमतें भी बढ़ीं। इसी प्रकार जी.एम. फसलों में भी बीज की लागत साधारण बीजों से काफी अधिक है। दरअसल, कृषि क्षेत्र में नई तकनीक और फसलों की नई प्रजाति का फायदा जहाँ बड़े किसानों को अधिक लाभान्वित कर सका, वहाँ छोटे किसानों के लिए लाभप्रद रूप से खेती करना मुश्किल होता गया।

अनेक किसानों को अपने उत्पाद उन्हीं साहूकारों को बेच देना पड़ता है, जिनसे उन्होंने कर्ज लिया होता है। एन.एस.एस. रिपोर्ट में अनुमान लगाया है कि गन्ने को छोड़कर अन्य उत्पादों के संदर्भ में 50 प्रतिशत से भी ज्यादा किसानों को सरकार द्वारा निर्धारित न्यूनतम समर्थन मूल्य के बारे में जानकारी तक नहीं है। यहाँ तक कि वे अपने कृषि उत्पाद खरीद एजेंसियों के माध्यम से भी नहीं बेच पाते। कई बार जब अपने कर्ज की अदायगी या ब्याज के भुगतान के रूप में जब वे अपनी फसल का सौदा कर्जदाताओं से करते हैं, तो अक्सर उन्हें न्यूनतम सपोर्ट कीमतों या बाजार निर्धारित कीमतों से भी कम मूल्य प्राप्त होता है, जिससे न सिर्फ उन्हें हताशा होती है, बल्कि उन्हें अपनी मेहनत का उचित प्रतिफल नहीं मिलता।

उल्लेखनीय है कि भारत में कृषि का योगदान देश की सकल राष्ट्रीय आय में करीब 13.7 प्रतिशत (सन् 2013) हैं, जबकि करीब 50 प्रतिशत से अधिक लोग कृषि पर अपनी आजीविका के लिए निर्भर हैं। जहाँ कृषि क्षेत्र देश में रोजगार का एक प्रमुख स्त्रोत है वहाँ प्रति परिवार औसत उत्पादन 36,696 रुपए पाया गया, जबकि औसतन 0.782 हेक्टेयर क्षेत्रफल प्रति परिवार जोता गया। संयुक्त राष्ट्र के खाद्य एवं कृषि संगठन के अनुसार, सन् 1994 से 2000 के बीच कुल कृषि उत्पादन महज 1.5 प्रतिशत की

वार्षिक दर से बढ़ा। केंद्रीय संख्यिकी दफ्तर द्वारा तृतीय तिमाही के सकल राष्ट्रीय आय से संबंधित आँकड़ों में सन् 2014-15 में खाद्य उत्पादन की विकास दर 2.9 प्रतिशत नकारात्मक रहने का पूर्वानुमान लगाया गया है जो काफी चिंताजनक है। ऐसे में कृषि क्षेत्र को भरपूर प्रोत्साहन दिए जाने की आवश्यकता है।

(मुंबई में प्रकाशित दैनिक 'हमारा महानगर' में शुक्रवार 20-02-2015 को व्यापार पृष्ठ पर प्रकाशित)

□

8

आकस्मिक मुद्रा युद्ध के आसार चिंताजनक

पिछले एक वर्ष में अमेरिकी डॉलर के मूल्य में लगातार मजबूती देखी जा रही है। सन् 2015 ही में यूरो के समक्ष 7 प्रतिशत, कनाडा के डॉलर के समक्ष 7 प्रतिशत से अधिक और न्यूजीलैंड के डॉलर्र के समक्ष 6 प्रतिशत से यूएस डॉलर मजबूत हुआ है। यदि पिछले बारह महीनों की बात करें तो स्वीडन और नॉर्वे के मुकाबले 20 प्रतिशत, यूरो के मुकाबले 17 प्रतिशत और येन के मुकाबले 13 प्रतिशत से अधिक डॉलर के मूल्य में मजबूती देखी गई है। इसी प्रकार विश्व के अनेक देशों की मुद्रा के सामने डॉलर की स्थिति काफी मजबूत होती दिखाई दे रही है और ऐसे में यदि अमेरिकी केंद्रीय बैंक ने वहाँ ब्याज की दरों में वृद्धि करने का नीतिगत फैसला ले लिया तो डॉलर के मूल्य में और भी अधिक मजबूती आ सकती है।

सवाल यह है कि इसमें चिंता की क्या बात है? दरअसल, अमेरिकी मुद्रा में ताकत आ जाने का कारण एक ओर जहाँ अमेरिकी अर्थव्यवस्था में उपभोग और रोजगार बढ़ना है तो दूसरी ओर विश्व की अन्य विकसित और प्रमुख उदयीमान अर्थव्यवस्थाओं में आर्थिक मंदी जैसे हालात या विकास दर धीमा पड़ना भी इसका प्रमुख कारण है। उल्लेखनीय है कि सन् 2009 में आयोजित जी-20 शिखर सम्मेलन में विश्व स्तर पर एक पुनर्संतुलन सिद्धांत प्रस्तावित किया गया था जिसमें चीन जैसे व्यापार अधिशेष 'ट्रेड सरप्लस' रखनेवाले देश के लिए घरेलू उपभोग बढ़ाने तथा निर्यात पर निर्भरता कम करने तथा अमेरिका जैसे व्यापार घाटा रखनेवाले देशों के लिए उपभोग कम करने एवं निर्यात बढ़ाने जैसे उपाय सुझाए गए थे।

अब अमेरिका के सामने अपने निर्यात बढ़ाने हेतु उसकी मुद्रा डॉलर्स का अवमूल्यन करने का विकल्प था, पर दिक्कत यह भी थी कि ऐसा करने पर विश्व में उसके प्रतियोगी देश भी कहीं ऐसा करने लग पड़े तो फिर मुद्रा अवमूल्यन का सीधा लाभ मिलना मुश्किल हो सकता था। ऐसे में मुद्रा प्रसार नीति (क्यू.ई.) एक बेहतर विकल्प सिद्ध हो सकता था, जिससे बिना कोई मुद्रा युद्ध शुरू किए अमेरिकी अर्थव्यवस्था का विकास हो सकता

था। सामान्यतया आधुनिक बाजारों में जिन मुद्राओं में ब्याज दर अधिक हो, उनका मूल्य ऐसी मुद्राओं के मुकाबले बढ़ता जाता है, जिनकी ब्याज दरें अपेक्षाकृत कम हों।

सीधा-सा संबंध है। यदि मुद्रा प्रसार नीति के तहत अत्यधिक मुद्रा प्रिंट की जाएगी तो उससे ब्याज की दरें तो कम होंगी ही। धीरे-धीरे अमेरिकी अर्थव्यवस्था में सुधार के लक्षण दिखाई पड़ने लगे। सन् 2009 की वैश्विक मंदी के बाद चार वर्षों तक साधारण प्रदर्शन करनेवाली अमेरिकी अर्थव्यवस्था में सन् 2014 के शुरुआत ही से अमेरिकी केंद्रीय बैंक का रुख बदलने लगा उसने मुद्रा प्रसार नीति में कटौती का मन बना लिया, क्योंकि उसे लगा कि अब अमेरिकी अर्थव्यवस्था को सपोर्ट की आवश्यकता नहीं है।

एक ओर जहाँ अमेरिकी अर्थव्यवस्था में उपभोग और रोजगार बढ़ रहे हैं, तो दूसरी ओर विश्व की अनेक अर्थव्यवस्थाएँ आर्थिक मंदी या फिर धीमी विकास दर के कारण चरमरा रही हैं। हाल ही में यूरोपियन सेंट्रल बैंक ने आर्थिक मंदी के कुचक्र की संभावना से बचने के उद्देश्य से 1.1 ट्रिलियन यूरो (1.3 ट्रिलियन डॉलर्स) के मुद्रा प्रसार (क्यू.ई.) की घोषणा कर अचानक एक बेचैनी का वातावरण बना दिया। इस प्रोग्राम के तहत 60 बिलियन यूरो प्रति माह से प्रतिभूतियों की खरीदी की जाएगी। हालाँकि यूरो का अवमूल्यन इस प्रोग्राम का औपचारिक उद्देश्य नहीं है, पर फिर भी जानकारों का मानना है कि इससे यूरोप की मुद्रा के मूल्य का ह्रास होना तय है और इससे विश्व में मुद्रा युद्ध को और हवा ही मिलेगी।

पिछले ही माह सिंगापुर के मौद्रिक प्राधिकरण ने कहा कि नीतिगत तौर पर वे अपनी मुद्रा के मूल्य में वृद्धि की गति को धीमा करने की दिशा में प्रयास करेंगे। उसके एक दिन बाद ही न्यूजीलैंड के रिजर्व बैंक ने यद्यपि अपनी मौद्रिक नीति में बदलाव नहीं किया, पर यह अवश्य कहा कि मौजूदा आर्थिक परिस्थितियों में वहाँ की विनिमय दर उचित स्तर पर नहीं है और उसमें और भी अवमूल्यन किए जाने का अनुमान लगाया जा सकता है। एक अन्य देश हंगरी के केंद्रीय बैंक ने भी आनेवाले दिनों में आसान मुद्रा नीति अपनाने की बात की है।

यही नहीं, डेनमार्क, कनाडा और स्विट्जरलैंड के केंद्रीय बैंकों द्वारा मौद्रिक नीति में बदलाव किए गए हैं। हाल ही में ऑस्ट्रेलिया, भारत व अन्य कई देशों में ब्याज दरों में कटौती की घोषणा भी की गई है। चीन ने भी अपने बैंकों के लिए कैश रिजर्व अनुपात को 50 बेसिक अंकों से कम कर दिया है।

इस प्रकार चीन भी अब वैश्विक मौद्रिक सहजता नीति के दौर में शामिल हो गया है। जाहिर है, विश्व की दूसरी सबसे बड़ी अर्थव्यवस्था के इस मैदान में कूद पड़ने से ऐसा प्रतीत होता है कि कहीं एक आकस्मिक मुद्रा युद्ध तो शुरू नहीं हो गया है। जापान में प्रधानमंत्री शिंजो अबे के कार्यकाल में वहाँ की मुद्रा येन में यूएस डॉलर के मुकाबले

30 प्रतिशत से भी ज्यादा का अवमूल्यन हो चुका है। चीन के उद्योगों की प्रतिस्पर्धात्मकता इस वजह से अंतरराष्ट्रीय बाजारों में काफी आहत हुई है। चीन की सकल राष्ट्रीय आय पिछले वर्ष 7.4 प्रतिशत की दर से बढ़ी है, जोकि पिछले 24 वर्षों में उसकी सबसे धीमी विकास दर रही है। हालाँकि चीन के उद्योगों और बैंकों ने पिछले पाँच वर्षों में अनुमानतः एक ट्रिलियन डॉलर्स का भारी कर्ज उठा रखा है, ऐसे में चीन बहुत तेजी से अपनी मुद्रा अवमूल्यन नहीं होने देना चाहेगा, पर हकीकत यह भी है कि सुस्त पड़ती अपनी अर्थव्यवस्था में निर्यात बढ़ाने के लिए उसके पास दूसरा कोई विकल्प भी तो नहीं।

यही कारण है कि अमेरिका भी अभी ब्याज दरों में वृद्धि करने जैसा निर्णय लेने में काफी सोच-विचार करना चाहेगा। वस्तुतः किसी भी देश के लिए मुद्रा युद्ध (करेंसी वार) शुरू करना या फिर उसमें शामिल होना एक ऐसा फैसला है, जो दुधारी तलवार के समान है, जिसमें मुद्रा का मूल्य घटाने या बढ़ाने पर कुछ-न-कुछ नुकसान अवश्य होता है। देखना है, किस प्रकार विश्व की अर्थव्यवस्थाएँ इस आकस्मिक मुद्रा युद्ध को सुलझा पाने में सफल हो पाएँगी ?

(मुंबई में प्रकाशित दैनिक 'हमारा महानगर' में शुक्रवार 27-02-2015 को व्यापार पृष्ठ पर प्रकाशित)

□

9

नीतिगत दरों में कटौती कितनी सार्थक

मौद्रिक नीति को लेकर हम अकसर आर्थिक नीतियों में समन्वय की आवश्यकता पर चर्चा करते रहे हैं। लगता है, अब एक अच्छी पहल के तौर पर रिजर्व बैंक ने केंद्रीय बजट के प्रस्तुत होने के चार ही दिनों बाद नीतिगत दरों में कटौती की घोषणा कर दी है। वैसे तो मौद्रिक नीति और राजकोषीय नीतियों में तालमेल बैठाने की कोशिश पहले भी कई बार की गई है, लेकिन अगर बात टाइमिंग की हो तो ऐसा पहली बार लगा कि जहाँ केंद्रीय बजट में वित्तीय वर्ष 2018 तक राजकोषीय घाटे को सकल राष्ट्रीय आय के तीन प्रतिशत तक ले आने की बात कही गई, तो रिजर्व बैंक ने भी सुर में ताल मिलाते हुए नीतिगत दरों में कटौती की घोषणा करने में तत्परता दिखाई जिससे यह अहसास हुआ कि अब आर्थिक विकास के मुद्दे पर आर्थिक नीतियों में बेहतर समन्वय का दौर शुरू होगा।

दरअसल, जिस प्रकार जनवरी माह में नीतिगत दरों में 25 बेसिस अंकों की कटौती की गई थी, तब से नीति विश्लेषकों को अपेक्षा थी कि अप्रैल माह में घोषित होनेवाली मौद्रिक नीति में इन दरों को कुछ और (25 से 50 बेसिस अंकों तक) कम किया जा सकता है, लेकिन जब रिजर्व बैंक ने निर्धारित समय से एक माह पूर्व ही नीतिगत दरों में 25 बेसिस अंकों की कटौती की घोषणा कर दी है, तो विश्लेषकों से लेकर निवेशकों तक सभी ने इसे एक अचाम्भित करनेवाली खबर के तौर पर तो देखा ही है, पर इसे आनंददायी सरप्राइज के रूप में अभिव्यक्त भी किया है।

जिस प्रकार शेयर बाजार ने 30,000 का आँकड़ा पार कर लिया, उससे तो यही संकेत मिलता है कि रिजर्व बैंक के गवर्नर निवेशकों को एक भरोसा देने की कोशिश में कामयाब अवश्य हुए हैं कि यदि केंद्रीय सरकार अच्छी नीयत से पिछली कमियों को दूर करते हुए एक ऐसा बजट बनाने की चेष्टा करेगी, जो कि जैसा दिखता है, वैसा ही काम करेगा तब रिजर्व बैंक भी केंद्रीय बजट के साथ कदम से कदम मिलाकर चलने में देरी नहीं करेगा।

गौरतलब है कि रिजर्व बैंक के निर्णय के अनुसार रेपो रेट, जिस पर बैंक रिजर्व बैंक से उधार लेते हैं, उसे 7.75 प्रतिशत से घटाकर 7.50 प्रतिशत कर दिया गया है। जिस प्रकार बजट के प्रस्तुत होने के कुछ दिनों बाद यह निर्णय लिया गया, उससे यह अनुमान भी लगाया जा रहा है कि शायद केंद्र और रिजर्व बैंक में मुद्रास्फीति को लक्षित कर निपटने (इन्फ्लेशन टार्गेटिंग) के उस अंदाज पर कुछ समझौता या सहमति बनी है, जिसकी हिमायत वह पिछले कुछ अरसे से कर रहा है।

जहाँ तक बैंकों का सवाल है, उनके लिए रिजर्व बैंक से कर्ज लेने की लागत कम हो गई है, पर इस कटौती का लाभ इन बैंकों के कर्जकर्ताओं तक पहुँचने में कुछ वक्त अभी लग सकता है। जाहिर है, कि यह मार्च का महीना है और बैंक इस वित्तीय वर्ष के अंतिम माह में अपनी बैलेंस शीट को आकर्षक बनाने की चेष्टा में लगेंगे, पर अप्रैल माह में उम्मीद की जा सकती है कि बैंक भी अपने कर्जकर्ताओं से वसूली जानेवाली ब्याज दर में कुछ कटौती अवश्य करेंगे।

उल्लेखनीय है कि मौजूदा वित्तीय वर्ष में धीमी आर्थिक विकास दर के चलते बैंकों से उधार उठाने की दर (क्रेडिट रेट) कमजोर पड़ने का रुख नजर आ रहा है। दिसंबर 2014 में सकल बैंक क्रेडिट 10.1 प्रतिशत से बढ़ा, जबकि पिछले वर्ष दिसंबर 2013 में यह 14.2 प्रतिशत की दर से बढ़ा था। इसलिए हो सकता है कि बैंक भी अपनी ब्याज दरें कम करना जरूरी समझेंगे, ताकि उधारकर्ता अधिक क्रेडिट की माँग करें।

साथ ही जिस प्रकार महँगाई की दरों में कमी आई है, रिजर्व बैंक ने सन् 2016-17 के लिए औसत महँगाई दर 4 प्रतिशत रहने का पूर्वानुमान लगाया है। ऐसे में ब्याज दरें कम होने पर आर्थिक विकास दर को बल मिलने की संभावना काफी बढ़ गई है।

इसके अलावा जिस प्रकार अमेरिकी फेडरल बैंक द्वारा वहाँ पर ब्याज दरें बढ़ाने का निर्णय सितंबर 2015 तक टलता नजर आ रहा है, और घरेलू स्तर पर भी उपभोक्ता मूल्य सूचकांक जनवरी 2016 के लिए तय 6 प्रतिशत के लक्ष्य से कम रहा है, ये सब रिजर्व बैंक के लिए काफी सकारात्मक रुख पेश कर रहे हैं। जाहिर है कि रिजर्व बैंक एक आशावादी दृष्टिकोण लेकर चल रहा है। उसे यह भी भरोसा है कि बजट में जो कहा गया है, वैसा दिख भी रहा है। विशेषकर राजकोषीय समेकन की कोशिश जो इस बजट में नजर आ रही है, वह काफी स्पष्ट है।

सकल राष्ट्रीय आय की मौजूदा वित्तीय वर्ष के लिए पुनर्गणना करने पर 7.4 प्रतिशत के अच्छे स्तर पर पहुँचने, महँगाई की दर 6 प्रतिशत से कम रहने, चालू खाता घाटा के सिकुड़ने और रुपए की विनिमय दर में स्थिरता आने से आशावादी दृष्टिकोण पनपना स्वाभाविक ही है।

इसके अलावा पिछले 9 महीनों से केंद्रीय सरकार ने भारतीय अर्थव्यवस्था को

लाभान्वित करनेवाले कई निर्णय लिए जिससे भी भारत की आर्थिक विकास आउटलुक में सुधार आया है। बजट में जनरल टैक्स अवायडेंस नियम (गार) को दो वर्षों तक टालने, टैक्स मसलों को पूर्व प्रभावी तौर पर लागू करने से बचने, अगले 4 वर्षों में कॉर्पोरेट टैक्स रेट में कमी लाने, आयकर छूट की सीमा बढ़ाने और कृषि क्षेत्र में विकास पर बल देने जैसे कई निर्णय में ऐसे हैं, जो भारत में निवेश, बचत और विकास की दर को प्रोत्साहन दे सकते हैं। हालाँकि वैश्वीकरण के इस महायुग में भारत की अर्थव्यवस्था पर घरेलू तत्त्वों के अलावा अन्य कई वैश्विक परिस्थितियों का भी प्रभाव पड़ता है, पर फिर भी जिस प्रकार राजकोषीय व मौद्रिक नीति में समन्वय का दौर शुरू हुआ है वह भारत की अर्थव्यवस्था को दीर्घकाल में मजबूती अवश्य देगा।

(मुंबई में प्रकाशित दैनिक 'हमारा महानगर' में शनिवार 07-03-2015 को व्यापार पृष्ठ पर प्रकाशित)

□

10

एफएमसी और सेबी का विलय कितना सार्थक

हाल ही में प्रस्तुत किए गए केंद्रीय बजट में भारत के वित्त मंत्री ने कमोडिटिज मार्केट के नियामक फॉवर्ड मार्केट कमीशन (एफएमसी) का पूँजी बाजार के नियामक 'सेबी' के साथ विलय करने के निर्णय की घोषणा की है। इस निर्णय के कार्यान्वयन हेतु इन दोनों ही मार्केट्स का विनियमन करनेवाले संबंधित कानूनों में संशोधन का प्रस्ताव भी इसी वित्त विधेयक 2015 में पेश किया जाएगा।

इस प्रकार सिक्योरिटीज कांट्रैक्ट्स (रेग्युलेशन) एक्ट (एस.सी.आर.ए.) में आवश्यक संशोधन द्वारा कमोडिटी डेरीवेटिव्स की परिभाषा में परिवर्तन कर उसे सिक्योरिटीज का दर्जा दिए जाने का प्रस्ताव है। साथ ही, इनकी फॉवर्ड ट्रेडिंग को सेबी के विनियमन दायरे में शामिल करने का भी प्रस्ताव है।

ऐसा अनुमान है कि वित्त विधेयक के 'पास' होने के साथ ही सेबी और एफ.एम.सी. के विलय की प्रक्रिया को भी क्रियान्वित किया जा सकेगा। यह भी माना जा रहा है कि सेबी के विनियमन दायरे में आने के बाद कमोडिटिज मार्केट के संचालन में अधिक नियमितता और गहराई लाई जा सकेगी।

गौरतलब है कि वर्तमान में सेबी को पूँजी बाजार के विनियमन में निपुणता हासिल है और प्रस्तावित विलय के बाद उसे अब कमोडिटिज मार्केट के विनियमन हेतु भी विशेषज्ञता हासिल करनी होगी, क्योंकि इस बाजार की कार्यप्रणाली पूँजी बाजार से सिद्धांततः कुछ अलग है, विशेषकर यहाँ भौतिक रूप से डिलिवरीज की जाती है और उसके विनियमन हेतु अलग प्रकार की प्रक्रिया है।

जानकारों की मानें तो सेबी को कमोडिटिज मार्केट का विनियमन करने के लिए कई चुनौतियों का सामना भी करना पड़ सकता है। वर्तमान में 'सेबी' इक्विटी,

ऋण तथा इक्विटी, ऋण और विदेशी मुद्रा पर डेरीवेटिव सौदों का विनियमन करती है। जब एफ.एम.सी. का विलय सेबी में हो जाएगा तब इसे कमोडिटिज डेरिवेटिव में किए जानेवाले सौदों का विनियमन भी करना होगा। यहाँ सेटलमेंट प्रक्रिया में कमोडिटिज की क्वालिटी (गुणवत्ता) एक बड़ा मसला है। जहाँ तक शेयर बाजार में सेटलमेंट की बात है, सभी एक्सचेंजों में शेयर्स की क्वालिटी एक समान ही रहती है, जबकि कमोडिटीज की क्वालिटी अलग-अलग स्थान पर अलग-अलग होती है, जिससे सेटलमेंट में दिक्कतें आने की संभावना रहती है।

इसके अलावा, सिक्योटिज मार्केट में डेरिवेटिव का सेटलमेंट या तो नकद या फिर शेयरों की डिलिवरी से हो जाता है, लेकिन कमोडिटीज की डिलिवरी सुनिश्चित करना भी काफी चुनौतीपूर्ण साबित हो सकता है। उल्लेखनीय है कि वर्तमान में भारत में वेयरहाउसों का विनियमन 'भंडारण एवं विनियामक प्राधिकरण' (डबल्यू. डी.आर.ए.) द्वारा किया जाता है, जो भी एक स्वतंत्र रेग्युलेटरी आथॉरिटी है, जिसके साथ समन्वय स्थापित करने की आवश्यकता पड़ सकती है।

गौरतलब है कि 5,600 करोड़ रुपए के नेशनल स्टॉक एक्सचेंज (एन.एस.ई.एल.) घोटाले (सन् 2013) के बाद से ही कमोडिटिज मार्केट के बेहतर विनियमन की माँग की जा रही थी। जाहिर है कि सेबी और एफ.एम.सी. के प्रस्तावित विलय का मकसद एक एकीकृत मार्केट विनियामक रेग्युलेटर की स्थापना करना है, जिससे कि कमोडिटीज मार्केट में खोए विश्वास को पुनः हासिल किया जा सके।

यह भी माना जा रहा है कि कमोडिटीज मार्केट को सेबी के तहत लाने से कथित तौर पर प्रचलित 'डब्बा ट्रेडिंग', जिसका कि आकार अनुमानतः एक लाख करोड़ रुपए प्रतिदिन के करीब भी बताया जाता है, उसे बंद करने में मदद मिलेगी। डब्बा ट्रेडिंग में मुख्य रूप से कई कमोडिटीज के अवैध ऑफ मार्केट सौदे किए जाते हैं। इन सौदों पर लगाम लगा पाना अब संभव हो सकेगा, क्योंकि सेबी के पास पहले से ही काफी पॉवर है। इनमें खोज एवं जब्ती, दंड अधिरोपित करने, गिरफ्तारी के आदेश जारी करने और सेबी कानून के खिलाफ कार्य करनेवालों पर सख्त कार्यवाही करने जैसी महत्त्वपूर्ण शक्तियाँ शामिल हैं।

केंद्रीय वित्त मंत्री के अनुसार, कमोडिटिज मार्केट के रेग्युलेटर (एफ.एम.सी.) और पूँजी बाजार के 'वाचडॉग' 'सेबी' के प्रस्तावित विलय का उद्‍देश्य कमोडिटीज मार्केट के विनियमन को मजबूत बनाना और सट्‍टेबाजी की प्रवृत्ति को कम करना है।

उम्मीद की जा रही है कि आनेवाले समय में पूँजी और कमोडिटिज मार्केट के

लिए एकीकृत रेग्युलेटर की स्थापना से विभिन्न एक्सचेंजों, उनके सदस्यों, निवेशकों और ट्रेडर्स द्वारा अपनाई जानेवाली प्रक्रियाओं, नियमों और संचालन पद्धतियों में सुसंगति और पारदर्शिता लाई जा सकेगी।

(मुंबई में प्रकाशित दैनिक 'हमारा महानगर' में शुक्रवार 13-03-2015 को व्यापार पृष्ठ पर प्रकाशित)

□

11

भारतीय अर्थव्यवस्था– महँगाई और विकास की दुविधा

हाल ही में अंतरराष्ट्रीय मुद्रा कोष (आई.एम.एफ.) ने भारत के केंद्रीय सांख्यिकी कार्यालय द्वारा सकल राष्ट्रीय आय (जी.डी.पी.) के संशोधित आंकड़े प्रस्तुत किए जाने के बाद भारत की विकास दर के मौजूदा वित्तीय वर्ष 2015 में 7.2 प्रतिशत और अगले वित्तीय वर्ष 2016 में 7.5 प्रतिशत हो जाने का अनुमान लगाते हुए भारतीय अर्थव्यवस्था की आउटलुक को सुधारा है।

उल्लेखनीय है कि इससे पूर्व जनवरी 2015 में आई.एम.एफ. ने भारत की जी.डी.पी. का पूर्वानुमान इन्हीं दो वर्षों के लिए क्रमश: 6.3 प्रतिशत और 6.5 प्रतिशत लगाया था। हालाँकि केंद्रीय सांख्यिकी कार्यालय (सी.एस.ओ.) द्वारा प्रस्तुत किए गए नए आँकड़ों के आधार पर भारत सरकार का अनुमान यह है कि मौजूदा वर्ष में सकल राष्ट्रीय आय 7.4 प्रतिशत से बढ़ेगी, जबकि अगले वित्तीय वर्ष 2016 में यह 8–8.5 प्रतिशत से बढ़ेगी। गौरतलब है कि सी.एस.ओ. ने जी.डी.पी. की गणना की कार्यप्रणाली तो बदल ही दी है, साथ ही 2011–12 को आधार वर्ष मानते हुए इसकी गणना की है।

प्रश्न यह उठता है कि आँकड़ों या उन पर आधारित आउटलुक में विकास दर काफी प्रभावशाली नजर जरूर आ रही है पर क्या बाकी आंकड़े भी इसका समर्थन कर रहे हैं? कारण यह है कि विभिन्न क्षेत्रों से प्राप्त आँकड़े भारतीय अर्थव्यवस्था की मिश्रित तसवीर पेश कर रहे हैं। पहले चालू खाता घाटे की चर्चा करें तो हाल ही में जारी आँकड़ों के अनुसार, दिसंबर 2014 में समाप्त तिमाही में भारत का चालू खाता घाटा देश की सकल राष्ट्रीय आय का 1.6 प्रतिशत रहा, जो कि पिछली तिमाही में 2 प्रतिशत रहा था। हालाँकि इसका मुख्य कारण सेवाओं के निर्यात में वृद्धि और पूँजी के बार्हिवाह (आउटफ्लोज) में कमी आना है। जहाँ तक वस्तुओं के आयात-निर्यात का सवाल है, वास्तव में निर्यात 7.3 प्रतिशत से कम हुए और आयात 4.5 प्रतिशत से कम

हुए। इस वजह से व्यापार घाटा सितंबर में समाप्त तिमाही के 38.6 बिलियन डॉलर्स से कुछ अधिक 39.2 बिलियन डॉलर्स रहा। यद्यपि अगर वर्ष-दर-वर्ष के प्रदर्शन की बात करें तो भारत का भुगतान संतुलन कुछ बेहतर हुआ है, मगर जिस प्रकार फरवरी 2015 में निर्यात 15 प्रतिशत से अधिक दर से कम हुए हैं और तेल की गिरती कीमतों व अन्य कारणों से आयात भी घटे हैं, उससे तो संकेत मिलता है कि भारतीय अर्थव्यवस्था में विकास दर पर काफी दबाव है।

दूसरा, हाल ही में जारी औद्योगिक उत्पादन सूचकांक आँकड़ों के अनुसार, जनवरी माह में औद्योगिक उत्पादन दर 2.6 प्रतिशत रही। उल्लेखनीय है कि दिसंबर 2014 में यह 3.2 प्रतिशत रही थी, विशेषकर खनन और विद्युत उत्पादन क्षेत्र में प्रदर्शन काफी कमजोर रहा। यद्यपि पूँजीगत वस्तुओं की विकास दर उम्मीद से कहीं अधिक 12.6 प्रतिशत रही, लेकिन दूसरी ओर उपभोक्ता वस्तुओं की माँग कमजोर दिखाई दी, जिससे यह संकेत मिलता है कि निकट भविष्य में तो भारतीय अर्थव्यवस्था की विकास दर में कोई बड़ा उछाल आने की संभावना कम ही नजर आ रही है।

तीसरा, थोक मूल्य सूचकांक में फरवरी माह में रिकॉर्ड गिरावट दर्ज की गई है। खाद्य पदार्थ, विनिर्मित वस्तुएँ और ईंधन की तेजी से गिरती कीमतों की वजह से यह सूचकांक फरवरी में शून्य से 2.6 प्रतिशत कम दर से घटा, जबकि पिछले वर्ष इसी माह में यह 5.03 प्रतिशत की दर से बढ़ा था। लेकिन यहाँ भी मिश्र प्रभाव देखने में आ रहा है, और वो यह कि उपभोक्ता मूल्य सूचकांक फरवरी माह में 5.37 प्रतिशत की दर से बढ़ा है, जोकि पिछले चार महीनों का उच्चतम स्तर है। थोक व खुदरा मूल्य सूचकांकों के विपरीत रुख दिखने पर अब रिजर्व बैंक के समक्ष विकास और महँगाई के मुद्दे पर किसे प्राथमिकता दी जाए, ऐसी दुविधा उत्पन्न हो सकती है।

इसके अलावा 6 मार्च को समाप्त हुए पखवाड़े में बैंक क्रेडिट विकास दर 10.4 प्रतिशत रही, जो इसके तुरंत पूर्व समाप्त हुए पखवाड़े में 10.64 प्रतिशत थी। उधर, बैंक डिपॉजिट रेट भी इस दौरान 11.77 प्रतिशत (वर्ष दर वर्ष आधार पर) रही, जो कि पिछले पखवाड़े में 11.85 प्रतिशत थी। उल्लेखनीय है कि पिछले तीन पखवाड़ों से बैंक क्रेडिट की विकास दर कुछ घटती जा रही है।

जाहिर-सी बात है कि जब आँकड़े भारतीय अर्थव्यस्था के लिए कुछ मिश्रित रुख प्रोजेक्ट कर रहे हों, तो भारत की आउटलुक सुधारने के साथ-साथ आई.एम.एफ. प्रमुख क्रिस्टीन लगार्डे ने, जो कि हाल ही में भारत आईं थी, कुछ शर्तें भी लगा दी हैं। उन्होंने स्पष्ट किया है कि यद्यपि भारत का प्रदर्शन कुछ सुधरा अवश्य है, पर सबसे अधिक महत्त्वपूर्ण बात है, 'स्थिरता' से विकास। यही कारण है कि उन्होंने भारत सरकार को संरचनात्मक सुधार के प्रयासों में तेजी लाने की सलाह भी दे दी है, जैसे कि श्रम कानूनों

की लचीलापन लाना और एक स्थिर रेग्यूलेटरी सिस्टम बनाना आदि। साथ ही, अमेरिकी फेडरल बैंक के किसी कदम से यदि अंतरराष्ट्रीय वित्तीय बाजारों में उथल-पुथल मचने की स्थिति उत्पन्न होती है, तो उसके प्रति सचेत रहने की हिदायत भी उन्होंने दी है।

इस बीच आर्थिक सहयोग और विकास संगठन (ओ.ई.सी.डी.) ने भारत की विकास आउटलुक को और भी बेहतर बताते हुए वर्ष 2015 में आर्थिक विकास दर 7.7 प्रतिशत और वर्ष 2016 में 8 प्रतिशत रखने का अनुमान लगाया है। हालाँकि इस संगठन के अनुसार भी भारत सरकार को आर्थिक सुधार के रास्ते में आनेवाली कठिनाइयों के मद्देनजर कई कठिन निर्णय लेने होंगे।

अब जिस प्रकार ये अंतरराष्ट्रीय संस्थाएँ आर्थिक सुधार की आवश्यकता और कठिन विकल्पों की बात भी कर रही हैं और भारत की आउटलुक को सुधार भी रही हैं, उससे तो लग रहा है कि भारत सरकार पर विकास दर बढ़ाने, या यूँ कहें कि भारत की अर्थव्यवस्था को और भी 'खुला' करने के लिए दबाव अवश्य बढ़ जाएगा।

(मुंबई में प्रकाशित दैनिक 'हमारा महानगर' में शुक्रवार 20-03-2015 को व्यापार पृष्ठ पर प्रकाशित)

□

12

अंतरराष्ट्रीय वित्तीय सेवा केंद्रों के लिए सेबी ने जारी की गाइडलाइन

हाल ही में भारतीय पूँजी बाजार की नियामक सिक्योरिटीज एंड एक्सचेंज बोर्ड ऑफ इंडिया, ने भारत में अंतरराष्ट्रीय वित्तीय सेवा केंद्र (इंटरनेशनल फाइनेंशियल सर्विसेज सेंटर) के लिए एक गाइडलाइन जारी की है।

उल्लेखनीय है कि इससे पूर्व केंद्रीय बजट 2015-16 में गुजरात इंटरनेशनल फाइनांस टेक सिटी (गिफ्ट सिटी) के भारत में प्रथम अंतरराष्ट्रीय वित्तीय सेवा केंद्र (आई.एफ.एस.सी.) के रूप में स्थापित होने का संकेत दिया गया था और साथ ही यह भी स्पष्ट किया गया था कि इस बारे में विस्तृत नियम (रेग्यूलेशंस) एक महीने के अंतराल में बना दिए जाएँगे।

इसी कड़ी में सेबी द्वारा जारी ये गाइडलाइन स्पेशल इकॉनॉमिक जोन एक्ट, 2005 की धारा 18 (1) के तहत स्थापित आई.एफ.एस.सी. में पूँजी बाजार से संबंधित वित्तीय सेवाओं को सुविधाजनक बनाने और उसका विनियमन (रेग्युलेशन) करने के उद्देश्य से बनाई गई हैं।

एस.ई.जेड. कानून की धारा 18 (1) के तहत केंद्र सरकार किसी भी विशेष आर्थिक क्षेत्र (स्पेशल इकोनॉमिक जोन) में एक अंतरराष्ट्रीय वित्तीय सेवा केंद्र (आई.एफ.एस.सी.) की स्थापना के लिए अनुमति प्रदान कर सकती है। साथ ही, वह उसके लिए जरूरी आवश्यकताएँ और कैसे इन केंद्रों का संचालन किया जाएगा इत्यादि के लिए नियम भी निर्धारित कर सकती है, लेकिन धारा 18 (2) के तहत यह भी प्रावधान है कि ऐसा करते वक्त रिजर्व बैंक, सेबी तथा आई.आर.डी.ए. या अन्य कोई भी संबद्ध नियामकों द्वारा जारी गाइडलाइन या ढाँचे को ध्यान में रखते हुए केंद्र सरकार ही आवश्यक शर्तें या नियम निर्धारित करेगी।

बहरहाल, इस क्षेत्र में पहल दिखाते हुए सेबी ने अपनी गाइडलाइन जारी कर दी

है। इसके अनुसार, अब एसईजेड कानून के तहत स्थापित इंटरनेशनल फाइनेंशियल सर्विसेज सेंटर में 25 करोड़ रुपए की पूँजी से ही एक स्टॉक एक्सचेंज स्थापित किया जा सकता है। गौरलतब है कि पहले न्यूनतम पूँजी की आवश्यकता 100 करोड़ रुपए थी। हालाँकि मौजूदा गाइडलाइन में इसे तीन वर्षों में 25 करोड़ से बढ़ाकर 100 करोड़ तक ले आना होगा।

इसके अलावा ये अंतरराष्ट्रीय वित्त केंद्र देश के सिक्योरिटीज कानून के वृहद् दायरे में काम कर सकेंगे। गाइडलाइन के तहत घरेलू व विदेशी स्टॉक एक्सचेंज, क्लीयरिंग कॉर्पोरेशंस और डिपॉजिटरीज भी प्रस्तावित नियमों के दायरे में सब्सिडियरी के माध्यम से वित्तीय सेवा केंद्र की तरह काम कर सकते हैं। यही नहीं, इन केंद्रों में विभिन्न स्टॉक एक्सचेंजों द्वारा क्लीयरिंग कॉर्पोरेशंस भी स्थापित किए जा सकते हैं। इसके अलावा सेबी के रजिस्टर्ड बिचौलिए (इंटरमीडियरी) या फिर अंतरराष्ट्रीय विनियमन क्षेत्र में मान्यता प्राप्त विदेशी बिचौलिए भी इन सिक्योरिटीज मार्केट्स में कार्य कर सकते हैं।

इस क्षेत्र में जितनी तत्परता से कार्य आगे बढ़ रहा है, उससे तो लगता है कि अब भारत में शीघ्र ही दुबई और सिंगापुर सरीखे अंतरराष्ट्रीय वित्तीय सेवा केंद्रों की स्थापना हो सकेगी। गौरतलब है कि देश में पहला आई.एफ.एस.सी. गुजरात राज्य में स्थापित होने जा रहा है। गुजरात इंटरनेशनल फाइनेंस टेक सिटी के नाम से स्थापित इस केंद्र में सब्सिडियरी के माध्यम से काम करने के लिए देश के प्रमुख स्टॉक एक्सचेंज बी.एस.ई. और एन.एस.ई. पहले ही सहमति जता चुके हैं। उम्मीद की जा रही है कि 'गिफ्ट' में विदेशी निवेशकों के बढ़-चढ़कर भाग लेने की संभावना है। जाहिर तौर पर घरेलू कंपनियाँ भी इक्विटी और ऋणों हेतु उनसे सीधे तौर पर संपर्क साधकर लाभान्वित हो सकती हैं। इसके साथ ही वैश्विक फंड मैनेजरों के समक्ष अब मध्यम और छोटे आकार की भारतीय कंपनियों को भी स्वयं को बेहतर ढंग से प्रोजेक्ट करने और विदेशी निवेशकों का ध्यान अपनी ओर खींचने का मौका मिल सकता है।

हालाँकि इस संदर्भ में रिजर्व बैंक, आई.आर.डी.ए. (इंश्योरेंस रेग्यूलेटरी अथॉरिटी) और सरकार द्वारा जारी होनेवाली विस्तृत गाइडलाइन की समीक्षा के बाद ही कुछ अधिक स्पष्टता से पता चल सकेगा कि भारत में स्थापित अंतरराष्ट्रीय वित्तीय केंद्र कितने पाप्युलर या कारगर सिद्ध हो पाते हैं।

उल्लेखनीय है कि दुबई अंतरराष्ट्रीय वित्त केंद्र सन् 2004 से कार्यरत है। करीब 110 एकड़ जमीन में फैले इस केंद्र का अपना कानूनी दायरा (लीगल सिस्टम) है और कोर्ट भी है, जिसके कार्यक्षेत्र में कॉर्पोरेट, कमर्शियल, सिविल, रोजगार, ट्रस्ट और सिक्योरीटीज कानून जैसे मसले आते हैं। आज दुबई का यह वित्तीय सेवा केंद्र एक ऐसे प्लेटफॉर्म के रूप में स्थापित हो चुका है, जहाँ विभिन्न व्यावसायिक और वित्तीय

संस्थाएँ अनेक उदयीमान अर्थव्यवस्थाओं से संपर्क साध सकती हैं। इसी प्रकार सिंगापुर वित्तीय केंद्र भी वैश्विक निवेशकों को वैश्विक बाजारों, विशेषकर दक्षिण एशियाई वित्तीय बाजारों से जोड़ने का महत्त्वपूर्ण केंद्र है।

यद्यपि भारत में भी अंतरराष्ट्रीय वित्तीय सेवा केंद्र की स्थापना से पूँजी बाजार को एक नया आयाम मिलेगा पर इसकी सफलता के लिए पर्याप्त इन्फ्रास्ट्रक्चर, मजबूत और पारदर्शी कर-व्यवस्था (टैक्स रिझीम), आर्थिक एवं राजनीतिक स्थिरता का वातावरण, जीवन बीमा और जनरल इन्श्योरेंस कंपनियों का अनुकूल ढाँचा, पुनर्बीमा सुविधा तथा बिचौलियों एवं सेवा प्रदाता कंपनियों का प्रभावी नेटवर्क और कार्यप्रणाली आदि द्वारा निर्मित एक जीवंत परिस्थिति तंत्र (वाइब्रेंट इको सिस्टम) की आवश्यकता होगी।

कुल मिलाकर, भारत में एक अंतरराष्ट्रीय वित्तीय सेवा केंद्र की स्थापना से वित्तीय सेवा क्षेत्र में न सिर्फ रोजगार के नए अवसर पैदा होंगे, बल्कि इस क्षेत्र में विकास के नए आयाम हासिल होंगे, जिससे भारत की अर्थव्यवस्था भी लाभान्वित हो सकेगी।

(मुंबई में प्रकाशित दैनिक 'हमारा महानगर' में शुक्रवार 27-03-2015 को व्यापार पृष्ठ पर प्रकाशित)

□

13

नई विदेश व्यापार नीति : कितनी प्रभावी?

हाल ही में भारत के वाणिज्य एवं उद्योग मंत्रालय द्वारा नई विदेश व्यापार नीति (2015–20) जारी की गई है। इस नीति में न सिर्फ भारत से वस्तुओं (मर्चेंडाइज) और सेवाओं (सर्विसेज) का निर्यात बढ़ाने की बात की गई है बल्कि यह उम्मीद भी जताई गई है कि इससे रोजगार के नए अवसर पैदा होंगे तथा साथ ही भारत की अर्थव्यवस्था में मूल्य संवर्धन (वेल्यू एडिशन) भी बढ़ेगा।

केंद्रीय वाणिज्य और उद्योग राज्यमंत्री (स्वतंत्र प्रभार) के अनुसार, यह नीति हमारे प्रधानमंत्री द्वारा प्रतिपादित 'मेक इन इंडिया' कैंपेन के विज्ञन को ध्यान में रख कर बनाई गई है। इस नीति में विनिर्माण और सेवाएँ, दोनों ही क्षेत्रों को बढ़ावा देने, और विशेषकर 'व्यापार करने में सहजता' (ईज ऑफ डूइंग बिजनेस) बढ़ाने का प्रयास भी किया गया है।

इस व्यापार नीति का लक्ष्य भारत को सन् 2020 तक वैश्विक बाजार में एक महत्त्वपूर्ण भागीदार के रूप में स्थापित करना है। सरकार का लक्ष्य है कि भारत से निर्यात की जानेवाली वस्तुओं और सेवाओं का आकार 465.9 बिलियन डॉलर्स (2013–14) से बढ़ाकर सन् 2019–20 तक 900 बिलियन डॉलर्स तक किया जा सके और भारत की वैश्विक व्यापार में जो हिस्सेदारी है, उसे मौजूदा 2 प्रतिशत से बढ़ाकर 3.5 प्रतिशत तक किया जा सके।

विदेश व्यापार को बढ़ावा देने के लिए मर्चेंडाइज और सर्विसेज, दोनों क्षेत्रों के लिए दो नई स्कीमें बनाई गई हैं, जो पूर्व में प्रचलित विभिन्न स्कीमों का स्थान ले लेंगी। गौरतलब है कि इन स्कीमों का लाभ विशेष आर्थिक क्षेत्र (एस.ई.जेड.) में कार्यरत इकाइयों को भी मिलेगा। इस प्रकार एस.ई.जेड. में कार्यरत उद्यमों पर न्यूनतम वैकल्पिक कर (मेट) और डिविडेंड वितरण टैक्स लगाए जाने के बाद उनका जो आकर्षण कम होता दिख रहा था, नई व्यापार नीति से उन्हें कुछ राहत अवश्य मिलेगी।

भारत से मर्चेंडाइज के निर्यात की स्कीम (एमई.आई.एस.) के तहत विशिष्ट

बाजारों और विशिष्ट वस्तुओं के लिए प्रोत्साहन दिया जाएगा। उल्लेखनीय है कि भारत की करीब 2 ट्रिलियन डॉलर्स अर्थव्यवस्था में निर्यातों का करीब 20 प्रतिशत का योगदान है। इस स्कीम के तहत कृषि और ग्रामीण उद्योग, प्रोसेस्ड एवं पैकेज्ड कृषि व खाद्य उत्पादों तथा विभिन्न औद्योगिक उत्पादों आदि को प्रोत्साहन दिया जाएगा।

जिस प्रकार पिछले तीन महीनों से लगातार भारत के निर्यात घट रहे हैं, उस परिप्रेक्ष्य में मर्चेंडाइज एक्सपोर्ट्स नीति के विभिन्न प्रोत्साहनों को काफी महत्त्वपूर्ण माना जा रहा है। उदाहरण के लिए, अब पूँजीगत वस्तुओं के निर्यात संवर्धन हेतु लागू ई.पी.सी.जी. स्कीम के तहत निर्यात का दायित्व 25 फीसदी कम हो जाएगा। इसके अलावा चुनिंदा सेक्टरों के लिए ब्याज दर में छूट योजना को जारी रखा जाएगा।

इसके अलावा नई व्यापार नीति में ई-कॉमर्स को बढ़ावा देने की बात की गई है। निर्धारित नियमों के तहत इन्हें 25,000 रुपए तक प्रति कंसाइनमेंट कूरियर अथवा विदेशी पोस्ट ऑफिस के माध्यम से निर्धारित वस्तुओं भेजने पर एम.ई.आई. स्कीम के तहत लाभ मिल सकेगा। नई स्कीम में ड्यूटी क्रेडिट स्क्रिप्स को स्वतंत्र रूप से स्थांनातरित किया जा सकेगा और इसका उपयोग सीमा शुल्क, उत्पाद शुल्क और सर्विस टैक्स चुकाने के लिए भी किया जा सकेगा।

नई विदेश व्यापार नीति में राज्य सरकारों के साथ मिलकर निर्यात बढ़ाने हेतु कार्य करने की बात की गई है। व्यापार नीति में नीतिगत प्रक्रियाओं में सहजता और सरलता लाने के लिए कई उपाय सुझाए गए हैं, जिससे व्यापारियों के लिए लेन-देन लागत (ट्रांजेक्शन लागत) कम हो जाने की संभावना है। कुल मिलाकर कर नई नीति के अनुसार, विदेश व्यापार से संबंधित नियमों का सरलीकरण करने और विभिन्न प्रक्रियाओं का डिजिटलीकरण करने की दिशा में महत्त्वपूर्ण कदम उठाए जाएँगे, जिससे कि भारत के निर्यात बढ़ाए जा सकें।

उल्लेखनीय है कि विश्व व्यापार संगठन की ओर से भी ट्रेड फेसिलिटेशन डील (व्यापार सुविधा सौदा) हेतु काफी दबाव लगातार बना रहा है। भारत की विदेश व्यापार नीति के समक्ष भारतीय हितों का संरक्षण करते हुए वैश्विक बाजारों में मौजूदा अनिश्चितता के चलते विभिन्न कठिनाइयों का सामना करते हुए अपने निर्यात बढ़ाना काफी चुनौतीपूर्ण कार्य है।

उम्मीद की जा रही है कि नई नीति से न सिर्फ निर्यात बल्कि रोजगार भी बढ़ेगा, जिससे भारत की अर्थव्यवस्था लाभान्वित होगी। हालाँकि विदेश व्यापार नीति का क्रियान्वयन कितने प्रभावी ढंग से किया जा सकेगा, उसका भी अपना महत्त्व है। इसके अलावा भारतीय निर्यातकों को अपने उत्पादों की गुणवत्ता और विश्वसनीयता बढ़ानी होगी, ताकि वे अंतरराष्ट्रीय स्तर पर अपनी प्रतिस्पर्धात्मक क्षमताएँ बढ़ा सकें। यही

कारण है कि नई नीति में प्रोत्साहन के साथ-साथ उत्पादों की गुणवत्ता बढ़ाने के बारे में भी चर्चा की गई है।

जो भी हो, व्यापार नीति में 'मेक इन इंडिया' और व्यवसाय के सरलीकरण जैसी व्यापक नीतियों के साथ समन्वय स्थापित करने के जो प्रयास किए गए हैं, वो निश्चय ही स्वागत योग्य हैं और दीर्घकाल में इनसे भारत की अर्थव्यवस्था में आर्थिक विकास दर को बल मिलेगा।

(मुंबई में प्रकाशित दैनिक 'हमारा महानगर' में शुक्रवार 03-04-2015 को व्यापार पृष्ठ पर प्रकाशित)

□

14

'मूडीज' ने किया भारत की रेटिंग में सुधार

हाल ही में अंतरराष्ट्रीय रेटिंग एजेंसी 'मूडीज' ने भारत की रेटिंग को 'स्थिर' से उन्नत (अपग्रेड) करते हुए उसे 'सकारात्मक' (पॉजीटिव) की श्रेणी में वर्गीकृत कर दिया है। गौरतलब है कि मूडीज को लगता है कि भारत के नीति निर्माताओं द्वारा उठाए जा रहे विभिन्न कदमों से मध्य अवधि में देश की आर्थिक ताकत बढ़ेगी।

मूडीज का अनुमान है कि जहाँ एक ओर वैश्विक बाजारों में कमोडिटीज की कीमतें अपेक्षाकृत अनुकूल बनी हुई हैं और वित्तीय तरलता की स्थिति भी ठीक-ठाक है, वहीं दूसरी ओर भारत की घरेलू अर्थव्यवस्था में कुछ संरचनात्मक बदलाव अपेक्षित हैं जिनकी वजह से भारत अपनी साथी अर्थव्यवस्थाओं से भी ऊँची विकास दर हासिल करने की स्थिति में पहुँच गया है। शायद रेटिंग क्षितिज पर यह एक महत्त्वपूर्ण बात है और यही कारण है कि भारत की रेटिंग सुधार दी गई है।

यही नहीं, मूडीज को यह भी अपेक्षा है कि जिस तरह से भारत की सरकार ने तेजी से विकास करने का वायदा किया है, नई नौकरियों के अवसर पैदा करने, नए निवेश प्रोजेक्टों की त्वरित क्लियरेंस करने, इंफ्रास्ट्रक्चर क्षेत्र में निवेश बढ़ाने और खनन व कोयला जैसे संवेदनशील क्षेत्रों में अस्थिरता दूर करने जैसे अनेक कदम उठाए हैं, उससे वैश्विक और घरेलू स्तर पर भी उसकी एक इन्वेस्टर फ्रेंडली छवि स्पष्ट तौर पर प्रतिबिंबित हुई है, जिसके चलते भारत की अर्थव्यवस्था विकास करते हुए अपने प्रतिद्वंद्वियों को पीछे छोड़ देगी, ऐसा अनुमान लगाया जा सकता है।

फिर जिस प्रकार भारत सरकार ने रक्षा, बीमा, ई-कॉमर्स, रेलवेज जैसे रणनीतिक दृष्टि से महत्त्वपूर्ण क्षेत्रों तक में विदेशी निवेश के नियमों में ढील दी है और व्यवसायियों को भूमि अधिग्रहण करने, फैक्टरी लगाने आदि में सहूलियतें दी हैं, उससे भारत का आर्थिक, संस्थागत और संरचनात्मक प्रोफाइल सुधरेगा, मूडीज को ऐसा भी प्रतीत हो रहा है।

उधर, सकल राष्ट्रीय आय की गणना करने की पद्धति में बदलाव के बाद भारत

की विकास दर 7.5 प्रतिशत आंकी गई है, जो कि चीन की विकास दर से ऊँची है। हालाँकि अन्य कई विरोधाभासी आँकड़ों के परिप्रेक्ष्य में इस ऊँची विकास दर को कुछ संदेह की दृष्टि से भी देखा गया कि वाकई यदि इतनी आकर्षक दर से विकास हुआ है तो अन्य सूचकांकों या आँकड़ों के माध्यम से यह परिलक्षित क्यों नहीं होता।

लेकिन फिर भी, जो नई गणना-पद्धति है, उस हिसाब से सरकार को उम्मीद है कि मौजूदा वित्तीय वर्ष (2015-16) में प्रदर्शन और भी बेहतर रहेगा और विकास दर 8 से 8.5 प्रतिशत के मध्य रहेगी। हालाँकि रिजर्व बैंक के अनुसार विकास दर 7.8 प्रतिशत रहेगी।

जैसा कि अकसर रेटिंग निर्धारित करते या फिर उसे बदलते वक्त जरूर समझा जाता है, 'मूडीज' में भी बारंबार प्रकट होती महँगाई, कभी-कभी भुगतान संतुलन पर बढ़ते दबाव और विनियामक (रेग्युलेटरी) वातावरण की अनिश्चितता की वजह से भारत की विकास दर में कई बार अस्थिरता आ जाने की प्रवृत्ति का जिक्र किया है और भारत की अर्थव्यवस्था पर बाह्य, विशेष रूप से वित्तीय झटकों के फलस्वरूप उसके क्रेडिट प्रोफाइल के बिगड़ने की संभावना के प्रति भी आगाह किया है।

जिस प्रकार इस वर्ष की शुरुआत में ही बिन मौसम की बारिश और ओला-वृष्टि की वजह से करीब 10 मिलियन हैक्टेयर क्षेत्रफल में खड़ी फसल को भारी नुकसान पहुँचा है, उससे काफी मुमकिन है कि खाद्य महँगाई का दबाव भारतीय अर्थव्यवस्था पर पड़ेगा। दूसरे, हाल ही में घोषित मौद्रिक नीति में नीतिगत दरों को यथावत रखा गया है। साथ ही, रिजर्व बैंक ने मार्च 2016 के अंत तक महँगाई की दर के 5.8 प्रतिशत तक पहुँच जाने का पूर्वानुमान लगाया है। अत: मौजूदा वित्तीय वर्ष में नीतिगत दरों में कोई बड़ी कटौती की उम्मीद फिलहाल दिखाई नहीं दे रही है।

इसके अलावा बैंकों की क्रेडिट ग्रोथ रेट भी दस प्रतिशत से कम चल रही है, जो एक सुस्त पड़ते निवेश सेंटीमेंट का द्योतक है। लगभग यही रुख भारतीय फैक्टरीज की लगातार कम होती विकास दर से भी स्पष्ट होता दिख रहा है। उधर वैश्विक स्तर पर चीन की विकास दर का कमजोर पड़ना, भू-राजनतिक संकटों का सक्रिय होना तथा वैश्विक विकास दर में कोई उल्लेखनीय सुधार नजर न आना भी चिंता का सबब हैं। इसके अतिरिक्त, अमेरिकी फेडरेल बैंक द्वारा ब्याज दर बढ़ाने को लेकर अनिश्चितता बनी हुई है।

जो भी हो, मूडीज की रेटिंग सुधार से सरकार का सेंटीमेंट अवश्य बेहतर हुआ है। भारत के मुख्य आर्थिक सलाहकार के अनुसार, इस रेटिंग सुधार से यह तथ्य उजागर हो गया है कि देश में आर्थिक विकास की संभावना बढ़ गई है और साथ ही, इससे सरकार के आर्थिक सुधार एजेंडे को मान्यता मिल गई है।

अब चाहे सरकार के आर्थिक सुधार एजेंडे को देख 'मूडीज' का 'मूड' (आउटलुक) बेहतर हुआ हो या फिर मूडीज की 'रेटिंग-सुधार' से सरकार का सेंटीमेंट बुलंद हुआ हो, शायद यह इतना महत्त्वपूर्ण नहीं है, जितना कि भारतीय अर्थव्यवस्था का वास्तविक प्रदर्शन, जिसे मौजूदा स्तर से बेहतर बनाना फिलहाल काफी चुनौतिपूर्ण नजर आ रहा है।

(मुंबई में प्रकाशित दैनिक 'हमारा महानगर' में शुक्रवार 10-04-2015 को व्यापार पृष्ठ पर प्रकाशित)

□

15

भारत में पूर्ण पूँजी खाता कन्वर्टिबिलिटी कितनी सार्थक?

हाल ही में रुपए की पूर्ण परिवर्तनीयता (फुल कंवर्टिबिलिटी) को लेकर चर्चा पुनः गरम हो उठी है। भारत के वित्त राज्यमंत्री के अनुसार, भारतीय अर्थव्यवस्था को वैश्विक स्तर पर मजबूत बनाने के लिए अब पूर्ण पूँजी खाता परिवर्तनीयता (सी.ए.सी.) की दिशा में आगे बढ़ने की आवश्यकता है।

उल्लेखनीय है कि अभी कुछ ही दिनों पूर्व अंतरराष्ट्रीय मुद्रा कोष द्वारा यह अनुमान लगाया गया था कि भारत, जो एशिया की तीसरी सबसे बड़ी अर्थव्यवस्था है, वह आनेवाले कुछ वर्षों में चीन को पीछे छोड़ते हुए विश्व की सबसे तेज गति से विकास करनेवाली अर्थव्यवस्था बनने जा रही है।

उधर, कुछ समय पूर्व रिजर्व बैंक के गवर्नर ने भी यह आशा व्यक्त की थी कि आनेवाले कुछ ही वर्षों में भारत में 'रुपए' को पूरी तरह से कन्वर्टिबल कर दिया जाएगा। हालाँकि उन्होंने यह भी स्पष्ट किया था कि यद्यपि रिजर्व बैंक सामान्यतया विदेशी धन के अंतर्वाह के प्रति खुलापन रखता है, पर कुछ क्षेत्रों में, विशेषकर अल्पकालीन ऋणों जैसे क्षेत्रों में अभी भी कठोर पूँजी नियंत्रण की आवश्यकता बनी हुई है।

प्रश्न उठता है कि आखिर रुपए की पूर्ण परिवर्तनीयता (कन्वर्टिबिलिटी) का सिद्धांत क्या है और आजकल इस विषय पर चर्चा क्यों गरम है? साथ ही, यह भी जानना आवश्यक है कि क्या भारत का वित्तीय सिस्टम सी.ए.सी. को अपनाने के लिए तैयार है।

पहले तो यह जान लें कि कोई भी मुद्रा या तो चालू खाता (करेंट अकाउंट) फिर पूँजी खाता (कैपिटल अकांउट) या फिर दोनों के लिए भी कन्वर्टिबल बनाई सकती है। करेंट अकाउंट कन्वर्टिबिलिटी का मतलब यह है कि किसी भी देश की को विदेशी मुद्रा से मार्केट निर्धारित एक्सचेंज रेट (विनिमय दर) पर सौदा करने अनुमति दिया जाना। जाहिर है, ऐसी स्थिति में दो मुद्राओं की एक्सचेंज रेट उनके

और आपूर्ति के समीकरणों पर आधारित हो जाएगी और इन समीकरणों के बदलने पर क्रमश: बदलती भी रहेगी।

दूसरी ओर, कैपिटल अकाउंट कन्वर्टिबिलिटी का अभिप्राय यह है कि जो लोग भारतीय स्टॉक मार्केट में स्टॉक्स या बॉण्ड्स खरीदने या किसी प्रोजेक्ट में प्रत्यक्ष निवेश हेतु विदेशी पूँजी लाते हैं, वे उसे रुपए में कन्वर्ट करने के लिए पूर्णत: स्वतंत्र होंगे अर्थात् इसके लिए उन्हें सरकार से अनुमति लेने की आवश्यकता नहीं होगी। इसी प्रकार डिविडेंट, कैपीटल गेन्स, ब्याज लाभांश आदि भी बाजार निर्धारित दरों पर डॉलर्स या अन्य किसी भी विदेशी मुद्रा में कन्वर्ट किए जा सकेंगे और उसका स्वतंत्रता से प्रत्यावर्तन भी किया जा सकेगा।

गौरतलब है कि पूँजी खाता कन्वर्टिबिलिटी को काफी जोखिमपूर्ण माना जाता है, क्योंकि इससे विदेशी मुद्रा की एक्सचेंज रेट बहुत अस्थिर हो सकती है। इसके अलावा इसे लागू करने के लिए अनुकूल परिस्थितियों का मौजूद होना भी एहतियातन जरूरी हो जाता है, जैसे कि एक्सचेंज रेट का स्थिर होना, भुगतान संतुलन घाटा नियंत्रण में होना और देश में विदेशी मुद्रा का पर्याप्त भंडार मौजूद होना आदि।

भारत में सन् 1991 में वैश्वीकरण युग की शुरुआत के बाद से ही आर्थिक सुधारों का जो दौर चला, उसी कड़ी में मार्च 1992 में 'रुपए' को आंशिक रूप से कन्वर्टिबल किया गया जहाँ करेंट अकाउंट में आनेवाली विदेशी मुद्रा का 60 प्रतिशत बाजार निर्धारित एक्सचेंज रेट पर, तो 40 प्रतिशत रिजर्व बैंक द्वारा निर्धारित एक्सचेंज रेट पर रुपए में कन्वर्ट किया जा सकता था। जाहिर है कि उस समय भुगतान संतुलन में जबरदस्त घाटे के मद्देनजर पूर्ण करेंट अकाउंट कन्वर्टिबिलिटी लाना जोखिमपूर्ण माना गया था, लेकिन इस दोहरे एक्सचेंज रेट सिस्टम के बावजूद जब विनिमय दर अपेक्षाकृत स्थिर बनी रही, तब सन् 1993-94 के केंद्रीय बजट में सभी ट्रेड एवं मर्चेंडाइज के लिए पूर्ण करेंट अकाउंट कन्वर्टिबिलिटी लागू कर दी गई। मार्च 1994 के बाद विदेशों से आनेवाले सभी प्रकार के धन के लिए भी पूर्ण कन्वर्टिबिलिटी लागू कर दी गई, हालाँकि कैपिटल अकाउंट पर नियंत्रण जारी रहा।

यहाँ विचारणीय बिंदु यह है कि क्या भारत अब सी.ए.सी. के लिए पूरी तरह तैयार है ? यहाँ हमें देखना होगा कि क्या वैश्विक अर्थव्यवस्था में मौजूद क्रेडिट रिस्क अभी भी मौजूद हैं और क्या सी.ए.सी. के लिए उपयुक्त अन्य परिस्थितियाँ भी अनुकूल बन गई हैं।

जहाँ तक वैश्विक अर्थव्यवस्था का प्रश्न है, अमेरिकी फेड द्वारा ब्याज दरों में वृद्धि को लेकर अनिश्चितता बनी हुई है। उधर, विश्व की दूसरी सबसे बड़ी अर्थव्यवस्था चीन में विकास दर पिछले 6 वर्षों के न्यूनतम स्तर पर पहुँच गई है। विश्व की कई अर्थव्यवस्थाएँ अभी भी वैश्विक मंदी के दौर से बाहर निकलने के लिए प्रयासरत हैं।

ऐसे में भारत को फिलहाल पूँजी खाता कन्वर्टिबिलिटी पर नियंत्रण बनाए रखना होगा, ताकि वित्तीय सिस्टम में स्थिरता को बनाए रखा जा सके। हमें यह भी याद रखना होगा कि इन्हीं पूँजी खाता नियंत्रणों की वजह से भारत की अर्थव्यवस्था वैश्विक मंदी के झटकों को बेहतर रूप से झेल पाई।

(मुंबई में प्रकाशित दैनिक 'हमारा महानगर' में शुक्रवार 17-04-2015 को व्यापार पृष्ठ पर प्रकाशित)

□

16

बारिश की अनियमितता से आहत होगी विकास दर

हाल ही में भारतीय मौसम विभाग (आई.एम.डी.) द्वारा जारी आँकड़ों के अनुसार, इस वर्ष मानसून अपने दीर्घावधि औसत का 93 प्रतिशत रहेगा, जिसे मानसून के साधारण (नॉर्मल) स्तर से कमजोर समझा जा सकता है। उल्लेखनीय है कि मानसून का दीर्घावधि औसत (एल.पी.ए. अर्थात् लांग पीरियड एवरेज) 89 सेंटीमीटर है जो पिछले 50 वर्षों में हुई बारिश का औसत स्तर बताता है। सामान्यतया यदि बारिश इस औसत के 96 से 104 प्रतिशत (प्लस, माइनस पाँच प्रतिशत) की रेंज में होती है तो इसे नॉर्मल माना जाता है, लेकिन इस वर्ष बारिश इस औसत स्तर की 93 प्रतिशत तक ही हो सकती है जो एक कमजोर मानसून का पूर्वानुमान समझा जा सकता है।

चिंता की बात यह है कि पिछले वर्ष बारिश इस दीर्घावधि औसत की 88 प्रतिशत ही रही थी जो कि पिछले 30 वर्षों का न्यूनतम स्तर रहा था। मानसून की बारिश को महत्त्वपूर्ण इसलिए भी माना जाता है, क्योंकि आज भी भारत के 40 प्रतिशत कृषि योग्य क्षेत्रफल पर ही सिंचाई के साधन उपलब्ध है। ऐसे में यदि मौसम विभाग की भविष्यवाणी सही साबित हुई तो ये लगातार दूसरा वर्ष होगा, जबकि बारिश अपने नार्मल स्तर से कम होगी।

गौरतलब है कि भारत में होनेवाली 70 से 75 प्रतिशत बारिश मानसून के मिजाज से प्रभावित होती है और एक कृषि प्रधान देश में, जहाँ देश की करीब दो तिहाई जनसंख्या कृषि या कृषि-आधारित आर्थिक क्रियाओं पर निर्भर करती है, मानसून के औसत से कम रहने का सीधा असर कृषि उत्पादन पर पड़ता है। उदाहरण के लिए, सन् 2009 में बारिश अपने साधारण स्तर (औसत) से करीब 23 प्रतिशत कम रही थी। तब खाद्य उत्पादन सन् 2008 के 234 मिलियन टन से घट कर 218 मिलियन टन हो गया था। इसी प्रकार सन् 2014-2015 में खाद्य उत्पादन पिछले वर्ष के 265 मिलियन टन से कम

हो कर करीब 257 मिलियन टन रहा था। अब लगातार दो वर्षों तक बारिश में कमी आने पर सिंचाई के वातावरण पर विपरीत प्रभाव पड़ सकता है जिससे कृषि उत्पादन और किसान बुरी तरह प्रभावित होंगे।

गौरतलब है कि देश में कृषि (खेती) के दो प्रमुख मौसम हैं। गरमियों में खरीफ और सरदियों में रबी की फसल बोई जाती हैं और इनके लिए पानी की उपलब्धता मानसून के सामान्य और असामान्य स्तर होने पर प्रभावित होती है।

भारत के क्षेत्रफल का करीब 43 प्रतिशत हिस्सा कृषि के लिए इस्तेमाल होता है। उल्लेखनीय है कि खरीफ के मौसम में देश के 55 प्रतिशत से अधिक खाद्यान्न और 65 प्रतिशत से अधिक तिलहन उत्पादन होता है और इसे प्रभावित करनेवाला दक्षिणी-पश्चिमी मानसून इस वर्ष अल नीनो नामक स्थिति से आहत हो सकता है। अल नीनो उस स्थिति का नाम है जहाँ प्रशांत महासागर में एक निर्धारित क्षेत्र में समुद्र में 3 से 4 डिग्री तापमान बढ़ जाने पर वायुमंडलीय परिस्थितियों में बदलाव उपजता है, जिसकी वजह से हवाओं की दिशा बदलने और कमजोर पड़ने की सम्भावना बढ़ जाती है।

भारत में पिछले 14 वर्षों में 8 बार अल नीनो की वजह से मानसून खराब हुए हैं, जिनमें सन् 2002 व 2007 में इसका प्रभाव अधिक दिखाई दिया।

दूसरा, चिंता की बात यह भी है कि इस वर्ष मार्च के महीने के शुरुआत से ही देश में बिन मौसम की बारिश से करीब 10 मिलियन हैक्टेयर क्षेत्रफल में खड़ी फसल को नुकसान पहुँचा है। जानकारों की मानें तो बिन मौसम की बारिश और कमजोर मानसून का संयोग बैठा तो भारत की राष्ट्रीय आय की विकास दर का जो पूर्वानुमान लगाया गया है (7.9 प्रतिशत) उसमें 50 बेसिस अंकों (0.5 प्रतिशत) की कमी आ सकती है।

इसके अलावा कृषि जन्य पदार्थों का उपभोक्ता मूल्य सूचकांक में करीब 40 प्रतिशत का भार रहता है। अतः यह भी मौजूदा 5.8 प्रतिशत की दर से बढ़कर 6 प्रतिशत या अधिक भी हो सकता है।

खराब मानसून से दालों और सब्जियों की कीमतें बढ़ सकती हैं। हालाँकि सरकार के पास अनाज के पर्याप्त भंडार मौजूद होने की वजह से हो सकता है कि अनाज की कीमतों में बहुत ज्यादा वृद्धि न भी हो, लेकिन यदि सरकार ने न्यूनतम खरीद मूल्य (मिनिमम प्रोक्योरमेंट कॉस्ट) में वृद्धि की तो खाद्य महँगाई कुछ बढ़ भी सकती है।

दरअसल, मानसून के मिजाज के बारे में सटीक भविष्यवाणी करना काफी मुश्किल है। मौसम विभाग ने भी स्पष्ट किया है कि ये शुरुआती रुझान हैं और मानसून के बारे में जून माह के अंत तक ही स्थिति कुछ और साफ हो सकेगी। मानसून की अनिश्चितता की वजह से देश की आर्थिक नीतियों में भी कभी-कभी बदलाव देखने में आते हैं, जिनका देश की अर्थव्यवस्था पर प्रभाव भी पड़ता है।

आवश्यकता है, देश में कृषि क्षेत्र में सिंचाई के साधन तेजी से विकसित हों और मानसून पर निर्भरता कम की जाए। किसानों की सुरक्षा के लिए फसल बीमा योजना व अन्य उपायों को और कारगर बनाए जाने की भी जरुरत है।

कृषि क्षेत्र का देश की अर्थव्यवस्था में उतना ही महत्त्वपूर्ण स्थान है, जितना कि मानव शरीर में रीढ़ की हड्डी का। ऐसे में कृषि के विकास को प्राथमिकता दिए जाने की आवश्यकता है।

(मुंबई में प्रकाशित दैनिक 'हमारा महानगर' में शुक्रवार 24-04-2015 को व्यापार पृष्ठ पर प्रकाशित)

□

17

अब वाकई स्मार्ट बनेगा भारत

रेटिंग एजेंसियों और विशेषज्ञों से लेकर विश्व बैंक और अंतरराष्ट्रीय मुद्राकोष तक सभी को लग रहा है कि अगले कुछ वर्षों में भारतीय अर्थव्यवस्था तेजी से विकास करेगी। यहाँ तक कि अभी कुछ ही दिनों पूर्व अमेरिकी कृषि विभाग द्वारा जारी किए गए आँकड़ों के आधार पर अनुमान लगाया गया है कि भारत की अर्थव्यवस्था का आकार सन् 2030 तक तेजी से बढ़ता हुआ 6.6 ट्रिलियन डॉलर्स हो जाएगा, जिसके फलस्वरूप भारत, जर्मनी, जापान और फ्रांस जैसे महाबली राष्ट्रों को पीछे छोड़ते हुए अमेरिका और चीन के बाद विश्व की तीसरी सबसे बड़ी अर्थव्यवस्था बन जाएगा।

उल्लेखनीय है कि अंतरराष्ट्रीय मुद्रा कोष द्वारा जारी वैश्विक आर्थिक आउटलुट डेटाबेस 2015 के अनुसार, फिलहाल भारत की सकल राष्ट्रीय आय का आकार 2 ट्रिलियन डॉलर्स है और वैश्विक अर्थव्यवस्था में उसका स्थान 9वाँ है।

जाहिर सी बात है कि इतनी तेजी से विकास होने की संभावना होने पर मौजूदा शहरों पर दबाव बढ़ेगा। भारत में फिलहाल 30 प्रतिशत क्षेत्रफल शहरी है, जबकि इन शहरों का देश की सकल राष्ट्रीय आय में दो तिहाई से भी अधिक योगदान है। लगातार रोजगार की तलाश में लोगों का गाँवों से शहरों की ओर पलायन का रुख देखते हुए यह आवश्यक समझा जा रहा है कि भारत में शहरीकरण की प्रक्रिया को महत्त्व देते हुए कई नए शहर बसाए जाएँ और मौजूदा शहरों में जीवन जीने की गुणवत्ता में सुधार किया जाए।

हाल ही में केंद्रीय मंत्रीमंडल ने अगले पाँच वर्षों में देश भर में 100 स्मार्ट शहर विकसित करने और 500 दूसरे शहरों के कायाकल्प करने हेतु करीब एक लाख करोड़ रुपए के प्रोजेक्ट को मंजूरी दे दी है। इनमें से 48,000 करोड़ रुपए स्मार्ट सिटी प्रोजेक्ट के लिए अनुमोदित किए गए हैं। अन्य 500 शहरों के लिए 50,000 करोड़ रुपए मंजूर किए गए हैं, जिन्हें अटल मिशन फॉर रिजुवनेशन एंड अर्बन ट्रांसफार्मेशन ('अमृत') प्रोजेक्ट के तहत दुरुस्त किया जाएगा।

धीरे-धीरे 'अमृत' प्रोजेक्ट में शामिल किए गए शहर भी स्मार्ट शहर के रूप में विकसित होते जाएँगे। हर स्मार्ट सिटी के लिए केंद्र की ओर से 100 करोड़ रुपए का योगदान दिया जाएगा। शेष पैसा राज्यों, शहरी निकायों या प्राइवेट कंपनियों द्वारा भी जुटाया जा सकेगा। फिलहाल इन स्मार्ट शहरों के नाम फाइनल नहीं किए गए हैं। हो सकता है कि इन्हें प्रतियोगिता आधारित चयन प्रक्रिया के माध्यम से भी चुना जाए।

दरअसल, केंद्र सरकार चाहती है कि इन चुस्त (स्मार्ट) शहरों के विकसित होने से देश की आर्थिक विकास दर को बल मिले। साथ ही, देश में नगरीय क्षेत्रफल का विस्तार हो, पर यहाँ सवाल यह भी उठता है कि क्या केंद्र सरकार की ओर से प्रति शहर महज सौ करोड़ रुपए का योगदान एक स्मार्ट सिटी को विकसित करने के लिए पर्याप्त समझा जा सकता है? शायद नहीं, और इसीलिए उम्मीद की जानी चाहिए कि केंद्र सरकार की इस महत्त्वाकांक्षी योजना को राज्य सरकारों, वहाँ के शहर विकास तंत्रों और निजी उपक्रमों आदि का भरपूर सहयोग मिलेगा।

एक सवाल यह भी है कि इन नए शहरों में विकसित की गई सुविधाओं के उपयोग के लिए क्या नागरिकों पर अतिरिक्त चार्ज लगाया जाएगा? फिलहाल इस बारे में अभी स्पष्टता से कुछ कहा नहीं जा सकता जब तक कि इस प्रोजेक्ट की पूरी रूपरेखा बनकर तैयार नहीं हो जाती।

आमतौर पर माना जा रहा है कि स्मार्ट सिटी प्रोजेक्ट में पीने का स्वच्छ पानी, सेनीटेशन, साफ-सफाई की उचित व्यवस्था, कुशल आवागमन व्यवस्था और पब्लिक ट्रांसपोर्ट जैसी आधारभूत सुविधा उपलब्ध कराना, गरीबों के लिए वाजिब दाम में घर, बिजली की पर्याप्त आपूर्ति, सूचना एवं प्रौद्योगिकी नेटवर्क, सुशासन सुरक्षा, कानून और व्यवस्था, पर्याप्त स्वास्थ्य सुविधाएँ और शिक्षा के संसाधन उपलब्ध कराना जैसे तत्त्व समाहित हैं। यहाँ तक कि पर्यावरणीय सुरक्षा भी स्मार्ट सिटी का एक मापदंड है ताकि आनेवाली पीढ़ियों के लिए एक स्वच्छ वातावरण का निर्माण किया जा सके।

इस प्रकार से 100 नए शहर विकसित करने के लिए जरूरी सेवों और सुविधाओं के लिए आज भले ही संसाधन पर्याप्त न जान पड़ते हों, पर उम्मीद अवश्य की जा सकती है कि जो काम अच्छी भावना से शुरू किया जाए, वो देर सबेर पूरा तो हो ही जाएगा। शायद इसी विश्वास के साथ इस स्मार्ट सिटी प्रोजेक्ट को हरी झंडी दे दी गई है, लेकिन फिर भी किसी भी प्रोजेक्ट के सफल क्रियान्वयन के लिए उसकी विस्तृत रूपरेखा बनाने के साथ-साथ पर्याप्त संसाधन जुटाना दोनों ही महत्त्वपूर्ण हैं। यही कारण है कि केंद्र सरकार की स्मार्ट सिटी योजना को फिलहाल एक चुनौतीपूर्ण व महत्त्वाकांक्षी योजना के रूप में देखा जा सकता है, जिसकी सफलता अनेक ऐसे तत्त्वों

पर निर्भर है, जिनकी स्पष्ट व्याख्या अभी अपेक्षित है और उन संसाधनों पर भी जिन्हें किस प्रकार जुटाया जाएगा, यह अभी पूरी तरह स्पष्ट नहीं है।

इन सबके बीच यह बात भी तय है कि यदि स्मार्ट योजना को कुशलता से क्रियान्वित किया जा सका तो 21वीं सदी के भारत की तसवीर बदलेगी जरूर।

(मुंबई में प्रकाशित दैनिक 'हमारा महानगर' में शुक्रवार 01-05-2015 को व्यापार पृष्ठ पर प्रकाशित)

□

18

अच्छे दिनों के लिए करना होगा इंतजार

हाल ही में केंद्र में नई सरकार ने 12 महीने का कार्यकाल पूरा किया है। जाहिर सी बात है हर कहीं इस विषय पर चर्चा गरम हो उठी है कि आखिर इन 12 महीनों में मोदी सरकार ने कैसा प्रदर्शन किया?

'अब की बार : मोदी सरकार' के नारे से बुलंद चुनावी माहौल से तपकर निकली नई सरकार के समक्ष एक ओर नीतिगत गतिरोध से त्रस्त, महँगाई से जूझ रही एक गतिहीन अर्थव्यवस्था को विकास की दिशा में आगे बढ़ाने की चुनौती थी तो दूसरी ओर उन उम्मीदों और वायदों को पूरा करने का दबाव जिनके साथ यह सरकार चुनाव जीत कर आई।

यदि पिछले एक वर्ष के काम-काज का विश्लेषण करें तो नई सरकार ने जहाँ महँगाई पर लगाम कसने, राजकोषीय अनुशासन बनाए रखने, कोयला खदान और स्पेक्ट्रम आवंटन के माध्यम से अतिरिक्त राजस्व आय उपार्जित करने, वैश्विक स्तर पर भारत को एक आकर्षक निवेश विकल्प के रूप में प्रोजेक्ट करने जैसे कई अच्छे कार्य तो किए हैं, पर कई महत्त्वपूर्ण विधेयकों के संसद के गलियारों में अभी तक अटके रहने से नीतिगत गतिरोध की स्थिति अभी भी बनी हुई है। हालाँकि कई मामलों में अध्यादेशों के माध्यम काम चलाया भी गया है।

उधर, बिन मौसम की बारिश और तेल की अंतरराष्ट्रीय कीमतों में वृद्धि से महँगाई पर फिर से दबाव बढ़ रहा है और सरकार देश के विकास के लिए जो कदम उठाना चाहती है, उसके लिए विपक्ष के साथ कहीं संवाद तो कहीं सहयोग की कमी आदि कई ऐसे तत्त्व हैं, जिससे भारत की अर्थव्यवस्था पर लगातार दबाव भी बना हुआ है।

कुछ विश्लेषकों के अनुसार जितनी जोर-शोर से घोषणाएँ होती रहीं, उतनी तीव्रता या तत्परता से जमीनी स्तर पर परिणाम दिखाई नहीं दे रहे। हालाँकि कुछ प्रमुख रेटिंग ऐजेंसियों, विश्व बैंक व अंतरराष्ट्रीय मुद्रा कोष जैसे प्रतिष्ठित संगठनों को भारत की विकास क्षमताओं में दम नजर आ रहा है और वे एक बेहतर प्रदर्शन का पूर्वानुमान भी

लगा रहे हैं। यही कारण है कि भारत में पिछले एक वर्ष से बढ़-चढ़कर निवेश करनेवाले विदेशी संस्थागत निवेशक भी भ्रमित हैं। उन्हें यह समझ पाने में दिक्कत पेश आ रही है कि भारत की अर्थव्यवस्था में विकास की गति तेजी से बढ़ रही है या फिर आर्थिक क्रियाओं के स्तर में गिरावट आ रही है।

उदाहरण के लिए, लंबे समय (12 वर्ष) से अटका हुआ जी.एस.टी. विधेयक (गुड्स एंड सर्विसेज बिल) लोकसभा से तो पास हो गया है पर राज्यसभा में यह कैसे पास कराया जा सकेगा, इस बारे में संशय है। इसी प्रकार भूमि अधिग्रहण संशोधन बिल का विपक्ष द्वारा पुरजोर विरोध देखते हुए इसके कानून बनने में देरी होगी, ऐसा प्रतीत हो रहा है।

इसके अलावा, सकल राष्ट्रीय आय की गणना पद्धति बदल दी गई है और अब विशेषज्ञों के लिए यह जानना मुश्किल हो रहा है कि पिछले वर्ष के मुकाबले भारत की विकास दर वास्तव में बढ़ रही है या फिर यह कम हो रही है।

पिछले तीन वर्षों (2012-15) में महँगाई की औसत दर 8.69 प्रतिशत रही है। इस दौरान नवंबर 2013 में यह 11.16 प्रतिशत की अधिकतम रिकॉर्ड स्तर पर पहुँच चुकी थी, लेकिन नवंबर 2014 में यह 4.38 प्रतिशत के न्यूनतम रिकॉर्ड स्तर पर आ गई। इसे मोदी सरकार की एक बड़ी उपलब्धि के तौर पर देखा जा रहा है। हालाँकि मार्च 2015 में महँगाई की दर कुछ बढ़कर 5.17 प्रतिशत हो गई है।

उधर, बिन मौसम की बरसात से करीब 10 मिलियन हेक्टेयर क्षेत्रफल में खड़ी फसल को नुकसान पहुँचने व अंतरराष्ट्रीय तेल बाजारों में तेल की कीमतों में करीब 40 प्रतिशत तक की वृद्धि आदि कारणों से महँगाई बढ़ने की आशंका बन गई है। यही कारण है कि रिजर्व बैंक के गवर्नर ने फिलहाल नीतिगत दरों में कोई कटौती नहीं करने का फैसला किया है।

इसके अलावा पिछले एक वर्ष में रुपए की विनिमय दर में 6 विदेशी मुद्राओं के सामने करीब 11 प्रतिशत की वृद्धि देखी गई है और इससे हमारे निर्यात आहत हुए हैं। मार्च 2015 में निर्यातों का प्रदर्शन देखें तो इनमें 21 प्रतिशत की गिरावट आई है जो कि पिछले 6 महीनों की सबसे बड़ी गिरावट के रूप में दर्ज की गई।

उधर सोने (गोल्ड) के आयात पर लगे प्रतिबंध को ढीला करने की वजह से सन् 2014-2015 में सोने के आयात में 19 प्रतिशत की वृद्धि हुई है, जिसकी वजह से व्यापार घाटा बढ़ा है। रिजर्व बैंक के अनुसार, भारत का चालू खाता घाटा जो सन् 2013-14 के प्रथम 9 महीनों (अप्रैल-दिसंबर) के मध्य सकल राष्ट्रीय आय का 1.7 प्रतिशत था, वो सन् 2014-15 में इसी अंतराल में बढ़कर 2.3 प्रतिशत हो गया।

मार्च महीने में देश के प्रमुख आठ आधारभूत उद्योगों में, जिनका कि औद्योगिक

उत्पादन सूचकांक की गणना में 38 प्रतिशत का भार है, उत्पादन 0.1 प्रतिशत से घट गया है। वित्तीय वर्ष 2014-15 में इनका उत्पादन 3.5 प्रतिशत की दर से बढ़ा जो कि 2013-14 में 4.2 प्रतिशत की दर से बढ़ा था।

इसके अलावा रिजर्व बैंक के अनुसार, अप्रैल से दिसंबर 2014 के दरम्यान क्रेडिट विकास दर सुस्त होकर महज 2.68 प्रतिशत पर दर्ज की गई। गौरतलब है कि इस दौरान बैंकों में वित्तीय तरलता की स्थिति संतोषजनक रहने के बावजूद बैंक क्रेडिट की माँग कम रही।

कोयला खदानों की नीलामी से सरकार को कथित तौर पर दो लाख करोड़ रुपए की आय भले ही भारत के पूर्व महालेखाकार द्वारा अनुमानित 1.86 लाख करोड़ रुपए के घाटे को पूरा करती हुई दिख रही हो, पर यह स्पष्ट नहीं है कि यह पैसा सरकार को है कितने वर्षों में किस हिसाब से मिलेगा?

जो भी हो, मोदी सरकार अपने बड़े-बड़े वायदों को पूरा करने के लिए बड़े-बड़े कदम तो उठाना चाह रही है, पर भारतीय अर्थव्यवस्था के विकास रूपी इंजन को पटरी पर लाने और तेजी से दौड़ाने के लिए आवश्यक नीतिगत सुधार लाने और उन्हें क्रियान्वित करने के लिए उन्हें अनेक चुनौतियों का सामना करना पड़ सकता है। भारत सरकार की 'जन-धन योजना' और 'डायरेक्ट कैश ट्रांसफर' जैसे कदमों को काफी सराहा भी गया है।

अतः कहा जा सकता है कि एक वर्ष में भले ही अच्छे दिनों की आहट भर ही सुनाई दी हो, पर मोदी सरकार अच्छे दिनों के लिए पहले ही जिस प्रकार 60 महीनों का समय माँग चुकी है, लगता है, आम भारतीयों को अभी कुछ इंतजार करना ही होगा।

(मुंबई में प्रकाशित दैनिक 'हमारा महानगर' में शुक्रवार 08-05-2015 को व्यापार पृष्ठ पर प्रकाशित)

□

19

बढ़ते जा रहे हैं बैंकों में खराब ऋण

हाल ही में रिजर्व बैंक द्वारा जारी आँकड़ों से स्पष्ट हुआ है कि भारतीय बैंकिंग क्षेत्र में नॉन परफार्मिंग असेट (एन.पी.ए.) का अनुपात बढ़ता ही जा रहा है। उल्लेखनीय है कि मार्च 2014 में बैंकों का कुल एन.पी.ए. अनुपात 4.1 प्रतिशत के मुकाबले मार्च 2015 में बढ़कर 4.45 प्रतिशत हो गया है। और यदि इनमें बैंकों द्वारा पुनर्गठित किए गए ऋणों को भी जोड़कर देखा जाए तो खराब हुए ऋणों का अनुपात 10.9 प्रतिशत हो जाता है, जो वाकई चिंताजनक है।

एक महत्त्वपूर्ण जानकारी यह भी है कि खराब हुए ऋणों की संख्या सार्वजनिक क्षेत्र के बैंकों में अपेक्षाकृत कहीं अधिक है, जहाँ इनका प्रतिशत क्रमशः 5.17 प्रतिशत और 13.2 प्रतिशत है। प्रमुख रेटिंग एजेंसी, क्रिसिल की एक रिपोर्ट के अनुसार, बैंकिंग क्षेत्र में खराब ऋणों की मात्रा 60,000 करोड़ रुपए से बढ़कर मौजूदा वित्तीय वर्ष के अंत तक 4 लाख करोड़ तक भी हो सकती है।

इन खराब ऋणों के तेजी से बढ़ने का एक कारण यह भी है कि पुनर्गठित किए गए कई ऋण फिर से एन.पी.ए. में कन्वर्ट हो जाते हैं। क्रिसिल के अनुसार, सन् 2011-14 के दौरान पुनर्गठन किए गए ऋणों में से 40 प्रतिशत फिर से एन.पी.ए. में परिवर्तित हो चुके थे।

उल्लेखनीय है कि छोटे और मध्यम आकार के उद्योगों में भी खराब ऋणों की समस्या बढ़ती जा रही है। चिंता की बात यह है कि एक धीमी पड़ती अर्थव्यवस्था में खराब ऋणों की समस्या और अधिक बढ़ जाती है।

हाल ही में जारी आँकड़ों के अनुसार, मार्च के महीने में औद्योगिक विकास दर पिछले पाँच महीनों के न्यूनतम स्तर पर दर्ज की गई है। उल्लेखनीय है कि फरवरी माह में जहाँ औद्योगिक उत्पादन की विकास दर 4.9 प्रतिशत रही थी, वो मार्च के महीने घटकर 2.1 प्रतिशत ही रह गई। भारत सरकार द्वारा जोर-शोर से लांच किए गए

'मेक इन इंडिया' कैंपेन के परिप्रेक्ष्य में वाकई इसे एक निराशाजनक रुख के तौर पर देखा जा सकता है। हालाँकि पूँजीगत उत्पादों के क्षेत्र में विकास दर 7.6 प्रतिशत रही, लेकिन उपभोक्ता वस्तुओं का उत्पादन महज 0.7 प्रतिशत और इंटरमीडिएट (मध्यवर्ती) वस्तुओं का उत्पादन महज 1.9 प्रतिशत से ही बढ़ा।

विशेषकर उपभोक्ता टिकाऊ वस्तुओं (कंज्यूमर ड्यूरेबल्स) के उत्पादन में 4.7 प्रतिशत की गिरावट आई, जोकि एक कमजोर उपभोक्ता सेंटीमेंट का रुख दरशाता है। यदि पिछले एक वर्ष की बात करें तो सन् 2014-15 में इनके उत्पादन में 12.5 प्रतिशत की गिरावट दर्ज की गई है। इस प्रकार अगर उपभोक्ता वस्तुओं की मांग में कमी बरकरार रही, तो इनका उत्पादन करनेवाली कंपनियों के लाभांशों में गिरावट आ सकती है।

भारतीय उद्योगों की प्रमुख प्रतिनिधि संस्था 'फिक्की' (फेडरेशन ऑफ इंडियन चेंबर्स ऑफ कॉमर्स एंड इंडस्ट्री) के अनुसार, औद्योगिक उत्पादन की विकास दर कुछ कमजोर रहने के कई कारण हैं, जैसे कि ब्याज दरों का भार अधिक हो जाना, आधारभूत सुविधाओं का बाधित होना और घरेलू और वैश्विक बाजारों में उपभोक्ता मांग का कमजोर होना आदि। इसके अलावा पिछले एक हफ्ते में विदेशी निवेशकों ने जिस प्रकार भारत के इक्विटी और ऋण बाजारों से हाथ खींचा है, रुपए की विनिमय दर पर उसका गंभीर असर पड़ा है। रुपए के मूल्य में गिरावट से उन उद्योगों के लाभांशों पर असर पड़ सकता है, जो आयातित उत्पादक सामग्री का इस्तेमाल करते हैं। रुपए के अवमूल्यन से उन कंपनियों की बैलेंसशीट पर भी दबाव पड़ेगा, जिन्होंने भारी मात्रा में विदेशी ऋण लिया है या फिर उसका पर्याप्त जोखिम प्रबंधन नहीं किया है।

उल्लेखनीय है कि वैश्विक वित्तीय स्थिरता रिपोर्ट के अनुसार, जहाँ एक ओर भारतीय उद्योगों के कुल ऋणों का 36.9 प्रतिशत जोखिमपूर्ण माना जा सकता है, जो कि सभी उदीयमान अर्थव्यवस्थाओं में अधिकतम है, वहाँ दूसरी ओर भारतीय बैंकों की, विषम परिस्थितियों (क्राइसिस सिचुएशन) में, घाटा बर्दाश्त करने की क्षमता उनके कुल असेट का महज 7.9 प्रतिशत है, जो कि ऐसे दूसरे देशों के मुकाबले में न्यूनतम स्तर है। आज भी भारत में उद्योगों के लिए बैंक ऋणों के लिए प्राथमिक स्रोत हैं, क्योंकि हमारे देश में कॉर्पोरेट बॉण्ड मार्केट फिलहाल अधिक विकसित नहीं है।

इस प्रकार यदि उद्योगों का प्रदर्शन संतोषजनक न रहा, तो आनेवाले समय में बैंकों में एन.पी.ए. की समस्या और भी गंभीर हो सकती है। उल्लेखनीय है कि 1 अप्रैल, 2015 से बैंकों को पुनगर्ठित ऋणों पर भी एन.पी.ए. के समकक्ष ही 15 प्रतिशत की प्रोव्हजनिंग करनी होगी। जाहिर है, इससे बैंकों के लाभांश भी आहत होंगे। ऐसे में

बैंकों को अपना पूँजीगत आधार बढ़ाने में भी दिक्कत पेश आ सकती है। यही कारण है कि रिजर्व बैंक ने बैंकों को, विशेषकर सार्वजनिक क्षेत्र के बैंकों को एन.पी.ए. की समस्या को गंभीरता से लेने की सलाह दी है। भारत में आर्थिक विकास को बल मिले और आर्थिक चक्र अनुकूल बने, इसके लिए बैंकों की बैलेंस शीट का मजबूत रहना भी आवश्यक है।

(मुंबई में प्रकाशित दैनिक 'हमारा महानगर' में शुक्रवार 15-05-2015 को व्यापार पृष्ठ पर प्रकाशित)

□

20

निवेश सेंटीमेंट का कमजोर पड़ना चिंताजनक

हाल ही में जारी किए गए आँकड़ों के अनुसार, अप्रैल माह में भारत से निर्यात की जा रही वस्तुओं के व्यापार में 14 प्रतिशत की गिरावट दर्ज की गई। उल्लेखनीय है कि पिछले पाँच महीनों से हमारे निर्यातों में लगातार कमी आती जा रही है। मार्च 2015 में तो निर्यातों में 21 प्रतिशत की गिरावट आई, जो कि पिछले 6 वर्षों का सबसे खराब प्रदर्शन रहा।

निर्यातों का यूँ कम होना वाकई चिंताजनक है, क्योंकि हमारी सकल राष्ट्रीय आय में निर्यातों के जरिए होनेवाली आय का योगदान करीब 25 प्रतिशत है। यहाँ तक कि इन निर्यातों में महत्त्वपूर्ण स्थान रखनेवाले आई.टी. सेक्टर (सूचना एवं प्रौद्योगिकी क्षेत्र), जो देश के लिए विदेशी मुद्रा उपार्जन का प्रमुख स्रोत हैं, वे भी अपने तीन वर्षों का सबसे खराब प्रदर्शन दिखा रहे हैं।

अंतरराष्ट्रीय ऐजेंसी ब्लूमबर्ग के अनुसार, वैश्विक जी.डी.पी. अगले तीन वर्षों में महज 3 प्रतिशत ही बढ़ सकेगी, जबकि सन् 1997 से सन् 2008 तक के अंतराल में उसका औसत प्रदर्शन 4.3 प्रतिशत रहा था। हालाँकि अंतरराष्ट्रीय मुद्रा कोष (आई.एम.एफ.) को उम्मीद है कि पिछले तीन वर्षों से 2.2 प्रतिशत की औसत दर से विकास कर रही वैश्विक अर्थव्यवस्था का प्रदर्शन अगले कैलेंडर वर्ष 2016 में कुछ बेहतर हो जाएगा और वर्ष 2020 तक यह 4 प्रतिशत तक भी पहुँच सकता है, बशर्ते कि यूरोजोन और जापान की अर्थव्यवस्था में कुछ सुधार आ पाए।

अगर भारत की बात करें, तो पिछले दो वर्षों में उसकी आर्थिक विकास दर औसत वैश्विक विकास दर से कही अधिक ऊँची रही है और आनेवाले तीन वर्षों में भी यह रुख बरकरार रहेगा, ऐसा अनुमान भी लगाया गया है लेकिन समस्या यह है कि वैश्विक विकास दर यदि किन्हीं भी कारणों से जरा भी सुस्त पड़ी, तो भारत के निर्यात व्यवसाय पर इसका खराब असर पड़ सकता है।

संयुक्त राष्ट्र के सांख्यिकी विभाग के अनुसार, कैलेंडर वर्ष 2013 में भारत

निर्यातों का हमारी जी.डी.पी. में 24.2 प्रतिशत का योगदान था, जो कि सन् 2001 के 12.1 प्रतिशत और सन् 1991 के 7.1 प्रतिशत से काफी बेहतर प्रदर्शन रहा। हालाँकि यदि वैश्विक विकास दर कमजोर पड़े, तो इससे हमारी निर्यात और आर्थिक विकास दर पर प्रतिकूल प्रभाव पड़ सकते हैं। एक कारण तो यह है कि जैसे-जैसे वैश्वीकरण बढ़ता जा रहा है आज किसी भी देश के आर्थिक और वित्तीय सिस्टम में सम्मिलन (कन्वर्जेंस) बढ़ती जा रही है। जिस प्रकार अनेक देश अपने बॉर्डर विदेशी निवेश और व्यापार के लिए खुला करते जा रहे हैं, आज यह मुश्किल होता जा रहा है कि किसी एक देश में आर्थिक, वित्तीय या फिर भू-राजनीतिक हलचल मचे, तो उसकी सरसराहट किसी अन्य देश की अर्थव्यवस्था को प्रभावित न करे।

सन् 2004 से 2008 (वैश्विक मंदी के दौर से पहले के चार वर्षों में) भारत की सकल राष्ट्रीय आय में जो इजाफा हुआ, उसका 45 प्रतिशत हिस्सा हमारे निर्यातों का था। आज आलम है कि हमारे निर्यात सभी क्षेत्रों में खराब प्रदर्शन कर रहे हैं। उधर, घरेलू क्षेत्र में भी कहानी कुछ भिन्न नहीं है। यहाँ भी उपभोक्ता मांग कमजोर है। प्रमुख शोध-पत्र 'नेल्सन डेटा' के मुताबिक, मार्च 2015 में समाप्त हुए एक वर्ष में उपभोक्ता माँग में 7.5 प्रतिशत की कमी आई है। चिंता की बात तो यह है कि गाँव हो या शहर, खाद्यान्न हों या अपलायंस या फिर व्यक्तिगत उपभोग का सामान, लगभग सभी चीजों की मांग कमजोर पड़ रही है। उपभोक्ता सामान बनानेवाली कई मशहूर कंपनियों, जैसे कि नेस्ले, हिंदुस्तान लीवर, गोदरेज और डाबर आदि ने पिछले कुछ वर्षों का सबसे खराब प्रदर्शन दिखाया है। यही नहीं, फरवरी 2015 में भारत के वाणिज्य विभाग द्वारा जारी आँकड़ों के अनुसार, देश के प्रमुख आधारभूत क्षेत्र, जिसमें कोयला, तेल, स्टील, फर्टिलाइजर आदि शामिल है, वहाँ भी विकास दर धीमी पड़ती जा रही है।

उधर, बैंकों में जहाँ एक ओर खराब ऋणों की समस्या बढ़ती जा रही है, वहीं दूसरी ओर क्रेडिट मांग सुस्त पड़ती जा रही है। उल्लेखनीय है कि फरवरी 2015 में बैंक क्रेडिट विकास दर 9.4 प्रतिशत रही, जो कि पिछले वर्ष इसी माह में 14.7 प्रतिशत रही थी। कई कंपनियाँ ऋणों के भारी बोझ तले दबी हैं और अपनी क्षमता से काफी कम स्तर पर उत्पादन कर रही हैं, जिससे उनके लाभांशों में कमी आई है। यही नहीं, इस वर्ष दो बार रिजर्व बैंक द्वारा ब्याज की दरें घटाई गई है, फिर भी निवेश सेंटीमेंट में अपेक्षित सुधार आता दिखाई नहीं दे रहा है। जहाँ तक विदेशी निवेशकों का सवाल है, वे भी घटते कॉर्पोरेट मुनाफों, तेल की कीमतों में पिछले 6 महीनों में करीब 40 प्रतिशत वृद्धि और डॉलर्स के मुकाबले रुपए के विनिमय दर के कमजोर पड़ने आदि की वजह से करोड़ों रुपए की शुद्ध बिकवाली करके भारतीय ऋण और इक्विटी बाजारों से पलायन कर रहे हैं। उन्हें अमेरिकी केंद्रीय बैंक 'फेड' द्वारा ब्याज दरें बढ़ाए जाने की भी अपेक्षा है।

अब तो रिजर्व बैंक के गवर्नर को भी लग रहा है कि शायद नई सरकार से जो अपेक्षाएँ की गईं, वो काफी हद तक अवास्तविक थीं। हालाँकि उन्होंने यह भी कहा है कि ज्यादा महत्त्वपूर्ण बात यह है कि सरकार द्वारा निवेश बढ़ाने के लिए कई नए कदम अवश्य उठाए गए हैं, जिनका परिणाम आनेवाले समय में दिखाई देगा। कुल मिलाकर केंद्र में 12 महीने पूरे कर चुकी सरकार को 'मोदी-मैजिक' बरकरार रखने के लिए आर्थिक विकास के मुद्दे को और अधिक महत्त्व देना होगा और निवेश सेंटीमेंट को सकारात्मक बनाने के लिए कड़े उपाय भी करने होंगे।

(मुंबई में प्रकाशित दैनिक 'हमारा महानगर' में शुक्रवार 22-05-2015 को व्यापार पृष्ठ पर प्रकाशित)

□

21

चीन के साथ आर्थिक कूटनीति कितनी सार्थक

हाल ही में भारत के प्रधानमंत्री ने हमारे एक प्रमुख पड़ोसी देश, चीन की एक राजकीय यात्रा संपन्न की। यद्यपि सांस्कृतिक, या यूँ कहें ऐतिहासिक दृष्टि से भारत और चीन के रिश्ते करीब 2,000 वर्षों से चले आ रहे हैं, लेकिन आधुनिक युग में चीन के साथ भारत के संबंध सन् 1950 से विशेषकर महत्त्वपूर्ण बन पड़े हैं।

चीन और भारत, दोनों ही विश्व की प्राचीनतम सभ्यताओं में गिने जाते हैं, लेकिन आधुनिक युग में इन दोनों ही देशों के बीच स्थित करीब 4,000 किलोमीटर की सीमा (बॉर्डर) पर अकसर सीमा विवाद भी उठते रहे हैं, जिनमें सन् 1962 का युद्ध, सन् 1967 की चोल घटना और सन् 1987 की झड़प प्रमुख है।

भारत और चीन में सन् 1978 के बाद व्यापारिक संबंध औपचारिक रूप से फिर से शुरू हुए। भारत के साथ चीन का व्यापार पिछले कुछ वर्षों में तेजी से बढ़ा है। सन् 2000 में दोनों देशों के बीच करीब 2.92 बिलियन डॉलर्स का द्विपक्षीय व्यापार हुआ था, जो कि सन् 2008 में बढ़कर 51.8 बिलियन डॉलर्स तक पहुँच गया। यहाँ तक कि अमेरिका को पीछे छोड़ते हुए चीन हमारा प्रमुख ट्रेडिंग पार्टनर बन गया। सन् 2012 तक दोनों देशों के बीच व्यापार का आकार 66.57 बिलियन डॉलर्स तक पहुँच गया था, जिसके सन् 2015 तक 100 बिलियन डॉलर्स तक बढ़ जाने का अनुमान भी लगाया गया है, लेकिन समस्या यह है कि जहाँ भारत चीन को मुख्यतः लोहा और अन्य चीजें एक्सपोर्ट निर्यात करता है वहीं चीन यहाँ ज्यादातर विनिर्मित (मैन्युफेक्चर्ड) उत्पाद अधिक भेजता है। इसके अलावा भारत से चीन को निर्यात किए जानेवाले कुछ उत्पादों (प्रमुख रूप से फार्मा और आई.टी. क्षेत्र) पर प्रतिबंध होने की वजह से भी भारत का चीन के साथ जो व्यापार संतुलन है, वो खासा बिगड़ा हुआ है। यही कारण है कि चीन के साथ भारत का व्यापार घाटा सन् 2014-15 में करीब 34 प्रतिशत बढ़

गया है और इसका आकार 48 बिलियन डॉलर्स है, जो वाकई काफी ज्यादा है।

अत: भारत से चीन के लिए जाने वाले एक्सपोर्ट बढ़ाए जाने की आवश्यकता है। दूसरी ओर, करीब 4 ट्रिलियन डॉलर्स के विदेशी मुद्रा भंडार जमा कर बैठे चीन से भारत को अपनी इंफ्रास्ट्रक्चर जरूरतों हेतु करीब एक ट्रिलियन डॉलर्स के संसाधन जुटाने के प्रयोजन में कुछ योगदान की भी अपेक्षा है।

गौरतलब है कि एक ऐसे देश के साथ आर्थिक सहयोग की बात करना, जिसके साथ पिछले कई दशकों से जब-तब सीमा विवाद उठता रहता है, काफी मुश्किल काम है। यही कारण है कि जहाँ भारत के प्रधानमंत्री ने चीन को भारत के साथ रणनीतिक और दीर्घकालीन हितों को ध्यान में रखते हुए भारत के साथ सीमा संबंधी विवादों पर अपना रवैया बदलने की सलाह दी है, वहीं दूसरी ओर चीन के राष्ट्रपति ने भी जब भारत यात्रा की तब गुजरात राज्य में आयोजित पारंपरिक स्वागत समारोह में वे बड़ी शिद्दत से शरीक हुए।

इस प्रकार की आर्थिक कूटनीति का नया दौर भारत और चीन के बीच रिश्तों में यदि कुछ गरमाहट ला सके तो यह दोनों देशों की अर्थव्यवस्था को लाभान्वित कर सकता है।

उल्लेखनीय है कि वर्तमान में चीन की विकास दर 7 प्रतिशत है, जो कि उसका पिछले 6 वर्षों का न्यूनतम स्तर है। चीन में कई स्थानीय सरकारें और रियल इस्टेट सेक्टर भी भारी कर्ज के बोझ तले दबे हैं। अनेक बैंक भी बढ़ते एन.पी.ए. की समस्या से त्रस्त हैं।

दूसरी ओर, भारत को भी तेजी से विकास करने हेतु जारी 'मेक इन इंडिया' केम्पेन के तहत अन्य देशों से निवेश और टेक्नोलॉजी की जरूरत है। साथ ही, उसे एक निर्यात प्रधान देश के रूप में स्थापित करने के लिए अपने ट्रेडिंग पार्टनर्स के साथ व्यापार बढ़ाने की भी जरूरत है। यदि चीन भारतीय निर्यातों पर लगे प्रतिबंध हटा ले तो न सिर्फ हमारे निर्यात बढ़ेंगे, बल्कि मैन्युफेक्चरिंग क्षेत्र का भी विकास होगा।

इस प्रकार दोनों देशों के दरम्यान व्यापारिक ताल्लुकात बढ़ें तो यह दोनों ही अर्थव्यवस्थाओं को लाभान्वित करेंगे, लेकिन इन रिश्तों को प्रगाढ़ बनाने के लिए जरूरी है, परस्पर विश्वास और दोस्ती का भरोसा। वह इसलिए कि पिछले वर्ष चीन के साथ जब 20 बिलियन डॉलर्स के सौदों पर मुहर लगाई जा रही थी, तब चीन की ओर से भारतीय सीमा पर घुसपैठ की ताजा घटनाएँ भी सामने आ रही थीं। और इस बार भी दोनों देश के नेताओं में व्यक्तिगत स्तर पर जबर्दस्त केमेस्ट्री दिखाई देने के बावजूद जहाँ चीन ने भारत के साथ 22 बिलियन डॉलर्स के सौदे तय किए, वहीं एक अन्य पड़ोसी

देश के साथ उसने 46 बिलियन डॉलर्स की परियोजनाओं को उसने हरी झंडी दिखाई।

अतः चीन के साथ राजनीतिक कूटनीति को हाशिए पर रखकर आर्थिक सहयोग की बात करना वाकई मुश्किल काम है, लेकिन यदि यह आर्थिक कूटनीति सफल हो सकी तो दीर्घकाल में इससे दोनों देशों को लाभ अवश्य होगा।

(मुंबई में प्रकाशित दैनिक 'हमारा महानगर' में शुक्रवार 29-05-2015 को व्यापार पृष्ठ पर प्रकाशित)

□

22

मौद्रिक नीति अब मानसून के भरोसे

हाल ही में रिजर्व बैंक ने अपनी मौद्रिक नीति में रेपो रेट में 25 बेसिस प्वाइंट की कटौती की घोषणा की। यह कटौती ऐसे समय सामने आई जबकि देश में आर्थिक विकास दर और निवेश दर के विरोधाभासी रुख नजर आ रहे हैं।

वित्तीय वर्ष 2014-15 को चौथी (अंतिम) तिमाही में भारत की आर्थिक विकास दर 7.5 प्रतिशत रही, जो कि हमारे चिर परिचित प्रतिद्वंद्वी उदयीमान अर्थव्यवस्था चीन की आर्थिक विकास दर (7 प्रतिशत) से कहीं बेहतर समझी जा रही है। यदि वार्षिक आर्थिक विकास दर की बात करें तो वित्तीय वर्ष 2014-15 में यह 7.3 प्रतिशत रही, जो कि केंद्रीय सांख्यिकी कार्यालय द्वारा फरवरी में अनुमानित 7.4 प्रतिशत से आंशिक रूप से ही कुछ कम रही।

उल्लेखनीय है कि इस दमदार प्रदर्शन में विनिर्माण क्षेत्र (मैन्युफेक्चरिंग सेक्टर) की 7.1 प्रतिशत जबर्दस्त विकास दर का खासा योगदान रहा, जो कि पिछले वर्ष 5.3 प्रतिशत रही थी, लेकिन जो बात कई विशेषज्ञों को खटक रही है वो यह है कि इस दौरान कई उद्योगों ने अपनी क्षमताओं का इष्टतम (ऑप्टीमम) उपयोग तक नहीं किया और अनेक कंपनियों ने पिछले वर्ष के मुकाबले बेहद कम लाभांश अर्जित किए। वित्तीय वर्ष 2014-15 की अंतिम तिमाही में ही 56,995 करोड़ रुपए के पुनगर्ठित ऋण बैंकों द्वारा खराब ऋणों की श्रेणी में वर्गीकृत कर दिए गए। यही नहीं, इस कैलेंडर वर्ष में की गई नीतिगत दरों में कटौती के बावजूद बैंकों की क्रेडिट विकास दर काफी कमजोर रही है।

उधर खराब मानसून के मद्देनजर रिजर्व बैंक ने जनवरी 2016 के लिए महँगाई की अनुमानित दर को 5.8 प्रतिशत से बढ़ाकर 6 प्रतिशत कर दिया है। साथ ही, अंतरराष्ट्रीय बाजारों में तेल की कीमतों में अनिश्चितता और बढ़ते भू-राजनीतिक जोखिम तथा अंतरराष्ट्रीय कमोडिटीज बाजारों में व्याप्त उतार-चढ़ाव से महँगाई बढ़ने की संभावना आदि के प्रति भी रिजर्व बैंक ने संकीर्ण रुख अख्तियार करते हुए इंतजार करना बेहतर समझा है।

उल्लेखनीय है कि सन् 2014 में कमजोर मानसून की वजह से ग्रामीण भारत में आर्थिक विकास दर पहले से कमजोर हो चली थी। उस पर फसल की कटाई के मौसम की शुरुआत में हीं बिन मौसम की बारिश और कहीं-कहीं तो मूसलाधार बारिश ने कृषि में छाए संकट की स्थिति को और अधिक गंभीर बना दिया।

अब भारत ठहरा एक कृषि प्रधान देश, जहाँ आज भी देश की दो तिहाई के करीब जनसंख्या कृषि या कृषि-आधारित उद्योगों पर अपने जीविका अर्जन हेतु निर्भर है। सन् 2010 में प्रकाशित वर्ल्ड बैंक की एक रिपोर्ट के अनुसार, भारत में सिर्फ 35 प्रतिशत कृषि योग्य भूमि पर सिंचाई के संसाधन उपलब्ध हैं यानि करीब 65 प्रतिशत क्षेत्रफल भूमि मानसून पर सिंचाई हेतु निर्भर है और कठिनाई यह है कि मानसून को लेकर अनिश्चितता बनी रहती है। अब तो देश की मौद्रिक नीति भी मानसून के रुख को नजरअंदाज नहीं कर पा रही क्योंकि कृषि उत्पादन का न सिर्फ महँगाई पर सीधा असर पड़ता है, बल्कि ग्रामीण क्षेत्र में कई उपभोक्ता वस्तुओं की माँग भी इससे प्रभावित होती है।

महँगाई और विकास के बीच किसे प्राथमिकता दी जाए, यह भी एक दुविधा रिजर्व बैंक के समक्ष सदा प्रस्तुत रहती है। और अब तो लगता है कि मानसून को लेकर भले ही अनिश्चितता रहती हो, पर मानसून के मिजाज को भांपकर यह अनुमान लगाना आसान हो चला है कि देश की मौद्रिक नीति का अगला रुख क्या रहेगा। हालाँकि पिछले कुछ अरसे से देश के आर्थिक विकास के मुद्दे पर रिजर्व बैंक और केंद्र सरकार की नीतियों में समन्वयता की बात पर काफी बल दिया जा रहा है।

यही कारण है कि रिजर्व बैंक के गवर्नर ने स्पष्ट किया है कि यदि मानसून उम्मीद से कुछ बेहतर साबित हुए या फिर केंद्र सरकार द्वारा उठाए गए सकारात्मक कदमों की वजह से भी महँगाई काबू में रखी जा सकी तो शायद मौद्रिक नीति को कुछ और ढीला करने के लिए जगह मिल भी सकती है।

फिलहाल उन्होंने यह भी साफ कर दिया है कि रिजर्व बैंक का काम रुपए के मूल्य के प्रति आत्मविश्वास पैदा करना और महँगाई पर नजर रखना है न कि वित्तीय बाजारों के लिए चीयर लीडर्स का रोल अदा करना। सही भी है। वित्तीय बाजारों को उन आधारभूत तत्त्वों का विश्लेषण भी तो करना चाहिए जिनसे खुद नीतिगत दरें या यूँ कहें कि मौद्रिक नीति प्रभावित होती है। यह बात और है कि रिजर्व बैंक की नीति को सुनकर शेयर बाजार 350 प्वाइंट्स से टूट गया और विदेशी संस्थागत निवेशकों ने 594 करोड़ रुपए की बिकवाली कर डाली। परिणाम स्वरूप, रुपए का मूल्य गिरकर 63.90 प्रति डॉलर हो गया।

एक ओर देश का आर्थिक विकास अंकित करनेवाले आँकड़े विरोधाभासी संकेत दे रहे हैं, तो दूसरी ओर रिजर्व बैंक के गवर्नर जहाँ महँगाई की अनुमानित दर बढ़ा रहे

हैं, तो वहीं नीतिगत दरों में कटौती भी कर रहे हैं। यह एक प्रकार की असमंजस की स्थिति है। यदि यह कहा जाए कि देश की मौद्रिक नीति आज एक मानसून रूपी जुए पर लगा दांव भर नजर आ रही है तो शायद अतिश्योक्ति न होगी।

रिजर्व बैंक निश्चित तौर पर एक चीयर लीडर नहीं है जोकि वित्तीय बाजार रूपी मैदान में उपस्थित निवेशकों में जोश पैदा करे। न ही देश का आर्थिक विकास एक खेल का मैदान बल्कि यह एक लंबी यात्रा है, जिसमें देश के विकास से जुड़ी हर संस्था, हर इकाई और हर व्यक्ति तक को साथ में चलना है और वो भी हाथ में हाथ लेकर, कदम से कदम मिलाकर। यह स्पर्धा नहीं, जिसमें हार या जीत पर एक टीम खुश हो और दूसरी मायूस। यहाँ सभी आर्थिक नीतियों का एक ही साझा लक्ष्य (कॉमन ऑब्जेक्टिव) होना चाहिए—स्थायित्व के साथ विकास, समानता के साथ विकास और वित्तीय समावेश के साथ विकास। शायद यही 21वीं सदी के भारत-निर्माण का मूलमंत्र होना चाहिए।

(मुंबई में प्रकाशित दैनिक 'हमारा महानगर' में शुक्रवार 05-06-2015 को व्यापार पृष्ठ पर प्रकाशित)

□

23

नई ऋण पुनर्गठन योजना से कम होंगे एन.पी.ए.

हाल ही में रिजर्व बैंक ने खराब ऋणों के पहाड़ तले दबे बैंकों व अन्य वित्तीय संस्थानों को इन डूबते ऋणों से निपटने के लिए कुछ और कड़े उपाय सुझाए हैं, जो उन्हें इस समस्या से निजात दिलाने में मददगार साबित हो सकते हैं।

स्ट्रेटेजिक डेट रिस्ट्रक्चरिंग स्कीम (रणनीतिक ऋण पुनर्गठन योजना) के नाम से जारी की गई इस स्कीम के तहत अब बैंकों को अपने खराब ऋणों को उधारकर्ता कंपनी की इक्विटी में तब्दील करते वक्त अपनी हिस्सेदारी को 51 प्रतिशत या अधिक रखना होगा।

गौरतलब है कि पिछले वर्ष 24 फरवरी को रिजर्व बैंक ने अर्थव्यवस्था में व्यथित असेट्स को पुनर्जीवित (दुरुस्त) करने के लिए फ्रेमवर्क (ढाँचा) बनाने और उसके तहत संयुक्त ऋणदाता फोरम (जे.एल.एफ.) तथा सुधारात्मक कार्यवाही की योजना बनाने के संदर्भ में एक दिशा-निर्देश (गाइडलाइन) जारी किया था। इस गाइडलाइन में भी व्यथित असेट्स का पुनर्गठन करते समय कंपनियों का मैनेजमेंट बदलने का विकल्प प्रस्तुत किया गया था।

उल्लेखनीय है कि वित्तीय वर्ष 2014-15 में करीब 60,000 करोड़ के ऋणों का पुनर्गठन किया गया। नए नियमों के तहत अब पुनर्गठित ऋणों को भी खराब ऋणों की श्रेणी में वर्गीकृत किया जाना है और बैंकों को उस पर 15 प्रतिशत का प्राविधीकरण करना होगा। जाहिर तौर पर खराब ऋणों की मात्रा बढ़ने पर बैंकों की बैलेंसशीट पर खासा दबाव पड़ सकता है। नई गाइडलाइन के तहत बैंकों को अब अपने खराब होते ऋणों की वसूली करने के लिए प्रभावित कंपनी के मैनेजमेंट को बदल डालने के लिए अधिक कारगर उपाय सुझाए गए हैं। दरअसल, रिजर्व बैंक चाहता है कि ऋण पुनर्गठन का सैद्धांतिक आधार ऐसा होना चाहिए कि नुकसान

का भार पहले शेयर होल्डर पर आ पड़े, न कि ऋणदाताओं पर। इस सिद्धांत को ध्यान में रखते हुए और कंपनी प्रमोटरों की इस सारी प्रक्रिया में अधिक हिस्सेदारी भी सुनिश्चित करने हेतु अब रिजर्व बैंक ने संयुक्त ऋणदाता फोरम (जेएलएफ) के लिए तीन विकल्प सुझाए हैं।

पहला तो यह कि प्रमोटरों की इक्विटी ऋणदाताओं को ट्रांसफर कर दी जाए, ताकि उनके नुकसान की भरपाई की जा सके। दूसरा यह कि प्रमोटर अतिरिक्त पूँजी डालकर कंपनी में अपनी हिस्सेदारी बढ़ाएँ। तीसरा यह कि प्रमोटर की होल्डिंग्स को कंपनी का पुनरुत्थान (टर्नअराउंड) होने तक एक सिक्योरिटी ट्रस्टी या एस्क्रो व्यवस्था के तहत रख दिया जाए और यदि ऋणदाता चाहें तो ऐसे में कंपनी मैनेजमेंट को बदल भी डालें।

ऐसा इसलिए भी शायद जरूरी है, क्योंकि खराब ऋणों के पुनर्गठन के तहत ऋणदाताओं द्वारा भारी नुकसान उठाए जाने के बावजूद कई बार कंपनियाँ मुश्किल दौर से बाहर निकल ही नहीं पातीं और अकसर इसका एक प्रमुख कारण होता है, ऑपरेशनल या मैनेजेरियल अकुशलता का मौजूद होना।

रिजर्व बैंक ने यह भी साफ कर दिया है कि अब कंपनियों के ऋण पुनर्गठन पैकेज में, यह बताना होगा कि किन व्यवहार्य मापदंडों के अनुसार कितने महीनों में कंपनी की वित्तीय स्थिति में सुधार के संकेत मिलने शुरू हो जाएँगे। और समय-समय पर उसकी समीक्षा भी करनी होगी। यदि समीक्षा में यह पाया गया कि कंपनी की वित्तीय हालत में अपेक्षित सुधार नहीं आ पा रहा है, तो मैनेजमेंट बदलने की दिशा में काम शुरू किया जा सकता है। ऐसे में बैंक अपने खराब ऋणों को इक्विटी में परिवर्तित करने पर विचार कर सकते हैं, वह भी समीक्षा के बाद 30 दिनों के भीतर। हालाँकि इसके लिए कुल ऋणों का 75 प्रतिशत या अधिक अथवा कुल ऋणदाताओं का 60 प्रतिशत या अधिक रखनेवाले ऋणदाताओं की सहमति आवश्यक है। अब ऋणों के पुनर्गठन की शुरुआत ही में संयुक्त ऋणदाता फोरम (जे.एल.एफ.) ऋणों की पुनर्गठन स्कीम के साथ में ऐसे नियम और शर्तें लगा देगा जिससे कि ऋणकर्ताओं को अपने समग्र या निर्धारित ऋणों को इक्विटी में परिवर्तित (कन्वर्ट) करने का विकल्प अपने उधारदाताओं को देना होगा। यदि वह स्कीम के तहत निर्धारित व्यवहार्य मानदंडों (वायेबिलिटी माइलस्टोन्स) को हासिल नहीं कर पाते हैं तो बैंकों को जितना जल्दी हो सके, इस प्रकार के अधिग्रहण की गई इक्विटी को नए प्रमोटरों को बेच देना होगा।

नए प्रमोटर का चुनाव करते समय बैंकों को सुनिश्चित भी करना होगा कि वह

मौजूदा प्रमोटर ग्रुप से किसी भी प्रकार से संबद्ध नहीं है। साथ ही, उसे इस कंपनी की 51 प्रतिशत या अधिक की हिस्सेदारी देनी होगी। इस गाइडलाइन में कई अन्य प्रभावी उपाय भी सुझाए गए हैं। देखना है कि रिजर्व बैंक की नई गाइडलाइन लगातार बढ़ती खराब ऋणों की मात्रा को नियंत्रित कर पाने में कितनी सक्षम हो पाती है।

(मुंबई में प्रकाशित दैनिक 'हमारा महानगर' में शुक्रवार 12-06-2017 को व्यापार पृष्ठ पर प्रकाशित)

□

24

निर्यातों का घटता स्तर चिंताजनक

हाल ही में भारत के वाणिज्य और उद्योग मंत्रालय द्वारा जारी आँकड़ों के अनुसार, मई 2015 में भारत के निर्यात (एक्सपोर्ट्स) पिछले वर्ष इसी महीने में किए गए निर्यातों के मुकाबले 20.19 प्रतिशत घटकर करीब 22.34 बिलियन डॉलर्स के स्तर पर आ पहुँचे हैं।

उल्लेखनीय है कि पिछले करीब 6 महीनों में भारत से वैश्विक बाजारों में किए जानेवाले निर्यात लगातार कम होते जा रहे हैं। वैश्विक बाजारों में माँग कमजोर होना, कमोडिटीज की घटती कीमतें और तेल की कीमतों में आई गिरावट आदि कई कारणों से भारत के निर्यात घटे हैं।

यह वाकई चिंताजनक है, क्योंकि वैश्विक बाजारों में जो रुख दिखाई पड़ रहे हैं, उससे तो आनेवाले कुछ महीनों में भी निर्यात बढ़ने की उम्मीद कम ही दिखाई दे रही है। हाल ही में आर्थिक सहयोग एवं विकास संगठन (ओ.ई.डी.सी.) द्वारा जारी रिपोर्ट के अनुसार, वैश्विक अर्थव्यवस्था में मजबूती आने में अभी 18 महीने और लग सकते हैं और इस लिहाज से सन् 2016 के अंत तक ही वैश्विक आर्थिक विकास दर में कुछ सुधार की अपेक्षा की जा सकती है। ओ.ई.सी.डी. की रिपोर्ट के अनुसार, अमेरिकी अर्थव्यवस्था में इस वर्ष की प्रथम तिमाही में जबरदस्त संकुचन (कांट्रेक्शन) देखा गया है और चीन में भी आर्थिक विकास दर उम्मीद से कुछ कम ही रही है।

यही कारण है कि अब अमेरिका की विकास दर का पूर्वानुमान जिसे मार्च 2015 में ओ.ई.सी.डी. ने 3.1 प्रतिशत बताया था, उसे घटाकर 2 प्रतिशत कर दिया है। यहाँ तक कि सन् 2016 के लिए भी अमेरिकी विकास दर का पूर्वानुमानित स्तर 3 प्रतिशत से कम कर करके 2.8 प्रतिशत कर दिया है।

साथ ही, उसने यह भी अनुमान लगाया है कि उसके सभी 34 सदस्य राष्ट्रों, जिनमें अधिकांश विकसित एवं बाजार आधारित अर्थव्यवस्थाएँ (मार्केट इकोनॉमीज)

हैं, की विकास दर सन् 2015 में महज 1.9 प्रतिशत और सन् 2016 में 2.5 प्रतिशत ही रहेगी जोकि वैश्विक औसत से भी काफी कमजोर रहेगी। यहाँ तक कि वैश्विक निवेश दर भी अपने सामान्य स्तर से 20 प्रतिशत कम है और यह इतनी कमजोर है कि वैश्विक अर्थव्यवस्था में फिलहाल कोई उल्लेखनीय सुधार की गुंजाइश भी नजर नहीं आ रही।

यही नहीं, अनेक उदयीमान अर्थव्यवस्थाओं, जिनमें चीन भी शामिल है, में भी आर्थिक विकास दर कमजोर हो चली है। चिंता की बात तो ये भी है कि सिर्फ कमजोर वैश्विक मांग ही भारतीय निर्यातकों की एकमात्र समस्या नहीं है, बल्कि ऊँची लॉजिस्टिक व ट्रांजेक्शन लागत के चलते वे अंतरराष्ट्रीय बाजारों में अपनी प्रतिस्पर्धात्मक क्षमता भी खो रहे हैं।

लगभग सभी क्षेत्रों में निर्यात घट रहे हैं। इनमें इंजीनियरिंग गुड्स, जेम्स एंड ज्यूलरी, केमिकल्स, चमड़ा और चमड़ा उत्पाद, इलेक्ट्रॉनिक सामान, पेट्रोलियम और प्लास्टिक प्रमुख हैं। विशेषकर पेट्रोलियम उत्पादों के निर्यात में 59 प्रतिशत, जेम्स एंड ज्यूलरी में 12.94 प्रतिशत व इंजीनियरिंग गुड्स में 8.02 प्रतिशत की कमी आई है।

यदि अप्रैल और मई महीने के संचयी (क्यूमुलेटिव) आँकड़ों की बात करें तो भी निर्यातों में 17.21 प्रतिशत की कमी आई है। इस प्रकार निर्यातों में भारी कमी आने से भारत में औद्योगिक विकास दर और भुगतान संतुलन पर दबाव बढ़ सकता है। हालाँकि राहत की बात यह है कि आयातों (इंपोर्ट्स) में भी तेल की कीमतों में आई कमी की वजह से अप्रैल से मई के दौरान 12.12 प्रतिशत की कमी आई है, लेकिन फिर भी पिछले वर्ष की तुलना में व्यापार घाटा 21.32 बिलियन से कुछ बढ़कर 21.39 बिलियन डॉलर्स हो गया है। यद्यपि सिर्फ मई महीने की बात करें तो यह पिछले वर्ष में 2014 के 11.23 बिलियन डॉलर्स के मुकाबले इस वर्ष मई 2015 में 10.41 बिलियन डॉलर्स रहा।

खात बात तो यह है कि हाल ही में रुपए का मूल्य डॉलर के सापेक्ष पिछले 21 महीने के न्यूनतम स्तर पर पहुँच चुका है, लेकिन इसका लाभ भी निर्यातक नहीं उठा पा रहे हैं। सिटी बैंक द्वारा जारी एक रिपोर्ट (मार्च 2015) के अनुसार, पिछले आठ माह में यूएस डॉलर विश्व की सभी प्रमुख करेंसियों के मुकाबले यह काफी मजबूत हुआ है, जो उसका पिछले 40 वर्षों का सबसे बेहतरीन प्रदर्शन माना जा सकता है। यही कारण है कि भारतीय निर्यातकों को अंतरराष्ट्रीय बाजारों में अन्य देशों से जबर्दस्त प्रतिस्पर्धा करनी पड़ रही है। जाहिर तौर पर जिस प्रकार वित्तीय वर्ष 2015-16 के लिए आर्थिक विकास दर का लक्ष्य 8-8.5 प्रतिशत रखा गया है, भारत सरकार को निर्यात

क्षेत्र को बढ़ावा देने के लिए अधिक कारगर और विशिष्ट उपाय करने पड़ेंगे, ताकि इस क्षेत्र को भरपूर प्रोत्साहन मिले और आर्थिक विकास दर के लक्ष्य तक पहुँचने में यह क्षेत्र भी अपना उचित योगदान दे पाने में सक्षम हो सके।

(मुंबई में प्रकाशित दैनिक 'हमारा महानगर' में शुक्रवार 19-06-2015 को व्यापार पृष्ठ पर प्रकाशित)

□

25

फिर से उठ खड़ा हुआ ग्रीस का संकट

कई महीनों से यूरोपियन यूनियन के एक छोटे-से, पर रणनीतिक दृष्टि से काफी महत्त्वपूर्ण देश ग्रीस अपने बकाया ऋणों को चुकाने की समस्या से जूझ रहा है। आगामी 30 जून को इन ऋणों के भुगतान हेतु उसे 1.6 बिलियन यूरो (1.8 बिलियन डॉलर्स) की आवश्यकता है, जो उसके पास नहीं है। यही नहीं, भुगतान न करने पर एक ओर उसे अंतरराष्ट्रीय वित्तीय संस्थानों द्वारा दिए गए बेल आउट प्रोग्राम की 7.2 बिलियन यूरो (8.1 बिलियन डॉलर्स) की अंतिम किस्त भी नहीं मिलेगी तो दूसरी ओर उसे अंतरराष्ट्रीय रेटिंग एजेंसियाँ डिफॉल्टर घोषित कर देंगी।

गौरतलब है कि ग्रीस में सन् 2009 में आर्थिक मंदी और बढ़ते राजकोषीय घाटे के चलते आर्थिक संकट बढ़ा। सार्वजनिक ऋणों का आकार इतना बढ़ गया कि वह ग्रीस की सकल राष्ट्रीय आय से भी ज्यादा हो चला। सन् 2010 में सरकारी ऋणों का स्तर सकल राष्ट्रीय आय के 146 प्रतिशत तक बढ़ चुका था। तब क्रेडिट रेटिंग एजेंसियों ने ग्रीस की सार्वभौमिक रेटिंग को डाउनग्रेड करके कबाड़ (जंक) की श्रेणी में डाल दिया था।

ऐसे में, ग्रीस पूँजी बाजार से और ऋण उठा पाने में सक्षम नहीं था। 2 मई 2010 को यूरोजोन देशों, यूरोपियन सेंट्रल बैंक (ई.सी.बी.) और अंतरराष्ट्रीय मुद्राकोष, जिन्हें बाद में 'ट्रोइका' का नाम दिया गया, ने ग्रीस को 110 बिलियन यूरो का बेल आउट ऋण दिया, ताकि न सिर्फ उसे सार्वभौमिक डिफॉल्ट से बचाया जा सके बल्कि सन् 2010 से सन् 2013 तक उसकी वित्तीय जरूरतों को भी पूरा किया जा सके।

जाहिर है, ये संस्थान इन ऋणों को यूँ ही तो खराब होते हुए देख नहीं सकते थे, लिहाजा, उन्होंने ग्रीस की सरकार पर इन ऋणों से प्राप्त रकम को किस प्रकार खर्च किया जाएगा, उस पर कुछ शर्तें भी लगाईं और सार्वजनिक संपत्ति के निजीकरण और आधारभूत सुधारों की बात भी की, लेकिन ग्रीस के हालात थे कि सुधरने का

नाम ही नहीं ले रहे थे। ऐसा लग रहा था कि ग्रीस को एक और बड़े बेल आउट (करीब 130 बिलियन यूरो) की आवश्यकता पड़ सकती है। काफी मंथन के बाद फरवरी 2012 तक कुल 240 बिलियन यूरो के विस्तृत बेल आउट पैकेज पर सहमति बनी, जिसे वर्ष 2010 से 2014 तक ग्रीस को ट्रांसफर किया जाना था।

सन् 2014 आते-आते ग्रीस की अर्थव्यवस्था में कुछ सुधार तो आया, लेकिन वर्ष की अंतिम तिमाही में फिर से आर्थिक मंदी जैसे हालात दिखाई दिए। साथ ही, दिसंबर 2014 में आनन-फानन में हुए चुनावों में एक ऐसी सरकार बनी, जिसने ट्रोइका के साथ हुए समझौते की शर्तों को मानने से मना कर दिया। इस राजनीतिक अस्थिरता के माहौल में ट्रोइका ने बेलआउट सहायता की बाकी राशि का भुगतान तब तक के लिए स्थगित कर दिया, जब तक समझौते की पुरानी शर्तों को लागू नहीं कर दिया जाता या फिर दोबारा कोई सहमति नहीं बन जाती। तब से अब तक जो कुछ हुआ, उसे 'ग्रीस ड्रामा' तक कहा गया, जिसमें ग्रीस में हुए चुनावों में आई नई सरकार और ट्रॉइका के बीच बातचीत के दौर चलते रहे, जो लगता है अब 30 जून, 2015 तक भी जारी रहेंगे।

बार-बार ग्रीस का डिफॉल्ट के कगार पर आ खड़ा होना, चारों ओर चिंता का माहौल बनना और फिर 'संकट फिलहाल टल गया है' की खबर पर राहत की साँस लेना, यह मानो एक ऐसे टी.वी. सीरियल के समान प्रतीत होता है जिसमें न तो किरदार (पात्र) बदल रहे हैं और न कथानक, पर जो कई सीजन गुजर जाने पर भी यूँ ही चलता जा रहा है। इस बार की बात कुछ गंभीर अवश्य दिखाई दे रही है। ऋणदाताओं और ग्रीस की सरकार, दोनों ही का रवैया सख्त नजर जरूर आ रहा है, पर दोनों ही पक्षों को इस संकट से किसी तरह बाहर भी निकलने की भी दरकार है।

एक तरफ ग्रीस की सरकार को इल्म है कि डिफॉल्ट करने पर उसके बैंकिंग सेक्टर को डूबने से बचाने के लिए अनेक पूँजीगत नियंत्रण लगाने पड़ सकते हैं, जो ग्रीस को आर्थिक मंदी की ओर तो खीचेंगे ही, साथ ही वित्तीय तरलता के संकुचन से सार्वजनिक पेंशन और वेतन के भुगतान का क्राइसिस भी उत्पन्न हो सकता है। दूसरी ओर, 'ट्रॉइका' के समक्ष ग्रीस पूरे यूरो जोन और वैश्विक अर्थव्यवस्था के हितों से जुड़ी समस्या है, जिसे उसे काफी संजीदगी से सँभालना होगा।

ग्रीस संकट कितना महत्त्वपूर्ण या यूँ कहें 'क्रिटीकल' है, उसका अंदाजा इसी बात से लगाया जा सकता है कि उसके हल होने की या न होने की संभावना मात्र की खबर से विश्व भर के पूँजी बाजारों में हलचल उठ जाती है। इस बार यदि डिफॉल्ट हुआ तो ग्रीस को यूरोपियन यूनियन के बाहर का रास्ता दिखाया जा सकता

है। हालाँकि यह इतना आसान भी नहीं होगा, क्योंकि अगर होता तो ग्रीस की कहानी यूँ ही आगे न बढ़ती जाती।

कुल मिलाकर अब की बार ग्रीस की समस्या का कुछ सार्थक समाधान निकल सके तो यह समूची वैश्विक अर्थव्यवस्था के लिए राहत की बात होगी।

(मुंबई में प्रकाशित दैनिक 'हमारा महानगर' में शुक्रवार 26-06-2015 को व्यापार पृष्ठ पर प्रकाशित)

□

26

रिजर्व बैंक ने जारी की वित्तीय स्थिरता रिपोर्ट

हाल ही में रिजर्व बैंक द्वारा जारी 11वीं वित्तीय स्थिरता रिपोर्ट (एफ.एस.आर.) में भारत के वित्तीय सिस्टम के समक्ष विद्यमान जोखिमपूर्ण परिस्थितियों और उनसे निपटने की क्षमताओं आदि के बारे में विस्तृत चर्चा की गई है। जहाँ एक ओर वैश्विक अर्थव्यवस्था में पिछले 8 वर्षों से अपनाई गई वृहद् मुद्रा प्रसार नीति के बावजूद अपेक्षित सुधार न हो पाने की वजह से दुनिया भर के वित्तीय बाजारों में व्याप्त उतार-चढ़ाव से भारत सहित अनेक उदयीमान अर्थव्यवस्थाओं के वित्तीय सिस्टम के समक्ष अनेक चुनौतियाँ उठ खड़ी हुई हैं, वहीं दूसरी ओर सस्ती दरों पर उपलब्ध ऋणों की वजह से अनेक देशों में सरकारी व निजी क्षेत्रों में ऋणों का भार बढ़ता ही जा रहा है।

उधर, यूरोपियन यूनियन पर अभी भी ग्रीस संकट मंडरा रहा है, जिसकी वजह से वैश्विक वित्तीय सिस्टम भी प्रभावित हो सकता है। हालाँकि वित्तीय स्थिरता रिपोर्ट के मुताबिक, चालू खाता घाटा कम होने और राजकोषीय समेकन की गुणवत्ता बढ़ने से बाहरी जोखिम कुछ कम अवश्य हुआ है, लेकिन घरेलू स्तर पर अभी भी अनेक चुनौतियाँ मौजूद हैं।

उल्लेखनीय है कि भारतीय अर्थव्यवस्था ने सन् 2014-15 में अच्छा प्रदर्शन करते हुए करीब 7.3 प्रतिशत की विकास दर हासिल की है, लेकिन दूसरी ओर भारत में क्रेडिट विकास दर कमजोर पड़ी है, कमर्शियल सेक्टर में संसाधानों का प्रवाह कमजोर हुआ है, कई उद्योग अपनी क्षमताओं का इष्टतम उपयोग तक नहीं कर पा रहे हैं। औद्योगिक उत्पादन सूचकांक और कॉर्पोरेट लाभ आदि का प्रदर्शन भी काफी फीका रहा है। यह एक विसंगति नहीं तो और क्या है?

यही नहीं, घरेलू बचत दर (सेविंग्स रेट) और निवेश दर (इन्वेस्टमेंट रेट) में भी लगातार दूसरे वर्ष भी गिरावट देखी गई है। यद्यपि राजकोषीय घाटे का आकार अपने

लक्षित दायरे में सीमित जरूर रहा है, पर यह ज्यादातर सरकारी खर्चों में कमी से संभव हुआ है। सन् 2014-15 में सरकारी खर्च अनुमानित तौर पर सकल राष्ट्रीय आय का 13 प्रतिशत रहा, जबकि सन् 2011-12 में यह 14.8 प्रतिशत रहा था। इस प्रकार देश की आर्थिक विकास दर भले ही ऊँचे स्तर पर दर्ज की गई हो, पर ज्यादातर क्षेत्रों में प्रदर्शन फीका रहा है।

यही कारण है कि देश के वित्तीय सिस्टम स्थिरता प्रदान करनेवाला बैंकिंग सेक्टर भी इन विसंगतियों से अछूता नहीं रहा है। बैंकिंग सेक्टर में डिपॉजिट व क्रेडिट विकास दर में गिरावट से बैंकों का काम-काज प्रभावित हुआ है। सितंबर 2014 और मार्च 2015 के अंतराल (पीरियड) में वर्ष दर वर्ष आधार पर अनुसूचित बैंकों की क्रेडिट ग्रोथ रेट 10 प्रतिशत से घटकर 9.7 प्रतिशत और डिपॉजिट ग्रोथ रेट (विकास दर) 12.9 प्रतिशत से घटकर 10.7 प्रतिशत हो गई। इसके अलावा सकल नॉन परफॉरमिंग असेट्स का प्रतिशत भी कुछ बढ़ गया है।

सार्वजनिक क्षेत्र के बैंकों में तो खराब ऋण 13.5 प्रतिशत के रिकॉर्ड स्तर पर पहुँच गए हैं, जिनकी वजह से इन बैंकों की असेट क्वालिटी (गुणवत्ता) और लाभांशों पर विपरीत प्रभाव पड़ा है। यही हाल अनेक नॉन-बैंकिंग फाइनांस कंपनियों का भी है, विशेष रूप से रिजर्व बैंक ने इंफ्रा क्षेत्र में बैंकों द्वारा दिए गए ऋणों के बढ़ते एक्सपोजर पर चिंता व्यक्त की है। गौरतलब है कि इंफ्रा क्षेत्र को दिए गए ऋणों का बैंकों द्वारा जारी कुल ऋणों में 18 प्रतिशत हिस्सा है, जबकि खराब ऋणों में इनका हिस्सा 31 प्रतिशत है और इसमें ज्यादातर एक्सपोजर सार्वजनिक क्षेत्र के बैंकों का है।

गौरतलब है कि करीब 95 लाख करोड़ रुपए की बैंकिंग इंडस्ट्री में सार्वजनिक क्षेत्र के बैंकों की हिस्सेदारी 70 प्रतिशत से भी अधिक है। यदि सभी महत्त्वपूर्ण उद्योगों की बात करें तो माइनिंग, आयरन एंड स्टील, टेक्सटाइल्स, इंफ्रास्ट्रक्चर व एविएशन जैसे प्रमुख क्षेत्रों की, जहाँ कुल ऋणों में हिस्सेदारी 24.8 प्रतिशत है, वहाँ खराब ऋणों में इनका हिस्सा 51.1 प्रतिशत है।

एक अनुमान के अनुसार, 40 लिस्टेड बैंकों ही में एन.पी.ए. का स्तर तीन लाख करोड़ रुपए से भी ऊपर पहुँच चुका है। यदि एन.पी.ए. की श्रेणी के साथ पुनर्गठन किए गए (रिस्ट्रक्चर्ड) ऋणों को भी शामिल कर लिया जाए, तो समस्या और गंभीर हो जाती है।

कॉर्पोरेट क्षेत्र में ऋणों के ऊँचे स्तर की वजह से बैंकों को ब्याज दर में कटौती कर औद्योगिक क्षेत्र में ऋणों को बढ़ाना जोखिमपूर्ण जान पड़ रहा है। बैंकों को नए नियमों के तहत सभी खराब ऋणों पर प्राविधीकरण (प्रोविजनिंग) भी करना होगा। जाहिर है, बैंकों को अपना पूँजीगत आधार भी बढ़ाने की आवश्यकता पड़ सकती है। फिलहाल रिजर्व

बैंक ने सार्वजनिक क्षेत्र के बैंकों को अपनी कार्यकुशलता बढ़ाने की सलाह भी दी है।

कुल मिलाकर भारतीय वित्तीय सिस्टम में छाए जोखिम को गंभीरता से लिए जाने की आवश्यकता है, विशेषकर इंफ्रा क्षेत्र में विकास दर को बढ़ावा देने हेतु इस क्षेत्र में व्याप्त समस्याओं पर अधिक ध्यान दिए जाने की भी आवश्यकता है।

(मुंबई में प्रकाशित दैनिक 'हमारा महानगर' में शुक्रवार 03-07-2015 को व्यापार पृष्ठ पर प्रकाशित)

□

27

गाँवों में कैसे बसता है भारत

हाल ही में केंद्र सरकार द्वारा सन् 2011 में देश के 640 जिलों में पहली बार 6.4 लाख इलेक्ट्रॉनिक उपकरणों के माध्यम से की गई सामाजिक-आर्थिक-जाति संगणना (सोश्यो इकॉनामिक कास्ट सेंसस) के कुछ आँकड़े जारी किए गए, जिनमें गाँवों में बसे भारत की एक धुंधली-सी तसवीर उभर कर सामने आई है। इन आँकड़ों को जारी करने का मकसद ग्रामीण विकास और गरीबी उन्मूलन के कार्यक्रमों को प्रामाणिक रूप से तुरंत लागू करना है।

उल्लेखनीय है कि पिछले 80 वर्षों के इतिहास में पहली बार सामाजिक व आर्थिक रहन-सहन (स्टेट्स) व जाति संबधी आँकड़े जनगणना के माध्यम से जुटाए गए हैं। हालाँकि जो आँकड़े जारी किए गए, उनमें ज्यादातर ग्रामीण भारत के बारे में ही अधिक जानकारी उपलब्ध कराई गई है।

सन् 2011 में कराई गई जनगणना के अनुसार, भारत में 24.39 करोड़ परिवार हैं, जिनमें से 17.91 करोड़ (72 प्रतिशत) परिवार गाँवों में बसते हैं। इन परिवारों में 7.05 करोड़ परिवार (39.39 प्रतिशत) ऐसे हैं, जिन्हें अभावग्रस्त परिवारों की श्रेणी से बाहर रखा गया, क्योंकि इनके पास निर्धारित मापदंडों के हिसाब से कुछ न कुछ ऐसा था, जैसे कि कार, स्कूटर या अन्य वाहन, ट्रैक्टर, 50,000 रुपए की क्रेडिट लिमिट से अधिक का किसान कार्ड, सरकारी नौकरी, फ्रिज, कर योग्य आय, सिंचित जमीन आदि कि ये गरीब न समझे जाएँ। दूसरे छोर पर करीब 16.50 लाख (करीब एक प्रतिशत) परिवार ऐसे भी मिले जिनके सिर पर न तो कोई छत है या वे भिक्षा आदि पर निर्भर हैं। इन्हें तो ऑटोमेटिक रूप से अभावग्रस्त लोगों के वर्ग में शामिल कर लिया गया।

बाकी बचे 10. 69 करोड़ परिवारों की विभिन्न मापदंडों के आधार पर विस्तृत जाँच की गई, तो 8.69 करोड़ परिवार ऐसे पाए गए, जिन्हें अभावग्रस्त कहा जा सकता है। इन अभावग्रस्त परिवारों की संख्या ग्रामीण भारत में 48.52 प्रतिशत है, अर्थात् करीब आधा ग्रामीण भारत अभावग्रस्त है। इनमें से 2.37 करोड़ परिवार कच्ची दीवारोंवाले,

कच्ची छतवाले, सिंगल रूमवाले घरों में रहते हैं। 4.21 करोड़ परिवार ऐसे हैं, जिनके घर में कोई भी वयस्क पढ़ा-लिखा तक नहीं है। 5.37 करोड़ लोग भूमिहीन मजदूर के रूप में कार्यरत हैं। कई परिवार ऐसे हैं जिनमें कोई पुरुष वयस्क नहीं है। एस.सी-एस.टी. परिवारों की संख्या 3.86 करोड़ बताई गई है।

यदि आजीविका के स्रोत का विश्लेषण करें तो कुल 17. 91 करोड़ ग्रामीण परिवारों में 9.16 करोड़ परिवार मेहनत-मजदूरी करके जीविका चलाते हैं। 5.39 करोड़ घर खेती में लगे हैं। करीब 2.50 करोड़ परिवार सरकारी या निजी क्षेत्र में नौकरी कर रहे हैं।

वृहद् रूप से भारत के ग्रामीण क्षेत्र में जो आँकड़े जुटाए गए हैं, उससे केंद्र सरकार, राज्य सरकार, जिले, ब्लॉक और ग्राम पंचायतों तक में अब योजनाबद्ध तरीके से सरकारी व अन्य कल्याणकारी प्रोग्रामों का लाभ सीधे तौर पर लक्षित परिवारों तक पहुँचाया जा सकेगा। इन सबके बीच एक विसंगति यह भी है कि भारत भर में 68.35 प्रतिशत घरों में मोबाइल फोन पहुँच चुका है।

सन् 2002 में गरीबी की रेखा से नीचे रहनेवाले परिवारों का एक सर्वे कराया गया था जिसमें 28.3 प्रतिशत परिवारों को बी.पी.एल. परिवार माना गया था। सन् 2011-12 में तत्कालीन प्रधानमंत्री के आर्थिक सलाहकार सी. रंगराजन की अध्यक्षता में गठित आयोग ने अनुमान लगाया था कि 30.9 प्रतिशत ग्रामीण जनसंख्या गरीबी से त्रस्त हैं।

सन् 2002 से 2012 के बीच के दशक में वैश्वीकरण के युग में देश की अर्थव्यवस्था को विदेशी निवेश और व्यापार के लिए 'खुला' करते-करते भारत ने अभूतपूर्व तरक्की जरूर की, लेकिन जाहिर तौर पर इस तरक्की का लाभ दूर-दराज के गाँवों में बसनेवाले गरीबों तक नहीं पहुँच पाया और आज भी वहाँ गरीबी ज्यों की त्यों विद्यमान है।

वस्तुतः आर्थिक सुधार का दूसरा नाम देश की अर्थव्यवस्था या अर्थतंत्र को विदेशी पूँजी और व्यवसाय के लिए और भी 'खुला' करते हुए बाजार व्यवस्था को मजबूत करना भी समझा जाने लगा। सन् 2000 से 2011 तक भारत की औसत त्रिमासिक जी.डी.पी. (सकल राष्ट्रीय आय) 7.45 प्रतिशत की शानदार रफ्तार से बढ़ी, लेकिन अफसोस, आर्थिक विकास की ये जर्बदस्त परफॉर्मेंस (प्रदर्शन) भारत से गरीबी का सफाया करने में सफल न हो सकी।

21वीं सदी में आर्थिक सुधार की परिभाषा चाहे जो समझी जाए, पर उसका एक ही लक्ष्य हो और वो यह कि आर्थिक विकास ऐसा हो कि जितना जल्दी संभव हो, अधिकाधिक घरों को गरीबी से हमेशा के लिए छुटकारा मिल सके। वस्तुतः आर्थिक विकास का लाभ गरीबों तक पहुँचाना ही आर्थिक सुधार को सही मायनों में परिभाषित करता है।

सन् 2011 में वर्ल्ड बैंक द्वारा प्रकाशित एक लेख में चीन, भारत और ब्राजील में

1.25 डॉलर्स प्रति व्यक्ति प्रतिदिन के हिसाब से परिभाषित गरीबी रेखा के आधार पर जो विश्लेषण किया गया, उसमें सन् 1981 और 2005 के दरम्यान 'आर्थिक सुधारों' के फलस्वरूप जहाँ चीन में गरीबी की दर 84 प्रतिशत से कम होकर 16 प्रतिशत हुई, वहीं भारत में ये 60 प्रतिशत से घटकर 42 प्रतिशत ही हो सकी। इसका एक कारण यह भी माना गया कि सरकारी गरीबी उन्मूलन कार्यक्रमों का लाभ गैर-गरीब परिवारों को भी उपलब्ध है और यहाँ बुनियादी सुविधाओं का भारी अभाव है।

उम्मीद की जा सकती है कि सामाजिक-आर्थिक सेंसेस से प्राप्त आँकड़ों का उपयोग सरकार के गरीबी उन्मूलन प्रोग्राम को सीधे तौर पर लक्षित समूहों तक पहुँचाने में किया जा सकेगा।

(मुंबई में प्रकाशित दैनिक 'हमारा महानगर' में शुक्रवार 10-07-2015 को व्यापार पृष्ठ पर प्रकाशित)

□

28

कैसे हासिल होगी डबल डिजिट विकास दर

हाल ही में हमारे वित्त मंत्री ने उम्मीद जताई है कि बेहतर मानसून की वजह से महँगाई नियंत्रण में रहने, बढ़ते टैक्स राजस्व और अर्थव्यवस्था के आधारभूत तत्त्वों में सुधार के मद्देनजर भारत ऊँची आर्थिक विकास दर हासिल करने में सक्षम है। इसके साथ ही एक अप्रैल 2016 से जी.एस.टी. (गुड्स एंड सर्विसेज टैक्स) के लागू होने की संभावना प्रबल होने, स्मार्ट सिटी प्रोजेक्ट के रफ्तार पकड़ने, राजकोषीय अनुशासन और चालू खाता नियंत्रण में रहने आदि की वजह से उन्हें पूरा विश्वास है कि भारत की अर्थव्यवस्था में 8 से 10 प्रतिशत की दर से आर्थिक विकास करने की गुंजाइश है।

इसके अलावा अंतरराष्ट्रीय एजेंसी गोल्डमेन सेश ने भी यह राय कायम की है कि निवेश के लिए बढ़ती माँग और कमर्शियल वाहनों की बिक्री में वृद्धि के मद्देनजर वित्तीय वर्ष 2015 की दूसरी तिमाही (जुलाई से सितंबर) में भारतीय अर्थव्यवस्था में बिजनेस एक्टिविटी (व्यावसायिक कारोबार) में उछाल आता दिख रहा है। हालाँकि उसने यह भी स्पष्ट किया है कि अभी इसे व्यापक आधार पर विकास दर में सुधार के रूप में प्रोजेक्ट नहीं किया जा सकता।

एक अन्य अंतरराष्ट्रीय एजेंसी 'फिश' ने भी हाल ही में भारत की विकास दर के पूर्वानुमान को वित्तीय वर्ष 2016 के लिए 8 प्रतिशत से घटाकर 7.8 प्रतिशत तथा अगले वित्तीय वर्ष 2017 के लिए 8.3 प्रतिशत से कम करके 8.1 प्रतिशत कर दिया है। इस एजेंसी के अनुसार, यद्यपि भारत की घरेलू अर्थव्यवस्था में आधारभूत सुधार और निवेश की मांग बढ़ने से मजबूती दिखाई देती है, परंतु असली प्रदर्शन इस बात पर निर्भर करेगा कि आर्थिक सुधारों व नए प्रोजेक्टों का क्रियान्वयन कितनी तेजी से किया जाता है। उसे लगता है कि शायद आर्थिक सुधार आदि के क्रियान्वयन में कुछ देरी अपेक्षित है, जिसकी वजह से उसने आर्थिक विकास की पूर्वानुमानित दर को घटा दिया है।

अब भारत की अर्थव्यवस्था में आर्थिक विकास की दर को प्रभावित करनेवाले कुछ आँकड़ों का विश्लेषण करें तो तसवीर कुछ अलग ही नजर आती है। भारत से निर्यात होनेवाले सामानों में जून में 15.82 प्रतिशत की कमी आई है। उल्लेखनीय है कि लगातार 7 महीनों से निर्यातों में गिरावट का दौर चालू है। मई 2015 में तो निर्यातों में बल्कि 20.19 प्रतिशत की गिरावट दर्ज की गई थी।

यदि वित्तीय वर्ष 2015 की प्रथम तिमाही की बात करें तो निर्यात की मात्रा पिछले वर्ष के 80.11 बिलियन डॉलर्स के मुकाबले 66.69 बिलियन डॉलर्स रही अर्थात् निर्यात 16.75 प्रतिशत कम रहे। हालाँकि इस दौरान अंतरराष्ट्रीय बाजारों में तेल की कीमतों में आई कमी की वजह से हमारे आयातों में भी काफी कमी आई, लेकिन पिछले दो महीनों में गैर-तेल आयातों में भी कमी का रुख सामने आ रहा है, जो कि दर्शाता है कि विनिर्माण क्षेत्र में आर्थिक विकास दर तेजी से नहीं बढ़ पा रही।

उधर, जून के महीने में खुदरा महँगाई दर 5.40 प्रतिशत रही, जो कि पिछले महीनों की सबसे ऊँची दर रही। उल्लेखनीय है कि मानसून के मिजाज ठीक-ठाक रहने के बावजूद मुख्यत: खाद्यानों की कीमतें बढ़ने की वजह से खुदरा महँगाई सूचकांक बढ़ा है।

जाहिर है कि अब रिजर्व बैंक द्वारा अगली मौद्रिक नीति में नीतिगत दरों को कम करने की गुंजाइश भी कम हो चली है। गौरतलब है कि इस वर्ष पहले ही तीन बार रिजर्व बैंक ने क्रमश: 25 बेसिस अंकों से ब्याज दरों में कटौती की है, ताकि आर्थिक सुधारों के मद्देनजर निवेश की दर को प्रोत्साहन दिया जा सके। लेकिन हो सकता है कि फिलहाल नीतिगत दरों में और अधिक कटौती रिजर्व न करे क्योंकि महँगाई कम नहीं हो पा रही। इससे निवेश सेंटीमेंट आहत हो सकता है।

उधर मार्किट इंडिया बिजनेस आउटलुक रिपोर्ट के मुताबिक भारत की प्राइवेट सेक्टर कंपनियों में बिजनेस कांफीडेंस अक्तूबर 2009 के बाद के न्यूनतम स्तर पर पहुँच चुका है। प्रतिस्पर्धात्मक दबाव, कच्चे तेल की कमी, टैक्स दरों में वृद्धि और महँगाई की दर में वृद्धि इसके प्रमुख कारण बताए गए हैं। उल्लेखनीय है कि मार्केट इंडिया द्वारा ये आँकड़े 12 से 26 जून के दौरान एकत्र किए गए। इसकी रिपोर्ट के अनुसार, भारतीय कंपनियों के कारोबार में भी हाल के महीनों में कमी देखी गई है। हालाँकि इस दौरान बिजनेस आउटलुक सकारात्मक जरूर रही है, पर यह पहले से कुछ कम जरूर हुई है।

उधर मई माह में औद्योगिक उत्पादन विकास दर 2.7 प्रतिशत रही, जो कि अप्रैल में 3.36 प्रतिशत दर्ज की गई थी। इन सबके बीच राहत की बात यह रही कि थोक महँगाई सूचकांक पिछले आठ महीनों से लगातार गिरावट का रुख दिखा रहा है।

हालाँकि केंद्र सरकार को उम्मीद है कि वित्तीय वर्ष 2015–16 में इंफ्रास्ट्रक्चर क्षेत्र में अटके हुए 258 प्रोजेक्टों में से 47 प्रतिशत प्रोजेक्टों को हरी झंडी दिखाई जा सकेगी।

बहरहाल, अर्थव्यवस्था में 10 प्रतिशत की विकास दर हासिल करना मौजूदा परिस्थितियों में काफी महत्त्वाकांक्षी लक्ष्य माना जा सकता है, विशेषकर तब जबकि चीन और ग्रीस को लेकर वैश्विक अर्थव्यवस्था में अस्थिरता का आलम है।

(मुंबई में प्रकाशित दैनिक 'हमारा महानगर' में शुक्रवार 17-07-2015 को व्यापार पृष्ठ पर प्रकाशित)

□

29

क्या हैं चाइनीज स्टॉक मार्केट क्रेश के मायने

हाल ही में 12 जून, 2015 से चाइनीज स्टॉक मार्केट के क्रेश होने का जो सिलसिला शुरू हुआ, उससे पिछले करीब एक महीने में शंघाई स्टॉक एक्सचेंज पर 'ए' वर्ग में लिस्टेड शेयरों की कीमत एक तिहाई कम हो गई है। गौरतलब है कि इस स्टॉक एक्सचेंज पर लिस्टेड करीब 2,800 कंपनियों में से 1,300 से अधिक कंपनियों ने ट्रेडिंग हॉल्ट (बंद) करने के लिए अर्जी दी है, ताकि उनके शेयरों की गिरती कीमतों पर लगाम लग सके। हैरानी की बात यह है कि इस दौरान वहाँ की सरकार द्वारा की गई तमाम कोशिशों के बावजूद चाइनीज स्टॉक्स का लुढ़कना जारी रहा।

उदाहरण के लिए, वहाँ की सरकार ने 'शॉर्ट सेलिंग' पर लिमिट (अधिकतम सीमा) लगाने की कोशिश की, बड़े म्यूचल फंडों और पेंशनफंडों ने ज्यादा-से-ज्यादा स्टॉक्स की खरीदी की और नए पब्लिक ईश्यू ऑफरिंग (आई.पी.ओ.) पर रोक लगा दी गई। यहाँ तक कि ब्रोकरों को शेयर खरीदने के लिए धन भी उपलब्ध कराया गया। सरकार द्वारा संचालित चीनी मीडिया भी खुदरा निवेशकों को स्टॉक्स खरीदने की सलाह देता रहा।

इसके अलावा चाइनीज सिक्योरिटीज रेग्यूलेटरी कमीशन (सी.एस.आर.सी.) ने 5 प्रतिशत होल्डिंग्स रखनेवाले शेयरधारकों को अपने स्टॉक्स बेचने से प्रतिबंधित कर दिया, लेकिन बावजूद इसके चीनी स्टॉक्स जो कि जून 2015 तक 150 प्रतिशत तक की ऊँचाई पकड़ चुके थे, वो आखिर क्यों इतनी तीव्रता से गिर पड़े, यह विश्व भर के वित्त विशेषज्ञों और सरकारों के लिए भी शोध का विषय है।

चीन के स्टॉक मार्केट में 80 प्रतिशत खुदरा निवेशक हैं, जो बेहद भयभीत हैं, क्योंकि उनके निवेश या लाभाशों का काफी बड़ा हिस्सा इस मार्केट क्रेश में उड़ चुका है। उन्होंने घबराहट में अपने शेयरों की बिकवाली की। यद्यपि वहाँ की सरकार ने ब्याज दरें कम कीं, ट्रांजेक्शन कॉस्ट भी घटाई और भी अनेक उपाय किए, पर मार्केट कैपिटलाइजेशन के आधार पर एशिया में नंबर वन शंघाई स्टॉक मार्केट टूटता ही चला गया।

दरअसल, चीन के स्टॉक मार्केट में निवेशकों के बढ़ते जोश से शेयरों की कीमतों में काफी उछाल आ चुका था। चीन की सरकार ने स्टॉक मार्केट में खुदरा निवेश को प्रोत्साहन देने की कोशिश जरूर की, लेकिन हुआ यूँ कि जो लाभ निवेशकों ने कमाया, उसे चीनी अर्थव्यवस्था में निवेश करने की बजाय फिर से स्टॉक मार्केट में ही निवेश कर दिया।

अब शंघाई को विश्व के भावी फाइनांस सेंटर के रूप में विकसित करने की महत्त्वाकांक्षा को लेकर चल रही वहाँ की सरकार, जो चीन को एक तरक्की पसंद अर्थव्यवस्था के रूप में प्रोजेक्ट करने की कोशिश करती आ रही है, उसके लिए शंघाई मानो एक उपरिकेंद्र (ऐपीसेंटर) के समान समझा गया। जाहिर है कि एक साम्यवादी या समाजवादी देश में बाजार आधारित पूँजीवादी अर्थव्यवस्था का ताना-बाना बुनती चीनी सरकार ने शंघाई स्टॉक मार्केट को धराशाही होने से बचाने के पूरे प्रयास किए। दरअसल, वहाँ का वित्तीय सिस्टम सरकार द्वारा नियंत्रित है और कई विश्लेषक मानते हैं कि यह चीनी अर्थव्यवस्था की सबसे कमजोर कड़ी है।

कई अन्य विश्लेषक इस वाकये की सन् 1989 में जापानी स्टॉक मार्केट क्रेश से भी तुलना कर रहे हैं। तब जापान के स्टॉक मार्केट का कैपिटलाइजेशन सभी वैश्विक पूँजी बाजारों के सम्मिलित आकार का आधे से अधिक हुआ करता था। चीन की तरह वहाँ भी सरकार का आर्थिक वातावरण के नियंत्रण में दबदबा था। दोनों ही देशों में निवेश द्वारा प्रोत्साहित आर्थिक विकास के मॉडल को अपनाया गया। जापान का रियल इस्टेट सेक्टर भी चीन ही की तरह नियंत्रण से परे था और उसका मूल्यांकन विश्व भर की कुल जमीन का 50 प्रतिशत था। बैंक लैंडिंग वहाँ भी वित्त का प्रमुख स्रोत था जहाँ ज्यादातर प्रॉपर्टी को गिरवी रख ऋण कर दिया जाता था। जो ऋण वहाँ रियल इस्टेट क्षेत्र को दिए गए, उन्हें फिर से इसी क्षेत्र में निवेश किया जाता रहा।

रेटिंग ऐजेंसी 'फिश' के अनुसार, चीन में भी 40 प्रतिशत बैंक लोन्स प्रॉपर्टी के अगेंस्ट दिए गए हैं। अप्रत्यक्ष रूप से करीब 60 प्रतिशत ऋणों का एक्सपोजर रियल इस्टेट क्षेत्र में है। इसके अलावा जापान में ज्यादातर कॉर्पोरेट प्रॉफिट कंपनियों के स्टॉक्स में निवेश के जरिए आ रहे थे। चीन में भी यही हाल है।

जापान के केंद्रीय बैंक ने जरा सी ब्याज दरें क्या बढ़ाईं, शेयर मार्केट में गिरावट का दौर शुरू हो गया। फिर ऐसा ही रुख रियल इस्टेट ने भी पकड़ लिया। जो वित्तीय क्राइसिस शुरू हुआ, उससे उबरते-उबरते सन् 2000 में सात बैंकों का राष्ट्रीयकरण हो गया और आज 25 वर्ष बाद भी जापान अपने अच्छे दिनों की ओर लौटने के लिए संघर्षरत है। चीन और जापान के स्टॉक मार्केट क्रेश के कारण भले ही अलग रहे हों लेकिन दोनों परिस्थितियों में काफी समानता है।

बहरहाल, 30 ट्रिलियन डॉलर्स के ऋणों के बोझ तले दबी चीन की अर्थव्यवस्था पर आर्थिक विकास दर तेज करने के लिए काफी दबाव है और इस लिहाज से उम्मीद की जा सकती है कि वहाँ की सरकार महामंदी के दौर में न घुसने की हरसंभव कोशिश करेगी और फिलहाल समूची वैश्विक अर्थव्यवस्था के लिए यह काफी राहत भरी खबर समझी जा सकती है।

(मुंबई में प्रकाशित दैनिक 'हमारा महानगर' में शुक्रवार 24-07-2015 को व्यापार पृष्ठ पर प्रकाशित)

□

30

क्या महत्त्वहीन हो जाएगी रिजर्व बैंक की भूमिका

हाल ही में भारतीय वित्तीय कोड का संशोधित मसौदा पेश किया गया। यह मसौदा जब कानून बनेगा, तब करीब 19 पुराने कानूनों को बदल डालेगा, जिनमें सन् 1934 में बना आर.बी.आई. एक्ट और सन् 1938 में बनाया गया इंश्योरेंस एक्ट शामिल है। पिछले करीब आठ दशकों में देश के वित्तीय सिस्टम की बदलती जरूरतों को पूरा करने के लिए अनेक नए कानून बने या मौजूदा कानूनों में संशोधन भी किया गया।

भारतीय वित्तीय विनियमन प्रणाली को एक गतिशील और तेजी से विकसित होती भारतीय अर्थव्यवस्था के हिसाब से पुनर्गठित करने के लिए एक व्यापक वित्तीय कोड का मसौदा तैयार किया गया है, जिस पर कई कारणों से चर्चा गरम है। विशेष रूप से नए वित्तीय कोड के लागू होने पर रिजर्व बैंक की मौजूदा शक्तियों में बदलाव आने को लेकर चिंता व्यक्त की जा रही है। दरअसल, प्रस्तावित कानून के तहत गठित रिजर्व बैंक मुख्यत: बैंकिंग प्रणाली के प्रबंधन का कार्य करेगा, जबकि मौद्रिक नीतियों के गठन में वह स्वतंत्र निर्णय नहीं ले पाएगा, ऐसा प्रतीत हो रहा है।

रिजर्व बैंक द्वारा किए जा रहे मौजूदा कार्यों को अब छह संस्थानों में बाँटा जा सकता है। ये संस्थान हैं—पहला, वित्तीय अथॉरिटी जो कि बैंकिंग और पेमेंट सिस्टम के अलावा अन्य सभी वित्तीय सेवाओं का विनियमन (रेग्यूलेशन) करेगी। दूसरा है, रिजर्व बैंक ऑफ इंडिया, जो कि मौद्रिक नीति बनाने, केंद्रीय बैंक की भूमिका अदा करने व बैंकिंग और पेमेंट प्रणाली का विनियमन करने का काम करेगा। तीसरा है, रिजोल्यूशन कॉर्पोरेशन, जो कि कुछ विशिष्ट वित्तीय सेवाओं से जुड़ी समस्याओं का समाधान करेगा। चौथा है, वित्तीय निवारण एजेंसी (फाइनेंशियल रिड्रैसल एजेंसी), जो कि खुदरा उपभोक्ताओं की शिकायतों का निवारण करेगी। पाँचवाँ है, फाइनेंशियल सेंटर अपीलेट ट्रिब्यूनल, जो प्रस्तावित कोड में दिए गए मामलों पर निर्णय करेगा और छठा है, सार्वजनिक ऋण

प्रबंधन एजेंसी (पी.डी.एम.ए.), जो कि केंद्र सरकार के सार्वजनिक ऋण, नकदी और आकस्मिक देयताओं (कंटिनजेंट लाएबिलिटी) का प्रबंधन करेगी। अब ये एजेंसियाँ मिलकर वो सब काम करेंगी, जो पिछले कई वर्षों से रिजर्व बैंक करता आया है।

इसके अलावा मौजूदा वित्तीय स्थिरता एवं विकास काउंसिल को एक सांविधिक एजेंसी का दर्जा दिया जा सकता है, जो कि वित्तीय सिस्टम में स्थिरता व लचीलेपन को बढ़ावा देने का काम करेगा। हालाँकि यह स्पष्ट नहीं है कि यह संस्थान वित्त मंत्रालय द्वारा नियुक्त अधिकारियों के अधीन स्वतंत्र रूप से काम करेंगे अथवा वित्त मत्रांलय की देख-रेख में ही काम करेंगे, लेकिन जो स्पष्ट है वो यह इस प्रकार के बदलाव से भारतीय वित्तीय प्रणाली में केंद्रीय बैंक की मौजूदा शक्तियों में ह्रास होगा।

नए वित्तीय कोड के अनुसार, मौद्रिक नीति बनाने का कार्य मौद्रिक नीति कमिटी के सुपुर्द किया जा सकता है, जिनमें तीन सदस्य रिजर्व बैंक के होंगे और चार सदस्य केंद्र सरकार द्वारा नियुक्त किए जाएँगे। इस कमिटी में यद्यपि 'टॉई' होने (बरारबर संख्या में पक्ष-विपक्ष में वोट पड़ने) पर रिजर्व बैंक के अध्यक्ष दोबारा अपना वोट तो डाल सकेंगे, पर उन्हें 'वीटो' पॉवर नहीं होगी।

लेकिन दूसरी ओर वित्तीय कोड यह भी कहता है कि रिजर्व बैंक महँगाई नियंत्रण से बाहर हो जाने पर सरकार के प्रति उत्तरदायी होगा। अब यह कैसी व्यवस्था होगी, जहाँ नीतिगत दरें निर्धारित करने में रिजर्व बैंक को अंतिम निर्णय का अधिकार नहीं होगा, जबकि उसके पास नीतिगत दरें ही महँगाई रोकने का एकमात्र उपाय होगा, पर महँगाई रोकने की पूरी जिम्मेदारी उसकी होगी।

यही नहीं, जिस प्रकार उपभोक्ता मूल्य सूचकांक के सापेक्ष महँगाई दर को लक्ष्य (लक्षित) किया जाना है, उसे भी प्रभावित करनेवाले अनके फैक्टर्स (कारक) नीतिगत दरों की परिधि से बाहर होंगे। ऐसे में रिजर्व बैंक के लिए महँगाई रोकना टेढ़ी खीर साबित हो सकता है।

इसी तरह सार्वजनिक ऋण प्रबंधन का काम-काज फिलहाल रिजर्व बैंक देखता है। इसे पी.डी.एम.ए. को दे देने पर रिजर्व बैंक के लिए खुली मार्केट प्रक्रिया के तहत वित्तीय सिस्टम में तरलता बनाए रखना भी कठिन हो जाएगा।

इसी प्रकार वित्तीय स्थिरता बनाने का काम एफ.एस.डी.सी. को सौंपने के बाद बैंकों का विनियमन करना और वित्तीय प्रणाली में स्थिरता बनाए रखना भी उसके लिए मुश्किल हो सकता है। इसके अलावा वित्तीय प्रणाली में पहले ही अनेक रेग्यूलेटर्स है, जैसे कि सेबी, एफ.एम.सी. (जो अब सेबी के तहत है), आई.आर.डी.ए., पी.एफ.आर. डी.ए., नाबार्ड आदि। इन सबमें तालमेल बैठाना भी चुनौतीपूर्ण हो सकता है।

दरअसल, जिस प्रकार वैश्वीकरण के दौर में और वैश्विक महामंदी के बाद भी

पिछले करीब दो दशकों से रिजर्व बैंक ने लगातार भारतीय वित्तीय सिस्टम में स्थिरता तथा लचीलापन बनाए रखने के क्षेत्र में बेहतरीन प्रदर्शन किया है और वित्तीय क्षेत्र में सुपरविजन और विनियमन को एक उच्च स्तर पर पहुँचाया है, तब अपनी शक्तियों के ह्रास होने पर वह कितनी सार्थक भूमिका निभा पाएगा, यह चर्चा का विषय है।

हालाँकि वित्त मंत्री ने विश्वास अवश्य दिलाया है कि केंद्र सरकार यह सुनिश्चित करेगी कि रिजर्व बैंक को मौद्रिक नीति बनाने में स्वायत्तता मिले। यह भी स्पष्ट किया गया है कि भारतीय वित्तीय कोड फिलहाल वित्तीय क्षेत्र विधायी सुधार कमीशन (एफ.एस.एल.आर.सी.) द्वारा तैयार मसौदा भर है और इस बारे में अंतिम फैसला सभी हितधारकों से सलाह करके ही लिया जाएगा। उम्मीद की जानी चाहिए कि रिजर्व बैंक के गवर्नर की भूमिका महज एक रबर की मोहर भर न रह जाए और फाइनल वित्तीय कोड बनने तक इस दुविधा का कोई-न-कोई समाधान निकाल लिया जाए।

(मुंबई में प्रकाशित दैनिक 'हमारा महानगर' में शुक्रवार 31-07-2015 को व्यापार पृष्ठ पर प्रकाशित)

□

31

मौद्रिक नीति में नीतिगत दरें यथावत्

हाल ही में रिजर्व बैंक ऑफ इंडिया ने अपनी तीसरी द्विमासिक मौद्रिक समीक्षा में नीतिगत दरों को मानसून की अनिश्चिता और महँगाई की दर में वृद्धि के मद्देनजर यथावत रखा है अर्थात् फिलहाल रेपो रेट 7.25 प्रतिशत और रिवर्स रेपो रेट 6.25 प्रतिशत पर बनी हुई है। हालाँकि रिजर्व बैंक के गनर्वर ने यह उम्मीद भी जताई है कि वे लगातार हालात पर नजर बनाए रखेंगे और उचित समझे जाने पर नीतिगत दरों में कटौती भी कर सकते हैं।

गौरतलब है कि रेपो रेट वह दर है जिस पर कमर्शियल बैंक सामान्यतया रिजर्व बैंक से ऋण उठाते हैं। यदि रेपो रेट में कुछ कटौती की जाती है तो बैंकों के लिए ऋणों की लागत कम हो जाती है। अब यदि बैंक भी अपने ग्राहकों से चार्ज की जानेवाली ब्याज दर में कटौती करते हैं तो क्रेडिट मांग बढ़ जाती है, जिससे आर्थिक क्रियाओं का स्तर तो बढ़ता है, पर उपभोक्ता माँग बढ़ने पर महँगाई को हवा भी मिल सकती है। इसके विपरीत ऊँची ब्याज दरें रखे जाने पर क्रेडिट और मांग में कमी आती है, जिससे कि महँगाई की दर में कमी लाई जा सकती है।

रिजर्व बैंक ज्यादातर गैर-बाद्य और गैर-तेल वस्तुओं में लगातार बढ़ती महँगाई के रुख से चिंतित है। अब जून के महीने में ही उभोक्ता मूल्य सूचकांक में 5.40 प्रतिशत की वृद्धि दर्ज की गई जो पिछले 9 महीनों का उच्चतम स्तर है। पिछले 2 महीनों में महँगाई के बढ़ने का रुख देखा जा रहा है, लेकिन रिजर्व बैंक को यह उम्मीद भी है कि जुलाई और अगस्त में महँगाई की दर कुछ कम हो जाएगी पर बाद में यह बढ़ भी सकती है। यही कारण है कि अब रिजर्व बैंक ने मार्च 2016 के अंत तक महँगाई की अनुमानित दर को संशोधित कर 5.8 प्रतिशत बताया है।

उल्लेखनीय है कि जनवरी 2015 के बाद से रिजर्व बैंक पहले ही ब्याज की दरों में 75 बेसिस प्वाइंट की कटौती कर चुका है, लेकिन तेल की कीमतों में हाल ही में आई गिरावट के बावजूद कुछ और कटौती करने से पूर्व रिजर्व बैंक यह

सुनिश्चित कर लेना चाहता है कि इस सीजन में मानसून कितना 'नॉर्मल' (सामान्य) रह पाता है?

जाहिर है, मानसून का मिजाज भाँपना तो कठिन है ही, लेकिन मानसून का हाल देख कर रिजर्व बैंक नीतिगत दरों में कटौती करेगा अथवा नहीं, यह अनुमान लगा पाना आसान हो चला है। दूसरे शब्दों में, मानसून देश की अर्थव्यवस्था को प्रभावित करनेवाला सबसे प्रभावशाली फैक्टर समझा जाने लगा है, लेकिन जब मानसून की सटीक भविष्यवाणी करना मौसम विभाग तक के लिए मुश्किल काम है, तो उसके भरोसे मौद्रिक नीति का निर्धारण करना रिजर्व बैंक के लिए कितना कठिन कार्य है, समझा जा सकता है और अब तो रिजर्व बैंक के गवर्नर नए फाइनेंस कोड (भारतीय वित्तीय कोड) के मसौदे के तहत प्रस्तावित अपनी वीटो पॉवर समाप्त किए जाने के पक्ष में आ गए हैं। उनका कहना है कि मौद्रिक नीति जैसा महत्त्वपूर्ण निर्णय लेने के लिए एक कमेटी का गठन किया जाना शायद एक बेहतर विकल्प है, जहाँ विभिन्न सदस्य अपने भिन्न-भिन्न विचार प्रस्तुत कर सकते हैं और एक बेहतर निर्णय पर पहुँच सकते हैं।

अब यह विचारणीय बात है कि जब रिजर्व बैंक के गवर्नर के पास वीटो पॉवर (निषेधाधिकार) नहीं रहेगी, तब उन्हें मौद्रिक नीति के लिए कितना जवाबदेह समझा जा सकेगा? रिजर्व बैंक के गवर्नर को लगता है कि मौद्रिक नीति के संदर्भ में निर्णय लेने की जिम्मेदारी कमिटी पर डाल देने से एक व्यक्ति विशेष पर 'दबाव' कम किया जा सकता है।

हालाँकि कमिटी के सदस्यों की संख्या व गठन के संदर्भ में केंद्रीय बैंक द्वारा गठित उर्जित पटेल कमिटी और पूर्व सरकार द्वारा गठित वित्तीय क्षेत्र विधायी सुधार कमीशन के बीच मतभेद है। जहाँ उर्जित पटेल कमिटी ने तीन सदस्य रिजर्व बैंक के और दो सदस्य सरकार द्वारा नियुक्त किए जाने की बात की थी, वहाँ भारतीय वित्त कोड में सात सदस्यी मौद्रिक नीति कमिटी में चार सदस्य सरकार द्वारा नियुक्त किए जाने की बात है और शेष तीन सदस्य रिजर्व बैंक से होंगे। ऐसे में किसी एक व्यक्ति विशेष पर अंतिम निर्णय लेने का 'प्रेशर' भले ही कम हो जाए, पर शायद, अंततः जवाबदेही तो रिजर्व बैंक के अध्यक्ष की ही तो समझी जाएगी। जहाँ तक भारत की अर्थव्यवस्था का प्रश्न है, अधिक महत्त्वपूर्ण बात तो यह है चाहे जिस भी प्रक्रिया के तहत मौद्रिक नीति का निर्धारण हो, वह स्थायित्व के साथ विकास करने का लक्ष्य हासिल करने में सक्षम हो।

फिलहाल यह समझना भी मुश्किल है कि एक ओर रिजर्व बैंक के अध्यक्ष अगले दो महीनों में महँगाई कम होने की उम्मीद भी जता रहे हैं, तो दूसरी ओर

नीतिगत दरों में कटौती करने से परहेज भी कर रहे हैं। जाहिर-सी बात है कि अब सरकार और रिजर्व बैंक को यह भी मंथन करना होगा कि मानसून पर भारतीय अर्थव्यवस्था की निर्भरता को कैसे कम किया जाए, ताकि नीतिगत निर्णय लेना कुछ आसान हो सके।

(मुंबई में प्रकाशित दैनिक 'हमारा महानगर' में शुक्रवार 07-08-2015 को संपादकीय पृष्ठ पर प्रकाशित)

□

32

खस्ताहाल है चीन की अर्थव्यवस्था

हाल ही में चीन के केंद्रीय बैंक ने वैश्विक बाजारों में चीन के उत्पादों के कम होते वर्चस्व के मद्देनजर वहाँ की घरेलू मुद्रा युआन का करीब 2 प्रतिशत से अवमूल्यन कर दिया है। गौरतलब है कि जुलाई के महीने में चीन द्वारा किए जा रहे निर्यातों में 8.3 प्रतिशत की गिरावट दर्ज की गई। यह वैश्विक बाजारों में चीन के उत्पादों के लिए घटती हुई मांग का रुख दर्शाता है।

चीन की अर्थव्यवस्था में पिछले कुछ महीनों से लगातार आर्थिक विकास दर पर दबाव बढ़ता जा रहा है। एक ओर जहाँ जुलाई माह में चीनी उत्पादों की कीमतें पिछले छह वर्षों के न्यूनतम स्तर पर पहुँच गईं तो दूसरी ओर वैश्विक बाजारों में चीनी उत्पादों के लिए मांग और भी कमजोर होती दिखाई दी। यही कारण है कि औपचारिक रूप से इस वर्ष चीन की आर्थिक विकास दर 7 प्रतिशत रहने का पूर्वानुमान भले ही लगाया गया हो पर अनेक विश्लेषकों का यह मानना है कि चीन की अर्थव्यवस्था में विकास की गति धीमी ही पड़ती जा रही है।

चीन के उत्पादों की कीमतों के सूचकांक में पिछले वर्ष के मुकाबले 5.4 प्रतिशत की गिरावट तो आई ही है, लेकिन अधिक महत्त्वपूर्ण बात यह भी है कि पिछले 40 महीनों से कीमतों में गिरावट का रुख चलता जा रहा है। उत्पादों की कीमतें यूँ कम होते जाने से वहाँ पर चीन के उत्पादकों और खनिकों (माइनर्स) के लाभांश घटते जाते हैं और उन पर कर्ज का बोझ भी बढ़ता चला जाता है।

एक अनुमान के अनुसार, चीन के कॉर्पोरेट ऋणों का स्तर वहाँ की सकल राष्ट्रीय आय (जी.डी.पी.) का 160 प्रतिशत तक पहुँच चुका है। इन ऋणों का आकार अमेरिकी कॉर्पोरेट सेक्टर के ऋणों का भी दुगुना हो चला है। यही नहीं, एक ओर जहाँ उपभोक्ता मूल्य सूचकांक करीब 1.6 प्रतिशत की नगण्य दर से बढ़ रहा है, वहीं

हाउसिंग सेक्टर में नरमी, घटता निवेश और लुढ़कते निर्यात—सभी इस प्रकार का दबाव बना रहे हैं कि चीन की अर्थव्यवस्था में विकास दर धीमी पड़ती जा रही है।

यही कारण है कि पिछले 21 महीनों से चीन की कंपनियों में लगातार मजदूरों की छँटनी का दौर भी चल रहा है। किसी भी अर्थव्यवस्था के स्वास्थ्य का बेरोमीटर समझे जानेवाले स्टॉक एक्सचेंज की बात करें तो चीन के स्टॉक मार्केट में जून माह के बाद से भारी गिरावट का रुख दिखाई दिया है, जिसकी वजह से उसका वेल्यूएशन एक तिहाई कम हो चुका है।

उल्लेखनीय है कि चीन विश्व की दूसरी सबसे बड़ी अर्थव्यवस्था है और अगर वहाँ आर्थिक विकास दर कमजोर पड़ती है, तो वैश्विक बाजारों पर इसका काफी असर पड़ता है। चीन की मुद्रा के अवमूल्यन से कई एशियन करेंसियों के मूल्यों में ह्रास हुआ है और अनेक उदयीमान अर्थव्यवस्थाओं के शेयर बाजार आहत हुए हैं। इसके अलावा ब्लूमबर्ग कमोडिटी इंडैक्स (सूचकांक) में 1.4 प्रतिशत, स्टॉक्स यूरोप 600 सूचकांक में 1.5 प्रतिशत और एस. एंड पी. 500 सूचकांक में 0.8 प्रतिशत की गिरावट आई। यहाँ तक कि ऑस्ट्रेलिया, दक्षिण कोरिया और सिंगापुर में भी वहाँ की घरेलू मुद्राओं के मूल्य में एक प्रतिशत से अधिक कमी आई है। अनेक धातुओं, जैसे कि कॉपर, निकल, एल्युमीनियम और टिन आदि के मूल्य भी कुछ कम हो गए। यहाँ तक कि तेल की कीमतों में भी 2 से 3 प्रतिशत तक की कमी दर्ज की गई है।

जहाँ तक भारत का सवाल है, चीन के केंद्रीय बैंक द्वारा यों अचानक अपनी मुद्रा का अवमूल्यन कर देने से भारतीय अर्थव्यवस्था भी आहत हो सकती है। गौरतलब है कि अंतरराष्ट्रीय बाजारों में भारतीय उत्पादों की प्रतिस्पर्धात्मक क्षमता पर चीन की मुद्रा के अवमूल्यन का बुरा असर पड़ सकता है। इसके अलावा भारत का चीन के साथ पहले से ही करीब 50 बिलियन डॉलर्स का व्यापार घाटा चल रहा है।

वैश्विक बाजारों में भारतीय निर्यातों का स्तर पिछले कुछ महीनों से लगातार कम हो रहा है। वित्तीय वर्ष 2015-16 की पहली तिमाही में भारतीय निर्यातों में पिछले वर्ष के मुकाबले 16.8 प्रतिशत की कमी आई है। विशेष रूप से टेक्सटाइल्स, चमड़ा और जेम्स एडं ज्यूलरी में 15 से 20 प्रतिशत की गिरावट दर्ज की गई है। विशेषज्ञों की मानें तो यह भी अंदेशा है कि कहीं आर्थिक विकास दर पर दबाव झेल रहे कई अन्य देश अपनी घरेलू मुद्रा में अवमूल्यन न करने लगें और इस प्रकार एक नया करेंसी युद्ध न शुरू हो जाए।

जिस प्रकार चीन के केंद्रीय बैंक ने लगातार दूसरे दिन भी मुद्रा अवमूल्यन का दौर जारी रखा, उससे वित्तीय बाजारों में अस्थिरता का माहौल है, हालाँकि चीन के केंद्रीय बैंक ने विश्वास दिलाने की कोशिश अवश्य की है कि मुद्रा अवमूल्यन

का दौर हमेशा यूँ ही नहीं चलेगा, लेकिन फिर भी भारत सहित अन्य संवेदनशील अर्थव्यवस्थाओं को चीन की अर्थव्यस्था में हो रहे परिवर्तनों पर नजर बनाए रखनी होगी। इसके साथ ही वहाँ की मुद्रा में अवमूल्यन से होनेवाले विपरीत प्रभावों के प्रति सचेत भी रहना होगा।

(मुंबई में प्रकाशित दैनिक 'हमारा महानगर' में शुक्रवार 14-08-2015 को यापार पृष्ठ पर प्रकाशित)

□

33

बैंकिंग क्षेत्र में जुड़ा एक नया अध्याय

हाल ही में रिजर्व बैंक ने कुल ग्यारह फर्मों को भारत में भुगतान बैंक खोलने की इजाजत दे दी है। ये विशिष्ट बैंक भारत में वित्तीय समावेश के उद्देश्य से स्थापित वो बैंक हैं, जो एक निर्धारित दायरे में रहते हुए सामान्य बैंकों की तरह डिपॉजिट लेने और भुगतान करने का काम तो करेंगे, पर उनकी तरह ऋण देने का काम नहीं कर सकेंगे। फिर डिपॉजिट की भी अपनी लिमिट है, जिसके अनुसार ये बैंक प्रति व्यक्ति एक लाख रुपए तक का ही डिपॉजिट स्वीकार कर सकते हैं। यह भुगतान बैंक अपने काम-काज हेतु अनेक शाखाएँ खोल सकते हैं, डेबिट कार्ड जारी कर सकते हैं, ए.टी.एम. खोल सकते हैं और यहाँ तक कि इंटरनेट बैंकिंग सुविधा भी, प्रदान कर सकते हैं। इसके अलावा वे विभिन्न बैंकों को धन प्रेषित कर सकते हैं और वहाँ से भेजी गई रकम स्वीकार भी कर सकते हैं। साथ ही, ये बैंक म्यूचुअल फंड, पेंशन व बीमा उत्पादों का वितरण करने तथा उपयोगिता बिलों का भुगतान करने का काम भी कर सकते हैं।

लेकिन जैसा कि इन बैंकों को सिर्फ भुगतान बैंकों का दर्जा हासिल है, इनके काम-काज की निर्दिष्ट सीमाएँ हैं। मसलन, ये बैंक डेबिट कार्ड तो इश्यू कर सकते हैं, पर क्रेडिट कार्ड जारी नहीं कर सकते हैं। गौरतलब है कि 23 सितंबर, 2013 को रिजर्व बैंक द्वारा एक कमिटी का गठन किया गया था जिसका उद्देश्य मुख्यत: छोटे व्यापारियों और निम्न आय वर्ग के परिवारों के लिए व्यापक वित्तीय सेवाएँ उपलब्ध कराने के लिए सुझाव देना था। पिछले वर्ष 7 जनवरी, 2014 को इस कमिटी ने अपनी फाइनल रिपोर्ट पेश की, जिसमें अन्य बातों के अलावा एक नए प्रकार के बैंक अर्थात् भुगतान बैंक बनाने की सिफारिश की गई थी। 'मोर कमिटी' नाम से विख्यात इस रिपोर्ट के आधार पर 17 जुलाई, 2014 को ड्राफ्ट गाइड लाइन और 27 नवंबर, 2014 को फाइनल गाइडलाइन जारी की गई थी। इसी गाइडलाइन के तहत रिजर्व बैंक ने 11 नए भुगतान बैंकों को सैद्धांतिक रूप से मंजूरी दी है।

सबसे महत्त्वपूर्ण बात यह है कि ये भुगतान बैंक भले ही एक सीमित दायरे में

काम कर पाएँगे, पर अपने विशिष्ट स्वरूप और टेक्नोलॉजी के साथ ये ऐसे लाखों गाँवों तक पहुँच पाने की भी क्षमता रखते हैं, जहाँ पहले कोई बड़ा बैंक पहुँच नहीं पाया। उदाहरण के लिए, रिलायंस-एस.बी.आई. पेमेंट बैंक ने अगले तीन वर्षों में 2,50,000 गाँवों और 5,000 कस्बों तक पहुँचने की महत्त्वाकांक्षी योजना बना ली है। करीब 100 करोड़ रुपए की प्रारंभिक पूँजीगत आधार से शुरू किया जानेवाला ये बैंक अगले 3-4 वर्षों में ही करीब 400 करोड़ रुपए तक अपना पूँजीगत आधार बढ़ा सकता है।

उधर भारतीय डाक विभाग अब अपने लंबे-चौड़े नेटवर्क द्वारा हासिल व्यापक भौगोलिक पहुँच का फायदा उठाते हुए पेमेंट बैंक की तरह भी काम करेगा और दूर-दराज के गाँवों तक वित्तीय सेवाएँ उपलब्ध कराएगा। गौरतलब है कि डाक सेवाएँ करीब 1,54,000 जगहों पर उपलब्ध हैं और इनमें से अनेक दफ्तर छोटे-छोटे गाँवों में भी उपलब्ध हैं।

इसी प्रकार भारती एयरटेल अपने 16 लाख आउटलेट्स के दम पर इस क्षेत्र में महत्त्वपूर्ण योगदान दे सकता है। एक अन्य कंपनी वोडाफोन का ग्रोथ प्लान कुछ ऐसा है कि वह अनेक सरकारी संस्थानों के साथ पार्टनरशिप करके वेतन और सब्सिडी के भुगतान का कार्य करने जा रहा है। इस कंपनी के पास पहले से ही 90,000 'एम-पैसा' ऐजेंट है, जो दूर-दरार के ग्रामीण क्षेत्रों तक से भी आसान व सुरक्षित धन ट्रांसफर करने और भुगतान करने की सुविधा प्रदान कर रहे हैं। अब वह भुगतान बैंक की तरह काम करके उन क्षेत्रों तक भी पहुँच जाना चाहता है, जहाँ पहले कभी कोई बैंकिंग सेवा उपलब्ध न हो सकी।

इसके अलावा एन.एस.डी.एल., जो पहले से भी इलेक्ट्रॉनिक पेमेंट के क्षेत्र में कार्यरत है, को भी भुगतान बैंक खोलने की इजाजत मिली है। उल्लेखनीय है कि एन.एस.डी.एल. के पास करीब 140 लाख निवेशकों के एकाउंट हैं। इसी प्रकार एक अन्य संस्था 'फीनो पेटैंक' पहले से ही वित्तीय सेवा क्षेत्र में व्यापार संवाददाता के रूप में कार्यरत है।

कुल मिलाकर चुने गए सभी भुगतान बैंकों का अपना अच्छा-खासा नेटवर्क है और इसलिए वित्तीय समावेशन के क्षेत्र में वे काफी तीव्रता से अपना योगदान देने में समर्थ हैं। यदि यह कहा जाए कि भारत में भुगतान बैंकों के आने से बैंकिंग इतिहास में एक नया अध्याय जुड़ गया है, तो शायद अतिशयोक्ति नहीं है।

ऐसा माना जा रहा है कि एक बार ये बैंक अपना कामकाज शुरू कर दें तो सस्ती और सुलभ वित्तीय सेवाएँ अब आपके घर के बहुत करीब तक पहुँच सकेंगी। हो सकता है कि किसी समीप की किराना दुकान पर आप अपना पैसा जमा करा सकें या प्रेषित कर सकें। खासतौर पर यह निम्न लागत वाले भुगतान बैंक सैंकड़ों मील दूर कर पढ़ाई, नौकरी या व्यवसाय कर रहे लोगों को लिए काफी उपयोगी सिद्ध हो सकते हैं,

हालाँकि अभी रिजर्व बैंक ने इन्हें सैद्धांतिक रूप से मंजूरी भर दी है और उम्मीद की जा सकती है कि अगले महीने से लगाकर आनेवाले एक वर्ष तक अनेक भुगतान बैंक अपना काम-काज शुरू कर देंगे।

(मुंबई में प्रकाशित दैनिक 'हमारा महानगर' में शुक्रवार 21-08-2015 को व्यापार पृष्ठ पर प्रकाशित)

□

34

पब्लिक सेक्टर बैंकों के लिए नई नीति कितनी प्रभावी

हाल ही में भारत सरकार के वित्त मंत्रालय ने बढ़ते नॉन परफॉर्मिंग असेट (खराब ऋणों) व अन्य कई समस्याओं से त्रस्त पब्लिक सेक्टर (सार्वजनिक क्षेत्र) के बैंकों के काम-काज में सुधार हेतु 7 धाराओंवाली एक नई रणनीति की घोषणा की है। इन योजना को 'इंद्र धनुष' का नाम दिया गया है। इस योजना का उद्‌देश्य अनेक चुनौतियों से जूझ रहे सार्वजनिक क्षेत्र के बैंकों में प्राण फूँकना है।

प्राइवेट बैंकों की तुलना में लगातार खराब प्रदर्शन कर रहे बैंकों के काम-काज में सुधार लाने की दृष्टि से अब उनका नेतृत्व प्राइवेट सेक्टर के प्रोफेशनल्स के हाथों में सौंपने, इन बैंकों का पूंजीगत आधार बढ़ाने और उनकी बैलेंस शीट्स पर लगातार बढ़ रहे दबाव को कम करने जैसे कदम इस योजना में उठाए गए हैं।

उल्लखनीय है कि सन् 1970 में प्राइवेट बैंकों के राष्ट्रीयकरण के बाद से इन बैंकों के संबंध में यह एक बड़ा नीतिगत बदलाव है। तब 14 बड़े बैंकों का राष्ट्रीयकरण किया गया था जिनके पास देश के 70 प्रतिशत से भी अधिक डिपॉजिट जमा थे। सन् 1980 में 6 और कमर्शियल बैंकों का राष्ट्रीयकरण किया गया। इसके बाद तो भारत सरकार द्वारा नियंत्रित बैंकों के पास कुल बैंकिंग बिजनेस का 91 प्रतिशत आ गया।

लेकिन 90 के दशक से जो उदारीकरण का युग शुरू हुआ, तो नई जेनेरेशन के तकनीकी रूप से उन्नत कुछ बैंकों को प्राइवेट सेक्टर में लाइसेंस दिया गया। इनमें से प्रमुख हैं—आई.सी.आई.सी.आई., एच.डी.एफ.सी. और एक्सिस बैंक आदि। कुछ विदेशी बैंक भी बैंकिंग क्षेत्र में कार्यरत हैं। इसके बाद प्राइवेट सेक्टर बैंकों ने तेजी से विकसित होती भारतीय अर्थव्यवस्था में बेहतरीन प्रदर्शन करते हुए पब्लिक सेक्टर बैंकों को कहीं पीछे छोड़ दिया।

इसका प्रमुख कारण रहा पब्लिक सेक्टर बैंकों में लगातार बढ़ता हुआ एन.पी.ए.,

जिसकी वजह से उन्हें ज्यादा प्रोव्हिजनिंग करनी पड़ती है और उनके लाभांश और भी कम हो जाते हैं। उदाहरण के लिए, पंजाब नेशनल बैंक ने मार्च 2015 में समाप्त हुई तिमाही में दिसंबर 2014 के मुकाबले 161 प्रतिशत अधिक प्रोव्हिजन किया, क्योंकि उसके खराब ऋणों का आकार 1,438 करोड़ से बढ़कर 3,834 करोड़ रुपए तक जा पहुँचा।

जहाँ प्राइवेट सेक्टर बैंकों का मार्केट शेयर कुल बैंक डिपॉजिट का 20 प्रतिशत है, वहाँ बैंकिंग इंडस्ट्री के कुल प्रॉफिट्स का 50 प्रतिशत से भी ज्यादा उनका हिस्सा है। हालात इतने खराब हैं कि 25 लिस्टेड पब्लिक सेक्टर बैंकों के एन.पी.ए. का आकार उनके शुद्ध लाभांश (नेट प्रॉफिट) से कई गुना ज्यादा है। विशेषकर इंफ्रास्ट्रक्चर, स्टील, टेक्सटाइल, एविएशन और खनन क्षेत्र में, जिन्हें देश में आर्थिक विकास हेतु आधारभूत माना जा सकता है, सार्वजनिक क्षेत्र के बैंकों का एक्सपोजर ज्यादा है और एन.पी.ए. भी।

यही कारण है कि रिजर्व बैंक ने पब्लिक सेक्टर बैंकों में बेहतर गवर्नेंस का मुद्दा उठाया, ताकि इन बैंकों को भी प्राइवेट बैंकों के समकक्ष काम करने का मौका मिले और वे अपने बढ़ते एन.पी.ए. पर लगाम लगा सकें।

गौरतलब है कि इन संदर्भ में रिजर्व बैंक द्वारा गठित पी.जे. नायक कमिटी ने 13 मई, 2014 को अपनी रिपोर्ट प्रस्तुत की थी, जिसमें इन बैंकों द्वारा झेली जा रही चुनौतियों का जिक्र तो किया ही गया है, साथ में अनेक सिफारिशें भी की गई हैं। इनमें प्रमुख हैं कि बैंकों के कामकाज में सरकारी हस्तक्षेप कम हो और सन् 1970 व 1980 का बैंकों के राष्ट्रीयकरण का कानून रद्द हो तथा सभी बैंकों को कंपनीज ऐक्ट के तहत निगमन (इनकॉरपोरेट) किया जाए।

साथ ही, एक बैंक इन्वेस्टमेंट कंपनी (बी.आई.सी.) का गठन किया जाए, जिसमें सरकार अपनी हिस्सेदारी ट्रांसफर कर दे। जाहिर है, तब सरकार बैंकों के प्रशासन पर जो उसका नियंत्रण है, वह भी बी.आई.सी. को सौंप दे, हालाँकि यह बहस का विषय हो सकता है कि ऐसा करने पर भारत जैसे विकासशील देश में, जहाँ आज भी एक तिहाई जनसंख्या गरीबी से त्रस्त है और कृषि व लघु उद्योग जैसे प्राथमिकता वाले क्षेत्र अभी भी क्रेडिट की कमी से जूझ रहे हैं, क्या हम उन उद्देश्यों से भटक नहीं जाएँगे, जिन्हें सामने रखकर बैंकों का राष्ट्रीकरण किया गया था?

शायद यही कारण है कि सरकार ने बैंकों के प्रशासन में सुधार करने का निर्णय लिया है और वो भी मौजूदा फ्रेमवर्क में। नई नीति 'इंद्रधनुष' के तहत 5 नॉन एक्जीक्यूटिव चेयरमैन तथा पाँच प्रबंध निदेशक (एम.डी.) व मुख्य कार्यकारी अधिकारी (सी.ई.ओ.) नियुक्त करने का निर्णय लिया गया है। दूसरा, एक बैंक बोर्ड ब्यूरो की स्थापना की जाएगी, जो एक बैंक होल्डिंग कंपनी बनाने की दिशा में पहला कदम होगा। यह आगामी

एक अप्रैल से क्रियाशील हो जाएगा। तीसरा, एस.बी.आई., बैंक ऑफ इंडिया, बैंक ऑफ बड़ौदा, पंजाब नेशनल बैंक सहित 13 पी.एस.यू. बैंकों को अगले एक महीने में ही 20,088 करोड़ रुपए की अतिरिक्त पूँजी प्रदान की जाएगी। चौथा, बढ़ते एन.पी.ए. की समस्या से त्रस्त क्षेत्रों के लिए विशिष्ट रणनीति बनाई जाएगी, ताकि बैंकों पर खराब ऋणों का दबाव कम हो। पाँचवाँ, बैंकों को अपनी जरूरत के हिसाब से स्टॉफ नियुक्त करने के लिए अधिक सुविधा दी जाएगी। छठा, टॉप मैनेजमेंट के लिए स्टॉक ऑप्शंस और कार्यकुशलता बोनस जैसे प्रोत्साहन दिए जाएँगे, जिससे कि वे ज्यादा जवाबदेही के साथ काम करें। इस 'इंद्रधनुष' की सातवीं कड़ी है गवर्नेंस सुधार, जिसके लिए आगामी 14 से 16 जनवरी, 2016 में रणनीति बनाने हेतु मंथन किया जाएगा।

जाहिर है कि इंद्र धनुष के रंगों के समान केंद्र सरकार द्वारा प्रस्तावित यह रणनीति देखने में अच्छी अवश्य है, पर इसका कितना प्रभाव बैंकों के खस्ता हाल को सुधार पाएगा यह तो इस पर निर्भर करेगा कि कितनी तत्परता और कुशलता से इसका क्रियान्वयन किया जा सकेगा।

(मुंबई में प्रकाशित दैनिक 'हमारा महानगर' में शुक्रवार 28-08-2015 को व्यापार पृष्ठ पर प्रकाशित)

□

35

कैसे होगा तेजी से आर्थिक विकास

हाल ही में जारी रिजर्व बैंक ऑफ इंडिया की वार्षिक रिपोर्ट (2014-15) और केंद्र सरकार द्वारा जारी वक्तव्यों की समीक्षा करें, तो भारतीय अर्थव्यवस्था के संदर्भ में अनेक पहलू उजागर होते हैं।

एक ओर रिजर्व बैंक केंद्र सरकार पर आर्थिक सुधार के एजेंडे पर तेजी से काम कर आर्थिक विकास दर में वृद्धि लाने के लिए दबाव बना रहा है, तो दूसरी ओर केंद्र सरकार धीमी पड़ती आर्थिक विकास दर के मद्देनजर आर्थिक मंदी की संभावना को देखते हुए रिजर्व बैंक को लगातार सुझाव दे रही है कि वह नीतिगत दरों में कटौती करने पर विचार करे।

यह एक विचित्र तरह का संवाद है, जिसमें देश के आर्थिक विकास हेतु प्रभावी नीति निर्माण करनेवाले दोनों ही पक्ष एक-दूसरे को धीमी आर्थिक विकास दर को गति प्रदान करने के लिए सुझाव दे रहे हैं। रिजर्व बैंक की वार्षिक रिपोर्ट में दिए गए 'अवलोकन' (ओवरव्यूह) में गवर्नर श्री राजन ने स्पष्ट तौर पर कहा है कि देश में मौजूदा क्षमताओं के सापेक्ष आर्थिक विकास दर अभी भी कम है और जनवरी 2016 में महँगाई की अनुमानित दर रिजर्व बैंक की अपेक्षित दर से कहीं ऊपर ही है। दूसरा, कमर्शियल बैंक भी अपनी आधारभूत ब्याज दर (बेस-रेट) को कम करने में रुचि नहीं दिखा रहे, क्योंकि जब ब्याज दरें घटाकर नए बिजनेस को आकर्षित करने के अवसर नगण्य हैं, तो जाहिर तौर पर वे अपने मौजूदा ग्राहकों से मिलनेवाली ब्याज की आमदनी क्यों घटाना चाहेंगे? इससे जहाँ एक ओर कॉर्पोरेट क्षेत्र में नया निवेश नहीं हो पा रहा, तो दूसरी ओर बढ़ते एन.पी.ए. के कारण कुछ बैंकों का पूँजीगत आधार कमजोर पड़ने की वजह से भी वे खुल कर उधार नहीं दे पा रहे।

रिजर्व बैंक ने स्पष्ट कर दिया है कि उसकी अल्पकालीन प्राथमिकता महँगाई की दर को प्रस्तावित तरीके से कम करना है तथा सरकार तथा कमर्शियल बैंकों के

साथ मिलकर खराब प्रोजेक्ट्स को दुरुस्त करना और बैंकों की बैलेंस शीट्स को बेहतर बनाना है और इस तरह भविष्य में उचित समझे जाने पर ही ब्याज दर में कटौती करने की संभावना को तलाशना है।

उधर, भारत के आर्थिक सलाहकार अरविंद सुब्रमण्यन के अनुसार, यद्यपि अप्रत्यक्ष करों से मिलने वाले राजस्व में वृद्धि हुई है और महँगाई रहित क्रेडिट रेट (ऋणों की दर) भी बढ़ी है, पर यदि वृहद् परिप्रेक्ष्य में देखा जाए तो थोक मूल्य सूचकांक में पिछले नौ महीनों से थोक महँगाई दर में लगातार गिरावट का रुख जारी है, जबकि खुदरा महँगाई दर की अनुमति दर जुलाई महीने में 3.8 ही रही थी। इस प्रकार के रुख तो ये ही संकेत दे रहे हैं कि आज बड़ी चुनौती महँगाई न होकर कीमतों में अत्यधिक गिरावट की है, जो हमें आर्थिक संकुचन की ओर धकेल भी सकता है।

गौरतलब है कि कुछ ही हफ्तों पूर्व अंतरराष्ट्रीय रेटिंग एजेंसी 'मूडीज' ने भारत की आर्थिक विकास दर के पूर्वानुमान को 7.5 प्रतिशत से घटाकर 7 प्रतिशत कर दिया है। इसके अलावा, हाल ही में जारी आँकड़ों के अनुसार, आधारभूत क्षेत्र (कोर सेक्टर) की विकास दर जुलाई में कम होकर महज 1.1 प्रतिशत रही है। उल्लेखनीय है कि भारत के औद्योगिक उत्पादन सूचकांक में आधारभूत क्षेत्र का भार 38 प्रतिशत है।

अप्रैल से जुलाई तक के अंतराल में औद्योगिक उत्पादन 2.1 प्रतिशत की दर से बढ़ा, जबकि पिछले वर्ष यह 3.5 प्रतिशत से बढ़ा था। विशेषकर कोयला, स्टील, कच्चा तेल, सीमेंट, प्राकृतिक गैस जैसे कई महत्त्वपूर्ण क्षेत्र में प्रदर्शन पिछले वर्ष के मुकाबले कमजोर रहा।

इसके अलावा, जून माह में समाप्त हुई तिमाही में भारत की सकल राष्ट्रीय आय की विकास दर पिछली तिमाही (जनवरी-मार्च) के 7.5 प्रतिशत मुकाबले महज 7 प्रतिशत रही, हालाँकि एक अन्य आँकड़े जिससे कि 'ग्रॉस वेल्यू एडेड' का अंदाजा लगाया जाता है (अर्थात् उत्पादन के मूल्य में कितना इजाफा हुआ), उसके अनुसार यह जनवरी-मार्च के 6.1 प्रतिशत से बढ़कर अप्रैल-जून में 7.1 प्रतिशत हो गया। अब आँकड़ों की समीक्षा करें तो यह समझ नहीं आ रहा कि भारत की अर्थव्यवस्था में विकास हो रहा है या फिर संकुचन हो रहा है?

इन सबके बीच एक बात तो स्पष्ट है कि जिस प्रकार एक ओर रिजर्व बैंक महँगाई रोकने की प्राथमिकता रखते हुए जनवरी 2016 में महँगाई बढ़ने का पूर्वानुमान लगाते हुए फिलहाल नीतिगत दरों में कटौती से परहेज कर रहा है और दूसरी ओर

केंद्र सरकार थोक मूल्यों में पिछले कई महीनों से लगातार गिरावट के मद्देनजर, आर्थिक संकुचन की संभावना से चिंतित है, आनेवाले समय में मौद्रिक व राजकोषीय नीतियों में तालमेल बिठाना काफी मुश्किल होगा। ऐसे में आवश्यकता है कि आर्थिक नीतियों के उद्देश्य और रणनीति में समन्वय बढ़ाना पहली प्राथमिकता बने।

(मुंबई में प्रकाशित दैनिक 'हमारा महानगर' में शुक्रवार 04-09-2015 को व्यापार पृष्ठ पर प्रकाशित)

□

36

क्या कम होगा पीली धातु का सुनहरा आकर्षण

हाल ही में भारत सरकार ने निवेश हेतु बाजार से सोना खरीदकर जमा करने की प्रवृत्ति को हतोत्साहित करने के उद्देश्य से एक विकल्प प्रस्तुत करते हुए सार्वभौमिक गोल्ड बॉण्ड्स (एस.जी.बी.) और ग्रोल्ड मोनेटाइजेशन स्कीम को जारी करने की घोषणा की है। गोल्ड बॉण्ड स्कीम के तहत गोल्ड में निवेश करने के इच्छुक लोग सरकार से गोल्ड सर्टिफिकेट्स खरीद सकेंगे, जिन्हें बाद में गोल्ड के बाजार मूल्य या फिर गोल्ड के रूप में भुनाया जा सकेगा। साथ ही, इस पर उन्हें सरकार द्वारा निर्धारित ब्याज दर भी मिल सकेगी, जो कि निवेश करते वक्त जो सोना (गोल्ड) जमा किया गया उसके मूल्यांकन पर प्रदान की जाएगी।

गोल्ड बॉण्ड 5,10,50 या 100 ग्राम तक के डिनॉमिनेशन (मूल्य-वर्ग) में उपलब्ध कराए जा सकते हैं। इन गोल्ड बॉण्ड्स को न्यूनतम पाँच से सात वर्ष के लिए इश्यू (जारी) किया जाएगा ताकि निवेशकों को सोने के मूल्य में होनेवाले मध्यकालीन उतार-चढ़ाव से सुरक्षा मिल स फ़।

दरअसल, इस गोल्ड बॉण्ड स्कीम का उद्देश्य सोने के बढ़ते आयात पर लगाम कसना है, जिसकी वजह से हमारा व्यापार घाटा काफी हद तक प्रभावित भी होता है। उल्लेखनीय है कि भारत में जुलाई माह में सोने का आयात जून महीने के 47 टन के मुकाबले लगभग दुगना (90-95 टन) हो गया, जो कि पिछले पाँच वर्षों का रिकॉर्ड स्तर रहा। आश्चर्य की बात तो यह भी है कि आमतौर पर जुलाई के महीने में सोने की मांग कुछ कमजोर रहती है। उदाहरण के लिए, पिछले वर्ष जुलाई 2014 में यह महज 40 टन ही रही थी।

सोने की मांग में यूँ अप्रत्याशित उछाल का कारण है, इस पीली धातु की कीमतों में भारी गिरावट, जिसके कारण उपभोक्ताओं ने शायद आनेवाले त्यौहारों के सीजन से

पहले ही खरीदारी का मन बनाया। जून माह के अंतिम 10 दिनों में कीमतें गिरने का सिलसिला जो शुरू हुआ तो कीमतें एक ही महीने में 28,000 प्रति दस ग्राम से 25,000 प्रति दस ग्राम तक कम हो गई। गौरतलब है कि सोने की मांग कीमतों के प्रति काफी संवेदनशील है और कीमतें गिरते ही सोने की खरीदी की प्रवृत्ति कुछ बढ़-सी जाती है।

सोने का उत्पादन भारत में नगण्य है और करीब 1,000 टन सोना प्रति वर्ष उपभोक्ताओं व निवेशकों की मांग को पूरा करने के लिए विदेशों से आयात किया जाता है। सोने के भारी आयात पर करीब 50 बिलियन डॉलर्स तक का खर्च आता है, जो कि तेल के आयात के बाद दूसरा सबसे बड़ा आयात खर्च है। सोने की मांग इतनी अधिक है कि सन् 2012 के बढ़ते व्यापार घाटे को नियंत्रित करने के लिए सरकार ने कुछ आयात शुल्क भी लगा दिया, लेकिन फिर भी इसकी मांग में कुछ खास कमी नहीं आई, बल्कि सोने में निवेश की प्रवृत्ति कुछ बढ़-सी गई है। वर्ल्ड गोल्ड काउंसिल द्वारा जारी किए गए आँकड़ों के अनुसार पिछले 5-6 वर्षों में निवेश हेतु गोल्ड की मांग में कई गुना उछाल आया है।

दरअसल, सार्वजनिक गोल्ड बॉण्ड्स का मकसद निवेश हेतु सोने की मांग को पीली धातु की बजाय 'पेपर माँग' में तब्दील करना है। एक अनुमान के अनुसार, मौजूदा कीमतों के आधार पर सोने के आयात बिल पर इस स्कीम के लाँच के बाद करीब 2 बिलियन डॉलर्स तक की बचत की जा सकती है।

दूसरी ओर गोल्ड मोनेटाइजेशन स्कीम में घरों और मंदिरों में संग्रहीत किया हुआ टनों सोना निवेश हेतु बाहर निकालने के लिए विकल्प प्रस्तुत किया गया है। इसके तहत डिपॉजिटर्स बैंकों में गोल्ड एकाउंट खोल सकेंगे और इन डिपॉजिट्स पर ब्याज प्राप्त कर सकेंगे। इस स्कीम में कम-से-कम 30 ग्राम सोने से अकाउंट खोला जा सकेगा।

सरकार को उम्मीद है कि गोल्ड मोनेटाइजेशन (मुद्रीकरण) स्कीम से भी सोने का आयात घटाने में मदद मिलेगी। एक अनुमान के अनुसार, देश में करीब 20,000 टन सोना है, जिसमें अधिकांश न तो खरीदा या बेचा जाता है और न ही सीधे तौर पर रुपयों में तब्दील करके अन्यत्र निवेश किया जाता है।

गोल्ड मोनेटाइजेशन स्कीम के तहत कैपिटल गेन्स और ब्याज पर टैक्स में छूट जैसे प्रोत्साहन दिए गए हैं। साथ ही, सार्वभौमिक गोल्ड बॉण्ड्स पर भी जो लाभ होगा उसे टैक्स फ्री रखा जाएगा, हालाँकि इनका लाभ सन् 2017 के बाद ही मिल सकेगा। इन बॉण्ड्स को आधार बनाकर ऋण भी उठाए जा सकेंगे, हालाँकि इन स्कीमों पर ब्याज की दर महज 2-3 प्रतिशत रखी जा सकती है।

अनुमान लगाया गया है कि इन स्कीमों से देश में सोने (गोल्ड) की घरेलू उपलब्धता बढ़ेगी और आयात पर निर्भरता कम हो सकेगी, लेकिन वास्तव में ये योजनाएँ

कितनी प्रभावी होंगी, इसका सही अंदाजा तो तभी लगेगा, जब ये लागू की जाएँगी। हो सकता है कि निवेशकों को ब्याज की दर आकर्षक न जान पड़े या फिर वे सोने को पीली धातु के रूप में ही रखना पसंद करें।

दरअसल, स्कीम का क्रियान्वयन जितनी स्पष्टता और सरलता से किया जाएगा, यह उतनी ही अधिक सफल सिद्ध होगी। बहरहाल, सरकार को उम्मीद है कि इन स्कीमों में करीब 50 टन (13,500 करोड़ रुपए) तक के निवेश की अपेक्षा की जा सकती है।

(मुंबई में प्रकाशित दैनिक 'हमारा महानगर' में शुक्रवार 11-09-2015 को व्यापार पृष्ठ पर प्रकाशित)

□

37

आखिर क्यों घट रहे हैं भारतीय निर्यात

हाल ही में भारत सरकार के वाणिज्य मंत्रालय द्वारा जारी आँकड़ों के अनुसार अगस्त माह में भारत से किए जानेवाले निर्यातों (एक्सपोर्ट्स) में 20.66 प्रतिशत की भारी गिरावट दर्ज की गई है। उल्लेखनीय है कि पिछले 9 महीनों से लगातार निर्यातों में गिरावट का रुख देखा जा रहा है और सभी प्रमुख निर्यात उत्पाद, जैसे कि तेल, इंजीनियरिंग, इलेक्ट्रॉनिक, चमड़ा व रेडीमेड वस्त्र आदि सभी क्षेत्रों में भारी गिरावट आई है। चिंता इसलिए भी बढ़ जाती है, क्योंकि हर बार निर्यातों में गिरावट की दर बल्कि बढ़ती ही जा रही है।

यद्यपि इस दौरान मुख्यत: तेल उत्पादों की कीमतों में आई गिरावट की वजह से हमारे आयात बिल में 9.95 प्रतिशत की गिरावट भी आई है। इसके अलावा केमिकल्स, प्लास्टिक, कोयला, मोती व बहुमूल्य रत्न आदि के आयात में भी कमी आई है, लेकिन निर्यातों में गिरावट की दर इससे कहीं अधिक तीव्र रही, जिसके कारण अगस्त माह में भारत का व्यापार घाटा अगस्त 2014 के 10.66 बिलियन डॉलर्स से कहीं अधिक 12.47 बिलियन डॉलर्स रहा।

जाहिर है, अब निर्यातकों में घबराहट है कि यदि जल्द ही निर्यातों को प्रोत्साहन देने के लिए उचित कदम न उठाए जा सके, तो इस वर्ष निर्यातक पिछले वर्ष का प्रदर्शन भी शायद न दोहरा पाएँ। यदि मौजूदा वित्तीय वर्ष की बात करें तो अप्रैल से अगस्त के अंतराल में 111.09 बिलियन डॉलर्स के मूल्य के निर्यात भारत से किए गए हैं, जो कि पिछले वर्ष 2014-15 में इस दौरान भारत से किए गए निर्यात से 16.7 प्रतिशत कम रहे, हालाँकि इस दौरान व्यापार घाटा पिछले वर्ष के 58.21 बिलियन डॉलर्स के मुकाबले करीब 57.51 बिलियन डॉलर्स रहा, लेकिन फिर भी जिस प्रकार गैर-तेल क्षेत्र में भी आयात और निर्यात, दोनों कम हो रहे हैं, उससे यह अनुमान भी लगाया जा सकता है कि कहीं भारत में आर्थिक विकास की दर धीमी न पड़ जाए और यदि ऐसा हुआ तो युवा भारत के लिए रोजगार बढ़ाने का भारत सरकार का जो विजन है, वो आहत हो सकता है।

गौरतलब है कि भारत की सकल राष्ट्रीय आय में निर्यातों का योगदान करीब 15 प्रतिशत है और इस लिहाज से यदि निर्यातों में भारी गिरावट आ रही है तो वाकई यह चिंता का विषय है। विशेषकर इसलिए भी, क्योंकि निर्यातों में कमी आने का मुख्य कारण है वैश्विक स्तर पर भारतीय उत्पादों की प्रभावी मांग में कमी आना। अगस्त माह में जहाँ पेट्रोलियम उत्पादों के निर्यात में 47.9 प्रतिशत की कमी आई, वहीं इंजीनियरिंग उत्पादों के निर्यातों में 30 प्रतिशत, आयरन उत्पादों में 34.3 प्रतिशत व इलेक्ट्रॉनिक उत्पादों के निर्यातों में 17.4 प्रतिशत की कमी आई है।

इसके अलावा अनेक उत्पादों का अंतरराष्ट्रीय बाजारों में मूल्य में भी ह्रास हुआ है, जिसकी वजह से भारत के विदेशी मुद्रा भंडार में भी गिरावट देखी जा रही है, जो कि विदेशी संस्थागत निवेशकों के भारतीय पूँजी बाजारों से बाहर निकलने की प्रवृत्ति की वजह से पहले ही दबाव झेल रहे हैं। गौरतलब है कि अन्य उदयीमान अर्थव्यवस्थाओं, जैसे कि चीन व कोरिया आदि भी घटते निर्यातों की समस्या से ग्रस्त हैं, लेकिन फिर भी भारतीय निर्यातक मौके का भरपूर फायदा नहीं उठा पा रहे।

उल्लेखनीय है कि हाल ही में जारी मार्किट सर्वे रिपोर्ट के अनुसार, चीन के प्राइवेट सेक्टर कंपनियों का फैक्टरी उत्पादन के क्षेत्र में पिछले साढ़े छह वर्षों में सबसे खराब प्रदर्शन रहा है। यहाँ तक कि सर्विस सेक्टर में भी प्रदर्शन फीका पड़ता जा रहा है। यही हाल कई अन्य एशियाई अर्थव्यवस्थाओं का है। मसलन, इंडोनेशिया में आर्थिक क्रियाओं के स्तर में लगातार 11वीं बार और दक्षिण कोरिया में छठीं बार गिरावट दर्ज की गई है, जबकि ताइवान ने पिछले तीन वर्षों का सबसे खराब प्रदर्शन किया है।

इन सबके अलावा अमेरिकी फेडरल बैंक द्वारा ब्याज दरों के संदर्भ में लिये जानेवाले निर्णय से भी वैश्विक अर्थव्यवस्था पर मिश्रित प्रभाव पड़ने की उम्मीद है, जिससे वैश्विक अर्थव्यवस्था में अनिश्चितता की स्थिति फिलहाल बनी हुई है। ऐसे में भारत में अब निर्यातक सरकार से प्रोत्साहन मिलने की उम्मीद लगाए हुए हैं और ब्याज दरों में छूट दिए जाने जैसे कदम उठाए जाने की अपेक्षा भी कर रहे हैं।

कुल मिलाकर वर्तमान परिप्रेक्ष्य में निर्यात क्षेत्र की समस्याओं को टॉप वरीयता दिए जाने की आवश्यकता है, ताकि मौजूदा वित्तीय वर्ष में आर्थिक विकास दर के लक्ष्य को पूरा करने में यह क्षेत्र अपना उचित योगदान प्रदान कर सके।

(मुंबई में प्रकाशित दैनिक 'हमारा महानगर' में शनिवार 19-09-2015 को व्यापार पृष्ठ पर प्रकाशित)

□

38

वैश्विक व्यापार का गिरता स्तर चिंताजनक

सन् 2015 के शुरुआत से ही वैश्विक अर्थव्यवस्था अनेक चुनौतियों का सामना कर रही है। पहले अमेरिकी अर्थव्यवस्था का सुस्त पड़ना, फिर ग्रीस के यूरो जोन से बाहर कर दिए जाने की संभावना से वैश्विक पूँजी बाजारों में छाई अनिश्चितता और हाल ही में चीन जैसी महत्त्वपूर्ण अर्थव्यवस्था में शेयर बाजार का डाँवाँडोल होना आदि कोई अच्छी खबरें नहीं मानी जा सकतीं और अब वैश्विक व्यापार लगातार पिछली दो तिमाही से सिकुड़ रहा है, ऐसी जानकारी सामने आ रही है। चिंता की बात तो यह है कि इस वर्ष वैश्विक व्यापार के क्षेत्र में वैश्विक मंदी के स्तर से भी कहीं खराब प्रदर्शन नजर आ रहा है।

सामान्यतया वैश्विक व्यापार में विकास दर सकल वैश्विक आय (ग्लोबल जी.डी.पी.) से कुछ बेहतर ही रहती है, लेकिन अब यह ट्रेंड कुछ बदल सा रहा है। दरअसल, वर्ष 1990 के बाद के दशक में जिस तीव्रता से वैश्वीकरण का दौर शुरू हुआ, सूचना एवं प्रौद्योगिकी (आई.टी.) के क्षेत्र में जबरदस्त विकास हुआ और चीन तथा रूस जैसे साम्यवादी देशों ने भी उदारीकरण का रास्ता अख्तियार किया, वैश्विक व्यापार की गति बहुत तेजी से बढ़ी जरूर लेकिन अफसोस, वह तेजी बरकरार न रखी जा सकी।

खासतौर पर यूरो जोन अर्थव्यवस्था जिस प्रकार से आर्थिक मंदी के कुचक्र में जा फँसी, उससे वैश्विक व्यापार के स्तर को जबर्दस्त धक्का लगा, क्योंकि यह क्षेत्र सकल वैश्विक आय का 20 प्रतिशत और कुल वैश्विक व्यापार का करीब 33 प्रतिशत योगदान देता है। उधर, चीन भी विगत कुछ समय से आर्थिक संकट से दौर से गुजर रहा है, जिसकी वजह से भी अनेक कमोडिटीज की कीमतें घटीं और उनके निर्यातक देशों की अर्थव्यवस्था आहत होने से भी वैश्विक उपभोग में कमी आई हैं। इसके अलावा कई देशों, जैसे कि चीन में निर्यात हेतु तैयार किए जानेवाले उत्पादों के लिए कंपोनेंट्स आयात करने की जरूरतें कम हुई है।

अंतरराष्ट्रीय मुद्रा कोष की दिसंबर 2014 में जारी रिपोर्ट के अनुसार, सन् 2012 व 2013 में वैश्विक व्यापार 3 प्रतिशत से भी कम दर से बढ़ा, जबकि सन् 1987 से 2007 के अंतराल में इसकी औसत विकास दर 7.1 प्रतिशत रही थी। तब इसे सन् 2008 के बाद आई वैश्विक मंदी के कुचक्र का ही एक परिणाम समझा गया था। विशेषकर यूरो जोन को इस क्राइसिस का एपीसेंटर माना गया और उम्मीद की गई कि यूरो जोन के हालात सुधरने पर वैश्विक व्यापार के स्तर में भी फिर से सुधार होगा। साथ ही, यह तथ्य भी उजागर हुआ कि वैश्विक मंदी के दौर के बाद कई देशों में आयात की मात्रा उतनी गति से नहीं बढ़ी, जितनी कि उनकी सकल राष्ट्रीय आय। इसका कारण अमेरिका और चीन के वैश्विक व्यापार में आए बुनियादी बदलाव को भी समझा जा सकता है।

एक अनुमान के अनुसार, जून 2014 से जुलाई 2015 के बीच वैश्विक व्यापार की मात्रा (वॉल्यूम) महज 1.5 प्रतिशत की दर से बढ़ी और यदि उदयीमान अर्थव्यवस्थाओं की बात करें, तो यहाँ पर महज 0.3 प्रतिशत की दर से इसमें विकास हुआ, जो काफी फीका प्रदर्शन माना जा सकता है।

वैश्विक व्यापार की विकास दर में गिरावट का एक कारण यह भी है कि कई देशों की करेंसी (मुद्रा) में डॉलर्स के सापेक्ष मूल्य का ह्रास हुआ है। साथ ही, कई कमोडिटीज के मूल्यों में कमी आने से निर्यात उत्पादों की लागत भी घटी है। अगस्त 2015 में समाप्त 12 महीनों में दक्षिण कोरिया में डॉलर्स मूल्यों में निर्यात 15 प्रतिशत घटे हैं, जबकि चीन में यह 5 प्रतिशत की दर से कम हुए हैं। ब्रिटिश व अमेरिकी निर्यात भी घटे हैं।

वर्ष 2015 के पहले छह महीनों में वैश्विक व्यापार के मूल्यांकन में वर्ष-दर-वर्ष आधार पर 13 प्रतिशत की गिरावट आई है। कई उदयीमान अर्थव्यवस्थाओं का प्रदर्शन तो इससे भी कहीं अधिक खराब रहा है। विश्व में उदारीकरण का दौर भी धीमा पड़ता जा रहा है। विश्व व्यापार संगठन के अनुसार सन् 2010-14 के बीच 109 नए सौदे तय किए गए, जबकि 2005-09 के दरम्यान 128 नए सौदे तय हुए थे।

भारत में भी पिछले नौ महीनों से लगातार निर्यातों में गिरावट का दौर चल रहा है। अगस्त 2015 में तो इनमें 20.66 प्रतिशत की गिरावट आई है। यहाँ तक कि अंतरराष्ट्रीय बाजारों में तेल की कीमतों में आई गिरावट आदि की वजह से आयातों में भी 9.15 प्रतिशत की गिरावट आई। ऐसे में भारत सहित सभी उदयीमान अर्थव्यवस्थाओं के निर्यात उत्पादों में विविधता लाने, उनकी प्रतिस्पर्धात्मक क्षमता बढ़ाने और कृषि तथा सर्विसेज सेक्टर में क्रमशः उत्पादकता एवं रोजगार बढ़ाने की भी आवश्यकता है।

कुल मिलाकर वैश्विक व्यापार में कमी आने से विभिन्न देशों में आर्थिक क्रियाओं के स्तर और रोजगार आदि पर प्रतिकूल प्रभाव पड़ते हैं और इस लिहाज से यह एक गंभीर मसला भी है।

(मुंबई में प्रकाशित दैनिक 'हमारा महानगर' में शुक्रवार 25-09-2015 को व्यापार पृष्ठ पर प्रकाशित)

□

39

नीतिगत दरों में कटौती से बढ़ेगा निवेश

हाल ही में रिजर्व बैंक ऑफ इंडिया ने अपनी चौथी द्विमासिक मौद्रिक समीक्षा में नीतिगत दरों में 50 बेसिस अंकों की कटौती की, जिसके फलस्वरूप अब रेपो रेट 7.25 प्रतिशत से घटकर 6.75 प्रतिशत पर आ पहुँची है। गौरलतब है कि नीतिगत दरों का यह स्तर पिछले साढ़े 4 वर्षों का न्यूनतम स्तर है, हालाँकि रिजर्व बैंक ने कैश रिजर्व रेश्यो को अपने पूर्व स्तर 4 प्रतिशत पर बरकरार रखा है।

रिजर्व बैंक द्वारा यूँ रेपो रेट में अप्रत्याशित कटौती के निर्णय से शेयर बाजार के निवेशकों से लेकर उद्योग जगत व बैंक से कर्ज उठाकर घर, वाहन या अन्य वस्तुएँ खरीदनेवाले उपभोक्ता तक सभी लोगों में उत्साह की लहर दौड़ उठी है, मानो उन्हें रिजर्व बैंक की ओर से दिवाली आने से पूर्व ही एक सौगात-सी मिल गई हो।

उल्लेखनीय है कि रेपो रेट ब्याज की वह दर है, जिस पर कमर्शियल बैंक रिजर्व बैंक से रुपए उधार लेते हैं और जब बैंकों के लिए यूँ फंड्स उठाने की लागत कम होगी, तो जाहिर तौर पर वे अपने ग्राहकों से वसूली जानेवाली ब्याज दर को भी कम करने की स्थिति में होंगे। फिलहाल इस कैलेंडर वर्ष में रिजर्व बैंक ने रेपो रेट में 125 बेसिस अंकों की कटौती की है।

इसमें से बैंक कितना फायदा अपने ग्राहकों तक पहुँचाते हैं, यह उनका अपना निर्णय है, जो कई तत्त्वों पर निर्भर है। मसलन, वित्तीय सिस्टम में तरलता का स्तर, निवेश के लिए भावी मांग और बैंक द्वारा डिपॉजिट पर दी जानेवाली दरें आदि। कुल मिलाकर बैंक अपने अल्पकालीन और दीर्घकालीन लाभांशों को ध्यान में रखते हुए अपनी ब्याज दरों (बेस रेट) में कितनी कटौती करनी है, इसका निर्णय लेते हैं।

फिलहाल स्टेट बैंक ऑफ इंडिया (एस.बी.आई.) ने अपनी लेडिंग रेट (ब्याज दर) में 40 बेसिस प्वाइंट्स की कटौती की है। साथ ही बैंक ऑफ बड़ौदा, एक्सिस बैंक, आई.डी.बी.आई. तथा पी.एन.बी. सहित अन्य कई बैंकों ने अपनी-अपनी ब्याज दरों में 35 से 40 बेसिस अंकों की कटौती की है।

जाहिर तौर पर अब रिजर्व बैंक को यह भरोसा हो चला है कि जनवरी 2016 तक महँगाई की दर को 6 प्रतिशत तक सीमित रखने का लक्ष्य हासिल करने की काफी अच्छी संभावना है। अतः उसके अनुसार यदि मौद्रिक प्रोत्साहन मिलने की पूरी संभावना हो तो निवेश अधिक मजबूती से बढ़ सकता है। इसलिए रिजर्व बैंक ने इस बार निवेशकों की उम्मीद से कहीं बढ़कर सीधा 50 बेसिस अंकों की कटौती की है।

माना जाता है कि रिजर्व बैंक पर वित्त मंत्रालय और उद्योग जगत की तरफ से भी कुछ दबाव बना हुआ था, जो चाहते थे कि किसी प्रकार आर्थिक क्रियाओं का स्तर कुछ बढ़ सके, ताकि प्रतिस्पर्धी देश चीन की सुस्त होती अर्थव्यवस्था सहित अन्य तत्त्वों का भारत की अर्थव्यवस्था पर जो प्रभाव पड़ा है, उसे कुछ हद तक सीमित किया जा सके।

हाल ही में जारी आँकड़ों के अनुसार, अगस्त के महीने में देश के आठ प्रमुख (आधारभूत) उद्योगों की विकास दर वार्षिक आधार पर 2.6 प्रतिशत रही, जो कि अगस्त 2014 में 5.9 प्रतिशत रही थी। न सिर्फ स्टील के उत्पादन में कमी आई है, बल्कि कोयले का उत्पादन भी नहीं बढ़ सका है। यहाँ तक कि सीमेंट और विद्युत उत्पादन का प्रदर्शन पिछले वर्ष अगस्त माह के मुकाबले कमजोर रहा। उल्लेखनीय है कि जुलाई माह में कोर सेक्टर उत्पादन महज 1.1 प्रतिशत से बढ़ा था।

गौरतलब है कि आधारभूत क्षेत्र का औद्योगिक उत्पादन सूचकांक में 38 प्रतिशत का भार है। जुलाई 2014 में इसकी विकास दर 8.7 प्रतिशत थी, जबकि अप्रैल 2015 में यह बल्कि 0.4 प्रतिशत से घटा। अप्रैल से अगस्त 2015 के दरम्यान यह औसत 2.2 प्रतिशत से बढ़ा जो कि चिंताजनक है। साथ ही, विनिर्माण क्षेत्र में भी सितंबर माह में विकास दर में शिथिलता आने का अनुमान लगाया गया है। भारत की अर्थव्यवस्था अप्रैल से जून माह में करीब 7 प्रतिशत की दर से बढ़ी, जो सरकार की लक्षित विकास दर (8 से 8.5 प्रतिशत) से कुछ कम ही रही है। इस प्रकार रेपो रेट कम किए जाने से अब उम्मीद बढ़ी है कि आर्थिक क्रियाओं के स्तर में कुछ सुधार अवश्य होगा विशेषकर जिस प्रकार सरकार 'ईज ऑफ डूइंग' बिजनेस के तहत विभिन्न सकारात्मक कदम उठाने की चेष्टा कर रही है, रिजर्व बैंक द्वारा नीतिगत दरों में कटौती किए जाने से निवेश को प्रोत्साहन मिलने की काफी संभावना है।

हाल ही में विश्व आर्थिक मंच द्वारा जारी वैश्विक प्रतिस्पर्धात्मक रिपोर्ट में भारत की वरीयता (रेंक) पिछले वर्ष की 71वीं वरीयता से बेहतर हो गई है और अब वह 55वें स्थान पर पहुँच गया है। इसका प्रमुख कारण रहा] देश के बिजनेस वातावरण में उल्लेखनीय सुधार, मेक इन इंडिया, स्किल इंडिया और ईज ऑफ डूइंग बिजनेस इन इंडिया सरीखे कैंपेन, जिनकी वजह से विश्व बैंक को लगता है कि अब भारत में

बिजनेस के लिए बेहतर वातावरण पनपा है। उल्लेखनीय है कि इस रिपोर्ट में 140 देशों को शामिल किया जाता है।

इन सबके बीच जिस प्रकार रिजर्व बैंक ने भी साहस दिखाते हुए रेपो रेट में कटौती की है, उम्मीद की जानी चाहिए कि देश में निवेश और उत्पादन को प्रोत्साहन मिलेगा, हालाँकि ये वास्तव में कितना बढ़ेंगे, यह अनेक तत्वों पर निर्भर करता है, जिनमें ब्याज दरें महज एक तत्त्व है। इसके अलावा इस सीजन (जून-सितंबर) में बारिश अपने औसत स्तर से 14 प्रतिशत कम रही है जिससे कृषि उत्पादन कुछ हद तक कम हो सकता है। अतः सरकार को बेहतर सप्लाई मैनेजमेंट द्वारा महँगाई को भी नियंत्रण में रखना होगा, जो काफी चुनौतीपूर्ण भी सिद्ध हो सकता है।

(मुंबई में प्रकाशित दैनिक 'हमारा महानगर' में शुक्रवार 02-10-2015 को व्यापार पृष्ठ पर प्रकाशित)

□

40

कितना संतोषप्रद है भारत का भुगतान संतुलन

हाल ही में अंतरराष्ट्रीय रेटिंग एजेंसी 'फिश' ने मौजूदा वित्तीय वर्ष 2015–16 के लिए भारत की आर्थिक विकास दर के पूर्वानुमान को 7.8 प्रतिशत से घटाकर 7.5 प्रतिशत कर दिया है। इसका प्रमुख कारण इस वर्ष मानसून का औसत प्रदर्शन बताया गया है, हालाँकि उसे उम्मीद है कि भारत में आर्थिक सुधार की प्रक्रिया में जो तेजी दिखाई दे रही है उसकी वजह से अगले वित्तीय वर्ष में भारत की ग्रोथ रेट 8 प्रतिशत तक पहुँच सकती है।

गौरतलब है कि इससे पूर्व रिजर्व बैंक ने भी सन् 2015–16 के लिए भारत की वास्तविक सकल राष्ट्रीय आय (जी.डी.पी.) का पूर्वानुमान 7.6 प्रतिशत से कम करके 7.4 प्रतिशत बताया था। दरअसल] इस वर्ष के मानसून सीजन में वर्षा की मात्रा औसत से करीब 14 प्रतिशत कम रही है, जिसकी वजह से कृषि उत्पादन पर सीधा असर पड़ सकता है।

उल्लेखनीय है कि भारत की जी.डी.पी. में कृषि क्षेत्र का योगदान करीब 18 प्रतिशत है। ऐसे में अगस्त महीने में महँगाई की दर कम होकर 3.7 प्रतिशत हो जा [illegible] और हाल ही में रिजर्व बैंक द्वारा वर्ष में चौथी बार नीतिगत दरों में कटौती की घोषणा करना कुछ ऐसे सकारात्मक संकेतक हैं, जिनसे यह उम्मीद की जा सकती है कि इस वर्ष के अंत तक भारत की आर्थिक विकास दर कुछ और गति पकड़ ही लेगी।

एक ऐसा ही अच्छा या यूँ कहें कि अनुकूल संकेत मिल रहा है, भारत के भुगतान संतुलन आँकड़ों से, जो कि पिछली 6 तिमाही (क्वाटर्स) से लगातार अधिशेष (सरप्लस) दिखा रहा है। जून 2015 में जारी आँकड़ों के अनुसार, जनवरी से मार्च के अंतराल में, 30 बिलियन डॉलर्स का सरप्लस दर्ज किया गया है। यदि वर्ष 2014–15 के प्रदर्शन [illegible] विश्लेषण करें तो भारत का भुगतान संतुल[illegible] सकल [illegible]

आय (जी.डी.पी.) का 3 प्रतिशत रहा, जो कि पिछले 7 वर्षों का रिकॉर्ड स्तर रहा। इसके साथ ही करेंट अकाउंट डेफिसिट भी 1.4 प्रतिशत रहा, जो कि पिछले 7 वर्षों का न्यूनतम स्तर रहा।

लेकिन भुगतान संतुलन के इस प्रदर्शन को कितना संतोषजनक समझा जाए, इसके लिए उन सभी घटकों (कंपोनेंट्स) का विश्लेषण करना जरूरी है, जिनसे भुगतान संतुलन बनता है। सबसे पहले अगर व्यापार संतुलन (ट्रेड बैलेंस) की बात करें, तो जहाँ मर्चेंडाइज्ड एक्सपोर्ट्स (निर्यातों) का जी.डी.पी. के सापेक्ष प्रदर्शन 15.4 प्रतिशत रहा, वहीं मर्चेंडाइज्ड इंपोर्ट्स (आयात) का स्तर 22.5 प्रतिशत रहा। इस प्रकार ट्रेड बैलेंस में करीब 7 प्रतिशत का घाटा (डेफिसिट) रहा, हालाँकि यह भी पिछले सात वर्षों का न्यूनतम स्तर रहा। सन् 2008-09 में व्यापार घाटा 9.7 प्रतिशत रहा था, जो 2012-13 में 10.7 प्रतिशत व 2013-14 में 7.8 प्रतिशत रहा।

लेकिन ध्यान देने योग्य बात यह है कि सेवाओं के क्षेत्र में नेट प्रदर्शन करीब 5.7 प्रतिशत रहा, जो कि सन् 2008-09 में 7.5 प्रतिशत था। गौरतलब है कि सेवा क्षेत्र में सॉफ्टवेयर एक्सपोर्ट्स और प्राइवेट ट्रांसफर्स प्रमुख हैं, लेकिन इनका प्रदर्शन बहुत तेजी से नहीं बढ़ रहा।

यदि मर्चेंडाइज्ड और सेवा क्षेत्र का प्रदर्शन मिलाकर देखें तो भारत का चालू खाता घाटा जी.डी.पी. का 1.4 प्रतिशत रहा।

दरअसल, भारत का चालू खाता डेफिसिट (केड) यदि कम हुआ है तो हमारे आयातों के घटने से, जो कि अंतरराष्ट्रीय बाजारों में तेल की कीमतें घटने, भारत में औद्योगिक उत्पादन दर सुस्त पड़ने और कई अन्य कमोडिटीज की कीमतें कम होने आदि कारणों से कम हुए।

अब नेट कैपिटल इनफ्लोज का विश्लेषण करें तो नेट विदेशी प्रत्यक्ष निवेश जी.डी.पी. का 1.7 प्रतिशत रहा, जो कि ग्लोबल मंदी के दौर (2008-09) में भी 1.6 प्रतिशत रहा। हालाँकि शुद्ध विदेशी पोर्टफोलियो निवेश, विदेशी कमर्शियल ऋणों और एन.आर.आई. डिपॉजिट में प्रदर्शन कुछ बेहतर रहा। कुल मिलाकर नेट कैपिटल इंफ्लोज 4.4 प्रतिशत रहे जिसकी वजह से कुल भुगतान संतुलन में 3 प्रतिशत का सरप्लस रहा।

इसे एक अच्छा संकेत तो माना जा सकता है, पर शायद एक आरामदायक स्तर नहीं, क्योंकि एक ओर देश की आर्थिक विकास दर लक्ष्य से कुछ कम ही रहने के पूर्वानुमान लगाए गए हैं, तो दूसरी ओर कई वस्तुओं के निर्यात या तो बढ़ नहीं रहे या फिर बल्कि घट रहे हैं। यहाँ तक कि भारतीय सॉफ्टवेयर एक्सपोर्टस में भी विकास दर शिथिल पड़ी है। वैश्विक अर्थव्यवस्था में भी अनिश्चितता की स्थिति बनी हुई है, विशेषकर चीन की अर्थव्यवस्था शिथिल पड़ने से।

वस्तुतः भुगतान संतुलन की अनुकूलता आगे भी बरकरार रह सके, इसके लिए आर्थिक सुधार के क्षेत्र में उठाए जा रहे सभी प्रयासों को सतत जारी रखना होगा। विशेषकर राजकोषीय अनुशासन, औद्योगिक इंफ्रास्ट्रक्चर व कृषि क्षेत्र में उत्पादकता बढ़ाने के प्रयास, रुके हुए प्रोजेक्ट्स का त्वरित क्रियान्वयन, रुपए की अनुकूल विनिमय दर, ईज ऑफ डूइंग बिजनेस के क्षेत्र में उल्लेखनीय प्रगति और निर्यात बढ़ाने के लिए सभी संभव प्रयासों आदि को प्राथमिकता देने के अलावा महँगाई को भी नियंत्रण में रखना आवश्यक होगा।

(मुंबई में प्रकाशित दैनिक 'हमारा महानगर' में शुक्रवार 09-10-2015 को व्यापार पृष्ठ पर प्रकाशित)

□

41

क्या धीमी पड़ रही है वैश्विक आर्थिक विकास दर

हाल ही में अंतरराष्ट्रीय मुद्रा कोष (आई.एम.एफ.) ने अपनी वैश्विक आर्थिक आउटलुक रिपोर्ट में वैश्विक विकास दर के पूर्वानुमान को कम करके 3.1 प्रतिशत बताया है। गौरतलब है कि पूर्व में अप्रैल 2015 में आई.एम.एफ. ने वैश्विक विकास दर का पूर्वानुमान 3.5 प्रतिशत बताया था, जिसे जुलाई में 3.3 प्रतिशत कर दिया था और अब इसे और भी कम कर दिया है।

दरअसल, आई.एम.एफ. के अनुसार पिछले कुछ महीनों में ही वैश्विक अर्थव्यवस्था के शिथिल पड़ने के आसार काफी स्पष्ट तौर पर नजर आ रहे हैं। विशेषकर कुछ बड़ी उदयीमान अर्थव्यवस्थाओं में, जिनमें चीन भी शामिल है और साथ ही अनेक तेल का निर्यात करनेवाले देशों में भी विकास दर कमजोर पड़ रही है। इन देशों में विकास की गति कुछ इतनी ज्यादा कम हुई है कि पिछले वर्ष के मुकाबले कुछ विकसित देशों की आर्थिक विकास दर थोड़ा बेहतर बन पड़ने के बावजूद वैश्विक अर्थव्यवस्था की आर्थिक विकास दर में पिछले पाँच वर्षों से आ रही गिरावट का दौर अभी भी जारी है।

वैश्विक बाजारों में तेल व अन्य कमोडिटिज की कीमतों में भारी कमी और चीन की अर्थव्यवस्था में मची उथल-पुथल से विकासशील देशों की अर्थव्यवस्थाओं के समक्ष भारी चुनौतियाँ आ खड़ी हुई हैं। उदाहरण के लिए, तेल की कीमतों को ही लें। जून 2014 में तेल की कीमतें करीब 114 डॉलर्स प्रति बैरल थीं, जो अब करीब 50 डॉलर्स तक टूट चुकी है।

दरअसल, कई कमोडिटीज की कीमतों में पिछले तीन वर्षों से गिरावट का रुख लगातार जारी है और इस वजह से ऐसी विकासशील और विकसित अर्थव्यवस्थाओं में जो कि कमोडिटीज के शुद्ध निर्यातक देश हैं, इनके उत्पादन की विकास दर धीमी

पड़ी है। कमोडिटीज की कीमतों में गिरावट से ही कई देशों की आर्थिक विकास दर एक से 2.25 पर्सेंटेज प्वाइंट्स से कम हुई है, ऐसा अनुमान आई.एम.एफ. ने लगाया है।

इसके अलावा अनेक विकासशील देशों की करेंसी का मूल्य ह्रास भी हुआ है। लेकिन बावजूद इसके, वे अपने निर्यात अधिक नहीं बढ़ा पा रहे। उधर, कई उदयीमान देशों में पूंजी का अंतर्वाह (इनफ्लो) कम होने से भी वहाँ की करेंसी पर दबाव बढ़ा है और वहाँ के वित्तीय बाजारों में अस्थिरता बढ़ी है।

जिस प्रकार अंतरराष्ट्रीय मुद्रा कोष वैश्विक विकास दर के अपने द्वारा पूर्व निर्धारित पूर्वानुमान को लगातार कम कर रहा है, उससे तो यही प्रतीत होता है कि वैश्विक अर्थव्यवस्था के संदर्भ में वह अधिक आशावादी नहीं है, हालाँकि उसे उम्मीद है कि अगले वित्तीय वर्ष 2016–17 में स्थितियाँ कुछ बेहतर भी हो सकती हैं।

उल्लेखनीय है कि हाल ही में रिजर्व बैंक ऑफ इंडिया ने नीतिगत दरों में 50 बेसिस अंकों की कटौती की घोषणा ऐसे समय की थी, जबकि विश्व के प्रमुख शेयर बाजारों में कमोडिटीज की कीमतों में गिरावट और चीन की अर्थव्यवस्था में आर्थिक विकास दर के शिथिल पड़ने की आशंका के चलते भारी गिरावट देखी जा रही थी। यही कारण है कि रिजर्व बैंक के इस निर्णय का निवेशकों आदि ने स्वागत ही किया था। उम्मीद की जा रही है कि ब्याज दरें घटने पर भारत में निवेश और उत्पादन को प्रोत्साहन अवश्य मिलेगा।

लेकिन फिर भी जिस प्रकार हाल ही में एशिया और यूरोप में किए गए बिजनेस सर्वे (पी.एम.आई.) से काफी निराशाजनक रुख नजर आए हैं, भारत के समक्ष चुनौतियाँ बढ़ी हैं। उदाहरण के लिए, चीन में मैन्युफेक्चरिंग क्षेत्र में सितंबर माह का पी.एम.आई. (परचेज मैनेजर्स सूचकांक) 49.8 पर दर्ज किया, जो यह दर्शाता है कि वहाँ आर्थिक क्रियाओं का स्तर अभी भी निराशावादी चल रहा है।

इसके अलावा एक अन्य सर्वे के अनुसार, अमेरिका में भी फैक्टरी उत्पादन दर में सितंबर माह में कुछ कमी दर्ज की गई है। उधर, जापान के केंद्रीय बैंक द्वारा किए गए टेंकन सर्वे के अनुसार, तमाम राजकोषीय एवं मौद्रिक प्रोत्साहन की नीतियों के बावजूद जापानी उद्योगपतियों में आर्थिक आउटलुक के प्रति सतर्कता का रुख जारी है। इसके अलावा, वैश्विक अर्थव्यवस्था में अमेरिकी केंद्रीय बैंक (फेड) द्वारा ब्याज दरें बढ़ाए जाने की संभावना को लेकर भी आशंका है।

वैश्विक विकास दर के यूँ शिथिल पड़ने की आशंका से भारत जैसे विकासशील देशों के समक्ष अनेक चुनौतियाँ सामने आ खड़ी होती हैं। ऐसे में भारत में आर्थिक सुधारों में तेजी लाने का हरसंभव प्रयास करना होगा। फिलहाल भारत की अर्थव्यवस्था 7 प्रतिशत की दर से विकास कर रही है, जो कि वैश्विक औसत से कहीं अधिक

है, पर फिर भी यह मौजूदा वित्तीय वर्ष 2015-16 के केंद्रीय बजट में प्रस्तावित 8.1 प्रतिशत के महत्त्वाकांक्षी स्तर से कुछ कम ही है। उधर, वैश्विक चुनौतियों के अलावा घरेलू स्तर पर मानसून का स्तर औसत से करीब 12-14 प्रतिशत कम रहना भी चिंता का विषय है।

(मुंबई में प्रकाशित दैनिक 'हमारा महानगर' में शुक्रवार 16-10-2015 को व्यापार पृष्ठ पर प्रकाशित)

□

42

धीमी होती रोजगार विकास दर चिंताजनक

हाल ही में भारत सरकार के श्रम सांख्यिकी ब्यूरो द्वारा प्रमुख भारतीय उद्योगों में रोजगार के आँकड़ों का रुख दरशानेवाली रिपोर्ट के अनुसार, पिछले वित्तीय वर्ष 2014-15 की अंतिम तिमाही अर्थात् जनवरी-मार्च 2015 के दरम्यान इन क्षेत्रों में कुल 64,000 नए रोजगारों का सृजन हुआ। यद्यपि पिछले वित्तीय वर्ष (2014-15) में सर्वे में शामिल क्षेत्रों में कुल 5.21 लाख रोजगार के अवसरों का सृजन हुआ, पर ध्यान देने योग्य बात यह है कि हर तिमाही में नवीन रोजगार की कुल संख्या घटते जाने का रुख नजर आ रहा है।

सन् 2014-15 की पहली तिमाही में, जहाँ 1.82 लाख के नए रोजगार के अवसर बढ़े वहीं दूसरी और तीसरी तिमाही में क्रमश: 1.58 लाख और 1.17 लाख रोजगार बढ़े और चौथी तिमाही में ये महज 64,000 रहे जो साफ तौर पर दिखाता है कि रोजगार बढ़ जरूर रहे हैं पर इनकी वृद्धि दर कम होती जा रही है, हालाँकि सन् 2013-14 की अंतिम तिमाही में बल्कि 36,000 रोजगारों का ह्रास हुआ था और इस लिहाज से इस वर्ष का प्रदर्शन कुछ बेहतर जरूर है, पर इसे संतोषप्रद भी नहीं समझा जा सकता।

यदि और अधिक गहराई से विश्लेषण किया जाए तो श्रम-घनिष्ठ (लेबर इंटेसिव) उद्योगों के वर्ग में टेक्सटाइल क्षेत्र ही ऐसा रहा, जहाँ जनवरी-मार्च 2015 के दरम्यान कुल 24,000 नए रोजगार के अवसर उपलब्ध हुए जबकि चमड़ा उद्योग, जेम्स व ज्वेलरी और हैंडलूम तथा पॉवरलूम क्षेत्र में बल्कि 16,000 रोजगार कम हुए, हालाँकि पूँजी की घनिष्ठता वाले (कैपिटल इंटेसिव) क्षेत्र में 20,000 नए रोजगार बढ़े, लेकिन मेटल उद्योग में महज 1000 नए रोजगार पैदा हुए।

श्रम संख्यिकी ब्यूरो के इस सर्वे में दो सर्विस क्षेत्रों को भी शामिल किया गया है। इनमें से एक, ट्रांसपोर्ट क्षेत्र में 2,000 रोजगारों का नुकसान हुआ, जबकि सूचना एवम् प्रौद्योगिकी क्षेत्र (आई.टी.सेक्टर) में करीब 37,000 नए रोजगार पैदा हुए। इसका

अभिप्राय यह हुआ कि पिछले वित्तीय वर्ष में प्रमुख क्षेत्रों में बढ़े 64,000 रोजगारों में आधे से अधिक तो आई.टी. सेक्टर में पैदा हुए। यदि सभी चार तिमाही के आँकड़ों का विश्लेषण करें तो आई.टी. सेक्टर में 2,34,000 नए रोजगार के अवसर उत्पन्न हुए जो कि कुल नवीन रोजगार अवसरों (5.21 लाख) का करीब 45 प्रतिशत है।

गौरतलब है कि इस सर्वे में रोजगार के जो आँकड़े सम्मिलित किए जाते हैं वे कुछ गिने-चुने उद्योगों के नमूना सर्वेक्षण पर आधारित होते हैं, लेकिन यदि इस नमूना सर्वेक्षण (सैंपल सर्वे) के नतीजे को समूची अर्थव्यवस्था के समग्र क्षेत्रों का प्रतिनिधित्व करनेवाला समझा जा सके तो एक बात पूरी तरह साफ नजर आती है और वो यह कि रोजगार के नए अवसर जारी करने के क्षेत्र में आई.टी. सेक्टर पर निर्भरता का रुख लगातार जारी है। मैन्युफेक्चरिंग, खनन व श्रम-प्रधान क्षेत्रों में रोजगार कुछ खास तेजी से नहीं बढ़ पा रहे।

हालाँकि वर्तमान केंद्र सरकार ने विनिर्माण क्षेत्र में निवेश बढ़ाने के लिए 'मेक इन इंडिया' व 'ईज ऑफ डूइंग' बिजनेस के क्षेत्र में काफी प्रतिबद्धता दिखाई है, पर जिस प्रकार अप्रैल से जून 2015 के दरम्यान निवेश का आँकड़ा भारत की सकल राष्ट्रीय आय (जी.डी.पी.) का 30 प्रतिशत रहा है, उसे क्षीण ही समझा जा सकता है। फिर, निवेश चक्र में उल्लेखनीय सुधार के आसार भी नजर नहीं आ रहे।

उधर एक्सपोर्ट्स (निर्यात) के आँकड़े भी काफी निराशाजनक नजर आ रहे हैं। उल्लेखनीय है कि जनवरी से मार्च 2015 के बीच जो 64,000 रोजगार बढ़े उनमें से एक्सपोर्ट (निर्यात) क्षेत्र में 73,000 नए रोजगार बढ़े, जबकि अन्य क्षेत्रों में 9,000 रोजगार घटे और इस निर्यात क्षेत्र में हालात ये हैं कि पिछले दस महीनों से गिरावट का सिलसिला जारी है, विशेषकर यदि मौजूदा वित्तीय वर्ष के अप्रैल से अगस्त के महीनों के प्रदर्शन को देखें तो एक्सपोर्टस में 16.7 प्रतिशत की गिरावट दर्ज की गई है। विशेषज्ञों की मानें तो भारत का प्रदर्शन एशिया के अन्य कई देशों के मुकाबले कुछ खराब ही रहा है। विशेष रूप से विनिर्माण क्षेत्र से किए जानेवाले निर्यात जिनकी सन् 2003-08 के मध्य विकास दर 23 प्रतिशत रही थी, वह सन् 2012 के बाद से 10 प्रतिशत से भी कम और मौजूदा कैलेंडर वर्ष (2015) में तो बल्कि नकारात्मक हो चुकी है। सितंबर 2014 के मुकाबले सितंबर 2015 में कुल निर्यात 24 प्रतिशत से कम हुए हैं। वैश्विक अर्थव्यवस्था में विकास दर शिथिल पड़ना और अनेक कमोडिटिज (वस्तुओं) की कीमतों में गिरावट इसके प्रमुख कारण हैं।

इन सबके बीच महत्त्वपूर्ण बात यह है कि इन प्रतिकूल परिस्थितियों में रोजगार के अवसर तेजी से किस प्रकार बढ़ाए जा सकेंगे? जाहिर तौर पर विनिर्माण क्षेत्र,

विशेषकर श्रम प्रधान उद्योगों और निर्यात करनेवाले प्रतिष्ठानों में निवेश बढ़ाने के प्रयासों में और भी तेजी लानी होगी, ताकि आर्थिक विकास के साथ-साथ रोजगार के पर्याप्त अवसर भी बढ़ सकें।

(मुंबई में प्रकाशित दैनिक 'हमारा महानगर' में शुक्रवार 23-10-2015 को व्यापार पृष्ठ पर प्रकाशित)

□

43

भारी ऋणों तले दबी कई नामचीन कंपनियाँ

हाल ही में स्विट्जरलैंड स्थित और वित्तीय सेवा क्षेत्र में कार्यरत क्रेडिट सुइस ग्रुप द्वारा जारी 'हाउस ऑफ डेट सीरीज' रिपोर्ट के अनुसार, ऋणों के भार से त्रस्त टॉप दस भारतीय कंपनियों का प्रदर्शन औसतन बद से बदतर होता जा रहा है। न सिर्फ इन कंपनियों में ऋणों का आकार बढ़ता जा रहा है, बल्कि इनका ऋण इक्विटी अनुपात भी बिड़गता जा रहा है।

गौरतलब है कि इन प्रमुख दस कॉर्पोरेट घरानों पर सन् 2007 में ऋणों का आकार करीब 1,00,400 करोड़ रुपए था जो अब बढ़कर 7,33,500 करोड़ रुपए हो गया है अर्थात् इनमें सात गुणा इजाफा हो चुका है। यही नहीं, इन ऋणों में से खराब ऋणों की श्रेणी में वर्गीकृत हो चुके ऋणों की मात्रा भी बढ़ती जा रही है। उदाहरण के लिए पॉवर, सीमेंट और रीयल इस्टेट क्षेत्र में कार्यरत प्रमुख कंपनी जे.पी. ग्रुप पर 75,000 करोड़ रुपए के ऋणों का भार है, लेकिन उसके लाभांशों में आई गिरावट की वजह से उसका ब्याज कवर 0.6 गुना हो गया है। यही नहीं, उसका ऋण-इक्विटी अनुपात सात गुना बढ़ गया है। वित्तीय वर्ष 2015 में इस कंपनी के कारोबार में भारी हानि दर्ज की गई है। इसके करीब 65 प्रतिशत ऋणों को रेटिंग एजेंसियों ने डिफॉल्ट स्टेट्स की श्रेणी में वर्गीकृत किया हुआ है। यहाँ तक कि करीब 6,500 करोड़ रुपए के असेट की बिकवाली के बावजूद कंपनी भारी ऋणों के भार तले त्रस्त है।

एक अन्य प्रसिद्ध अडानी ग्रुप, जो मुख्यतः बंदरगाह और पॉवर सेक्टर में कार्यरत है, करीब 1,00,000 करोड़ रुपए के ऋणों के भार तले दबा है। पिछली पंद्रह तिमाही से इसका ब्याज कवर प्रचलित मानदंडों से कम ही चल रहा है। पिछले वित्तीय वर्ष 2015 में इसके ऋणों में 16 प्रतिशत का इजाफा हुआ है।

इसी शृंखला में तेल और स्टील क्षेत्र में वर्चस्व रखनेवाले एस्सार ग्रुप पर भी करीब 1,00,000 करोड़ रुपए के ऋण हैं। इस ग्रुप ने अपने कुछ असेट भी बेचे हैं, पर फिर भी इसका डेट-इक्विटी रेश्यो 3.9 है और इस लिहाज से उस पर कर्ज का काफी भार है।

इंफ्रास्ट्रक्चर और पॉवर सेक्टर में कार्यरत रिलायंस (ए.डी.ए.जी.) ग्रुप पर अनुमानित तौर पर 1,25,000 करोड़ रुपए का कर्ज है। अपनी भावी विस्तार योजनाओं के मद्देनजर यह ग्रुप भी कुछ संपत्ति बेचकर, तो कुछ पुनर्वित विकल्प के माध्यम से अपने ऋणों का भार कम करने की कोशिश में है।

इसी प्रकार इंफ्रा क्षेत्र में कार्यरत लेनको ग्रुप पर 47,000 करोड़ रुपए तो स्टील व ऊर्जा क्षेत्र में वर्चस्व रखनेवाले जे.एस.डब्ल्यू. ग्रुप पर करीब 58,000 करोड़ रुपए का कर्ज है।

एक अन्य प्रसिद्ध कंपनी वीडियोकॉन ग्रुप पर अनुमानित तौर पर 1,00,000 करोड़ रुपए का ऋणों का भार है। यह कंपनी ऋणों को इक्विटी में परिवर्तित करने का विकल्प तलाश रही है।

इंफ्रास्ट्रक्चर क्षेत्र में कार्यरत प्रसिद्ध जी.वी.के. ग्रुप भी टॉप दस सर्वाधिक ऋणोंवाली कंपनियों की लिस्ट में शामिल है और इस पर अनुमानित तौर पर 34,000 करोड़ रुपए का कर्ज है। पिछले 4 वर्षों में इसके ऋणों की मात्रा 5 गुना बढ़ गई है। कुछ कर्जे डिफॉल्ट की श्रेणी में भी जा चुके हैं। इसका ब्याज कवर भी घटकर 0.2 गुना पहुँच चुका है। इसी प्रकार पॉवर, एयरपोर्ट और सड़क निर्माण क्षेत्र में जाना माना जी.एम.आर. ग्रुप भी 50,000 करोड़ रुपए के ऋणों के साथ टॉप दस कंपनियों की फेहरिस्त में शामिल है।

उल्लेखनीय है कि इन शीर्ष दस कंपनियों पर एक ओर कर्ज का आकार बढ़ता ही जा रहा है तो दूसरी ओर इनके महत्त्वकांक्षी विस्तार योजनाओं का दायरा भी।

इन्हें कर्ज देनेवाले बैंकों के दबाव के बावजूद ये कंपनियाँ अपने असेट बेच कर कर्ज का भार कम नहीं कर पा रहीं। लगता है, वे अपने असेट्स (संपत्ति) हेतु बेहतर मूल्य पाने के लिए उन्हें फिलहाल बेचने से परहेज करना चाहती हैं और जहाँ कहीं वे अपने असेट बेच भी रही हैं तो वे इतने कम हैं कि उससे उनके कर्ज के आकार में कोई उल्लेखनीय कमी नहीं आ रही है। न सिर्फ इनकी ब्याज चुकाने के लिए प्रस्तुत 'कवर' में गिरावट आ रही है, बल्कि इनकी इक्विटी के सापेक्ष इनके कर्जों का अनुपात भी सामान्यतया बढ़ता देखा जा रहा है।

हालाँकि इनमें से कुछ घरानों (ग्रुप्स) का प्रदर्शन औसत से कुछ बेहतर है, पर अधिकांश उद्योग एक ओर भारी कर्ज लेकर चल रहे हैं तो दूसरी ओर तेजी से विस्तारीकरण के उद्देश्य से नए प्रोजेक्ट्स शुरू करना चाहते हैं, जिसके लिए भी उन्हें और ऋणों की आवश्यकता पड़ सकती है। बैंकों की समस्या यह है कि इन उद्योगों की संपत्ति यदि वे बेचना चाहें तो उनके लिए उपयुक्त मूल्य हासिल करना भी बहुत चुनौतीपूर्ण है।

वक्त आ गया है कि अब बैंकों को मंथन करना होगा कि क्या वे पुराने प्रमोटरों

को बदलकर नए प्रमोटरों को लाने पर विचार करें जो इन प्रभावित उद्योगों को बेहतर प्रबंधन या पर्याप्त संसाधनों द्वारा बेहतर ढंग से चला सकें, ताकि इनके लाभांश और कारोबार बढ़ें और कर्ज व ब्याज की समय पर अदायगी की संभावना बढ़ सके।

फिलहाल क्रेडिट सुइस ने अनुमान लगाया है कि भारतीय बैंकों के 17 प्रतिशत ऋण ब्याज या मूलधन की अदायगी के लिए दबाव झेल रहे हैं। जिस प्रकार वैश्विक बाजारों में कमोडिटीज की कीमतें कम होने व अन्य कारणों से उथल-पुथल के आसार नजर आ रहे हैं और घरेलू अर्थव्यवस्था में भी आर्थिक विकास दर में उल्लेखनीय सुधार आता नहीं दिख रहा है, जाहिर है आनेवाले समय में उद्योगों की दबाव झेलती बैलेंसशीट का असर बैंकों के लाभांशों पर भी पड़ेगा।

(मुंबई में प्रकाशित दैनिक 'हमारा महानगर' में शुक्रवार 30-10-2015 को व्यापार पृष्ठ पर प्रकाशित)

□

44

पूँजीगत उत्पादों को मिले प्राथमिकता

हाल ही में केंद्र सरकार के भारी उद्योग विभाग ने विभिन्न उद्योग संघों व अन्य हितधारकों से चर्चा कर पूँजीगत उत्पादों (कैपिटल गुड्स) पर एक राष्ट्रीय नीति का मसौदा तैयार किया है। गौरतलब है कि इस क्षेत्र को सरकार के बहुचर्चित 'मेक इन इंडिया' कैंपेन के उद्देश्यों को हासिल करने हेतु काफी संवेदनशील (क्रिटिकल) समझा गया है, क्योंकि इस क्षेत्र के विकास का अर्थव्यवस्था के अन्य क्षेत्रों पर गुणक प्रभाव (मल्टीप्लायर इफेक्ट) पड़ता है।

कैपिटल गुड्स उन उत्पादों के लिए प्रयुक्त होता है, जो अन्य वस्तुओं के विनिर्माण या सेवाएँ प्रदान करने के लिए काम आती हैं जैसे कि मशीनें (प्लांट मशीनरी) व उपकरण आदि। विनिर्माण क्षेत्र में पूँजीगत वस्तुओं का योगदान करीब 12 प्रतिशत है और देश की सकल राष्ट्रीय आय में यह क्षेत्र 2 प्रतिशत का योगदान देता है। इसके अलावा यह क्षेत्र करीब 15 लाख लोगों के लिए रोजगार प्रदान करता है, हालाँकि परोक्ष रूप से यह क्षेत्र अनेक उद्योगों में जहाँ यह उत्पाद विनिर्माण आदि के लिए खरीदे जाते हैं, इससे भी कहीं अधिक रोजगार के नए अवसरों का सृजन करता है।

वर्तमान में भारत अनेक पूँजीगत उत्पादों का आयात करता है। सन् 2014-15 में भारत का व्यापार घाटा करीब 138 बिलियन डॉलर्स रहा। भारत करीब 20 बिलियन डॉलर्स के मूल्य के पूँजीगत उत्पादों का आयात करता है और इस लिहाज से यदि पूँजीगत उत्पादों का देश में विनिर्माण बढ़ाया जा सके तो इससे भारत की इनके आयात पर निर्भरता तो कम होगी ही, साथ ही इनका आयात बिल भी, जिसके परिणाम स्वरूप देश का व्यापार घाटा भी कुछ कम किया जा सकेगा।

राष्ट्रीय नीति के मसींदे से प्राप्त जानकारी के अनुसार, पिछले कुछ वर्षों में इस क्षेत्र में विकास दर काफी कमजोर रही है। यद्यपि योजना आयोग द्वारा 12वीं पंचवर्षीय योजना के तहत इस क्षेत्र के लिए 16.8 प्रतिशत की विकास दर का लक्ष्य रखा गया था, पर वास्तव में पिछले तीन वर्षों में यह महज 0.3 प्रतिशत की दर से विकास कर रहा

है, जो काफी गंभीर मसला है। साथ ही, जिस प्रकार इस क्षेत्र में आयात पर निर्भरता बढ़ती जा रही है, उससे भी यह भारत के आत्मनिर्भरता हासिल करने के लक्ष्य को बल्कि कठिन ही बना रहा है।

वैश्वीकरण के इस युग में भारत के समक्ष पूँजीगत वस्तुओं का उत्पादन व निर्यात बढ़ाने के लिए काफी अच्छा अवसर है, लेकिन अफसोस इस बात का है कि अनेक समस्याओं और चुनौतियों के खड़े होने की वजह से यह क्षेत्र वांछित रूप से विकास नहीं कर पा रहा है। शायद इसी वजह से इस क्षेत्र के विकास हेतु एक राष्ट्रीय नीति तैयार की जा रही है।

जिस प्रकार भारत में 'मेक इन इंडिया' कैंपेन के तहत सकल राष्ट्रीय उत्पादन में मैन्युफेक्चरिंग क्षेत्र का योगदान बढ़ा कर 25 प्रतिशत कर देने का लक्ष्य रखा गया है, जाहिर है, कैपिटल गुड्स क्षेत्र को प्रोत्साहन दिया जाना बहुत जरूरी हो चला है। राष्ट्रीय नीति का एक उद्देश्य भारत को अंतरराष्ट्रीय स्तर पर एक मैन्युफेक्चरिंग पॉवरहाउस के रूप में स्थापित करना भी है।

यूँ तो कैपिटल गुड्स क्षेत्र का आकार खासा बड़ा है। सन् 2014-15 में इस क्षेत्र में कुल 2,20,000 करोड़ रुपए का उत्पादन हुआ था और इसी वर्ष करीब 62,500 करोड़ रुपए के पूँजीगत उत्पादों का निर्यात भी हुआ था। इसके अलावा यद्यपि करीब 5 वर्षों से इनका निर्यात औसतन 20 प्रतिशत की दर से बढ़ रहा है, लेकिन पिछले 3 वर्षों में इनकी निर्यात विकास दर 14.7 प्रतिशत रह गई है। यदि वैश्विक व्यापार में भारत के पूँजीगत उत्पादों की हिस्सेदारी की बात करें तो यह महज 0.8 प्रतिशत है। हालाँकि पिछले पाँच वर्षों में इन उत्पादों के आयात भी करीब 15 प्रतिशत की दर से बढ़े हैं।

समस्या यह भी है कि जहाँ घरेलू उद्योग अपनी कुल स्थापित क्षमता के करीब 60-70 प्रतिशत पर ही उत्पादन कर रहे हैं, वहीं कुल मांग जरूरतों का 40-50 प्रतिशत विदेशों से आयात किया जा रहा है। इसके अलावा इस क्षेत्र में रिसर्च और डेवलपमेंट पर बहुत कम खर्च होता है, जिसकी वजह से हमारे उत्पाद अंतरराष्ट्रीय स्तर पर प्रचलित तकनीकी मापदंडों में कहीं-कहीं पिछड़ भी जाते हैं। इसके अलावा इस क्षेत्र में अनेक मध्यम और छोटे आकार (एम.एस.एम.ई.) के कई उद्योग हैं, जो बड़े या विदेशी उत्पादकों द्वारा उत्पादित वस्तुओं के समकक्ष क्वालिटी या कीमत जैसी चुनौतियों का सामना भी कर रहे हैं।

राष्ट्रीय नीति में इस क्षेत्र में मौजूद समस्याओं, कठिनताओं और मसलों का जिक्र तो किया ही गया है, साथ ही विश्व के अन्य देशों जैसे कि जर्मनी, कनाडा, ऑस्ट्रेलिया और दक्षिण कोरिया आदि में अपनाई गई विशिष्ट नीतियों की विवेचना भी की गई है। राष्ट्रीय नीति में कैपिटल गुड्स क्षेत्र का विनिर्माण क्षेत्र में योगदान सन् 2025 तक मौजूदा

12 प्रतिशत से बढ़ाकर 20 प्रतिशत करने का लक्ष्य रखा गया है। साथ ही, इस क्षेत्र में रोजगार की संख्या को मौजूदा 15 लाख से बढ़ाकर 50 लाख करने का लक्ष्य भी रखा गया है। दक्षता और तकनीक में विकास द्वारा भारत के निर्यात सन् 2025 तक मौजूदा 62,000 करोड़ रुपए से बढ़ा कर दो लाख करोड़ रुपए करने और आयातों पर निर्भरता घटाने का लक्ष्य भी निर्धारित किया है। अन्य कई उपाय और कर सुधारों, निवेश में छूट, सार्वजनिक खरीद नीति में सुधार, ब्याज में छूट आदि द्वारा इस क्षेत्र के त्वरित विकास हेतु अनेक बिंदुओं पर चर्चा भी की गई है।

उम्मीद की जा सकती है कि राष्ट्रीय नीति के घोषित होने पर इस क्षेत्र को वांछित प्रोत्साहन मिल सकेगा, हालाँकि जब तक अर्थव्यवस्था में व्यापक तौर पर निवेश और व्यवसाय हेतु अनुकूल और स्थायित्व युक्त वातावरण तैयार नहीं होगा, तब तक किसी एक विशिष्ट क्षेत्र में विकास दर को बढ़ाना चुनौतिपूर्ण ही होगा।

(मुंबई में प्रकाशित दैनिक 'हमारा महानगर' में शुक्रवार 06-11-2015 को व्यापार पृष्ठ पर प्रकाशित)

□

45

कई क्षेत्रों में बढ़ी एफ.डी.आई. लिमिट

हाल ही में केंद्र सरकार ने पंद्रह क्षेत्रों में, जिनमें रक्षा (डिफेंस), खनन (माइनिंग) और मीडिया जैसे संवेदनशील या यूँ कहें कि रणनीतिक तौर पर महत्त्वपूर्ण क्षेत्र भी शामिल हैं, प्रत्यक्ष विदेशी निवेश की अधिकतम सीमा बढ़ा दी है।

भारत में प्रत्यक्ष विदेशी निवेश को प्रोत्साहन देने के प्रयोजन से यह निर्णय ऐसे समय लिया गया है, जब कि केंद्र सरकार पर आर्थिक सुधार के एजेंडे पर अधिक तेजी से काम करने के लिए काफी दबाव पड़ रहा था।

उल्लेखनीय है कि केंद्र सरकार को यद्यपि लोकसभा में बहुमत हासिल है, लेकिन संसद के उच्च सदन (राज्यसभा) में अभी भी विपक्षी दलों का वर्चस्व है, जिसके कारण आर्थिक सुधार से जुड़े अनेक विधेयक संसद के गलियारों में अटके हैं। इनमें जी.एस.टी. जैसे महत्त्वपूर्ण विधेयक शामिल हैं। माना जा रहा है कि हाल ही में संपन्न हुए बिहार चुनावों में प्रमुख विपक्षी दलों के महागठबंधन की भारी विजय से यह संकेत भी कहीं-न-कहीं उपजा कि शायद अब विपक्षी दलों में केंद्र सरकार के रिफॉर्म (आर्थिक सुधार) एजेंडा की राह में रोड़ा अटकाने हेतु अधिक ताकत का संचार होगा।

ऐसे में केंद्र सरकार के समक्ष उन क्षेत्रों में आर्थिक सुधार या नीतिगत सुधार करने का विकल्प अधिक व्यावहारिक जान पड़ता है, जहाँ मौजूदा कानूनों अथवा नीतियों व प्रशासनिक प्रक्रियाओं में निहित आर्थिक सुधार की संभावनाओं को तलाशा जाए और किसी प्रकार देश में निवेश और उत्पादन बढ़ाने की दिशा में कुछ निर्णय लिए जा सकें, जिससे कि आर्थिक विकास की दर को बल मिले।

ऐसा प्रतीत होता है कि भारत में व्यापार और व्यवसाय करना सहज बनाया जा रहा है और केंद्र सरकार इस दिशा में कार्य करने के लिए कटिबद्ध है। शायद यही संदेश देश-विदेश में क्रियाशील उद्योगपतियों और निवेशकों में पहुँचाने के उद्देश्य से ही इतने व्यापक स्तर पर एफ.डी.आई. की अधिकतम सीमा बढ़ाई गई है। साथ ही, औद्योगिक विकास एवं संवर्धन विभाग के तहत जो विदेशी निवेश संवर्धन बोर्ड

है, वह अब 5,000 करोड़ रुपए तक के प्रस्तावों के लिए 'सिंगल विंडो' क्लीयरेंस देने में सक्षम होगा।

गौतरलब है कि मई 2015 में ही इसे 1,200 करोड़ रुपए से बढ़ाकर 3,000 करोड़ रुपए किया गया था, जिसे अब और बढ़ा दिया गया है। इसका अभिप्राय यह हुआ कि अब 5,000 करोड़ रुपए से अधिक मूल्य के विदेशी निवेश प्रस्ताव या जिनके लिए ऑटोमेटिक क्लीयरेंस का विकल्प नहीं है, वे ही आर्थिक मामलों की केबिनेट कमिटी के समक्ष अप्रूवल (अनुमोदन) के लिए जाएँगे। समझा जाता है कि केंद्र सरकार ने इस निर्णय से भारत में 'ईज ऑफ डूइंग बिजनेस' और 'मेक इन इंडिया' केंपेन को भी बल मिलेगा।

जिन पंद्रह क्षेत्रों में एफ.डी.आई. लिमिट (अधिकतम सीमा) बढ़ाई गई है उनमें से एक है, कंस्ट्रक्शन सेक्टर। यहाँ अपेक्षाकृत छोटे प्रोजेक्टस को प्रोत्साहन देने के प्रयोजन से न्यूनतम फ्लोर एरिया और कैपिटलाइजेशन पर लागू प्रतिबंधों को हटा लिया गया है। साथ ही, टाउनशिप मॉल और बिजनेस सेंटर आदि के लिए 100 प्रतिशत प्रत्यक्ष विदेशी निवेश को ऑटोमेटिक रूट के तहत ले आया गया है। इसके अलावा एविएशन सेक्टर में ग्राउंड हैंडलिंग, गैर-अनुसूचित हवाई यातायात आदि में एफ.डी.आई. मौजूदा 74 प्रतिशत से बढ़ाकर 100 प्रतिशत कर दिया गया है। इसके अलावा लिमिटेड लायेबिलिटी पार्टनरशिप में 100 प्रतिशत एफ.डी.आई. को ऑटोमेटिक रूट में डाल दिया गया है।

प्लांटेशन क्षेत्र में कॉफी, रबर, इलायची, ऑलिव ऑयल और पॉम ऑयल में 100 प्रतिशत विदेशी निवेश की अनुमति दे दी गई है। यहाँ तक कि गैर-न्यूज चैनल्स को भी 100 प्रतिशत प्रत्यक्ष विदेशी निवेश के लिए ऑटोमेटिक रूट के तहत अनुमति दे दी गई है। खुदरा व्यापार क्षेत्र में भी सरकारी मंजूरी के साथ कुछ छूट दी गई है।

इसके अलावा ड्यूटी फ्री दुकानों में 100 प्रतिशत एफ.डी.आई. की इजाजत दी गई है। डिफेंस जैसे रणनीतिक दृष्टि से महत्त्वपूर्ण क्षेत्र में 49 प्रतिशत तक का प्रत्यक्ष विदेशी निवेश ऑटोमेटिक रूट के तहत लाया जा सकता है, जबकि इससे अधिक निवेश के लिए नियमों के तहत अनुमति लेनी होगी।

न्यूज चैनल्स, केबल नेटवर्क और मोबाइल, टी.वी. आदि के क्षेत्र में भी विदेशी निवेश की सीमा बढ़ाई गई है। इसके अलावा भारत में विनिर्माण करनेवाले उद्योगों को होलसेल, रिटेल और ई-कॉमर्स सभी प्लेटफॉर्म्स पर बिना पूर्व सरकारी मंजूरी की आवश्यकता के अपना सामान बेचने की इजाजत दी गई है।

इस प्रकार केंद्र सरकार ने भारत में प्रत्यक्ष विदेशी निवेश बढ़ाने के लिए व्यापक कदम उठाए हैं, हालाँकि जिन क्षेत्रों में विदेशी निवेश की लिमिट बढ़ाई गई है, उनमें

स्थितियाँ बेहतर अवश्य बनेंगी, लेकिन इसका अधिक फायदा तब ही मिलेगा, जब कि सामान्यतया देश में निवेश के लिए आकर्षक वातावरण तैयार होगा और मौजूदा परिस्थितियों में यह खासा चुनौतीपूर्ण ही दिखाई दे रहा है।

(मुंबई में प्रकाशित दैनिक 'हमारा महानगर' में शनिवार 14-11-2015 को व्यापार पृष्ठ पर प्रकाशित)

□

46

नए विधेयक ने सुझाया प्रभावी बैंकरप्ट्सी कोड

हाल ही में केद्र सरकार द्वारा भारतीय कंपनियों के दिवालिएपन से निपटने की मौजूदा प्रक्रिया में सुधार हेतु नए एकीकृत दिवाला (इनसॉल्वेंसी) और दिवालिएपन (बैंकरट्सी) कोड की संरचना हेतु गठित उच्च स्तरीय कमिटी ने नए विधेयक का मसौदा जारी किया है।

गौरतलब है कि भारत में बीमार कंपनियों के दिवालिएपन की कगार पर पहुँचने पर बकाया ऋणों आदि की वसूली करने की प्रक्रिया काफी जटिल तो है ही, साथ ही अनेक कानूनों में इसके लिए पृथक प्रावधान होने से अकसर हितधारकों को अपने बकाया राशि प्राप्त करने के लिए लंबा इंतजार भी करना पड़ता है। वह इसलिए कि कानून के तहत कोई ऋणदाता ऋण वसूली ट्रिब्यूनल (डेट रिकवरी ट्रिब्यूनल) का दरवाजा खटखटाता है, तो कोई कंपनी के लिए समापन याचिका (वाइंडिंग अप) दायर कर देता है औ. यदि कोई सिक्योर्ड क्रेडिटर (सुरक्षित लेनदार) है, जैसे कि बैंक आदि, तो वे सरफेसी कोड के तहत सीधे तौर पर दावा प्रस्तुत कर देते हैं। यही नहीं, यदि कोई व्यावसायिक लेनदार है, तो वह कंपनी के साथ किए गए करार की धार.ओं के तहत मध्यस्थता (आरबिट्रेशन) प्रक्रिया को शुरू कर सकता है। कुछ लेनदार जिन्होंने कच्चा माल या कोई मशीनरी यदि सप्लाई किया है, अपने पेमेंट की वस .ली हेतु सिविल कोर्ट का रुख भी कर सकते हैं।

तो इस तरह मौजूदा सिस्टम में न सिर्फ अलग-अलग प्रक्रियाएँ हैं, बल्कि खास बात तो यह है कि ये सभी अलग-अलग कानूनों के तहत उपलब्ध हैं और इसलिए ऋणदाताओं व अन्य लेनदारों के लिए यह एक लंबी कानूनी प्रक्रिया बन जाती है। यहाँ तक कि कई मसले विभिन्न कानूनों के तहत लागू विरोधाभासी प्रावधानों को सुलझाने की जटिल प्रक्रिया में वर्षों उलझे रहते हैं।

अत: इस कमिटी द्वारा बनाए गए ड्राफ्ट विधेयक में कंपनियों के दिवालिएपन से निपटने के लिए एक एकीकृत दिवाला कोड सुझाया गया है, जिसके तहत एक नियमबद्ध प्रक्रिया के तहत ऋणकर्ता (देनदार) या लेनदारों में से कोई भी दिवालिएपन के समाधान के लिए आवेदन कर सकेगा। जैसे ही ऐसा कोई आवेदन स्वीकृत होगा, 180 दिन का ऋण स्थगन (मोराटोरियम) लागू हो जाएगा, जिसमें ऋणकर्ता या उसकी संपत्ति पर कोई दावा प्रस्तुत नहीं किया जा सकेगा। इस प्रकार सभी लेनदारों या ऋणदाताओं को एकजुट होकर सामूहिक रूप से अपना दावा पेश करने का मौका मिल सकेगा बजाए इसके कि वे अलग-अलग कानूनों के तहत अलग-अलग फोरम पर पृथक् प्रक्रियाओं का सहारा लें।

गौरतलब है कि सभी प्रकार के दिवालिएपन के मामले राष्ट्रीय कंपनी कानून न्यायाधिकरण (एन.सी.एल.टी.) के कार्यक्षेत्र में आ जाएँगे, जिससे कि इन मामलों में त्वरित निर्णय लिए जा सकेंगे।

उल्लेखनीय है कि मौजूदा सिस्टम में निहित कानूनी पेचीदगी के चलते अकसर ऐसे मामले सुलझने में वर्षों लग जाते हैं और तब तक कर्ज में डूबी कंपनी की संपत्ति का वेल्यूएशन या नेटवर्थ तेजी से कम हो जाती है, जिससे भी सामान्यतया हितधारकों का हित आहत ही होता है। कई मामलों में कोर्ट द्वारा नियुक्त ऑफिशियल लिक्विडेटर को दिवालिया हुए कर्जदार के असेट विभिन्न हितधारकों में वितरित करने में वर्षों लग जाते हैं।

कई मामलों में अदालतें बीमार कंपनियों के पुनरुत्थान की प्रक्रिया में अधिक झुकाव दिखाती हैं, क्योंकि एक विकासशील देश में किसी कंपनी के बंद हो जाने से अनेक रोजगार या उत्पादक संसाधनों का ह्रास होता है। नए विधेयक के अनुसार अब दिवालिएपन का समाधान तेजी से करने हेतु ऐसी प्रक्रिया अपनाई जाएगी, जिसे 180 दिनों में पूरा किया जा सके। आवश्यकता पड़ने पर अतिरिक्त 90 दिनों का एक्सटेंशन दिया जा सकता है। दूसरा, लेनदारों और देनदारों को सीधे तौर पर समझौता वार्त्ता करने का मौका दिया जा सकेगा ताकि वे कंपनी की माली हालत (इकॉनामिक वाएबिलिटी) सुधारने का विकल्प ढूँढ़ सकें।

इस दौरान एन.सी.एल.टी. की भूमिका यह होगी कि वह यह सुनिश्चित करे कि सभी नियमों की अनुपालना ठीक से हो और कोई गैरकानूनी या धोखाधड़ी (फ्रॉड) जैसी स्थिति न उत्पन्न हो। ड्राफ्ट विधेयक में ऑफीशियल लिक्विडेटर की व्यवस्था को समाप्त करने की बात कही गई है। अब उसके कार्य दिवालिएपन एक्सपर्ट्स को सौंपे जा सकते हैं।

हालाँकि अभी इस विधेयक के मसौदे पर बारीकी से चर्चा की जाएगी। खासतौर पर किस प्रकार इस विधेयक और अन्य कानूनों में तालमेल बैठाया जाएगा, यह भी

परखा जाना है। पर एक बात तो तय है कि दिवालिएपन के समाधान के लिए एक प्रभावी कानून बनने से सभी हितधारकों के लिए न सिर्फ कानूनी प्रक्रिया आसान होगी, बल्कि समयबद्ध तरीके से काम होने पर संपत्ति के मूल्य के ह्रास को रोका जा सकेगा। उल्लेखनीय है कि इस विधेयक में व्यक्ति विशेष और पार्टनरशिप्स के दिवालिएपन से जुड़े मसलों पर भी प्रावधान किए गए हैं।

(मुंबई में प्रकाशित दैनिक 'हमारा महानगर' में शुक्रवार 20-11-2015 को व्यापार पृष्ठ पर प्रकाशित)

□

47

अर्थव्यवस्था में बढ़ाना होगा निवेश

हाल ही में रिजर्व बैंक के गवर्नर ने निजी एवं सार्वजनिक क्षेत्र में निवेश का स्तर कम होने से भारतीय अर्थव्यवस्था के आहत होने की आशंका जताई है। हालाँकि उन्हें आशा है कि तेजी से बढ़ रहे विदेशी पूँजी अंतरवाह से यह कमजोरी दूर करने में मदद भी मिल सकती है।

उल्लेखनीय है कि एक ओर जहाँ भारतीय कंपनियाँ अपनी स्थापित क्षमताओं का पूर्ण उपयोग तक नहीं कर पा रही हैं और नए प्रोजेक्ट्स शुरू करने में भी कुछ खास रुचि नहीं दिखा रही हैं, तो दूसरी ओर मौजूदा कैंलेडर वर्ष में जनवरी से जून के दरम्यान प्रत्यक्ष विदेशी निवेश में पिछले वर्ष के मुकाबले 30 प्रतिशत का इजाफा हुआ है और यह बढ़कर 19.4 बिलियन डॉलर्स तक पहुँच गया है।

एक ओर सितंबर माह में फैक्टरी उत्पादन में कोई उल्लेखनीय वृद्धि दिखाई नहीं पड़ी, वहीं दूसरी ओर उपभोक्ता मूल्य सूचकांक में लगातार तीन महीने से वृद्धि दर्ज की गई है। हालाँकि थोक मूल्य सूचकांक अभी भी नकारात्मक (निगेटिव) जोन में है (माइनस 3.81 प्रतिशत) पर अक्तूबर माह में इसमें भी वृद्धि दर्ज की गई है।

उधर, अक्तूबर माह में मर्चेंडाइज्ड निर्यात (एक्सपोर्टस) में 17.53 प्रतिशत की गिरावट आई है। गौरतलब है कि पिछले 11 महीनों से निर्यातों में लगातार गिरावट का रुख कायम है। जिन क्षेत्रों में निर्यात कम हुए हैं, उनमें प्रमुख हैं—इंजीनियरिंग सेक्टर, केमिकल, जेम्स एंड ज्यूलरी और लेदर आदि। ध्यान देने योग्य बात यह है कि आयातों में भी 21.15 प्रतिशत की कमी आई है।

कुछ विशेषज्ञों का मानना है कि पिछले 11 महीनों से थोक मूल्य सूचकांक में गिरावट का जो रुख दिखाई दे रहा है, वो कहीं यह संकेत तो नहीं कि भारतीय अर्थव्यवस्था में मंदी (डिफ्लेशन) की संभावना नजर आ रही है, लेकिन फिर उपभोक्ता मूल्य सूचकांक तो सितंबर माह में 4.41 प्रतिशत और अक्तूबर में 5.00 प्रतिशत से बढ़ा है, जो यह दर्शाता है कि जहाँ कुछ चीजों या उत्पादों की कीमतें बढ़ी हैं, तो कुछ अन्य

वस्तुओं की कीमतें कम भी हुई हैं।

विशेषकर अंतरराष्ट्रीय बाजारों में तेल की कीमतों में भारी गिरावट से भारतीय अर्थव्यवस्था को बड़ी राहत मिली है। इस वर्ष अब तक पेट्रोल की बिक्री में 14.77 प्रतिशत का इजाफा हो चुका है, जबकि डीजल की बिक्री 5.64 प्रतिशत से बढ़ी है, जो पिछले एक दशक का अधिकतम स्तर है। कमर्शियल और पैसेंजर, दोनों ही तरह के वाहनों की बिक्री बढ़ रही है। साथ ही, फैक्ट्रियों में तेल का उपभोग (फ्यूल कंजंप्शन) बढ़ने के भी संकेत हैं।

दरअसल, पिछले कुछ महीनों में केंद्र सरकार ने विनिवेश बढ़ाने, इंफ्रा सेक्टर और निर्यात को प्रोत्साहन देने, देश में व्यवसाय प्रक्रिया को सहज बनाने और आर्थिक नीतियों में अधिक खुलापन और स्थिरता लाने की दिशा में कई कदम उठाए हैं, जिनके परिणाम सामने आने में थोड़ा वक्त लग सकता है, लेकिन देश में आर्थिक क्रियाओं का स्तर आनेवाले 4-6 महीनों में कुछ बढ़ेगा, ऐसे सकारात्मक संकेत भी मिल रहे हैं।

हाल ही में कोल इंडिया में 10 प्रतिशत की हिस्सेदारी बेचने का निर्णय सरकार द्वारा लिया गया है, जिससे करीब 20,000 करोड़ रुपए तक के संसाधन जुट सकते हैं। निर्यात बढ़ाने के लिए एक्सपोर्ट्स पर ब्याज दर में 3 प्रतिशत की छूट ऐलान भी किया गया है। सड़क निर्माण की मंजूरी की प्रक्रिया में तेजी लाई जा सके, इसके लिए 1,000 करोड़ तक के प्रोजेक्ट्स पर अब मंत्रालय सीधे तौर पर निर्णय देने में सक्षम होगा, जिससे इन प्रोजेक्ट्स को शीघ्र क्लीयरेंस मिल सकेगी।

इसके अलावा गन्ना किसानों के लिए भी सीधे तौर पर सब्सिडी मंजूर की गई है। पेट्रोलियम व प्राकृतिक गैस कंपनियों को भी कुछ सकारात्मक निर्णयों से लाभान्वित होने की संभावना है। उधर नेशनल हाईवे अथॉरिटी ने सड़क निर्माताओं को अन्य कारणों से हुई देरी के लिए मुआवजा देने जैसे निर्णयों से करीब 34 अटके हुए प्रोजेक्ट्स शुरू हो सकेंगे।

शायद यही कारण है कि जहाँ एक ओर रिजर्व बैंक के गवर्नर निवेश की कमी को लेकर चिंता जता रहे हैं, तो दूसरी ओर एक उम्मीद भी व्यक्त कर रहे हैं कि आनेवाले समय में प्रत्यक्ष विदेशी निवेश और इंफ्रास्ट्रक्चर क्षेत्र में विकास से निजी क्षेत्र में निवेश बढ़ भी सकता है।

(मुंबई में प्रकाशित दैनिक 'हमारा महानगर' में शुक्रवार 27-11-2015 को व्यापार पृष्ठ पर प्रकाशित)

□

48

नए नियमों से मिलेगी शेयर होल्डरों को ज्यादा ताकत

हाल ही में पूँजी बाजारों की नियामक सिक्योरिटीज एक्सचेंज बोर्ड ऑफ इंडिया (सेबी) ने स्टॉक एक्सचेंजों और उन पर लिस्टेड कंपनियों के बीच किए जानेवाले लिस्टिंग करार के लिए नए नियम लागू कर दिए हैं। गौरतलब है कि नए कंपनी कानून 2013 से तालमेल बैठाने के लिए पुराने लिस्टिंग एग्रीमेंट की धाराओं में कुछ बदलाव लाया जाना जरूरी समझा गया और अब नए लिस्टिंग नियम मान्यता प्राप्त स्टॉक एक्सचेंजों पर लिस्टेड सभी सिक्योरिटीज, जैसे कि मुख्य बोर्ड अथवा एसएमई प्लेटफॉर्म पर लिस्टेड शेयर्स, डेब्ट सिक्योरिटीज (ऋण प्रतिभूतियाँ), अधिमान (प्रिफ्रेंस) शेयर, म्यूचल फंड द्वारा जारी यूनिट्स, आई.डी.आर. (इंडियन डिपॉजिटरी रिसीट) व सेबी द्वारा निर्धारित सभी अन्य सिक्योरिटीज पर लागू होंगे।

नए लिस्टिंग नियमों में सबसे महत्त्वपूर्ण बात यह है कि यहाँ लिस्टेड कंपनी के बजाए लिस्टेड एंटिटी (सूचीबद्ध इकाई) शब्द का प्रयोग किया गया है, जो मौजूदा लिस्टिंग एग्रीमेंट का कार्यक्षेत्र बढ़ाकर उसे सभी उपयुक्त इकाइयों पर भी लागू करता है, जो कंपनी नहीं भी हैं। नए नियमों के तहत एक ओर शेयर होल्डरों को कुछ और शक्तियाँ मिली हैं, तो दूसरी ओर लिस्टिंग करार में निहित संविदात्मक दायित्वों (कांट्रेक्च्यूल ऑबलिगेशंस) को सांविधिक आवश्यकताओं (स्टेच्यूटरी रिक्वायरमेंट्स) में तब्दील किया गया है।

नए नियमों के तहत लिस्टेड सिक्योरिटीज के मूल्य-संवेदनशील (प्राइस सेसेंटिव) घटनाक्रम का समय पर तथा ठीक ढंग से प्रकटीकरण (डिस्क्लोजर)करना होगा, अन्यथा उन लिस्टेड इकाइयों पर पेनल्टी और व्यापार से निलंबन जैसे कदम उठाए जा सकते हैं।

गौरतलब है कि स्थिरता और दृष्टिकोण की एकरूपता बनाए रखने के लिए किसी भी इकाई द्वारा लिस्टिंग एग्रीमेंट की शर्तों की अनुपालना न करने अथवा आवश्यक

(पीरियोडिक) रिपोर्ट वक्त पर प्रेषित न करने पर सभी इकाइयों पर व्यावसायिक निलंबन करने अथवा पुनः अनुमति देने के संबंध में एक जैसी प्रक्रिया और जुर्माना लगाया जाएगा।

नए नियमों के तहत कंपनियों से संबंधित शासन प्रणाली (कॉर्पोरेट गर्वनेंस) और प्रकटीकरण की गुणवत्ता बढ़ाने की दिशा में उचित कदम उठाए गए हैं। अब निर्धारित मामलों में कंपनियों को सभी महत्त्वपूर्ण जानकारी संबंधित स्टॉक एक्सचेंजों को देनी होगी, हालाँकि कुछ अन्य मामलों में कंपनियाँ खुद निर्णय ले सकती हैं कि कोई सूचना शेयरधारकों की जानकारी के लिए महत्त्वपूर्ण है या नहीं।

उल्लेखनीय है कि शेयरहोल्डरों को कंपनी की नीतियों से संबंधित सभी महत्त्वपूर्ण जानकारी तुरंत या जल्द-से-जल्द उपलब्ध कराना एक विश्व स्तर पर मान्य प्रक्रिया बन चुकी है। अतः कुछ मामलों में बोर्ड मीटिंग के 30 मिनिट और अन्य कुछ मामलों में 24 घंटों के अंदर शेयरहोल्डरों को मेटीरियल जानकारी उपलब्ध करानी होगी, जो कि कंपनी की वेबसाइट पर कम-से-कम पाँच वर्षों तक लगाकर भी रखनी होगी।

नियमों के तहत कुछ दस्तावेजों को 8 वर्षों तक तो कुछ को आजीवन सँभालकर रखना होगा, जैसे कि वित्तीय विवरण, टैक्स या कानूनी मामले आदि। नए रेग्यूलेशन के तहत लिस्टेड इकाइयाँ डिविडेंड, ब्याज, रिडेंपशन आदि के भुगतान के लिए ई-पेमेंट का तरीका अपना सकती हैं। यदि किसी कारण से ई-पेमेंट करना संभव न हो सके तो चेक या वारंट आदि से भी भुगतान किया जा सकता है इसके अलावा, 1,500 रुपए से अधिक का भुगतान करना हो तो उसे स्पीड पोस्ट से भेजना होगा।

अब हर तिमाही के बाद 21 दिनों के भीतर कंपनियों को संबंधित स्टॉक एक्सचेंज में शेयरहोल्डरों द्वारा दायर की गई शिकायतों का ब्योरा देना होगा कि तिमाही शुरू होने पर कितनी शिकायतें विचाराधीन थीं, कितनी और शिकायतें दर्ज हुईं और कितनी निपटाई न जा सकीं।

हालाँकि कुछ निर्धारित कॉर्पोरेट गवर्नेंस धाराएँ उन लिस्टेड कंपनियों पर लागू नहीं होंगी, जिनकी पेड-अप कैपिटल पिछले वर्ष के अंतिम दिन 10 करोड़ रुपए से कम है तथा नेटवर्थ 25 करोड़ रुपए से कम है, लेकिन अगर मौजूदा वित्तीय वर्ष में यह सीमा क्रॉस हुई तो 6 महीने के भीतर नए नियमों की अनुपालना करनी होगी। इसके अलावा, यह कंपनी प्रशासन नियम उन कंपनियों पर भी लागू नहीं होंगे, जो एस.एम.ई. प्लेटफॉर्म पर लिस्टेड हैं।

उधर, मार्केट कैपिटलाइजेशन के हिसाब से टॉप 100 कंपनियों के निदेशक मंडल को कंपनी की जोखिम आकलन और उसे कम-से-कम करने की कोशिश के संदर्भ में कदम उठाने का दायित्व उठाना होगा। इसके अलावा सभी लिस्टेड कंपनियों

में रिलेटेड पार्टी लेन-देन से संबंधित प्रस्तावों को गैर-रिलेटेड शेयरहोल्डर्स साधारण प्रस्तावों की तरह पास कर सकते हैं।

इस प्रकार नए नियमों के तहत सूचीबद्ध कंपनियों के लिए शेयरहोल्डरों को सभी आवश्यक जानकारी तुरंत उपलब्ध कराने, लिस्टिंग धाराओं को ठीक से लागू करने तथा जोखिम आकलन नीति अपनाने जैसे कई प्रावधान हैं, जो कि बेहतर प्रकटीकरण व कंपनी सुशासन के माध्यम से संबधिंत हितधारकों को लाभान्वित करेंगे, ऐसी आशा की जा सकती है।

(मुंबई में प्रकाशित दैनिक 'हमारा महानगर' में शुक्रवार 04-12-2015 को व्यापार पृष्ठ पर प्रकाशित)

□

49

वैश्विक बाजारों में मच सकती है हलचल

आनेवाले कुछ हफ्तों में वैश्विक बाजारों में उथल-पुथल के आसार नजर आ रहे हैं। कारण है, एक ओर कई वर्षों के उपरांत अमेरिकी फेडरल बैंक (फेड) द्वारा ब्याज दरों में प्रस्तावित वृद्धि की संभावना को बल मिलना तो दूसरी ओर यूरोपियन केंद्रीय बैंक द्वारा ईजी मुद्रा नीति (मुद्रा प्रसार नीति) की घोषणा, जो कि अनेक विश्लेषकों की आशा अनुरूप इतनी अधिक भी न रही।

लेकिन फिर भी विश्व की दो प्रमुख अर्थव्यवस्थाओं द्वारा लिए गए इन विरोधाभासी नीतिगत संकेतों से विश्व भर के वित्तीय बाजारों में हलचल मचने की काफी संभावना नजर आ रही है, क्योंकि इन नीतियों के प्रभावी तौर पर लागू होने पर कई देशों की मुद्राओं की विनिमय दर प्रभावित हो सकती हैं। साथ ही, उनके पारस्परिक अंतरराष्ट्रीय व्यापारिक लेन-देन प्रभावित हो सकते हैं। इस प्रकार अंतरराष्ट्रीय बाजारों में व्यवसाय करनेवाली कई वस्तुओं और सेवाओं के सापेक्ष मूल्यों में परिवर्तन आ सकता है, जिससे प्रभावित देशों की सकल राष्ट्रीय आय, रोजगार और निवेश आदि के पूर्वानुमान कुछ हद तक गड़बड़ा भी सकते हैं।

ऐसा माना जा रहा है कि अमेरिकी ब्याज दरों के बढ़ने पर वहाँ की मुद्रा 'डॉलर' और अधिक मजबूत होगी, क्योंकि ब्याज दरें बढ़ने पर अमेरिकी बॉण्ड्स पर मिलनेवाली यील्ड (प्रतिफल) बढ़ने पर अमेरिका में डॉलर्स का 'इनफ्लो' (अंतर्गमन) बढ़ेगा, विशेषकर तब जबकि यूरोप में ब्याज दरें कम होने पर वहाँ पर बॉण्ड्स में निवेश कम आकर्षक जान पड़े, हालाँकि यूरोपियन केंद्रीय बैंक ने ब्याज दरें इतनी भी कम नहीं की हैं, जिससे कि अमेरिकी और यूरोपियन ब्याज दरों में अंतर बहुत ज्यादा बन पड़े।

अब स्थिति यह है कि अमेरिकी फेड रेट न बढ़ाए तो उसकी करेंसी (डॉलर) का मूल्य कम हो सकता है और रेट बढ़ाए तो उसका मूल्य तेजी से बढ़ भी सकता है

और दोनों ही परिस्थितियों में वैश्विक वित्तीय बाजारों में हलचल मचना स्वाभाविक ही है। उल्लेखनीय है कि वैश्विक बाजारों में डॉलर सर्वाधिक तौर पर मान्य (प्रचलित) करेंसी है और अनेक देश उसे रिजर्व करेंसी अथवा अंतरराष्ट्रीय लेन-देन (विनिमय) के लिए इस्तेमाल की जानेवाली करेंसी के रूप में भी प्रयोग करते हैं।

जहाँ तक निवेशकों का सवाल है, उनके लिए यह वो ब्याज दरें हैं, जिस पर अन्य बैंक अमेरिकी फेडरल बैंक से फंड्स उधारी पर ले सकते हैं। जब ब्याज की दरें बढ़ाई जाती हैं तो इसका अभिप्राय यह होता है कि बैंकों के लिए फेड से ऋण उठाना महँगा हो गया है। इसका मकसद अर्थव्यवस्था में मुद्रा के प्रचलन को कम करना है।

इस नीति के दूरगामी प्रभाव पड़ते हैं, क्योंकि यह अर्थव्यवस्था में व्यक्तियों तथा व्यवसायियों द्वारा लिए जानेवाले निर्णयों को प्रभावित करती है। मसलन, वहाँ के लोगों के लिए होम लोन, क्रेडिट कार्ड और पर्सनल लोन पर लागत बढ़ सकती है तो दूसरी ओर बिजनेस करनेवालों के लिए अपने व्यवसाय का विस्तार करने आदि की क्षमता पर प्रभाव पड़ता है।

इस प्रकार दोनों ही मामलों में खर्च योग्य आय में कमी आ सकती है, जिसका कि देश में निवेश सेंटीमेंट और विकास दर पर विपरीत प्रभाव पड़ सकता है। सामान्यतया ऐसा होने पर प्रभावित कंपनियों के स्टॉक्स के मूल्य कम हो सकते हैं और यह भी हो सकता है कि निवेशक अपनी पसंद बदल लें और सरकारी प्रतिभूतियों में उपलब्ध आकर्षक जोखिम रहित ब्याज दर के चलते वहाँ निवेश करना अधिक पसंद करें।

हालाँकि ये सभी फेक्टर्स आपस में जटिलता से जुड़े हैं और अंततः इनका सम्मिलित प्रभाव ही स्टॉक मार्केट पर नजर आता है। कई बार निवेशक पहले ही से अंदाजा लगा लेते हैं कि अगर ब्याज दरें बढ़ाई गईं तो उसका क्या संभावित प्रभाव पड़ सकता है। ऐसे में जब ब्याज दरें वास्तव में बढ़ाई जाती है, तब वित्तीय बाजारों पर हो सकता है कि इतना गंभीर प्रभाव न भी पड़े।

पर अभी तो सिर्फ कयास ही लग रहे हैं कि ब्याज दरें बढ़ेंगी भी या नहीं और यदि हाँ तो कितनी? गौरतलब है कि पहले भी कई बार ऐसी संभावनाएँ बनी हैं और फिर उन्हें टाला भी गया है। सन् 2007 में जो दर 5 प्रतिशत से अधिक थी, वो पिछले 7 वर्षों से जीरो प्रतिशत चल रही है, ताकि ग्लोबल मंदी के मद्देनजर बैंक आसानी से ऋण उठा सकें और अमेरिकी अर्थव्यवस्था को कुछ तो बल मिले।

लेकिन अब चूंकि अमेरिकी रोजगार के आँकड़े भी सुधर रहे हैं तो लगता है, केंद्रीय बैंक ने ब्याज दरों को कम-से-कम 25 बेसिस अंकों से बढ़ाने का मन बना ही लिया है। एक तरह से अच्छा ही है कि फेड कुछ तो दरें बढ़ा ही दे, ताकि एक

ओर इस संबंध में उहापोह की स्थिति खत्म हो तो दूसरी ओर यह संदेश भी जाए कि अमेरिकी अर्थव्यवस्था सुधार की ओर है।

जहाँ तक अन्य अर्थव्यवस्थाओं का संबंध है, यह प्रस्तावित वृद्धि इतनी अधिक भी नहीं कि वित्तीय बाजारों में बहुत बड़ी हलचल मचा सके और साथ ही उम्मीद भी की जा रही है कि दीर्घकाल में बाजार फिर से अपना संतुलन बना ही लेंगे।

(मुंबई में प्रकाशित दैनिक 'हमारा महानगर' में शुक्रवार 11-12-2015 को व्यापार पृष्ठ पर प्रकाशित)

□

50

पर्यावरण सुरक्षा पर पेरिस में उठा बड़ा कदम

हाल ही में पेरिस में संपन्न यूनाइटेड नेशंस (यू.एन.) फ्रेमवर्क कन्वेंशन क्लाइमेट चेंज सम्मेलन में शामिल 196 देशों ने 15 दिवसीय वार्त्ता के अंतिम दौर में पर्यावरण में बदलाव लाने हेतु सकारात्मक कदम उठाते हुए एक समझौते पर सर्व-सम्मति से हस्ताक्षर कर दिए, जिससे कि उम्मीद बनी है कि आनेवाले वर्षों में विश्व भर में ग्रीन हाउस गैसों के रिसाव की वजह से लगातार बढ़ रहे पृथ्वी के तापमान की दर को 2 डिग्री सेल्सियस तक ले आया जा सकेगा। तदुपरांत इसे 1.5 डिग्री तक सीमित करने का प्रयास भी जारी रखा जाएगा। पर्यावरण में ग्रीन हाउस गैसें, जैसे कि कार्बन का स्तर कम करना और विकासशील देशों को वांछित जलवायु परिवर्तन लाने की दिशा में उचित कदम उठाने हेतु आर्थिक सहायता प्रदान करना इस समझौते के प्रमुख बिंदु हैं।

गौरतलब है कि इस समझौते के लिए 196 देशों ने साझा जिम्मेदारी के सिद्धांत पर अमल करते हुए खुशी के इजहार के साथ यह समझौता किया है, जिसमें विकसित देश प्रतिवर्ष 100 बिलियन डॉलर्स का योगदान जुटाएँगे, ताकि अन्य देशों को इस महत्त्वपूर्ण कार्य के लिए पर्याप्त संसाधन जुटाने में उचित मदद मिल सके। अन्य देश भी स्वैच्छिक रूप से फंड्स जुटाएँगे।

हालाँकि आज किया गया यह समझौता सन् 2020 से लागू करने का प्रस्ताव है, लेकिन आज की तारीख में समस्या कितनी गंभीर है, इसका अंदाजा अमेरिकी अंतरिक्ष संस्थान 'नासा' द्वारा किए गए एक टाइम सीरीज विश्लेषण से लगाया जा सकता है। इस स्टडी के आधार पर धरती के तापमान में 5 वर्षीय औसत बदलाव के आधार पर वर्ष 1884, 1950 और 2015 के औसत तापमान का तुलनात्मक अध्ययन किया गया है, जिससे साफ तौर पर जाहिर होता है कि आज लगभग समूची पृथ्वी के तापमान का औसत बढ़ गया है।

उल्लेखनीय है कि इस सम्मेलन में भारत के प्रधानमंत्री ने सस्टेनेबल लाइफ स्टाइल (पर्यावरण की गुणवत्ता को बरकरार रखते हुए जीने की कला) और क्लाइमेट जस्टिस (जलवायु न्याय) जैसे विचार प्रस्तुत किए थे, जिनके बारे में पेरिस समझौते में जिक्र किया गया है। फ्रांस के राष्ट्रपति ने इस समझौते को ऐतिहासिक बताते हुए उम्मीद जाहिर की है कि यह समझौता विश्व के करीब 7 बिलियन लोगों की अपेक्षा पर खरा उतरेगा।

जलवायु में बदलाव की चुनौती का सामना करने हेतु 5 वर्षीय राष्ट्रीय योगदान दिया जाएगा। जिन देशों को जलवायु परिवर्तन की वजह से कुछ नुकसान पहुँचा, उन्हें दीर्घकालीन सहयोग दिया जाएगा। साथ ही, पर्यावरणीय सुरक्षा हेतु उठाए गए उपायों और उनके प्रभावों की समीक्षा भी की जाएगी।

गौरतलब है कि यूनाइटेड नेशंस (यू.एन.) के एक अध्ययन के अनुसार, विश्व में औद्योगिक क्रांति के प्रादुर्भाव के साथ ही धरती का औसत तापमान बढ़ता चला गया और यह रुख अभी भी कायम है। जहाँ सन् 1850-1900 के बीच धरती का औसत तापमान 13.7 डिग्री सेल्सियस हुआ करता था, वहाँ उसे यदि आधार मान लें तो इस तापमान में सन् 2015 में औसतन एक डिग्री से कहीं अधिक तापमान में वृद्धि आई है।

अब यदि पर्यावरणीय सुरक्षा की ओर कोई भी कदम नहीं उठाया गया तो सन् 2060 तक धरती का तापमान 4 से 5 डिग्री तक बढ़ सकता है। दूसरी ओर, यदि मौजूदा पर्यावरणीय सुरक्षा नीतियों के माध्यम से ग्रीन हाउस गैसों के उत्सर्जन पर नियंत्रण रखा गया तो भी धरती के तापमान में 3 से 5 प्रतिशत की वृद्धि होने की संभावना है, जिससे समुद्र में पानी का स्तर बढ़ जाने से निचले स्तर पर बसे टापुओं के डूबने का जोखिम बना रहेगा।

इस प्रकार पेरिस सम्मेलन में सभी विकसित और विकासशील देशों ने पर्यावरण से ग्रीन हाउस गैसों के उत्सर्जन को कम करने का जो सम्मिलित निर्णय लिया है और परस्पर सहयोग करते हुए इस समस्या का स्थाई हल ढूँढ़ने की कोशिश की है, वह न सिर्फ एक ऐतिहासिक समझौता है, बल्कि समय की माँग भी है। पृथ्वी के वातावरण में व्याप्त प्रदूषण और अधिक न बढ़े, इसके लिए ऊर्जा के अक्षय स्रोतों जैसे की सौर ऊर्जा, पवन ऊर्जा आदि का उपयोग बढ़ाने तथा औद्योगिक कारखानों व अन्य प्रदूषण बढ़ानेवाले वाहनों या उपकरणों आदि में दक्षता बढ़ाने के लिए सभी 196 देशों द्वारा सन् 2030 तक करीब 16.5 ट्रिलियन डॉलर्स खर्च करने की आवश्यकता होगी, ऐसा अनुमान अंतरराष्ट्रीय ऊर्जा एजेंसी (आई.ई.ए.) द्वारा लगाया गया है। साथ ही, सभी देशों में इस प्रकार के उद्यमों और उपायों की मूर्तरूप देने के लिए भारी प्रोत्साहन भी देना होगा।

इसके अलावा भारी तादाद में वृक्षारोपण की आवश्यकता होगी। जानकारों की मानें तो पर्यावरण इतना अधिक दूषित हो चुका है कि पेरिस समझौते में घोषित लक्ष्य हासिल

करना काफी टेढ़ी खीर माना जा सकता है, लेकिन अच्छी बात यह है कि समय-समय पर सभी देश इस दिशा में किए जा रहे प्रयासों की समीक्षा करते रहेंगे और पृथ्वी का औसत तापमान कम करने की दिशा में उचित कदम उठाते रहेंगे। लगता है एक गीतकार (कवि) द्वारा उद्धृत ये पंक्तियाँ "हरी-भरी वसुंधरा पर नीला-नीला ये गगन…" किसी कल्पना का चमत्कार भले ही कहा गया हो, पर आज ये कोई सपने जैसा प्रतीत होता है जिसे साकार करने की गंभीर कोशिश पेरिस में की गई है।

वस्तुतः सभी देशों, सरकारों, उद्यमियों, व्यवसायियों और नागरिकों को स्वच्छ और प्रदूषण रहित पर्यावरण के प्रति सामूहिक जिम्मेदारी को ठीक से समझना ही होगा क्योंकि अपने पर्यावरण को सुरक्षित रखना समूची मानव जाति के हित में है।

(मुंबई में प्रकाशित दैनिक 'हमारा महानगर' में शुक्रवार 18-12-2015 को व्यापार पृष्ठ पर प्रकाशित)

□

51

आर्थिक विकास दर में गिरावट चिंताजनक

हाल ही में भारतीय अर्थव्यवस्था का अर्द्ध वार्षिक रिपोर्ट कार्ड जारी किया गया है, जिसमें अनुमानित आर्थिक विकास दर को केंद्रीय बजट 2015-16 में लक्षित 8.1 से 8.5 प्रतिशत से कम करके अधिकृत रूप से 7 से 7.5 प्रतिशत कर दिया गया है।

गौरतलब है कि पिछले कुछ महीनों से भारत की अर्थव्यवस्था में विकास के मिश्रित संकेत (मिक्सड सिग्नल्स) मिल रहे हैं। जिसे लेकर जबरदस्त चर्चा का दौर लगातार जारी है कि आखिर किस प्रकार सुस्त पड़ती आर्थिक विकास दर को ऊँचा उठाया जाए, ताकि बजट में लक्षित अपेक्षा के अनुरूप भारत की सकल राष्ट्रीय आय में वांछित वृद्धि हासिल की जा सके।

दूसरी ओर, भारत की अर्थव्यवस्था पर राजकोषीय अनुशासन और मौद्रिक नीति के कुशल संचालन आदि के प्रति दबाव बढ़ता जा रहा है। मौजूदा वित्तीय वर्ष समाप्त होने में महज तीन महीने बाकी हैं और ऐसा लगभग स्पष्ट तौर पर दिखाई पड़ रहा है कि अगर भारतीय अर्थव्यवस्था में विकास दर को वाकई गति प्रदान करनी है, तो सभी आवश्यक कदम तेजी से उठाने होंगे।

उल्लेखनीय है कि भारतीय अर्थव्यवस्था में निवेश सेंटीमेंट को प्रोत्साहन दिए जाने की आवश्यकता है और यदि ऐसे हालात में राजकोषीय घाटे को बजट में प्रस्तावित 3.9 प्रतिशत के स्तर पर बनाए रखने की कवायद में राजकोषीय खर्चों पर लगाम कसने की कोशिश की गई, तो वाकई न सिर्फ मौजूदा वित्तीय वर्ष 2015-16 में बल्कि अगले वित्तीय वर्ष 2016-17 में भी आर्थिक विकास दर की गति मद्धिम पड़ सकती है या फिर अगले बजट में लक्षित राजकोषीय घाटे के आकार को फिर से परिभाषित करना पड़ सकता है।

उल्लेखनीय है कि पिछले वर्ष राजकोषीय घाटे के आकार को तत्कालीन बजट में प्रस्तावित चार प्रतिशत तक सीमित रखने की चेष्टा में राजकोषीय खर्चों में करीब 1.5 लाख करोड़ रुपए की कटौती की गई थी, जिससे भी कहीं-न-कहीं भारतीय अर्थव्यवस्था में विकास दर आहत हुई थी। दूसरी ओर, रिजर्व बैंक द्वारा घोषित मौद्रिक

नीति में उपभोक्ता मूल्य सूचकांक का लक्ष्य सन् 2017 में 5 प्रतिशत रखा गया है, जबकि मध्यकालीन समय में इसे चार प्रतिशत तक लक्षित किया गया है।

अब विचारणीय बिंदु यह है कि हाल ही में भारत में जनगणना और सांख्यिकी विभाग द्वारा जारी आँकड़ों के अनुसार राष्ट्रीय उपभोक्ता मूल्य सूचकांक बढ़कर 112 हो गया है, जबकि यह अक्तूबर माह में 109.2 था। इस प्रकार यह सूचकांक करीब 2.65 प्रतिशत की दर से बढ़ा है। हालाँकि यदि नवंबर 2015 में समाप्त हुए एक वर्ष की बात करें, तो महँगाई की दर में 4.8 प्रतिशत की वृद्धि दर्ज की गई है, जो कि रिजर्व बैंक द्वारा लक्ष्य की जा रही औसत दर से कुछ ही अधिक है।

यही कारण है कि राजकोषीय घाटे के लक्षित आकार और मौद्रिक नीति में महँगाई की लक्षित दर पर पुनर्विचार करने की माँग जोर पकड़ रही है, ताकि अर्थव्यवस्था को मंदी जैसे हालात में चले जाने की अवस्था से बचाकर रखा जा सके। दूसरी ओर, यदि सकल राष्ट्रीय आय अपने अनुमानित स्तर से कुछ कम रहती है, तो इसके सापेक्ष ऋणों का प्रतिशत बढ़ जाने की संभावना भी रहती है, जिससे अधिक ऋण भार से दबी हुई प्राइवेट कंपनियों को भी अपने ऋणों की अदाएगी में मुश्किलें आ सकती हैं।

इस अर्द्ध-वार्षिक रिपोर्ट में यह भी स्पष्ट तौर पर व्यक्त किया गया है कि अर्थव्यवस्था को आमतौर पर गति प्रदान करनेवाले दो पॉवरफुल इंजन एक्पोर्ट्स और प्राइवेट (निजी) निवेश अल्पकाल में इतने प्रभावी सिद्ध नहीं होंगे और इसलिए सारा दारोमदार (दबाव) प्राइवेट (निजी) उपभोग (कंजप्शन) और पब्लिक (सार्वजनिक) निवेश पर समझा जा सकता है, जिसे बढ़ाना मुश्किल होगा, यदि राजकोषीय अनुशासन को प्राथमिकता देते हुए राजकोषीय खर्चों में कमी लाने की कोशिश की जाएगी।

जाहिर तौर पर, निवेश सेंटीमेंट कमजोर पड़ने पर निजी क्षेत्र में पूँजीगत निवेश (केपक्स) की संभावना कम ही होती है और इसलिए सरकार से अपेक्षा की जा रही है कि किसी प्रकार वह निवेश की दर बढ़ाए। उल्लेखनीय है कि सार्वजनिक क्षेत्र में निवेश बढ़ने पर अर्थव्यवस्था में रोजगार के अवसर तो बढ़ेंगे ही, साथ ही लोगों की जेब में खर्च योग्य आमदनी भी बढ़ेगी।

इसके अलावा 7वें वेतन आयोग की सिफारिशों को मान लेने पर जी.डी.पी. के 0.65 प्रतिशत तक खर्च बढ़ने की संभावना है, हालाँकि राहत की बात यह है कि अभी भी तेल की कीमतों में कमी आने और इस वर्ष टैक्स कलेक्शन में वृद्धि आने की संभावना बनी हुई है, लेकिन यहाँ यह भी ध्यान देना होगा कि इससे हमारे निर्यातों पर कोई विपरीत असर न पड़े।

हालाँकि अप्रैल से अक्तूबर 2015 के दौरान देश के औद्योगिक मूल्य सूचकांक में 4.8 प्रतिशत की वृद्धि हुई है। गौरतलब है कि इस सूचकांक का निर्माण करनेवाले

तीनों प्रमुख क्षेत्र अर्थात् खनन, विनिर्माण और विद्युत में क्रमशः 2.0, 5.1 और 5.2 प्रतिशत की वृद्धि दर्ज की गई है, जो कि एक अच्छा संकेत है। कुल मिलाकर देश में आर्थिक विकास की दर को गतिमान बनाने के लिए सभी उचित कदम तेजी से उठाए जाने की आवश्यकता है।

(मुंबई में प्रकाशित दैनिक 'हमारा महानगर' में शुक्रवार 25-12-2015 को व्यापार पृष्ठ पर प्रकाशित)

□

52

बढ़ते एन.पी.ए. से त्रस्त हैं भारतीय बैंक

हाल ही में रिजर्व बैंक ऑफ इंडिया द्वारा जारी वित्तीय स्थिरता रिपोर्ट (फाइनेंशियल स्टेबिलिटी रिपोर्ट) में भारतीय अर्थव्यवस्था, कमर्शियल बैंक, एनबीएफसी (नॉन बैंकिंग फाइनेंस कंपनीज), बैंकिंग सेक्टर, शेयर बाजार, बीमा (इंश्योरेंस) सेक्टर और पेंशन सेक्टर आदि के कामकाज की समीक्षा तथा इन सभी क्षेत्रों में उपस्थित जोखिम और चुनौतियों का जिक्र किया गया है।

जहाँ एक ओर अमेरिकी फेड द्वारा सन् 2006 के बाद पहली बार ब्याज की दरें बढ़ाए जाने के बावजूद भारतीय वित्तीय बाजारों में कोई उल्लेखनीय उथल-पुथल न मचने पर संतोष जताया गया है, वहीं एक चेतावनी भी दी गई है कि यदि भविष्य में इन ब्याज दरों में कुछ वृद्धि फिर से की गई तो वित्तीय बाजारों पर विपरीत प्रभाव भी पड़ सकता है। साथ ही, हमें चीन में हो रहे बदलावों और मंद पड़ती वैश्विक व्यापार विकास दर पर भी लगातार नजर रखनी होगी।

विशेषकर इसलिए क्योंकि भारत की अर्थव्यवस्था के आधारभूत तत्त्व भले ही मजबूत नजर आ रहे हों, पर फिर भी घरेलू मांग और निजी निवेश में अभी कोई उल्लेखनीय सुधार दिखाई नहीं दे रहा, जो कि वित्तीय स्थिरता के क्षेत्र में चिंताजनक माना जा सकता है। इसी प्रकार अंतरराष्ट्रीय बाजारों में तेल की कीमतें घटने और सोने का आयात बिल कम होने से भले ही भारत का चालू खाता घाटा कुछ कम हुआ हो, पर फिर भी अंतरराष्ट्रीय बाजारों में भारतीय उत्पादों की मांग में कमी आने से हमारे एक्सपोर्टस आहत हुए हैं, जो भी चिंता या यूँ कहें, चिंतन का विषय है।

इसके अलावा यद्यपि विदेशी मुद्रा भंडार के सापेक्ष अल्पकालीन विदेशी ऋणों का अनुपात भले ही कम हुआ हो, पर यह सिलसिला यूँ ही कायम रहे, इसके लिए भारतीय अर्थव्यवस्था में आधारभूत सुधार लाने और बिजनेस करने की सहजता (ईज ऑफ डूइंग बिजनेस) बढ़ाने की आवश्यकता है। दूसरी ओर, मौजूदा वित्तीय वर्ष के पहले छह महीनों में कॉर्पोरेट क्षेत्र के प्रदर्शन में मामूली सुधार भले ही दिखाई दे रहा

हो, पर फिर भी अनेक कंपनियाँ अभी भी भारी ऋणों के बोझ तले दबी हैं या फिर उनके लाभांश कम हो रहे हैं, जिसकी वजह से उनकी ऋण चुकाने की क्षमता भी कम होती जा रही है।

ऐसे में देश के वित्तीय सिस्टम के एक प्रमुख क्षेत्र बैंकिंग-सिस्टम पर दबाव बढ़ जाना लाजिमी है और यह दबाव बैंकों की डिपॉजिट और क्रेडिट विकास दर पर स्पष्ट तौर पर नजर आ रहा है, जो कि लगातार कम होती जा रही है।

गौरतलब है कि मार्च 2015 से सितंबर 2015 के दरम्यान दबाव झेल रहे ऋणों का अनुपात बढ़ गया है। जून 2015 तक के आँकड़ों का विश्लेषण करें, तो औद्योगिक क्षेत्र (इंडस्ट्री) में जहाँ इनका अनुपात 20 प्रतिशत हो चुका है, वहीं सेवा क्षेत्र (सर्विसेज) में यह बढ़कर 7 प्रतिशत हो चुका है।

जाहिर है कि अनेक अनुसूचित बैंकों के समक्ष जोखिम अनुपात (सी.आर. ए.आर.) भी बढ़ गया है। यहाँ तक कि शहरी क्षेत्रों में कार्यरत को-ऑपरेटिव बैंक और अनेक गैर-बैंकिंग फाइनांस कंपनियों के असेट्स की गुणवत्ता भी आहत हो रही है।

इस प्रकार न सिर्फ बैंकिंग सेक्टर पर दबाव बढ़ रहा है, बल्कि उसके समक्ष अनेक चुनौतियाँ हैं, जिस वजह से उनका जोखिम भी बढ़ गया है।

उल्लेखनीय है कि पब्लिक सेक्टर बैंकों के पास कुल बैंकिंग असेटस का करीब 72 प्रतिशत हिस्सा होने के बावजूद सन् 2014-15 में इस क्षेत्र के कुल प्रॉफिट्स (लाभांशों) में उनकी सिर्फ 42 प्रतिशत की हिस्सेदारी है। चिंता की बात यह है कि पब्लिक सेक्टर बैंकों के असेट्स की गुणवत्ता लगातार कम होते जाने का रुख मौजूदा वित्तीय वर्ष में भी कायम है। उल्लेखनीय है कि सभी क्षेत्रों में ऋणों के लिए बैंकों पर निर्भरता बढ़ती जा रही है। यही कारण है कि बैंकों को अपने असेट्स की गुणवत्ता बनाए रखने के लिए बेहतर सुशासन (गुड गवर्नेंस) और बिजनेस मॉडल पर ध्यान देने की जरूरत है, ऐसा रिजर्व बैंक का मानना है।

रिजर्व बैंक की वित्तीय स्थिरता रिपोर्ट में जो आँकड़े दिए गए हैं, वो हालात की नाजुकता को बयां करते हैं। वर्ष दर वर्ष आधार पर सभी अनुसूचित कमिर्शियल बैंक (एस.सी.बी.) की क्रेडिट ग्रोथ रेट मार्च 2015 के 9.7 प्रतिशत से सितंबर 2015 में 9.4 प्रतिशत हो गई है। दूसरी ओर, इसी अंतराल में डिपॉजिट विकास दर 10.7 प्रतिशत से कम होकर 9.9 प्रतिशत हो गई है। इसी प्रकार सकल एन.पी.ए. का आकार 4.6 प्रतिशत से बढ़कर 5.1 प्रतिशत हो गया है।

इन सबके बीच हालाँकि विश्व बैंक के मुख्य अर्थशास्त्री कौशिक बसु ने संकेत दिया है कि अगले कुछ महीनों में भारतीय अर्थव्यवस्था में आर्थिक सुधार और चीन, रूस व ब्राजील की अर्थव्यवस्थाएँ सुस्त पड़ने पर भारत के पक्ष में निवेश सेंटीमेंट

में सुधार की संभावना के मद्देनजर भारत की विकास दर का पुर्वानुमान बढ़ाया भी जा सकता है, लेकिन फिर भी बैंकिंग सेक्टर में बढ़ते एन.पी.ए. की समस्या पर तुरंत उचित कदम उठाए जाने की आवश्यकता है, ताकि इसका कोई विपरीत प्रभाव भारत की आर्थिक विकास दर पर न पड़ सके।

(मुंबई में प्रकाशित दैनिक 'हमारा महानगर' में शुक्रवार 01-01-2016 को व्यापार पृष्ठ पर प्रकाशित)

□

53

क्या धीमी पड़ रही है आर्थिक विकास दर

हाल ही में भारत के वित्त मंत्रालय द्वारा संसद में पेश की गई मध्य कालीन समीक्षा रिपोर्ट में अनेक विचारणीय बिंदु प्रस्तुत किए गए हैं। जहाँ एक ओर भारतीय अर्थव्यवस्था में पिछले वित्तीय वर्ष 2014-15 के सापेक्ष आर्थिक स्थिरता बढ़ी है और अंतरराष्ट्रीय बाजारों में तेल व अन्य वस्तुओं (कमोडिटीज) की कीमतें कम होने से भारतीय अर्थव्यवस्था कुछ लाभान्वित भी हुई हैं, वहीं इस वर्ष की आर्थिक विकास दर 7 से 7.4 प्रतिशत तक रहने का अनुमान लगाया गया है, जो कि वित्तीय वर्ष 2015-16 के लिए प्रस्तुत केंद्रीय बजट में अनुमानित लक्ष्य (8-8.5 प्रतिशत) से कुछ कम ही है।

वैश्विक अर्थव्यवस्था में व्याप्त अस्थिरता, भारतीय निर्यातों (एक्पोर्टस) में गिरावट, मानसून का बिगड़ा मिजाज और केंद्र सरकार द्वारा बहु प्रतीक्षित, या यूँ कहें कि अत्यावश्यक समझे जानेवाले और आर्थिक सुधार को लगभग पारिभाषित करनेवाले जी.एस.टी. बिल तथा भूमि अधिग्रहण जैसे अधिनियम को संसद में पारित न करा पाना इसके प्रमुख कारण समझे जा सकते हैं।

लेकिन दूसरी ओर तेल की कीमतों में कमी, रिजर्व बैंक द्वारा सन् 2015 ही में नीतिगत दरों में 1.25 प्रतिशत की कटौती किया जाना, चालू खाता घाटा और राजकोषीय घाटे का आकार लगभग अनुमानित स्तर पर रहना और महँगाई की दर भी कम होना आदि अनेक ऐसे सकारात्मक रुख भी नजर आए कि जिनसे लगा कि भारत की आर्थिक विकास दर वित्तीय वर्ष 2015-16 के समाप्त होने तक गति पकड़ ही लेगी।

इन सबके बीच कुछ आँकड़े ऐसे भी हैं जो भारतीय अर्थव्यवस्था के लिए कुछ अच्छे संकेत नहीं भी दे रहे हैं। बहु प्रतिष्ठित मार्किट ग्रुप द्वारा संयोजित निक्केई इंडिया मैन्युफेक्चरिंग पर्चेसिंग मैनेजर्स सूचकांक (पी.एम.आई.) दिसंबर माह में 49.1 अंक पर रहा, जो कि पिछले माह 50.3 अंकों पर था। पी.एम.आई. का यह स्तर पिछले 28 महीनों का न्यूनतम स्तर रहा। भारत में घरेलू मांग का स्तर कमजोर तो था ही, साथ ही, दक्षिण भारत में आई बाढ़ की वजह से हुए व्यापक नुकसान ने विनिर्माण सेक्टर में

उत्पादन को आहत किया, ऐसा इस रिपोर्ट में कहा गया है। इसके अलावा, पड़ोसी देश चीन में भी पी.एम.आई. 48.2 पर दर्ज हुआ और डॉलर के सापेक्ष रुपए के मूल्य में भी काफी ह्रास हुआ, जिसके कारण भी भारत में निवेश सेंटीमेंट आहत हुआ है। उल्लेखनीय है कि मार्किट रिपोर्ट करीब 300 उद्योगों के सर्वे पर आधारित है जो इन उद्योगों में नए ऑर्डर्स के स्तर के आधार पर आर्थिक संकेतकों (इंडिकेटर्स) का विश्लेषण करता है।

उधर, भारत सरकार के औद्योगिक नीति एवं संवर्धन विभाग द्वारा जारी आँकड़ों के अनुसार, नंवबर 2015 में आठ प्रमुख उद्योगों का औद्योगिक उत्पादन सूचकांक 166.8 रहा, जो कि अक्तूबर माह के मुकाबले 1.3 प्रतिशत कम रहा और सन् 2005 से लागू मौजूदा सीरीज की सबसे तेज गिरावट के रूप में दर्ज हुआ है, विशेषकर तब जबकि अक्तूबर माह में यह बल्कि 3.2 प्रतिशत बढ़ा था।

खासतौर पर स्टील क्षेत्र में उत्पादन में 8.4 प्रतिशत की गिरावट दर्ज की गई। कच्चे तेल में 3.3 प्रतिशत और प्राकृतिक गैस में 3.9 प्रतिशत की कमी आई। उल्लेखनीय है कि प्रमुख 8 उद्योगों का देश के औद्योगिक सूचकांक में 38 प्रतिशत भार होता है और इस लिहाज से इनका भारत की अर्थव्यवस्था के संकेतकों पर काफी प्रभाव पड़ता है।

संसद में पेश मध्यवर्ती (मिड-टर्म) रिपोर्ट के अनुसार, भले ही भारतीय अर्थव्यवस्था में निरंतर आर्थिक विकास के रुख नजर आ रहे हैं, पर साथ में यह भी स्पष्ट किया गया है कि इसमें खासतौर पर निजी उपभोग (प्राइवेट कंजंप्शन) और सार्वजनिक निवेश की भूमिका ज्यादा है, जबकि निर्यात और निजी निवेश उम्मीद के मुताबिक नहीं बढ़ पा रहे।

रिजर्व बैंक द्वारा जारी आँकड़ों के मुताबिक, नवंबर माह में वर्ष दर वर्ष आधार पर यद्यपि खुदरा ऋण 18 प्रतिशत से बढ़े हैं, पर औद्योगिक निवेश आउटलुक में इतना सुधार नहीं आ पाया है। शायद यही कारण है कि केंद्र सरकार सार्वजनिक क्षेत्र में निवेश बढ़ाने पर गंभीरता से त्रिचार कर रही है, हालाँकि उसके समक्ष 'वन रैंक वन पेंशन' और सातवें वेतन आयो ा की सिफारिशों के मद्देनजर करीब एक लाख करोड़ रुपए के अतिरिक्त खर्चे का भार उठाने की भी चुनौती है। उम्मीद की जा रही है कि नए वर्ष में तैयार किए जानेवाले बजट में आर्थिक विकास दर को प्रोत्साहन दिए जाने की रणनीति तैयार की जाएगी, ताकि भारत की विकास दर को 8 से 10 प्रतिशत की बेहतर विकास श्रृंखला में पहुँचाया जा सके।

(मुंबई में प्रकाशित दैनिक 'हमारा महानगर' में शुक्रवार 08-01-2016 को व्यापार पृष्ठ पर प्रकाशित)

□

54

बढ़ रहा है डिजिटल प्रौद्योगिकी का महत्त्व

हाल ही में विश्व बैंक द्वारा जारी की गई विश्व विकास रिपोर्ट के अनुसार, जहाँ पिछले कुछ वर्षों में विश्व के अधिकांश देशों में डिजिटल टेक्नोलॉजी (प्रौद्योगिकी) का बड़ी तेजी से प्रसार हुआ है, वहीं इसके प्रयोग करने पर आशा के अनुरूप कोई वृहद् लाभ (डिविडेंड) नहीं मिल पाया है। कहीं-कहीं डिजिटल टेक्नोलॉजी से आर्थिक विकास को बल अवश्य मिला है, जिसकी वजह से लोगों के लिए अनेक लाभदायक अवसरों की उपलब्धता बढ़ी है और सेवाओं का विस्तार भी हुआ है, लेकिन कुल मिलाकर उनका सम्मिलित योगदान सभी को बराबर से नहीं मिला, जबकि ऐसा होना चाहिए था।

विश्व बैंक के अनुसार, यदि डिजिटल तकनीक का लाभ विश्व भर के तमाम लोगों तक पहुँचाना है, तो जहाँ कहीं भी 'डिजिटल डिवाइड' है, उसे समाप्त करना होगा यानी जिन्हें अभी तक डिजिटल तकनीक की उपलब्धता नहीं है उनको भी इसका लाभ पहुँचाना है। साथ ही, इस प्रयोजन में विनियमन कानूनों में सुधार के माध्यम से उद्योगों में बेहतर प्रतिस्पर्धा, नई जमाने की नई अर्थव्यवस्था के अनुरूप श्रम कौशल को ढालने और संस्थाओं की सेवाओं के प्रति जवाबदेही फिक्स करने आदि की भी आवश्यकता है, ताकि न सिर्फ डिजिटल तकनीक के माध्यम से आर्थिक क्रियाओं में विस्तार हो, बल्कि ज्यादा से ज्यादा लोगों तक इसका फायदा भी पहुँचे।

विश्व बैंक की रिपोर्ट में यह स्पष्ट तौर पर कहा गया है कि डिजिटल प्रौद्योगिकी के विस्तार से ज्यादातर समृद्ध लोगों को ही अधिक फायदा पहुँचा है, हालाँकि डिजिटल टेक्नोलॉजी ने पिछले एक दशक में समाज के उन तबकों को भी बड़ी संख्या में औपचारिक सिस्टम का हिस्सा बना दिया है, जो अब तक उसके बाहर ही थे। विश्व बैंक के अनुसार, इस दौरान इंटरनेट सुविधा का उपयोग करनेवाले लोगों की संख्या

यद्यपि तीन गुणा बढ़ गई है (3.2 बिलियन) परंतु अभी भी 4 बिलियन लोग विश्व में ऐसे हैं, जो इससे वंचित हैं। यदि आर्थिक पैमाने पर मापें तो निचले बीस प्रतिशत हिस्से में से 70 प्रतिशत लोगों के पास मोबाइल पहुँच चुका है।

गौरतलब है कि अंतरराष्ट्रीय विकास और अर्थशास्त्र के क्षेत्र में विश्व विकास रिपोर्ट का खासा महत्त्व है, जिसे विश्व भर के नीतिनिर्धारक और विश्लेषक काफी तरजीह (महत्त्व) देते हैं। इस रिपोर्ट में इस बार न सिर्फ डिजिटल तकनीक की चर्चा की गई है, बल्कि कृषि, वित्त, सरकारी सेवाओं, शिक्षा, ऊर्जा (एनर्जी), पर्यावरण व स्वास्थ्य जैसे आर्थिक विकास के लिए महत्त्वपूर्ण क्षेत्रों पर भी इस प्रौद्योगिकी का क्या प्रभाव पड़ा है, इसका जिक्र भी किया गया है।

वस्तुत: डिजिटल टेक्नोलॉजी ने आज पारंपरिक व्यवसाय, कामकाज व सरकारी तौर-तरीके ही बदल डाले हैं, लेकिन असली चुनौती यह भी है कि इंटरनेट या मोबाइल सेवाओं को समाज के हर तबके तक कैसे पहुँचाया जाए, ताकि सभी को इसका उचित लाभ मिले। विशेषकर विश्व बैंक को चिंता इस बात की है कि जितनी तेजी से डिजिटल प्रौद्योगिकी का विकास हो रहा है, उतनी तेजी से डिजिटल डिविडेंट, यानि कि विकास, नौकरियाँ और सेवाएँ नहीं बढ़ पा रहे।

आज विश्व की 40 प्रतिशत जनता के पास इंटरनेट की उपलब्धता है, तो बाकी 60 प्रतिशत लोगों तक इसे पहुँचाना वाकई एक बड़ी चुनौती है, खासतौर पर जब कि विश्व की 20 प्रतिशत जनसंख्या तो लिखना पढ़ना तक नहीं जानती। अत: समाज के सभी तबकों को डिजिटल डिविडेंट मिले, इसके लिए जरूरी है कि शिक्षा, स्वास्थ्य और सुशासन के क्षेत्र में अधिक निवेश किया जाए, ताकि 'हैव्स' (जिनके पास इंटरनेट है) और 'हेव नॉट' (जिनके पास इंटरनेट नहीं है) के बीच का भेद (डिजिटल डिवाइड) को खत्म किया जा सके।

उदाहरण के लिए, भारत में करीब एक बिलियन लोगों को डिजिटल पहचान पत्र (आधार कार्ड) जारी किए जा चुके हैं, जिससे सार्वजनिक सेवाओं के क्षेत्र में भ्रष्टाचार (करप्शन) में कमी आई है। इसका जिक्र भी उक्त रिपोर्ट में किया गया है।

इस प्रकार विश्व बैंक रिपोर्ट में डिजिटल प्रौद्योगिकी का कार्य क्षेत्र सूचना एवं संचार प्रौद्योगिकी (आई.सी.टी.) से भी कहीं अधिक वृहद् माना गया है। उल्लेखनीय है कि अगस्त 2014 में भारत सरकार ने 'डिजिटल इंडिया कार्यक्रम को हरी झंडी दिखाई थी, जो भारत को डिजिटल प्रौद्योगिकी के माध्यम से एक सशक्त व जाग्रत् समाज के रूप में तब्दील करने का लक्ष्य लेकर चला है। इस कार्यक्रम के तहत सन् 2018 तक सभी सरकारी सेवाओं को नागरिकों तक इलेक्ट्रॉनिकली पहुँचने की कोशिश की जाएगी

तथा सभी ग्राम पंचायतों तक हाई स्पीड इंटरनेट सुविधा पहुँचाई जाएगी। कुल मिलाकर यदि कोई भी देश डिजिटल टेक्नोलॉजी के विस्तार के लिए सभी जरूरी कदम उठाए तो उसकी आर्थिक विकास दर को तेजी से बढ़ाया जा सकता है।

(मुंबई में प्रकाशित दैनिक 'हमारा महानगर' में शुक्रवार 15-01-2016 को व्यापार पृष्ठ पर प्रकाशित)

□

55

निर्यातों का गिरता स्तर चिंताजनक

हाल ही में वाणिज्यिक मंत्रालय द्वारा जारी आँकड़ों के अनुसार, भारतीय निर्यातों में पिछले 13 महीनों से लगातार गिरावट का दौर जारी है। उल्लेखनीय है कि दिसंबर 2015 में भारतीय निर्यातों में 14.75 प्रतिशत की गिरावट दर्ज की गई, जो वाकई चिंताजनक है। हालाँकि इसका एक प्रमुख कारण है, वैश्विक बाजारों में पेट्रोलियम उत्पादों की कीमतों में जबरदस्त गिरावट आना, जो कि जून 2014 में 112 डॉलर्स के ऊँचे स्तर से गिरकर दिसंबर 2014 में 62 डॉलर्स होने के बाद भी लगातार कम होती रहीं। दिसंबर 2015 में तेल की कीमतें 37.28 प्रति बैरल तक गिर चुकी थीं।

उल्लेखनीय है कि रिफाइंड पेट्रोलियम उत्पाद हमारे उत्पादों का एक बड़ा हिस्सा बनाते हैं और अंतरराष्ट्रीय बाजारों में तेल की कीमतों में कमी आने से हमारे निर्यातों का मूल्य भी कम होना स्वाभाविक है, पर चिंता यूँ भी है क्योंकि गैर-पेट्रोलियम निर्यात में भी डॉलर के मूल्यांकन में 7.9 प्रतिशत की कमी आई है।

जाहिर तौर पर भारतीय निर्यातों का इस प्रकार सिकुड़ने का सिलसिला कहीं-न-कहीं वैश्विक व्यापार विकास दर में आई शिथिलता से भी जोड़कर देखा जाता है। लेकिन यहाँ भी ध्यान देने योग्य बात यह है कि वैश्विक व्यापार औसतन 3 प्रतिशत की वार्षिक दर से बढ़ा ही है, जबकि भारतीय निर्यात डबल डिजिट दर से बल्कि कम हो रहे हैं। अगर यह भी मान लिया जाए कि वैश्विक विकास दर भी सुस्त ही पड़ी है, तो भी यदि वैश्विक बाजारों में भारत के प्रतिस्पर्धी देशों का प्रदर्शन देखा जाए तो वे भारत के मुकाबले कहीं अच्छा निर्यात कर रहे हैं।

उदाहरण के लिए, पिछले 6 महीनों में जब भारत के निर्यातों में गिरावट का दौर जारी था, तब पड़ौसी देश बांग्लादेश में निर्यातों में वर्ष दर वर्ष आधार पर 8 प्रतिशत की वृद्धि दर्ज की गई। एक अन्य अपेक्षाकृत छोटे देश वियतनाम तक के निर्यातों में 9.2 प्रतिशत की वृद्धि देखी गई।

चिंता की बात तो यह भी है कि इस दौरान भारत सरकार द्वारा निर्यातों को

प्रोत्साहन देने के लिए उठाए गए अनेक कदम, जैसे कि मर्चेंडाइज एक्सपोर्ट स्कीम (एम.ई.आई.एस.) के अंतर्गत 3,000 करोड़ रुपए का अतिरिक्त प्रोत्साहन तथा ब्याज दर में 3 प्रतिशत की सब्सिडी आदि के बावजूद निर्यात आखिर बढ़ क्यों नहीं रहे?

इस बार गैर-तेल एवं गैर-गोल्ड आयात भी महज दो प्रतिशत से कम हुए, जबकि नवंबर 2015 में ये 20 प्रतिशत कम हुए थे। उल्लेखनीय है कि नवंबर माह में औद्योगिक उत्पादन सूचकांक में 3.2 प्रतिशत की गिरावट आई थी और इस लिहाज से यह माना जा सकता है कि घरेलू उत्पादन का स्तर कुछ बढ़ जाने की संभावना बढ़ गई है, लेकिन मौजूदा वित्तीय वर्ष में जिस प्रकार निर्यात 18 प्रतिशत तक कम हुए हैं, यह वाकई चिंताजनक है, क्योंकि यह लगातार दूसरा वर्ष है कि निर्यात घटते जा रहे हैं, हालाँकि इस दौरान हमारे आयातों में भी 15.87 प्रतिशत की कमी आई, लेकिन यहाँ भी गोल्ड के आयात 179 प्रतिशत से बढ़े हैं। उल्लेखनीय है कि दिसंबर 2015 में 3.8 बिलियन डॉलर्स का सोना (गोल्ड) आयात किया गया, जबकि सन् 2014 में दिसंबर माह में ही इसका आयात बिल 1.36 बिलियन डॉलर्स था।

इस प्रकार दिसंबर माह में व्यापार घाटा बढ़कर 11.7 बिलियन डॉलर्स हो गया, जबकि नवंबर माह में यह 9.8 बिलियन डॉलर्स रहा था। हालाँकि यदि पिछले नौ महीनों का व्यापार घाटा देखा जाए तो यह पिछले वित्तीय वर्ष के 111.7 बिलियन डॉलर्स की तुलना में करीब 99.2 बिलियन डॉलर्स रहा; लेकिन यदि भारतीय निर्यात यों ही कम होते रहे तो व्यापार घाटा बढ़ भी सकता है।

गौरतलब है कि वैश्विक बाजारों में तेल की कीमतें गिरने का सिलसिला अभी भी जारी है। जिस प्रकार तेल की कीमतें गिरकर हाल ही में 28 डॉलर्स प्रति बैरल से भी कम हो गई हैं, यह अनुमान लगाया जा रहा है वैश्विक बाजारों में आधारभूत मेटल्स से लेकर स्टील तक सभी की कीमतें तेल के मूल्य लुढ़कने से मची हलचल में डूब ही जाएँगी। चिंता यूँ भी बढ़ रही है कि पहले ही ग्लोबल मांग से अधिक सप्लाई का प्रेशर झेल रहे पेट्रोलियम उत्पादकों की फेहरिस्त में ईरान भी जुड़ रहा है, जिसकी वजह तेल की कीमतों पर दबाव बढ़ेगा ही। ऐसे में भारत सरकार को देश में निर्यातों को बढ़ाने के लिए त्वरित कदम उठाने ही होंगे।

(मुंबई में प्रकाशित दैनिक 'हमारा महानगर' में शुक्रवार 22-01-2016 को व्यापार पृष्ठ पर प्रकाशित)

□

56

कैसा रहा दावोस का मौसम

हाल ही में स्विट्जरलैंड के दावोस शहर में आयोजित विश्व आर्थिक मंच के वार्षिक शीतकालीन सम्मेलन में भाग लेनेवाले शीर्ष नेताओं, उद्योगपतियों, चुनिंदा बुद्धिजीवियों और पत्रकारों ने वैश्विक, क्षेत्रीय और राष्ट्रीय अर्थव्यवस्थाओं को प्रभावित करनेवाले अनेक ज्वलंत मुद्दों पर चर्चाएँ कीं। इस सम्मेलन के दौरान ज्यादातर वक्ताओं का दृष्टिकोण काफी निराशापूर्ण नजर आया, जो काफी हद तक सन् 2009 में मंडरा रहे वैश्विक मंदी के दौर से मिलता जुलता भी लगा।

निराशाजनक वैश्विक बाजार, तेल की लगातार लुढ़कती कीमतें, चीन की डाँवाँडोल होती अर्थव्यवस्था, नवीन टेक्नोलॉजी द्वारा मौजूदा तकनीक को उखाड़ फेंकने से उत्पन्न चुनौतियाँ, आतंक से ग्रसित इलाकों से पलायन करते शरणार्थियों के विस्थापन के संकट से लेकर वित्तीय बाजारों में तरलता का संकुचन जैसी अनेक समस्याओं ने मानो सम्मेलन का मूड ही ठंडा कर दिया।

इन सबके बीच भारत सरकार और अनेक उद्योगपतियों ने काफी सतर्कता बरतते हुए भी भारतीय अर्थव्यवस्था के बारे में एक आशापूर्ण दृष्टिकोण प्रस्तुत किया, जिससे यह प्रतीत हुआ कि आज के इस निराशापूर्ण दौर में मानो यही एक चमकदार सितारा हो।

सम्मेलन के आखिरी चरण में भारत के वित्त मंत्री ने विश्वास जताया कि आर्थिक सुधार के एजेंडे पर काम कर रही उनकी सरकार के प्रयासों से आर्थिक विकास दर को गति अवश्य मिलेगी।

हालाँकि आर्थिक सुधार का एक प्रमुख अवयव है 'ईज ऑफ डूइंग बिजनेस' अर्थात् व्यवसाय करने की प्रक्रिया को आसान बनाना, जहाँ अब भी काफी काम होना बाकी है। उन्हें यह भी उम्मीद है कि प्रत्यक्ष और अप्रत्यक्ष करों से संबंधित सुधारों को मूर्त रूप देने में विपक्षी दलों की तरफ से कोई रुकावट नहीं डाली जाएगी और इसी शृंखला में जी.एस.टी. बिल भी पास हो जाने की भी उन्हें उम्मीद है।

यहाँ तक कि इस विषय पर चर्चा कर रहे पेनल ने भी माना कि जिस प्रकार भारत

की आर्थिक विकास दर 7 प्रतिशत से अधिक ही रहनेवाली है, यह मौजूदा वित्तीय वर्ष में विश्व की सभी अर्थव्यवस्थाओं में विकास की सर्वोत्तम दर मानी जा सकती है और इस लिहाज से भारत आज विश्व भर में एक उज्ज्वल बिंदु समझा जा सकता है।

लेकिन फिर जब समस्याओं की बात छिड़ी तो वित्त मंत्री ने भी माना कि यहाँ एक नहीं, अनेक समस्याएँ हैं। सबसे बड़ी तो गरीबी की ही समस्या है, जहाँ आज भी हमारी जनसंख्या का एक बड़ा हिस्सा गरीबी की रेखा से नीचे है और उन्हें इस स्थिति में उबारने के लिए हमें आर्थिक विकास दर को न सिर्फ ऊँचे स्तर पर ले जाना है, बल्कि उसे लगातार ऊँचे स्तर पर बनाए रखना भी पड़ेगा। पर जहाँ एक ओर कुछ तो वैश्विक समस्याएँ हैं, तो वहीं दूसरी ओर पिछले दो वर्षों से लगातार मानसून का मिजाज बिगड़ा हुआ है, जिसकी वजह से ग्रामीण इलाकों में उपभोक्ता मांग का स्तर कम हुआ है और आर्थिक विकास दर भी आहत हुई है।

ज्यादातर वक्ताओं ने वैश्विक हालात और भारत सहित अन्य उदयीमान अर्थव्यस्थाओं पर उसके प्रभाव की व्याख्या तो की और वैश्विक व्यापार की विकास दर को मौजूदा 3 प्रतिशत से बढ़ाकर सन् 2008 की वैश्विक मंदी से पूर्व के 5 प्रतिशत के स्तर तक कैसे ले जाया जाए, यह चर्चा भी की गई, लेकिन कुछ अन्य मुद्दों, जैसे कि विभिन्न देशों द्वारा अपनाई गई मौद्रिक नीति और वैश्विक व्यापार के बीच क्या कोई संबंध है या फिर उदयीमान देशों को विकसित देशों के साथ व्यापार बढ़ाने के लिए कैसे प्रोत्साहन मिले आदि पर कोई सार्थक बहस नहीं हुई।

यही कारण है कि कभी-कभी दावोस में शीर्ष दिग्गजों के इस संवाद को महज बातचीत का मंच भर भी कह दिया जाता है। हालाँकि इस बार जो रिपोर्ट बनाई गई, उसमें वैश्विक व्यापार कैसे बढ़े, उस पर कई सुझाव पेश भी किए गए हैं।

जहाँ तक भारतीय अर्थव्यवस्था का प्रश्न है दावोस में भले ही भारत को वैश्विक बाजारों में एक ग्रोथ स्टार के रूप में प्रोजेक्ट किया गया हो, पर फिर भी आज के इस वैश्विक युग में अमेरिकी मौद्रिक नीति के संकुचन और चीन की डगमगाती अर्थव्यवस्था जैसे जोखिम के प्रति उसे सावधान रहने की जरूरत है। अंतरराष्ट्रीय एजेंसी 'मूडीज' द्वारा किए गए एक सर्वे में हाल ही इसकी पुष्टि की गई है। हालाँकि राहत की बात यह है कि आज भारतीय अर्थव्यवस्था सन् 2008 की तुलना में ग्लोबल दबावों के झेलने में बेहतर रूप से सक्षम है।

(मुंबई में प्रकाशित दैनिक 'हमारा महानगर' में शुक्रवार 29-01-2016 को व्यापार पृष्ठ पर प्रकाशित)

□

57

क्यों जरूरी है कंपनीज कानून में संशोधन?

हाल ही में केंद्र सरकार के कंपनी मामलों के मंत्रालय द्वारा गठित कंपनी कानून समिति (कंपनीज लॉ कमिटी) ने मौजूदा कंपनीज कानून, 2013 में सुधार हेतु अनेक बदलाव सुझाए हैं। उल्लेखनीय है कि सन् 2008 के सत्यम घोटाले के परिप्रेक्ष्य में करीब 60 वर्ष पुराने कंपनीज कानून 1956 को नए कंपनीज कानून 2013 से बदल दिया गया था। जाहिर है कि कंपनीज के प्रशासन और मैनेजमेंट के तौर तरीके में बड़े पैमाने पर परिवर्तन किया गया था, ताकि उसमें न सिर्फ पारदर्शिता बढ़ाई जा सके, बल्कि कॉर्पोरेट धोखाधड़ी जैसे मामलों की गुंजाइश भी कम की जा सके।

इस प्रकार बने नए कानून में कंपनी ऑडिटरों, स्वतंत्र डायरेक्टरों व टॉप मैंनेजमेंट आदि की जिम्मेदारियाँ बढ़ाई गईं, लेकिन कहीं-कहीं कंपनियों के कामकाज पर कई पाबंदियाँ भी लगा दी गई, तो कहीं विभिन्न प्रावधानों की अनुपालना की प्रक्रिया कठिन भी बना दी गई, जिससे उद्योग जगत में सामान्यतया यह अवधारणा पनपी कि नए कानून से उन्हें अपनी कंपनियों के कारोबार बढ़ाने में मुश्किलात कुछ बढ़-सी गई हैं।

यही कारण है कि मौजूदा कंपनीज कानून में निहित प्रक्रियाओं को इस प्रकार सहज बनाने के तरीके सुझाने हेतु कि जिससे मौजूदा कानून में कंपनी धोखाधड़ी (कॉर्पोरेट फ्रॉड) के मामलों पर लगाम कसने के उपायों को बरकरार रखते हुए उसे बेहतर बनाया जा सके, केंद्र सरकार ने कंपनीज कानून समिति (पेनल) का गठन किया था।

गौरतलब है कि मौजूदा सरकार पिछले कई महीनों से लगातार भारत में व्यवसाय करना सरल बनाने की प्रक्रिया में लगी हुई है और इसी कड़ी में संशोधन सुझाए गए हैं ताकि नए कंपनीज ऐक्ट के प्रावधान कंपनियों के सामान्य कामकाज में बाधक न बन पाएँ। कई हितधारकों के सुझाव व विचार-विमर्श और गहन मंथन के बाद इस पेनल ने कंपनी कानून में करीब 100 संशोधन करने की सिफारिश की है, हालाँकि ऐसा करते समय विभिन्न हितधारकों के परस्पर टकराते हितों में सामंजस्य बिठाने की कोशिश भी की गई है।

उदाहरण के लिए, जहाँ कंपनियों के लिए पूँजी उगाना आसान बनाने के लिए सुझाव दिए गए हैं, वहाँ यह भी ध्यान में रखा गया है कि शेयरहोल्डरों की भागीदारी बढ़ाने वाले प्रावधान या धाराएँ कहीं कंपनियों या फिर उनके कामकाज को ठप्प ही न कर दें। इसी परिप्रेक्ष्य में कंपनियों के प्रशासकों का पारिश्रमिक (मैनेजीरियल रेम्युनरेशन) पर शेयरहोल्डरों के अनुमोदन से संबंधित विनियमन (रेग्युलेशन) और सब्सिडियरी कंपनियों तथा निवेश कंपनियों के स्तर पर लगे प्रतिबंधों को हटाने के लिए इस पेनल ने सुझाव दिए हैं।

पेनल ने यह भी सुझाव दिया है कि कंपनियों को विशिष्ट प्रस्ताव के माध्यम से उन कंपनियों को भी ऋण देने की इजाजत दी जा सकती है, जिनमें कि उनके निदेशक हितधारक हों। इसी प्रकार छोटी कंपनियों को कंपनी कानून की प्रक्रियाओं में चूक या अनुपालन न कर पाने पर लगाई जानेवाली पेनल्टी को कुछ कम करने की बात भी की गई है। साथ ही, मौजूदा कानून में अधिक स्पष्टता लाने और अन्य कानूनों में निहित परिभाषाओं और प्रावधानों के बीच तालमेल बिठाने की कोशिश भी की गई है।

कंपनियों के लिए तय समय सीमा के भीतर दस्तावेज दाखिल करने पर कोई अतिरिक्त फाइलिंग फीस न लगाने की भी सिफारिश की गई है। इसी प्रकार डिपॉजिट का भुगतान करने के लिए अंतिम दो वर्षों में 15 प्रतिशत का रिजर्व अकाउंट रखने के स्थान पर महज भुगतान के आखिरी एक वर्ष में 20 प्रतिशत रिजर्व अकाउंट रखने की बात कही गई है।

डायरेक्टर्स रिपोर्ट में कंपनीज ऐक्ट और सेबी ऐक्ट के तहत जानकारी देने के संदर्भ में पुनरावृत्ति रोकने, गैर-लिस्टेड कंपनियों पर लागू कंपनी प्रशासन के नियमों में कुछ छूट देने, एसोसिएट कंपनी और सब्सिडियरी कंपनी की परिभाषा में सुधार करने जैसे अनेक सुझाव भी इस पेनल ने दिए हैं। उम्मीद की जानी चाहिए कि कंपनीज ऐक्ट में संशोधन करते समय यह ध्यान अवश्य रखा जाएगा कि कंपनी प्रशासन और व्यवसाय करने की प्रक्रिया का सरलीकरण करते वक्त विभिन्न हितधारकों, विशेषकर शेयरहोल्डरों के हितों का पूरा ध्यान रखा जाएगा।

(मुंबई में प्रकाशित दैनिक 'हमारा महानगर' में शुक्रवार 05-02-2016 को व्यापार पृष्ठ पर प्रकाशित)

□

58

बढ़ रही है भारत की सकल राष्ट्रीय आय

हाल ही में केंद्रीय सांख्यिकी ऑफिस (सी.एस.ओ.) द्वारा जारी आँकड़ों के अनुसार, कार्यालय वित्तीय वर्ष 2015-16 में भारत की सकल राष्ट्रीय आय 7.6 प्रतिशत की दर से बढ़ने का अनुमान है। हालाँकि दिसंबर 2014 में समाप्त हुई तिमाही में आर्थिक विकास दर पिछली तिमाही के 7.7 प्रतिशत के मुकाबले कुछ कम (7.3 प्रतिशत) ही रही है।

उल्लेखनीय है कि आर्थिक विकास दर में वृद्धि का प्रमुख कारण विनिर्माण क्षेत्र में विकास दर का ऊँचे स्तर पर पहुँचना है, जो कि दिसंबर में समाप्त हुई तिमाही में 12.6 प्रतिशत रही, जबकि वित्तीय वर्ष 2015-16 में इसके 9.5 प्रतिशत रहने का अनुमान लगाया गया है।

हालाँकि विशेषज्ञों की मानें तो विनिर्माण क्षेत्र में विकास दर का इतना अच्छा होना हैरानी की बात है, क्योंकि यदि औद्योगिक उत्पादन सूचकांक का विश्लेषण करें तो अप्रैल से नवंबर माह के अंतराल में यह महज 3.9 प्रतिशत से ही बढ़ा है। तो फिर क्या सकल राष्ट्रीय आय की गणना पद्धति कुछ अलग संकेत दे रही है या फिर इसमें दिंसबर माह तक के अनुमानित आँकड़े भी समाहित कर लिए गए हैं?

कुछ इसी प्रकार की विसंगति कृषि क्षेत्र में भी नजर आ रही है, जहाँ दिसंबर माह में समाप्त हुई तीसरी तिमाही में उत्पादन दर एक प्रतिशत से कम हुई है, जबकि सी.एस.ओ. द्वारा जारी आँकड़ों में अनुमान लगाया गया है कि सन् 2015-16 में कृषि उत्पादन 11 प्रतिशत से बढ़ेगा। गौरतलब है कि इस वर्ष मानसून का मिजाज कुछ बिगड़ा हुआ ही था, जिसकी वजह से बारिश में भी 23 प्रतिशत की कमी दर्ज की गई।

अन्य क्षेत्रों की बात करें तो विद्युत उत्पादन इस वर्ष 5.9 प्रतिशत रहने का अनुमान लगाया गया है, जबकि पिछले वर्ष यह 8 प्रतिशत की दर से बढ़ा था। इसी प्रकार नौकरी के नए अवसर पैदा करने में महत्त्वपूर्ण भूमिका अदा करने वाले कंस्ट्रक्शन क्षेत्र की भी पिछले वित्तीय वर्ष 2015 के 4.4 प्रतिशत की तुलना में इस वर्ष 3.7 प्रतिशत की दर

से ही बढ़ने की संभावना व्यक्त की गई है। इसी प्रकार सर्विस सेक्टर (सेवा क्षेत्र) में वित्तीय सेवा, रियल इस्टेट और प्रोफेशनल सर्विसेस को छोड़कर बाकी सभी क्षेत्रों में विकास दर कमजोर ही पड़ी है।

आर्थिक विकास दर का रुख भाँपने के लिए देश में निवेश मांग का संकेत भी परखा जाता है। फिलहाल निवेश मांग मौजूदा वित्तीय वर्ष में 5.3 के कमजोर स्तर पर ही रहने का अनुमान लगाया गया है, हालाँकि यह पिछले वर्ष 4.9 प्रतिशत रही थी। इस लिहाज से निवेश सेंटीमेंट में मामूली सुधार आता दिखाई दे रहा है। साथ ही, निजी उपभोग भी पिछले वर्ष के 6.2 प्रतिशत की तुलना में इस वर्ष 7.6 प्रतिशत रहने की संभावना है, हालाँकि ग्रामीण इलाकों में निजी उपभोग का रुख कमजोर ही रहा है।

अब आँकड़ों का खेल भले ही कुछ विसंगत दिखाई पड़ता हो, पर आर्थिक विकास दर में वृद्धि भारतीय अर्थव्यवस्था के साथ हमारे राजकोषीय एवं मौद्रिक नीति निर्धारकों को लिए भी एक अच्छी खबर मानी जा सकती है।

उल्लेखनीय है कि हाल ही में अंतरराष्ट्रीय मुद्रा कोष ने अपनी वैश्विक आउटलुक रिपोर्ट में वैश्विक आर्थिक विकास दर का पूर्वानुमान भले ही कुछ कम कर दिया हो, पर जहाँ तक भारत का सवाल है, वहाँ उसे विकास की प्रबल संभावना नजर आ रही है। यही कारण है कि उसने सन् 2016-17 में भारत की विकास दर का पूर्वानुमान 7.5 प्रतिशत रखा है, जो कि भारत को विश्व में सबसे तेज गति से विकास करती अर्थव्यवस्था के रूप में प्रोजेक्ट करता है। रिजर्व बैंक को भी लग रहा है कि फिलहाल भारतीय अर्थव्यवस्था को स्थिरता रूपी प्रकाश स्तंभ के रूप में देखा जा रहा है, जहाँ महँगाई और चालू खाता घाटा कम हुआ है और राजकोषीय सहजता बढ़ी है, लेकिन फिर भी सबसे महत्त्वपूर्ण बात यह है कि जब आर्थिक सुधार की नीति गति पकड़ेगी, तब तेजी से आर्थिक विकास करते हुए भी महँगाई की दर को अनुमानित 5 प्रतिशत के करीब ही रखा जा सके। इसके अलावा यह भी सुनिश्चित किया जाना चाहिए कि सकल राष्ट्रीय आय की गणना पद्धति देश की अर्थव्यवस्था की विकास दर की सटीक विवेचना करने में सक्षम हो, ताकि आर्थिक नीतियों का निर्धारण और भी प्रभावी तौर पर किया जा सके।

(मुंबई में प्रकाशित दैनिक 'हमारा महानगर' में शुक्रवार 12-02-2016 को व्यापार पृष्ठ पर प्रकाशित)

□

59

कैसे मिले खराब ऋणों से छुटकारा?

पिछले कुछ वर्षों में बैंकों के समक्ष खराब ऋणों की समस्या तेजी से बढ़ी है। मौजूदा वित्तीय वर्ष 2015-16 की तृतीय तिमाही के नतीजों की समीक्षा से चौकानेवाले तथ्य सामने आए हैं, जिनसे खराब ऋणों की समस्या कितनी विकट हो चली है, यह बिल्कुल स्पष्टता से नजर आ रहा है।

जिस प्रकार 42 लिस्टेड बैंकों के सकल एन.पी.ए. (खराब ऋण) में सितंबर 2015 और दिसंबर 2015 के बीच करीब एक लाख करोड़ रुपए की वृद्धि हुई है, जिसकी बदौलत अब ये 3.5 लाख करोड़ रुपए से बढ़कर 4.5 लाख करोड़ रुपए गए हैं, वाकई यह चिंता का विषय है।

दूसरी महत्त्वपूर्ण बात यह भी है कि इन 42 बैंकों में से 27 पब्लिक सेक्टर बैंक हैं, जिनकी इन खराब ऋणों में 90 प्रतिशत हिस्सेदारी है। पिछले एक वर्ष में तो खराब ऋणों की श्रेणी में वर्गीकृत होनेवाले ऋणों की मात्रा बढ़ती ही जा रही है। मार्च 2014 में समाप्त हुई तिमाही में ये 65,000 करोड़ रुपए से बढ़े तो जून में 60,000 करोड़ रुपए, सितंबर में 40,000 करोड़ रुपए और दिसंबर माह में 99,000 करोड़ रुपए से बढ़ चुके हैं।

समस्या इतनी विकट है कि रिजर्व बैंक के गवर्नर ने तो यहाँ तक कह दिया है कि बढ़ते एन.पी.ए. से त्रस्त बैंकों की बैलेंसशीट को साफ करने जरूरत है, जहाँ बैंकों को असेट क्वालिटी की समीक्षा रूपी एनिस्थिसिया लगाकर सर्जरी के लिए तैयार होने की आवश्यकता है।

यहाँ तक कि देश की सर्वोच्च अदालत (सुप्रीम कोर्ट) ने रिजर्व बैंक से उन कंपनियों की लिस्ट तैयार करके देने को कहा है, जिनके 500 करोड़ रुपए या अधिक के ऋणों का पुनर्गठन किया गया है।

गौरतलब है कि फिलहाल रिजर्व बैंक सूचना के अधिकार के तहत इस प्रकार की जानकारी माँगनेवालों को यह सूचना नहीं दे रहा है, क्योंकि वह इसे व्यावसायिक रूप से संवेदनशील जानकारी बताता रहा है, पर अब हाल ही में दिए गए एक फैसले में

सुप्रीम कोर्ट ने स्पष्ट किया है कि रिजर्व बैंक को बैंकों के हितों की अपेक्षा सार्वजनिक हित को तरजीह (प्राथमिकता) देनी चाहिए।

सन् 1969 में जब बैंकों के राष्ट्रीयकरण पर चर्चा छिड़ी थी तब एक तर्क यह भी दिया गया था कि कमर्शियल बैंकों के भारी संसाधन जब सरकार के हाथ में होंगे तो देश में सामाजिक न्याय और खुशहाली बढ़ेगी। यहाँ तक कि शायद लोगों से इनकम टैक्स वसूलने की जरूरत भी न होगी, लेकिन हुआ कुछ अलग ही। कालांतर में टैक्स चुकानेवाले लोगों का पैसा सरकार द्वारा इन कुप्रबंधित बैंकों की वित्तीय हालत दुरुस्त करने में खपता रहा है।

हाल ही में सरकार द्वारा इन खस्ताहाल बैंकों को सन् 2018 तक 2.4 लाख करोड़ रुपए की अतिरिक्त पूँजी देने की बात की गई है। दूसरा विकल्प यह भी सुझाया गया है कि बैंक वित्तीय बाजारों में जाकर पैसा जुटा लें। जहाँ तक रिजर्व बैंक का सवाल है, वह तो सीधा सर्जरी की बात कर रहा है। उधर, सरकार ने एक और विकल्प सुझाया है कि क्यों न सार्वजनिक क्षेत्र के बैंकों (पी.एस.यू.) के खराब ऋणों (एन.पी.ए.) से निपटने के लिए एक विशिष्ट बैंक या कंपनी बना दी जाए, जो एक असेट रिकंस्ट्रक्शन कंपनी की तरह काम करे। हालाँकि रिजर्व बैंक के गवर्नर की मानें तो फिलहाल इसकी जरूरत नहीं पड़ेगी, क्योंकि बैंक स्वयं इस दिशा में गंभीरता से काम कर रहे हैं।

उधर, केंद्र सरकार सार्वजनिक क्षेत्र के बैंकों में एफ.डी.आई. (विदेशी निवेश) की सीमा बढ़ाने पर भी विचार कर रही है। गौरतलब है कि इसे मौजूदा 20 प्रतिशत से बढ़ाकर 49 प्रतिशत तक किया जा सकता है। इससे बैंकों में पूँजी का प्रवाह तो बढ़ेगा, लेकिन फिर भी यदि बैंकों का मैनेजमेंट और कार्यशैली के तौर-तरीके पहले जैसे रहे तो समस्या किस प्रकार दूर होगी, यह एक विचारणीय बिंदु अवश्य है।

आवश्यकता है कि बैंकों के डिफॉल्टर्स की पहचान की जाए तथा उनके अकाउंट की बारीकी से जाँच की जाए कि कहीं वे बैंकों से उधार लिया गया पैसा किसी दूसरी जगह तो नहीं ले जा रहे और कहीं बैंकों की मिलीभगत तो नहीं है। कहीं भी कोई अनियमितता पाई जाने पर कड़े कदम उठाए जाने पर ही आदतन डिफॉल्ट करनेवाले लोगों और खराब ऋणों की समस्या से बचा जा सकता है। उम्मीद की जानी चाहिए कि केंद्रीय बजट 2016-17 में बढ़ते एन.पी.ए. की समस्या से निजात पाने के लिए कुछ प्रभावी कदम अवश्य लिए जाएँगे।

(मुंबई में प्रकाशित दैनिक 'हमारा महानगर' में शुक्रवार 19-02-2016 को व्यापार पृष्ठ पर प्रकाशित)

□

60

ग्रामीण इलाकों में बढ़ रहा है ऋणों का भार

हाल ही में राष्ट्रीय नमूना सर्वेक्षण संगठन (एन.एस.एस.ओ.) द्वारा भारतीय परिवारों (हाउसहोल्ड्स) की परिसंपत्तियों और देनदारियों के अनुसार ग्रामीण क्षेत्रों में ऋणग्रस्तता का भार सन् 1991 के 23 प्रतिशत के मुकाबले सन् 2012 में बढ़कर 31 प्रतिशत हो गया है। गौरतलब है कि शहरी इलाकों में इसी अंतराल में यह 19 प्रतिशत से बढ़कर 23 प्रतिशत हुआ।

जाहिर तौर पर एक ओर गाँवों में लगभग हर तीन घरों में से कोई एक घर ऋणों के भार तले दबा है तो दूसरी ओर शहरी क्षेत्रों के मुकाबले यहाँ ऋणग्रस्तता काफी तेजी से बढ़ी है। सर्वेक्षण के अनुसार, विशेष रूप से कर्नाटक (31 प्रतिश्त से बढ़कर 41 प्रतिशत), आंध्र प्रदेश (42 प्रतिशत से 54 प्रतिशत), केरल (39 से 50 प्रतिशत), तमिलनाडु (31 से 40 प्रतिशत), उत्तर प्रदेश (23 से 30 प्रतिशत) व बिहार में ऋणग्रस्तता 22 प्रतिशत से बढ़कर 31 प्रतिशत हो गई है। यदि पूरे भारत के सभी इलाकों की बात करें तो सन् 2002 और 2012 के बीच जहाँ ग्रामीण क्षेत्रों में ऋणग्रस्तता 27 प्रतिशत से बढ़कर 31 प्रतिशत हो गई, वहाँ शहरी क्षेत्रों में यह 18 प्रतिशत से बढ़कर 22 प्रतिशत हुई है।

इसका सीधा-सा अभिप्राय यह है कि गाँवों में ऋणों का भार ज्यादा है और दूसरा, कुछ प्रदेशों में यह औसत दर से भी कहीं अधिक तेजी से बढ़ा है। सर्वेक्षण में यह भी पाया गया कि जिन प्रदेशों के ग्रामीण इलाकों में ऋणग्रस्तता का प्रतिशत अधिक है, वहाँ पर ऋणों और परिसंपत्तियों का अनुपात (डेट-असेट रेश्यो) भी अधिक है। उदाहरण के लिए, आंध्र प्रदेश में यह अनुपात 14.1 प्रतिशत, कर्नाटक में 6.5 प्रतिशत, तमिलनाडु में 6.8 प्रतिशत और केरल में 5.4 प्रतिशत है।

यहाँ एक विकट स्थिति ऐसी है, जिसमें पुराने ऋणों पर ब्याज या मूल धन चुकाने के लिए नए ऋण जुटाने पड़ते हैं और इस प्रकार ऋणग्रस्त परिवार पर ऋणों का बोझ बढ़ता जाता है, विशेषकर तब जबकि किसी भी कारण से या तो खड़ी फसल बरबाद

हो जाए या फिर किसानों को अपनी उपज का उचित मूल्य न प्राप्त हो सके।

चिंता की बात यह भी है कि जिन क्षेत्रों में किसानों पर ऋणों का भार अधिक हैं या फिर ऋणों का अनुपात इतना बढ़ चुका है कि अपनी सारी परिसंपत्तियाँ (असेट) बेचकर भी कर्ज अदा न किया जा सके, वहाँ किसानों के आत्महत्या जैसे मामले अधिक सामने आ रहे हैं।

हालाँकि एन.एस.एस.ओ. द्वारा किया गया यह सर्वेक्षण नमूना सर्वेक्षण के तहत चुने गए लोगों द्वारा दी गई जानकारी पर आधारित है और 30 जून, 2012 तक के आँकड़े इसमें रिकॉर्ड किए गए हैं, पर फिर भी देश भर के करीब 4,529 ग्रामीण एवं 3,507 शहरी इलाकों में हजारों लोगों के बीच किए गए इस सर्वे में जो जानकारी मिली है, उससे ग्रामीण ऋणग्रस्तता की समस्या पर बहुत गहराई से विश्लेषण किया गया है।

ग्रामीण इलाकों में 0.002 हेक्टेयर या अधिक की भूमि का स्वामित्व रखनेवालों की औसत परिसंपत्ति का मूल्यांकन जहाँ 28.73 लाख रुपए रिकॉर्ड किया गया, वहाँ गैर-भूमि जोतनेवालों की औसत परिसंपत्ति 6.75 लाख रुपए पाई गई। शहरी इलाकों में स्वरोजगार प्राप्त व 'अन्य' के दो वर्ग बनाए गए, जिनकी औसत परिसंपत्ति क्रमश: 50.79 लाख रुपए एवम् 19.92 लाख रुपए रिकॉर्ड की गई।

यदि सभी वर्गों का औसत निकाला जाए तो गाँवों में औसत संपत्ति 10.07 लाख रुपए तो शहरों में 22.85 लाख रुपए रिकॉर्ड की गई है, जो ग्रामीण क्षेत्रों में करीब 123 प्रतिशत अधिक है।

इसके अलावा सर्वे में शामिल न्यूनतम 10 प्रतिशत ग्रामीण लोगों की औसत परिसंपत्ति जहाँ 25,071 रुपए है, वहाँ शहरी इलाकों में सबसे कमजोर 10 प्रतिशत लोगों की औसत परिसंपत्ति महज 251 रुपए पाई गई। दूसरी ओर यदि टॉप 10 प्रतिशत लोगों की बात करें तो ग्रामीण व शहरी इलाकों में यह क्रमश: 57 लाख व 146 लाख रुपए रिकॉर्ड की गई।

अब यदि औसत ऋणों की बात करें तो ऋणग्रस्त परिवारों में ग्रामीण क्षेत्र में यह करीब एक लाख रुपए तो शहरी क्षेत्रों में यह 3.78 लाख रुपए है।

इस प्रकार ग्रामीण क्षेत्रों व शहरी क्षेत्रों में भी आर्थिक असमानता के चलते कमजोर घरों पर ऋणों का भार ज्यादा है। दूसरा, जहाँ गाँवों में गैर-संस्थागत स्रोतों से कर्ज लेनेवालों की संख्या ज्यादा है, वहीं शहरों में संस्थागत स्रोत से ऋण लेनेवाले अधिक हैं। एन.एस.एस.ओ. का यह सर्वेक्षण भले ही नमूना सर्वे के विश्लेषण पर आधारित है, पर यह ग्रामीण क्षेत्रों में तेजी से बढ़ती ऋणग्रस्तता की समस्या को भलीभाँति उजागर करता है।

गाँवों में आज भी कृषि और कृषि आधारित क्रियाएँ लोगों की आजीविका का

प्रमुख स्रोत है। उम्मीद की जा रही है कि आनेवाले केंद्रीय बजट 2016 में ग्रामीण क्षेत्र के लिए एक प्रभावी रणनीति बनाई जा सकती है। विशेष रूप से कृषि व उस पर आधारित उद्योगों के विकास पर ध्यान दिए जाने की आवश्यकता है।

(मुंबई में प्रकाशित दैनिक 'हमारा महानगर' में शुक्रवार 26-02-2016 को व्यापार पृष्ठ पर प्रकाशित)

□

61

यूनियन बजट चला गाँवों की ओर

केंद्रीय बजट 2016 में भारत के आर्थिक विकास की डोर गाँवों की ओर खींचने का प्रयास किया गया है, जो इसे एक विशिष्ट पहचान देता है। हम कह सकते हैं कि यह बजट मुख्यत: किसान, कमजोर वर्ग और कृषि केंद्रित बजट है, जिसे अर्थव्यवस्था की समस्याओं के लिए दीर्घकालीन उपाय ढूँढ़ निकालने की एक असरदार कोशिश समझा जा सकता है।

केंद्रीय बजट 2016 में भारतीय अर्थव्यवस्था की उजली तसवीर पेश की गई है, जहाँ आर्थिक विकास दर 7.6 प्रतिशत रही, विदेशी मुद्रा भंडार 350 बिलियन डॉलर्स के रिकॉर्ड स्तर पर पहुँच गया और मानसून में 13 प्रतिशत की कमी के बावजूद खुदरा महँगाई की दर 9.4 प्रतिशत से कम होकर 5.4 प्रतिशत हो गई।

धीमी पड़ती वैश्विक अर्थव्यवस्था, बिगड़े मानसून और प्रतिरोधी राजनीतिक वातावरण जैसी कठिन परिस्थितियों का जिक्र करते हुए केंद्रीय वित्त मंत्री ने भारतीय अर्थव्यवस्था के प्रदर्शन पर संतोष भी व्यक्त किया है। हालाँकि यहाँ लगातार कम होते जा रहे निर्यातों की समस्या की चर्चा भी की जानी चाहिए।

पिछले करीब 21 महीनों से सुर्खियों में रहे आर्थिक सुधार के मुद्दों के सापेक्ष केंद्रीय बजट में बल्कि कृषि, कृषक कल्याण, ग्रामीण विकास और सामाजिक विकास और स्वास्थ्य देखभाल जैसे कल्याणकारी मसलों को वरीयता दी गई है। हालाँकि बैंकिंग क्षेत्र में सुधार, इंफ्रास्ट्रक्चर, निवेश, वित्तीय क्षेत्र, गवर्नेंस (सुशासन) तथा व्यवसाय करने की सहजता (ईज ऑफ डूइंग बिजनेस) आदि में सुधार या विकास के लिए भी कई प्रस्ताव लाए गए हैं। साथ ही शिक्षा, श्रमकौशल और रोजगार के क्षेत्र में भी कई नए कदम उठाए गए हैं।

भारत में कृषि आज भी अर्थव्यवस्था की रीढ़ की हड्डी के समान महत्त्वपूर्ण दर्जा रखती है। इसलिए कृषि व ग्रामीण विकास पर बल देना एक अच्छी पहल समझी जा सकती है। गौरतलब है कि भारत एक कृषि प्रधान देश है, जो आज भी करीब दो

तिहाई जनसंख्या की जीविका का साधन है। कृषि क्षेत्र का सकल राष्ट्रीय आय, रोजगार और निर्यात क्षेत्र में महत्त्वपूर्ण योगदान है। यही नहीं, देश के कुल क्षेत्रफल की करीब 60 प्रतिशत भूमि खेती के लिए उपयुक्त समझी जाती है।

अत: ग्रामीण भारत में औसत आय बढ़ने से उपभोक्ता उत्पादों की माँग बढ़ेगी, जिससे दीर्घकाल में औद्योगिक विकास दर को बल ही मिलेगा। विशेष रूप से प्रधानमंत्री फसल बीमा योजना, स्वास्थ्य बीमा योजना और गरीबी की रेखा से नीचे रहनेवाले (बी.पी.एल.) परिवारों के लिए सब्सिडीवाले गैस कनेक्शन काफी सकारात्मक प्रयास हैं।

इसी प्रकार कृषि क्षेत्र में सिंचाई के संसाधन व मिट्टी की उर्वरकता के संरक्षण और खेतों को सीधा बाजारों से जोड़ने जैसे प्रयास भी सराहनीय हैं। हमने देखा है कि खाद्य महँगाई को प्रभावी रूप से रोक पाने में मौद्रिक नीति की अपनी सीमाएँ हैं। अत: कृषि उत्पादन बढ़ाने, उसका उचित विपणन और वितरण करने पर बेहतर सप्लाई मैनेजमेंट करने से महँगाई को नियंत्रण में रखा जा सकता है। इसमें वेयर हाउसिंग सुविधाएँ बढ़ाने, गाँवों को सड़क से जोड़ने और हर गाँव तक बिजली पहुँचाने जैसे प्रयास भी शामिल हैं।

ग्रामीण क्षेत्र में रोजगार गारंटी स्कीम (मनरेगा) को भी बरकरार रखा गया है। पशु संरक्षण, स्वच्छ भारत अभियान, गाँव-गाँव तक सूचना एवं प्रौद्योगिकी की सुविधा पहुँचाने और सर्व शिक्षा अभियान आदि के दूरगामी सकारात्मक प्रभाव देश की अर्थव्यवस्था पर पड़ेंगे। इंफ्रास्ट्रक्चर को देश के आर्थिक विकास इंजन के रूप में देखा जा सकता है। केंद्रीय बजट में इस क्षेत्र के विकास पर भी काफी बल दिया गया है। एफ.डी.आई. नीति, सार्वजनिक निवेश नीति में सुधार की बात की गई है, जिससे देश में निवेश सेंटीमेंट बढ़ेगा।

विशेष रूप से केंद्रीय बजट में अनेक कल्याणकारी प्रस्तावों के साथ-साथ राजकोषीय अनुशासन पर भी ध्यान दिया गया है, जिससे वित्तीय बाजारों से अच्छी प्रतिक्रिया मिली है। बजट में जिस प्रकार राजकोषीय घाटे को सकल राष्ट्रीय आय के 3.5 प्रतिशत तक सीमित रखने का प्रस्ताव रखा गया है, उससे निवेशकों में उम्मीद जागी है कि शायद रिजर्व बैंक को ब्याज की दरों में और भी कटौती करने की गुंजाइश मिल सकेगी और महँगाई की दर को भी नियंत्रण में रखा जा सकेगा।

हालाँकि केंद्रीय बजट कितना सफल रहेगा, यह वैश्विक विकास दर की गति, जी.एस.टी. और आर्थिक दिवालिएपन कोड को लागू कर पाने और काफी कुछ मानसून के मिजाज जैसे तत्त्वों पर भी निर्भर करेगा।

कुल मिलाकर गाँवों में बसी, कृषि पर आधारित और गरीबी की समस्या से

जूझती भारतीय अर्थव्यवस्था के लिए इस केंद्रीय बजट में कई योजनाएँ और प्रस्ताव हैं, जो यदि प्रभावी तौर पर लागू किए जा सके तो देश की अर्थव्यवस्था को दीर्घकाल में इससे बल ही मिलेगा।

(मुंबई में प्रकाशित दैनिक 'हमारा महानगर' में शुक्रवार 04-03-2016 को व्यापार पृष्ठ पर प्रकाशित)

□

62

धीमी पड़ती जा रही है चीन की अर्थव्यवस्था

सन् 2015 के जबर्दस्त स्टॉक मार्केट धमाके के बावजूद जब निवेशकों के करीब 5 ट्रिलियन डॉलर्स साफ हो गए थे और वहाँ की मुद्रा यूआन का एकतरफा मजबूत होते जाने का रुख तक पलट गया था, चीन की अर्थव्यवस्था ने सन् 2015 में करीब 6.9 प्रतिशत से विकास किया है। वैश्विक मानदंडों के सापेक्ष देखें तो इसे बेहतरीन प्रदर्शन माना जा सकता है, लेकिन यदि इसे चीन द्वारा निर्धारित किए गए आर्थिक विकास दर के लक्ष्यों के सापेक्ष देखों तो चीन की अर्थव्यवस्था वाकई धीमी पड़ती नजर आ रही है।

कभी विश्व में तीव्रतम गति से विकास करनेवाली चीन की अर्थव्यवस्था जो पिछले 30 वर्षों से औसतन 10 प्रतिशत की विकास दर हासिल करती रही, वह जब 7 प्रतिशत की विकास दर पकड़ने से भी चूक जाए तो सभी का ध्यान इस ओर आकर्षित होना स्वाभाविक है। चीन की वार्षिक संसद की बैठक में जिस प्रकार अगले 5 वर्षों में भी महज 6.5 प्रतिशत की विकास दर का पूर्वानुमान लगाया गया है, उससे स्पष्ट होता है कि वहाँ नए रोजगार के अवसर बढ़ाना और सार्वजनिक क्षेत्र के संस्थानों पुनर्गठन करना कितना मुश्किल समझा जा रहा है।

हालाँकि इस दौरान यह भी स्पष्ट किया गया है कि चीन की अर्थव्यवस्था में हालात इतने भी नहीं बिगड़े हैं कि वह बिल्कुल टूटकर बिखर जाने के कगार पर आ खड़ी हो, बल्कि वहाँ के नीति-निर्धारकों को जिस बात की चिंता अधिक है, वह वैश्विक अर्थव्यवस्था में बढ़ रही अस्थिरता की वजह से है लेकिन फिर भी यदि विश्व की दूसरी सबसे बड़ी अर्थव्यवस्था यूँ अपने ही मानदंडों के सामने पिछड़ जाए तो उन कारणों का विश्लेषण करना जरूरी हो जाता है, जिनकी वजह से आज उसे डबल डिजिट (10 प्रतिशत या उससे अधिक) विकास दर के रिकॉर्ड, या यूँ कहें कि धमाकेदार प्रदर्शन के बाद 6.5 प्रतिशत के अपेक्षाकृत निचले स्तर पर समझौता करना पड़ रहा है।

गौरतलब है कि चीन के बजट में राजकोषीय घाटे का आकार भी पिछले वर्ष के 2.3 प्रतिशत के लक्ष्य से कहीं अधिक 3 प्रतिशत रखने का प्रस्ताव रखा गया है जिससे

भी यह अंदाजा लगाया जा सकता है कि विकास की राह कितनी जटिल है। जिस प्रकार पिछले वर्ष करीब एक ट्रिलियन डॉलर्स का विदेशी पूँजी का बर्हिगमन चीन से हुआ उससे चीन के विदेशी मुद्रा भंडार में जबर्दस्त कमी आई है।

उल्लेखनीय है कि सन् 2014 के मध्य में 3.99 ट्रिलियन डॉलर्स के उच्चमत शिखर को छूने के बाद अब चीन के विदेशी मुद्रा रिजर्व में करीब 600 बिलियन डॉलर्स की गिरावट आ चुकी है, जो कि किसी एक वर्ष में आनेवाली सबसे तेज गिरावट बताई जा रही है। दरअसल, चीन की अर्थव्यवस्था ज्यादातर निर्यात-आधारित और निवेश से प्रेरित विकास के मॉडल पर काम करते हुई बेहतरीन प्रदर्शन करती रही, लेकिन जिस प्रकार वैश्विक अर्थव्यवस्था में अस्थिरता और आर्थिक विकास दर कमजोर पड़ने का रुख चल रहा है, मानो चीन के तेजी से विकास करने की गति पर ब्रेक लगता दिखाई दे रहा है और जिस प्रकार अंतरराष्ट्रीय मुद्राकोष (आई.एम.एफ.) ने चीनी अर्थव्यवस्था के पिछले 25 वर्षों के सबसे खराब प्रदर्शन को देखते हुए सन् 2016 व 2017 के लिए वैश्विक विकास दर का पूर्वानुमान और भी घटाकर क्रमशः 3.4 और 3.6 प्रतिशत कर दिया है, उससे तो अब एक ऐसा कुचक्र-सा बनता दिखता है, जिसमें चीन की धीमी विकास दर और वैश्विक अर्थव्यवस्था की मंद पड़ती गति एक दसरे को कमजोर ही करेंगी।

ऐसे में चीन को घरेलू बचत और उपभोग से प्रेरित विकास के मॉडल पर ध्यान देना होगा। इसके अलावा सस्ते श्रम, बड़े-बड़े कारखानों और कंस्ट्रक्शन क्षेत्र में जबर्दस्त तरक्की आदि की वजह से चीन ने मैन्युफेक्चरिंग क्षेत्र में कमाल का प्रदर्शन किया, लेकिन अब उसे सर्विसेज क्षेत्र में भी विकास की संभावनाओं को तलाशना होगा। कुल मिलाकर चीन की अर्थव्यवस्था जितना जल्दी बेहतरी की ओर बढ़े, यह चीन के लिए तो अच्छा है ही, साथ ही वैश्विक अर्थव्यवस्था को भी इससे संबल ही मिलेगा।

(मुंबई में प्रकाशित दैनिक 'हमारा महानगर' में शुक्रवार 11-03-2016 को व्यापार पृष्ठ पर प्रकाशित)

□

63

नहीं चल सकेगी बिल्डरों की मनमानी

हाल ही में संसद के निचले सदन लोकसभा ने रियल इस्टेट (विनियमन एवं विकास) विधेयक अर्थात् अचल संपत्ति के विनियमन हेतु प्रस्तावित विधेयक को पास कर दिया है। गौरतलब है कि यह बिल पहले ही राज्यसभा द्वारा पास किया जा चुका है और अब इस बिल पर राष्ट्रपति द्वारा मुहर लगाने भर की देर है, जिसके बाद यह विधेयक कानून के रूप में लागू किया जा सकेगा।

इस बिल (विधेयक) का उद्देश्य एक ओर जमीन, जायदाद खरीदने वालों के हितों का संरक्षण करना है, तो दूसरी ओर इस क्षेत्र में काम कर रहे बिल्डरों के कामकाज में पारदर्शिता लाना है, ताकि इस क्षेत्र में निवेश को प्रोत्साहन मिल सके।

जाहिर सी बात है कि इस विधेयक के कानून बनने पर रियल इस्टेट क्षेत्र, जो भारत में कृषि के बाद दूसरा सबसे बड़ा रोजगार का स्रोत है, वह अब विनियमन के दायरे में आ जाएगा, जिससे मकान या फ्लैट खरीदने वाले लोगों के अधिकारों को सुरक्षा तो मिलेगी ही, पर साथ में बिल्डरों की मनमानी पर भी अंकुश लग सकेगा।

उल्लेखनीय है कि अब बिल्डरों को इस कानून के तहत गठित रेग्युलेटरी अथॉरिटी (नियामक) के पास अपने प्रोजेक्ट पहले पंजीकृत (रजिस्टर्ड) कराने होंगे, जिसके बाद ही वे इनकी बिक्री शुरू कर पाएँगे। साथ ही, बिल्डर्स को प्रोजेक्ट से संबंधित सभी अहम जानकारी, जिसमें प्रोजेक्ट के लिए मिली मंजूरी, परियोजना (प्लान) और जमीन के दस्तावेज आदि शामिल हैं, वे सब इस नियामक को देनी होंगी। इसके अलावा बिल्डरों को प्रोजेक्ट रजिस्टर कराते समय ही बिल्डिंग कब तक बन कर तैयार होगी, यह भी जानकारी देनी होगी।

अब बिल्डिरों को फ्लैट या मकान का वास्तविक आकार बताना अनिवार्य हो जाएगा अर्थात् कार्पेट एरिया बताना होगा। अतः अब वे सुपर बिल्ट-अप एरिया के नाम पर मनमाने ढंग से चार्ज नहीं लगा पाएँगे। इसके अलावा बिल्डर्स को खरीदारों से मिला 70 प्रतिशत पैसा एक अलग खाते (एस्क्रो अकाउंट) में डाल देना होगा। इसका फायदा

यह होगा कि अब कोई भी बिल्डर्स एक प्रोजेक्ट के खरीदारों से जमा रकम को दूसरे किसी प्रोजेक्ट को बनाने के लिए मोड़ (डाइवर्ट) नहीं सकेंगे।

यदि बिल्डिंग बनाने में देरी हुई तो बिल्डर्स उतना ही ब्याज खरीदार को अदा करेंगे, जितना कि वे उनसे पेमेंट में हुई देरी के लिए वसूलते हैं। माना जा रहा है कि इस विधेयक के कानून बनते ही सरकार के लिए एक नियामक प्राधिकरण (रेग्यूलेटरी अथोरिटी) की स्थापना करना सबसे बड़ी प्राथमिकता होगी, जिसके बाद इस कानून की बाकी सभी धाराओं को लागू किया जाएगा। इस बिल के लागू होने के बाद निश्चित तौर पर कुछ बिल्डरों द्वारा मनमानी करने की प्रवृति पर रोक लगेगी। बिल्डर्स को प्रोजेक्ट शुरू करने से पहले ही सुनिश्चित करना होगा कि प्रोजेक्ट से संबंधित सभी क्लीयरेंसेज अर्थात् कानूनी तौर पर ली जानेवाली सभी मंजूरियाँ प्राप्त की जा चुकी हैं। अगर बिल्डर्स ने मंजूरी के वक्त लगाई गई नियम और शर्तों का पालन नहीं किया या कोई भी उल्लंघन किया, तो शिकायत मिलने पर उसका रजिस्ट्रेशन रद्द भी किया जा सकता है।

विनियमन के दायरे में बिल्डर्स (डिवेलपर्स) के साथ रियल इस्टेट एजेंट्स को भी लिया गया है। कोई भी भ्रामक विज्ञापन देने या किसी भी प्रकार की गलत जानकारी देने पर कार्यवाही की जा सकती है। सबसे महत्त्वपूर्ण बात यह है कि 500 वर्ग मीटर या आठ फ्लैट से अधिकवाले सभी प्रोजेक्ट्स को नियामक प्राधिकरण में पंजीकृत कराना होगा। इससे काफी अधिक संख्या में ग्राहकों को राहत मिलेगी।

यही नहीं बिल्डर्स को प्रोजेक्ट या फ्लैट बेचने के बाद 5 वर्ष तक बिल्डिंग में किसी भी प्रकार के संरचनात्मक दोषों (स्ट्रक्चरल डिफेक्ट्स) के लिए जिम्मेदार ठहराया जा सकेगा। इसके अलावा भी ग्राहकों द्वारा किसी प्रकार की शिकायत दर्ज कराने पर अपीलीय न्यायाधिकरण (अपीलेट ट्रिब्यूनल) द्वारा 60 दिनों में फैसला दिया जा सकेगा और दोषी पाए जाने या अपीलीय न्यायाधिकरण का आदेश न मानने पर बिल्डर्स को तीन वर्ष तक की जेल भी दी जा सकती है।

उम्मीद की जा सकती है कि सभी पार्टियों के सहयोग से पारित यह विधेयक वर्षों से बिल्डरों की मनमानी झेल रहे ग्राहकों के लिए राहतकारी सिद्ध होगा। साथ ही, इस क्षेत्र में पारदर्शिता आने से रियल्टी सेक्टर में निवेश करनेवालों को प्रोत्साहन मिलेगा, जो इस क्षेत्र के दीर्घकालीन हित में ही होगा।

(मुंबई में प्रकाशित दैनिक 'हमारा महानगर' में शुक्रवार 18-03-2016 को व्यापार पृष्ठ पर प्रकाशित)

□

64

जारी है निर्यात में गिरावट का दौर

हाल ही में भारत के वाणिज्यिक विभाग द्वारा जारी आँकड़ों के अनुसार, भारत के मर्चेंडाइज (उत्पाद) निर्यातों में फरवरी माह में 5.7 प्रतिशत की कमी आई है, जिसकी वजह से निर्यातों का स्तर फरवरी 2015 की तुलना में 22 बिलियन डॉलर्स से कम होकर 20.7 बिलियन डॉलर्स हो गया है। इस प्रकार पिछले 15 महीनों से निर्यातों में गिरावट का दौर लगातार जारी है।

गौरतलब है कि जनवरी 2016 में निर्यातों में 13.60 प्रतिशत की गिरावट दर्ज की गई थी और इस लिहाज से यह अवश्य कहा जा सकता है कि निर्यातों में गिरावट की दर में कुछ कमी अवश्य आई है, लेकिन फिर भी यह निश्चित तौर पर यह नहीं कहा जा सकता कि निर्यात में गिरावट का रुख पलटने की कोई संभावना नजर आ रही है।

निर्यातों में गिरावट के दो प्रमुख कारण बताए जा रहे हैं। एक तो अंतरराष्ट्रीय बाजारों में उत्पादों की प्रभावी माँग (मांग) का कम होना और दूसरा, कमोडिटीज की कीमतों में गिरावट आना। इसके अलावा एक और बात है जो इस मसले की गंभीरता का आभास देती है और वो यह कि वैश्विक मंदी के शुरुआती दौर (2008-09) के बाद लगातार नौ महीनों तक निर्यातों में गिरावट का रुख देखा गया था और जिस प्रकार वैश्विक आर्थिक विकास दर में कुछ उल्लेखनीय सुधार नजर नहीं आ रहा, फिलहाल निर्यातों के स्तर में सुधार की कोई बड़ी संभावना भी दिखाई नहीं दे रही है।

उल्लेखनीय है कि वित्तीय वर्ष 2015-16 के लिए सरकार द्वारा निर्यातों के लिए 300 बिलियन डॉलर्स का लक्ष्य रखा गया था, लेकिन फरवरी में समाप्त हुए 11 महीनों में भारत से करीब 238 बिलियन डॉलर्स के ही निर्यात किए जा सके, जबकि पिछले वर्ष इसी अंतराल में 286 बिलियन डॉलर्स के निर्यात (एक्सपोर्ट) किए गए थे। जिस प्रकार फरवरी माह में करीब 20 बिलियन डॉलर्स के मूल्य के ही निर्यात

किए जा सके हैं, लगता नहीं कि निर्यातों का स्तर अपने लक्ष्य तक पहुँच पाएगा।

दरअसल, वैश्विक अर्थव्यवस्था में विकास की दर धीमी पड़ने से भारत जैसी विकासशील अर्थव्यवस्थाओं में अतंर्राष्ट्रीय व्यापार आहत हुआ है। यहाँ तक कि विश्व की दूसरी बड़ी अर्थव्यवस्था समझे जानेवाले देश चीन में भी फरवरी माह में निर्यात पिछले वर्ष की तुलना में 25.4 प्रतिशत की दर से कम हुए, जोकि पिछले 6 वर्षों का न्यूनतम स्तर रहा।

हालाँकि जहाँ तक भारत का सवाल है, राहत की बात यह है कि फरवरी माह में आयात भी 5 प्रतिशत की दर से कम हुए हैं। विशेषकर तेल के आयात बिल में 29 प्रतिशत की कमी आई है और उनका मूल्य फरवरी 2015 के 6.10 बिलियन डॉलर्स से कम होकर फरवरी 2016 में 4.76 बिलियन डॉलर्स हो गया है। साथ ही, गोल्ड (स्वर्ण) का आयात बिल भी 29.5 प्रतिशत से कम हुआ है, लेकिन गैर-तेल और गैर-गोल्ड आयातों में 1.9 प्रतिशत की वृद्धि हुई है, जिसे देश में औद्योगिक मांग में आई तेजी का संकेतक समझा जा सकता है।

गौरतलब है कि पिछले तीन महीनों से औद्योगिक उत्पादन सूचकांक में गिरावट का दौर जारी है और जनवरी माह में भी गैर-तेल और गैर-गोल्ड आयातों में 7.3 प्रतिशत की गिरावट देखी गई थी। इस लिहाज से अन्य वस्तुओं के आयात बिल में आई मामूली वृद्धि को भी एक सकारात्मक संकेत समझा जा सकता है।

साथ ही, आयात और निर्यात, दोनों का स्तर कम होने से व्यापार घाटा भी फरवरी माह में पिछले वर्ष के 7.6 बिलियन डॉलर्स से कम होकर 6.54 बिलियन डॉलर्स हो गया; हालाँकि वित्तीय वर्ष 2015-16 के प्रथम 11 महीनों में आयातों का मूल्य पिछले वर्ष के मुकाबले 14.7 प्रतिशत कम हुआ, जिसकी वजह से व्यापार घाटा सन् 2015 में 126 बिलियन डॉलर्स के मुकाबले इस वर्ष 113 बिलियन डॉलर्स रहा। लेकिन फिर भी निर्यातों में कमी का रुख काफी गंभीरता से लिए जाने की आवश्यकता है, क्योंकि आज भारत से किए जानेवाले उत्पादों और सेवाओं का भारत की सकल राष्ट्रीय आय में करीब 18 प्रतिशत का योगदान है, जबकि एक दशक पूर्व यह सिर्फ 11 प्रतिशत था।

जिस प्रकार चीन के निर्यातों में जबरदस्त कमी आई है, आज सबसे अधिक चिंता इस बात की भी है कि भारत को अन्य उदयीमान अर्थव्यवस्थाओं के साथ काफी प्रतिस्पर्धात्मक टक्कर आनेवाले समय में मिल सकती है, विशेषकर तब जबकि अंतरराष्ट्रीय मुद्रा कोष को भी वैश्विक आर्थिक विकास दर में कोई उल्लेखनीय सुधार की संभावना फिलहाल नजर नहीं आ रही। हालाँकि निर्यातों में वृद्धि के लिए

सरकार ने नवंबर माह में ड्यूटी ड्रॉ-बैक दरें बढ़ाने और ब्याज में छूट जैसे उपाय किए हैं, लेकिन फिर भी निर्यातों के स्तर में गिरावट आना काफी चिंताजनक है। जाहिर तौर पर निर्यातों को प्रोत्साहन देने के क्षेत्र में और भी कारगर उपाय किए जाने की गुंजाइश है।

(मुंबई में प्रकाशित दैनिक 'हमारा महानगर' में शुक्रवार 25-03-2016 को व्यापार पृष्ठ पर प्रकाशित)

□

65

भारत में बढ़ेगा ई-कॉमर्स का रुतबा

हाल ही में केंद्र सरकार ने तेजी से विकसित हो रहे ई-कॉमर्स क्षेत्र में विदेशी निवेश को प्रोत्साहन देने के लिए नए नियमों की घोषणा की है। यद्यपि इस क्षेत्र में 100 प्रतिशत तक के विदेशी निवेश को हरी झंडी दे दी गई, पर इसके लिए कुछ शर्तें भी लगाई गई हैं, जिनसे यह समझना आवश्यक हो जाता है कि नए नियमों के तहत ई-कॉमर्स क्षेत्र में क्या कुछ नया अपेक्षित है ?

सबसे पहले तो नियमों को स्पष्टता से समझने के लिए औद्योगिक विकास एवं संवर्धन विभाग द्वारा तैयार की गई नई नीति में 'ई-कॉमर्स', 'इन्वेंटरी आधारित मॉडल' और 'बाजार आधारित मॉडल' की पृथक परिभाषाएँ दी गई हैं। दरअसल, पहली बार ई-कॉमर्स की व्यापक परिभाषा तैयार की गई है, जिसके अनुसार इसमें डिजिटल अथवा इलेक्ट्रॉनिक नेटवर्क पर खरीदी अथवा बेचे जानी वाली वस्तुएँ, सेवाएँ और डिजिटल उत्पाद शामिल हैं।

फिलहाल ई-कॉमर्स के बाजार आधारित (मार्केट-प्लेस बेस्ड) मॉडल में ही 100 प्रतिशत एफ.डी.आई. की अनुमति दी गई है। इस मॉडल में एक ई-कॉमर्स इकाई (एंटिटी) डिजिटल या इलेक्ट्रॉनिक नेटवर्क के माध्यम से खरीदारों और विक्रेताओं के मध्य एक फेसिलिटेटर अर्थात् सुगमता से सौदा करानेवाले की भूमिका अदा करती है।

इसके विपरीत, इन्वेंटरी आधारित मॉडल में ई-कॉमर्स कंपनी का ई-कॉमर्स के माध्यम से बेची जानेवाली वस्तुओं या सेवाओं पर खुद का स्वामित्व रहता है और वो प्रत्यक्ष (डायरेक्ट) रूप से अपने खरीदारों से डील करती है। गौरतलब है कि इन्वेंटरी बेस्ड मॉडल पर ई-कॉमर्स के लिए एफ.डी.आई. की अनुमति नहीं दी गई है।

वर्तमान में अमेजॉन और ईबे जैसी ग्लोबल दिग्गज कंपनियाँ ई-कॉमर्स क्षेत्र में मजबूती से भारतीय बाजारों में पैर जमा चुकी हैं, जबकि देसी खिलाड़ियों में फ्लिपकार्ट और स्नैपडील जैसे महारथी पहले से ही कुछ विदेशी निवेश का सहारा लिय हुए हैं और मार्केट बेस्ड मॉडल पर काम कर रहे हैं।

अब ई–कॉमर्स के नियमों में दी गई सटीक परिभाषाओं से इस क्षेत्र में कार्यरत कंपनियों या फर्मों को सीधे तौर पर राहत मिली है। उम्मीद की जा रही है कि नए नियमों की घोषणा के बाद इस क्षेत्र में और भी नई कंपनियाँ दाखिल हो सकती हैं।

हालाँकि केंद्र सरकार पहले ही ई–कॉमर्स क्षेत्र में, बिजनेस टू बिजनेस, मॉडल पर काम करनेवाली कंपनियों को 100 प्रतिशत एफ.डी.आई. की अनुमति दे चुकी है। नई गाइडलाइन में ई–कॉमर्स कंपनियों पर कुछ प्रतिबंध भी हैं। मसलन, ई–कॉमर्स कंपनियाँ एक ही सप्लायर या फिर अपनी अन्य ग्रुप कंपनियों से कुल आमदनी (सेल्स) का 25 प्रतिशत से ज्यादा का सामान नहीं बेच सकती हैं।

जानकारों की मानें तो ई–कॉमर्स क्षेत्र जो पहले से ही करीब 10 बिलियन डॉलर्स के विदेशी निवेश के साथ–साथ हजारों की तादाद में रोजगार के अवसर प्रदान करनेवाला एक महत्त्वपूर्ण क्षेत्र है और भारत में तेजी से विकास की ओर उन्मुख है, इस प्रकार सीमित दायरे में ही सही, 100 प्रतिशत एफ.डी.आई. की अनुमति से इसे भारी लाभ पहुँचेगा। साथ ही, एक स्पष्ट गाइडलाइन (दिग्दर्शिका) आ जाने से कई मामलों में असमंजस की स्थिति दूर होगी, हालाँकि नई नीति में ई–टेलर्स को वस्तुओं और सेवाओं की कीमतों में छेड़छाड़ से परहेज करने की हिदायत दी गई है।

गौरतलब है कि अमेजॉन, फ्लिपकार्ट और स्नैपडील जैसी बड़ी कंपनियाँ भारी डिस्काउंट का ऑफर अकसर उपभोक्ताओं को पेश करती रहती हैं, हालाँकि हो सकता है कि अब ये कंपनियाँ इस डिस्काउंट को सेल्स एकाउंट के बजाए, मार्केटिंग खर्चों में दर्ज करें। देखना होगा कि भारी डिस्काउंट जो एक तरह से ई–कॉमर्स कंपनियों का अनोखा अंदाज (यूनिक सैलिंग प्रपोजिशन) समझा जाता है, किस तरह आगे भी जारी रहेगा ? इसके अलावा नए नियमों के तहत उपभोक्ता तुष्टीकरण (सेटिसफेक्शन) के लिए सैलर्स को सीधे तौर पर जिम्मेदार ठहराया गया है, जो भी ई–कॉमर्स कंपनियों के लिए राहत भरा है। कुल मिलाकर नए नियमों में ई–कॉमर्स और पारस्परिक रिटेल स्टोर्स के परस्पर टक्कर देते हितों में कुछ सामंजस्य (तालमेल) बिठाने की कोशिश भी की गई है।

(मुंबई में प्रकाशित दैनिक 'हमारा महानगर' में शुक्रवार 01-04-2016 को व्यापार पृष्ठ पर प्रकाशित)

□

66

मौद्रिक नीति से बढ़ेगी वित्तीय तरलता

हाल ही में रिजर्व बैंक ऑफ इंडिया ने मौजूदा वित्तीय वर्ष (2016-17) की प्रथम द्विमासिक मौद्रिक समीक्षा के तहत घोषित मौद्रिक नीति में रेपो रेट, अर्थात् वह ब्याज दर, जिस पर कमर्शियल बैंक रिजर्व बैंक से अल्पकालीन ऋण उठाते हैं, उसे मौजूदा 6.75 प्रतिशत से घटाकर 6.5 प्रतिशत कर दिया है।

गौरतलब है कि जनवरी 2015 से अब तक रेपो रेट में करीब 120 बेसिस अंकों की कमी की जा चुकी है और 6.5 प्रतिशत पर यह अब सन् 2011 के न्यूनतम स्तर पर पहुँच चुकी है। हालाँकि निवेशकों से लेकर वित्तीय बाजारों में यह कयास लगाया जा रहा था कि इस बार रेपो रेट में कम-से-कम 50 बेसिस अंकों तक की कटौती की जाएगी, पर ऐसा हुआ नहीं, बल्कि इस बार की मौद्रिक नीति में कुछ अलग ही दृष्टिकोण नजर आया।

अकसर महँगाई को टॉप वरीयता देनेवाली मौद्रिक नीति में इस बार बैंकिंग सिस्टम में वित्तीय तरलता को बढ़ाने की कोशिश की गई है। उदाहरण के लिए, बैंकों द्वारा रोजाना जो औसत कैश रिजर्व रेश्यो बनाए रखने का जो न्यूनतम स्तर है, उसे 95 प्रतिशत से घटाकर 90 प्रतिशत कर दिया गया है। हालाँकि कैश रिजर्व रेश्यो अभी भी 4 प्रतिशत पर बना हुआ है। दरअसल, रिजर्व बैंक का मकसद वित्तीय तरलता की कमी से जूझ रहे बैंकों को कुछ राहत पहुँचाना है।

रिजर्व बैंक के अनुसार, सरकार के पास सामान्य से अधिक नकदी जमा होना, रुपए की मांग लगातार ऊँचाई पर बने रहना, बैंक क्रेडिट में वृद्धि का रुख और बैंक डिपॉजिट का तेजी से न बढ़ पाना आदि ऐसे अनेक कारण हैं जिनकी वजह से बैंकों के समक्ष वित्तीय तरलता की समस्या उठ खड़ी हुई है। शायद यही वजह है कि इस बार की मौद्रिक नीति में रेपो रेट को कम अवश्य किया गया, लेकिन साथ ही ऐसे अनेक उपाय भी किए गए हैं, जिससे बैंकों के समक्ष तरलता का अभाव न रहे।

हालाँकि फिर भी, यदि मौद्रिक नीति का बारीकी से विश्लेषण किया जाए तो अभी

भी महँगाई का मुद्दा प्रासंगिक बना हुआ है, यद्यपि खुदरा महँगाई दर, 5.2 प्रतिशत पर है (जबकि रिजर्व बैंक का बैंचमार्क 6 प्रतिशत है) और थोक मूल्य सूचकांक में मंदी का रुख कायम है, फिर भी वैश्विक अर्थव्यवस्था में अनिश्चितता की स्थिति और घरेलू स्तर पर आगामी सीजन में मानसून के मिजाज की अनिश्चितता के मद्देनजर रिजर्व बैंक ने वित्तीय बाजारों की आकांक्षाओं, या यू कहें अपेक्षाओं से कहीं कम महज 25 बेसिस अंकों से ही रेपो रेट कम की है।

दरअसल, जिस प्रकार केंद्र सरकार ने अपने यूनियन बजट में राजकोषीय घाटे को नियंत्रण में रखने के प्रति अपनी प्रतिबद्धता जताई है और छोटी बचतों पर दी जानेवाली ब्याज दरों में भी कटौती की गई है, वित्तीय विश्लेषकों में एक सामान्य अपेक्षा थी कि शायद रेपो रेट 50 बेसिस अंकों से कम हो जाएगी, लेकिन रिजर्व बैंक ने एक बार फिर साबित कर दिया कि इस बार की मौद्रिक नीति में भले ही उसकी प्राथमिकता वित्तीय तरलता रही हो पर महँगाई रोकने के लिए उसकी प्रतिबद्धता में कहीं कोई कमी नहीं आई है।

आज समस्या यह भी है कि नीतिगत दरों में भारी कटौती के बावजूद इसका पूरा हस्तांतरण अंतिम छोर तक कैसे पहुँचे? उम्मीद की जा सकती है कि बैंकिंग सिस्टम में बेहतर तरलता की स्थिति बनने पर मौद्रिक नीति के उपायों को ठीक से लागू किया जा सकेगा और बैंक अपने ग्राहकों से वसूली जानेवाली ब्याज दरों में कुछ कटौती भी कर सकेंगे।

फिलहाल, ऐसे समय जब कि केंद्र सरकार निजी क्षेत्र में निवेश बढ़ाने के अनेक उपाय कर रही है और देश में प्रत्यक्ष विदेशी निवेश बढ़ाने के लिए नियमों को सरल बना रही है, रिजर्व बैंक ने रेपो रेट में कटौती सहित अनेक प्रयास किए हैं, जिससे कि बैंक की ऋण देने की क्षमता कुछ बढ़ जाएगी और देश की अर्थव्यवस्था को इससे कुछ प्रोत्साहन भी मिलेगा।

(मुंबई में प्रकाशित दैनिक 'हमारा महानगर' में शुक्रवार 08-04-2016 को व्यापार पृष्ठ पर प्रकाशित)

□

67

अच्छे मानसून से भारतीय अर्थव्यवस्था होगी लाभान्वित

पिछले एक लंबे अरसे से सूखे और पानी की कमी से त्रस्त भारतीय अर्थव्यवस्था में भारतीय मौसम विभाग (आई.एम.डी.) ने इस वर्ष औसत से कहीं अच्छी वर्षा की संभावना जताकर मानो एक बढ़िया खबर सुनाई है, जिसे सुनकर खेतों, खलिहानों में काम कर रहे किसानों से लेकर शेयर बाजार तक सभी आनंदित हैं।

मौसम विभाग के अनुसार न सिर्फ दीर्घकालीन औसत स्तर (89 सेंटीमीटर) से करीब 6 प्रतिशत अधिक बारिश की संभावना है, बल्कि यह समूचे देश में अच्छी तरह से वितरित भी होगी, जिससे पिछले करीब दो वर्षों से औसत से कहीं कम बारिश से आहत भारतीय अर्थव्यवस्था को काफी राहत मिलेगी, ऐसा अनुमान है।

दरअसल, आज भी भारत को एक कृषि आधारित अर्थव्यवस्था समझा जाता है और कृषि उत्पादन का एक बड़ा हिस्सा मानसून से प्रभावित बारिश से सींचा जाता है। यही कारण है कि अच्छे मानसून की भविष्यवाणी का सीधा-सा मतलब है, भरपूर फसल और बेहतर आर्थिक विकास की उम्मीद का बढ़ जाना।

इसके अलावा, इस बार तो अर्थव्यवस्था में कुछ अन्य ऐसे संकेत नजर आ रहे हैं कि जिससे आनेवाले समय में एक बेहतर आर्थिक वातावरण तैयार होने की प्रबल संभावना बनती दिखाई दे रही है। पहले तो खुदरा महँगाई की दर मार्च 2016 में 4.83 प्रतिशत रही, जो कि इस वर्ष फरवरी माह में 5.26 प्रतिशत और मार्च 2015 में 5.25 प्रतिशत रही थी।

इसका अभिप्राय यह हुआ कि यद्यपि गर्मी के मौसम में फलों और सब्जियों की कीमतों में कुछ हद तक वृद्धि हो सकती है, लेकिन अच्छी बारिश की संभावना बनने पर उम्मीद की जा सकती है कि आनेवाले समय में खुदरा महँगाई पर दबाब कुछ कम अवश्य होगा, जिससे कि महँगाई का स्तर रिजर्व बैंक द्वारा निर्धारित मानदंडों से कम

हो सकता है। यदि ऐसा हुआ तो केंद्रीय बैंक द्वारा ब्याज दरों में कुछ और कटौती करने की संभावना बढ़ जाएगी।

बेहतर कृषि उत्पादन से ग्रामीण भारत में औसत आय बढ़ जाती है, जिससे न सिर्फ उपभोक्ता वस्तुओं, जैसे कि स्कूटर, मोटरसाइकिल व अन्य इलेक्ट्रॉनिक उपकरणों की माँग बढ़ जाती है, बल्कि ट्रैक्टर व कृषि में काम आनेवाले उपकरणों की माँग भी बढ़ जाती है, जिससे औद्योगिक उत्पादन को बल मिलता है। यही नहीं, कई उद्योग जिन्हें उत्पादन हेतु कृषि क्षेत्र से कच्चा माल लेना होता है वे भी अच्छी बारिश होने पर कीमतों में कमी और बेहतर आपूर्ति की वजह से लाभान्वित होते हैं।

सब्जियों, फलों, दालों और अन्य खाद्यान्नों की कीमतों में कमी आने से शहरी इलाकों में लोगों की खर्च योग्य वास्तविक आय में वृद्धि होती है और ऐसे में यदि रिजर्व बैंक द्वारा ब्याज दरों में कटौती भी कर दी जाए और विभिन्न बैंकों द्वारा अपने ग्राहकों को दिए गए ऋणों पर लागू ई.एम.आई. (इक्वेटेड मंथली इंस्टालमेंट) भी कम कर दी जाए तो इससे उपभोक्ता वस्तुओं की मांग को बड़ा प्रोत्साहन मिल सकता है।

कुल मिलाकर अच्छे मानसून से न सिर्फ कृषि की विकास दर बढ़ती है, बल्कि रोजगार, औद्योगिक उत्पादन और सेवा क्षेत्र को भी प्रोत्साहन मिलता है और देश की सकल राष्ट्रीय आय (जी.डी.पी.) में भी इजाफा होता है।

दूसरा अच्छा संकेत यह भी है कि पिछले तीन महीनों से लगातार लुढ़कने के बाद फरवरी माह में औद्योगिक उत्पादन सूचकांक में मामूली ही सही, पर 2 प्रतिशत की वृद्धि दर्ज की गई है। हालाँकि यह फरवरी 2014 में दर्ज 4.8 प्रतिशत के स्तर से कुछ कम अवश्य रहा, पर विशेष बात यह है, जहाँ ज्यादातर उपभोक्ता वस्तुओं में औद्योगिक उत्पादन बढ़ा है वहाँ कंज्यूमर ड्यूरेबल्स (टिकाऊ उपभोक्ता वस्तुएँ) और पूँजीगत उत्पादों का प्रदर्शन कमजोर रहा।

उम्मीद की जा रही है कि यदि मानसून अच्छा रहे, तो ग्रामीण क्षेत्रों में मांग बढ़ने पर इनके उत्पादन को भी प्रोत्साहन मिल सकेगा। गौरतलब है कि मौसम विभाग मई माह में एक बार फिर मानसून की समीक्षा करेगा। वस्तुतः अच्छी कृषि से भारत की अर्थव्यवस्था को लगातार लाभ पहुँचे, इसके लिए एक ओर मानसून पर निर्भरता कम करनी होगी, तो दूसरी ओर कृषि क्षेत्र के विकास को प्राथमिकता दिए जाने की आवश्यकता है।

(मुंबई में प्रकाशित दैनिक 'हमारा महानगर' में शुक्रवार 15-04-2016 को व्यापार पृष्ठ पर प्रकाशित)

□

68

वैश्विक विकास दर के पूर्वानुमान में कमी चिंताजनक

हाल ही में वैश्विक व्यापार संगठन (डब्ल्यू.टी.ओ.) ने सन् 2016 के लिए वैश्विक व्यापार विकास दर का पूर्वानुमान घटाकर 2.8 प्रतिशत कर दिया है। उल्लेखनीय है कि पिछले वर्ष सितंबर माह में ही 3.9 प्रतिशत का पूर्वानुमान लगाया गया था, जिसे अब और भी कम कर दिया गया है। यह काफी चिंताजनक है, क्योंकि पिछले पाँच वर्षों से वैश्विक व्यापार संगठन द्वारा लगभग लगातार अत्यधिक निराशावादी दृष्टिकोण के चलते वैश्विक विकास दर के प्रारंभिक पूर्वानुमानों को कम किए जाने का रुझान जारी है।

दरअसल, वैश्विक मंदी के दौरान उत्पन्न वित्तीय संकट की स्थिति के बाद ही से वैश्विक व्यापार विकास दर लगभग वैश्विक आर्थिक विकास दर के साथ मानो कदम मिलाकर एक ही लाइन में चल रही है, जबकि वित्तीय संकट से कुछ वर्षों पहले यह उससे दुगुनी रफ्तार से चला करती थी। दूसरा, पिछले छह वर्षों का रुझान देखें, तो व्यापार विकास दर 3 प्रतिशत के बेंचमार्क तक को क्रॉस नहीं कर पाई है। वैश्विक व्यापार संगठन ने सन् 2017 का पूर्वानुमान भी 3.6 प्रतिशत रखा है। गौरतलब है कि यह पूर्वानुमान वैश्विक आर्थिक विकास दर के सन् 2016 एवं सन् 2017 में क्रमशः 2.4 एवं 2.7 प्रतिशत के पूर्वानुमान पर आधारित है।

दरअसल, वैश्विक अर्थव्यवस्था में मौजूद जोखिम, जिसमें चीन की अर्थव्यवस्था के और भी अधिक सुस्त पड़ने की आशंका और वित्तीय बाजारों में लगातार बिगड़ती अनिश्चिता की स्थिति और भारी बाह्य (विदेशी) कर्ज के बोझ से दबे हुए देशों का विदेशी मुद्रा विनिमय दर (एक्सचेंज रेट) के प्रति संवेदनशीलता शामिल है, उसकी वजह से ही डब्ल्यू.टी.ओ. ने अपना पूर्वानुमान घटाया है।

हालाँकि ऐसा नहीं है कि वैश्विक बाजार में कोई सकारात्मक वृद्धि नहीं हो रही। सन् 2015 के आँकड़ों का विश्लेषण करें तो वैश्विक गुड्स ट्रेड (सामानों का व्यापार) की मात्रा करीब 2.8 प्रतिशत की दर से बढ़ी जरूर, पर उसके मूल्यांकन में भारी कमी आई है। मूल्यों के आधार पर बल्कि वे 13.5 प्रतिशत कम रहे हैं।

उल्लेखनीय है कि सन् 2014 में सामानों के व्यापार का मूल्य करीब 19 ट्रिलियन डॉलर्स रहा था, जो कि सन् 2015 में महज 16.5 ट्रिलियन डॉलर्स हो गया।

डब्ल्यू.टी.ओ. के अनुसार इसका प्रमुख कारण रहा, कमोडिटीज (वस्तुओं) की कीमतों और एक्सचेंज रेट (विनिमय दर) में आए भारी उतार-चढ़ाव। यदि और गहराई में जाएँ तो कमोडिटीज व एक्सचेंज रेट की अनिश्चिता के पीछे भी कई कारण रहे। मसलन, विश्व की दूसरी सबसे बड़ी अर्थव्यवस्था चीन में आर्थिक विकास दर का धीमा पड़ जाना, संयुक्त राज्य अमेरिका में ईंधन के उत्पादन में लचीलापन और विश्व की प्रमुख अर्थव्यवस्थाओं में अलग-अलग मौट्रिक नीतियों का अपनाया जाना आदि। इसके अलावा वित्तीय बाजारों में व्याप्त अनिश्चितता के माहौल ने भी वैश्विक बाजारों में उपभोक्ताओं के मिजाज (कंज्यूमर सेंटीमेंट) को चोट पहुँचाई, जिससे भी कुछ उपभोक्ता वस्तुओं की मांग को धक्का लगा।

अगर सर्विसेज की बात करें तो उसके निर्यात मूल्यों में 6.4 प्रतिशत की कमी आई। कहीं-न-कहीं वस्तुओं के व्यापार में छाई मंदी की वजह से थोक माल की शिपिंग (समुद्रीमार्ग से सामान भेजने) की कीमतों में आई कमी से भी सर्विस क्षेत्र का प्रदर्शन कमजोर रहा।

गौरतलब है कि विश्व व्यापार संगठन सदस्य देशों की सरकारों का ऐसा संगठन हैं, जो अंतरराष्ट्रीय व्यापार का विनियमन (रेग्युलेशन) करने में महत्त्वपूर्ण भूमिका अदा करता है। इसका प्रमुख कार्यालय स्विट्जरलैंड के जेनेवा शहर में स्थित है। विश्व के करीब 162 देश इसके सदस्य हैं। ऐसे में वैश्विक व्यापार से संबंधित उसके पूर्वानुमान को काफी गंभीरता से लिया जाता है।

डब्ल्यू.टी.ओ. के अनुसार, इस वर्ष एशिया से होनेवाले वैश्विक व्यापार में 3.4 प्रतिशत का इजाफा होगा, जबकि उत्तरी अमेरिका व यूरोप में यह 3.1 प्रतिशत से बढ़ेगा। दूसरी, ओर दक्षिण व सेंट्रल अमेरिका क्रमश: 1.9 प्रतिशत व 0.4 प्रतिशत से विकास करते हुए औसत व्यापार विकास दर को नीचे की ओर धकेलेंगे।

राहत की बात यह है कि एशिया में कई देश वित्तीय अस्थिरता को कम करने में कामयाब रहे और साथ ही यूरोपियन केंद्रीय बैंक की उदार मौट्रिक नीतियों की

बदौलत यूरोप में आर्थिक क्रियाओं का स्तर बढ़ने की संभावना है, जिससे सामानों और सेवाओं की माँग बढ़ सकती है, जो सन् 2017 में वैश्विक व्यापार दर को बढ़ाकर 3.6 प्रतिशत तक ले जा सकते हैं।

(मुंबई में प्रकाशित दैनिक 'हमारा महानगर' में शुक्रवार 22-04-2016 को व्यापार पृष्ठ पर प्रकाशित)

□

69

'गरीबी हटाओ' एक्शन प्लान कितना प्रभावी

हाल ही में गरीबी उन्मूलन के लिए नीति आयोग द्वारा गठित टास्क फोर्स ने एक कार्य योजना पेश की है। दरअसल, केंद्र सरकार अगले करीब डेढ़ दशक अर्थात् सन् 2032 तक भारत में गरीबी का नामोनिशान तक मिटा देने के लिए तत्पर है।

करीब दो महीनों के गहन चिंतन और चर्चाओं के दौर के बाद, जिसमें स्वयं हमारे प्रधानमंत्री तक का मार्गदर्शन भी समायोजित है, भारत को बदल डालने के लिए इस कार्य योजना में 10 प्रतिशत की आर्थिक विकास दर और करीब 175 मिलियन (साढ़े सत्रह करोड़) रोजगार के नए अवसरों के सृजन का महत्त्वाकांक्षी लक्ष्य भी निर्धारित किया गया है।

गौरतलब है कि फिलहाल सन् 2015-16 में भारत की अर्थव्यवस्था का आकार करीब दो ट्रिलियन डॉलर्स है और आर्थिक विकास दर लगभग 7.6 प्रतिशत है। इस प्रकार वाकई यह बहुत बड़ी छलाँग लगाने जैसी बात है और जाहिर तौर पर इस महत्त्वाकांक्षी लक्ष्य को हासिल करने के लिए काफी विस्तृत योजना भी तैयार की गई है।

शुरुआती उपायों में केंद्र सरकार सरकार सन् 2017-18 तक विश्व व्यापार संगठन (डब्ल्यू.टी.ओ.) द्वारा समर्थित खरीद मानदंडों (प्रोक्योरमेंट नॉर्म्स) को लागू कर देना चाहती है। दूसरा, सरकार मई 2018 तक 100 प्रतिशत विद्युतीकरण अर्थात् हर गाँव, गली, मोहल्ले तक बिजली पहुँचा देना चाहती है। तीसरा, सन् 2020 तक गाँवों में टेलीडेंसिटी (दूरसंचार घनत्व) को बढ़ाकर 100 कर देना चाहती है। गौरतलब है कि ट्राई (टेलीकॉम अथोरिटी ऑफ इंडिया) की एक रिपोर्ट के अनुसार, जहाँ शहरी इलाकों में टेली-घनत्व करीब 150 (जून 2015) है, ग्रामीण इलाकों में यह करीब 50 ही है।

इसके अलावा सभी ग्राम पंचायतों को ऑप्टिकल फाइबर के माध्यम से दिसंबर

2018 तक ब्रॉडबैंड सेवाओं से जोड़ दिया जाएगा। साथ ही में सन् 2017 तक 175 मिलियन ब्राइबैंड कनेक्शन उपलब्ध कराने की भी कार्य योजना तैयार की गई है।

इस प्रकार करीब 23 पन्नों के इस गरीबी उन्मूलन एक्शन प्लान में कृषि तथा कृषि आधारित क्षेत्रों में आवश्यक सुधार लाने की बात की गई है, जिनमें सन् 2017-18 तक दालों के लिए बफर स्टॉक अर्थात् भंडारण व्यवस्था विकसित करने और मछली उत्पादन बढ़ाने जैसे उपाय भी शामिल किए गए हैं।

इसके अलावा सन् 2017 तक 90 प्रतिशत राशन कार्डों को आधार कार्ड से जोड़ने और सभी प्रकार के व्यवसाय या बिजनेस के लिए पैन कार्ड अनिवार्य करने जैसे उपाय भी किए जाने का प्रस्ताव है।

यही नहीं, केंद्र सरकार द्वारा सड़क और रेल यातायात को बेहतर बनाने के लिए 30 बिलियन डॉलर्स खर्च करने, लाखों रोजगार के नए अवसर पैदा करने, सरकारी कार्यालयों में लालफीताशाही कम करने और पर्यावरणीय सुरक्षा जैसे उपायों का जिक्र भी इस एक्शन प्लान में किया गया है।

कुल मिलाकर इस एक्शन प्लान में समावेशी आर्थिक विकास की बात की गई है, ताकि आर्थिक असमताएँ कम हों, रोजगार बढ़ें और सभी को बिजली, टेलीफोन, इंटरनेट, शिक्षा और स्वास्थ्य तथा सरकारी महकमों में सुप्रशासन जैसी आधारभूत सेवाओं और सुविधाओं का लाभ मिल सके।

जहाँ तक इस कार्ययोजना की उपयोगिता का सवाल है, अच्छी बात है कि इस बार गरीबी उन्मूलन के लिए समय सीमा (सन् 2032) निर्धारित की गई है, लेकिन अगर हम उपायों की बात करें तो वे काफी महत्त्वकांक्षी प्रतीत होते हैं।

सबसे पहले तो आर्थिक विकास दर को मौजूदा 7.6 प्रतिशत से बढ़ाकर 10 प्रतिशत ले जाना काफी चुनौतीपूर्ण है विशेषकर तब जबकि वैश्विक अर्थव्यवस्था में अनिश्चितता का दौर लगातार जारी है।

दूसरा, जिस गरीबी को जड़ से उखाड़ फेंकने के लिए योजना बनाई जा रही है, उसका आकार बहुत विस्तृत है और उसकी जड़ें बहुत गहरी हैं। ऊपर से कभी बाढ़ तो कभी सूखा, ग्रामीण भारत में कृषि को आहत कर देते हैं।

सन् 2012 में भारत सरकार ने कहा कि भारत की कुल जनसंख्या में 21.9 प्रतिशत लोग आधिकारिक तौर पर निर्धारित गरीबी रेखा के नीचे जीवन बिता रहे हैं। विश्व बैंक द्वारा मई 2014 में जारी एक रिपोर्ट के अनुसार, विश्व भर में करीब 873.2 मिलियन लोग गरीबी की रेखा से भी नीचे जीवन यापन कर रहे हैं, जिनमें से करीब 180 मिलियन (17.5 प्रतिशत) लोग भारत में है।

वाकई गरीबी को जड़ से मिटाना काफी मुश्किल काम है। ऐसे में एक समयबद्ध एक्शन प्लान बनाना काफी सराहनीय है, पर इसकी सार्थकता तो तब ठीक से स्पष्ट होगी, जब इसे जमीनी तौर पर लागू किया जाएगा।

(मुंबई में प्रकाशित दैनिक 'हमारा महानगर' में शुक्रवार 29-04-2016 को व्यापार पृष्ठ पर प्रकाशित)

□

70

लघु और मध्यम उद्योगों से बढ़ रही जी.डी.पी.

हाल ही में जब भारतीय सकल राष्ट्रीय आय के करीब 7 प्रतिशत से अधिक की विकास दर से बढ़ने का आँकड़ा केंद्रीय सांख्यिकी कार्यालय द्वारा पेश किया गया, तो देश-विदेश में अनेक विश्लेषकों ने इस विभाग द्वारा अपनाई गई गणन पद्धति को लेकर शंका जताई कि अगर देश की अर्थव्यवस्था इतनी आकर्षक दर से विकास कर रही है, तो यह भारत के प्रमुख शेयर बाजारों में लिस्टेड कंपनियों व उनके द्वारा विभिन्न स्रोतों से जमा किए गए अन्य आँकड़ों के विश्लेषण में परिलक्षित क्यों नहीं होती ?

जाहिर तौर पर सवाल भी उठे कि जब आधिकारिक आँकड़ों के हिसाब से देश में अच्छा-खासा विकास हो रहा है तो आखिर उन्हें महसूस क्यों नहीं होता ? यह प्रतिक्रिया इतनी तीव्र रही कि हाल ही में एक हेज फंड ने आँकड़ों की अविश्वसंनीयता का हवाला देते हुए भारत में अपनी दुकान बंद ही करने का मन बना लिया, तो एक स्टॉक ब्रोक्रेज फर्म ने अपना खुद का एक सूचकांक गठित कर लिया और यह दावा भी कर दिया कि उसका सूचकांक भारत की अर्थव्यवस्था की विकास दर को सरकारी आँकड़ों से कहीं बेहतर सटीकता से प्रोजेक्ट करने में सक्षम है।

लेकिन रिजर्व बैंक ने कुछ दिनों पूर्व कंपनी मामलों के मंत्रालय के तहत पंजीकृत कंपनियों में से करीब 2.3 लाख गैर-लिस्टेड (अर्थात् जो किसी भी स्टॉक एक्सचेंज पर लिस्टेड नहीं है) कंपनियों के जबरदस्त प्रदर्शन (परफॉर्मेंस) का आँकड़ा प्रस्तुत किया, तो समझ पाना आसान हो चला है कि आखिर भारत की आकर्षक विकास दर को बल किस क्षेत्र से मिल रहा है ?

एक कहावत भी है कि बूंद-बूंद में घड़ा भर जाता है। कुछ इसी तर्ज पर हजारों छोटे और मध्यम आकार के उद्योग मिलकर स्टॉक एक्सचेजों पर लिस्टेड कंपनियों के औसत प्रदर्शन को पछाड़ रहे हैं।

गौरतलब है कि भारत में तकरीबन 6,000 लिस्टेड कंपनियाँ हैं, जबकि मिनिस्ट्री ऑफ कारपोरेट अफेयर्स (एम.सी.ए.) में 15 लाख से ज्यादा कंपनियाँ रजिस्टर्ड हैं। अगर पूरे लघु, छोटे एवं मध्यम आकार (एम.एस.एम.ई.) क्षेत्र की बात करें, तो देश में करीब 45 मिलियन (साढ़े चार करोड़) ऐसे उद्योग हैं।

रिजर्व बैंक की रिपोर्ट के अनुसार, सर्वे में शामिल कंपनियों ने वित्तीय वर्ष 2014 के 8.7 प्रतिशत के मुकाबले वित्तीय वर्ष 2015 में 12 प्रतिशत की दर से अपनी बिक्री (सेल्स) बढ़ाई। इसके विपरीत इसी अंतराल में लिस्टेड कंपनियों ने वित्तीय वर्ष 2014 में 4.7 प्रतिशत की दर से बिक्री बढ़ाई, जबकि वित्तीय वर्ष 2015 में महज 1.4 प्रतिशत से उनका कारोबार (सेल्स) बढ़ पाया।

यही कारण है कि जब देश की सकल राष्ट्रीय आय सन् 2013-14 में 6.6 प्रतिशत और सन् 2014-15 में 7.2 प्रतिशत की रफ्तार से बढ़ने के आँकड़े पेश किए गए तो लिस्टेड कंपनियों के सालाना प्रदर्शन पर नजर रखने वाले विश्लेषकों को स्वाभाविक रूप से यह महसूस हुआ कि शायद सरकारी आँकड़ों की गणन पद्धति में कहीं कोई खामी तो नहीं?

लेकिन अब ऐसा लग रहा है कि लघु उद्योगों और मध्यम आकार की इकाइयों का औसत आकार बड़ी-बड़ी कंपनियों की तुलना में काफी कम अवश्य है, पर उनकी संख्या काफी ज्यादा है और वे मिलकर भारत की अर्थव्यवस्था में काफी अच्छा योगदान दे रही हैं। यही नहीं, पिछले वर्ष छोटी और मध्यम आकार की कंपनियों के लाभांशों में भी काफी इजाफा हुआ।

वित्तीय वर्ष 2015 में इन कंपनियों के ऑपरेटिंग प्रॉफिट भले ही 9.1 प्रतिशत रहे जो कि लिस्टेड कंपनियों के 13.6 प्रतिशत के मुकाबले कुछ कम रहे, पर यदि लाभांशों में वृद्धि की दर की बात करें, तो जहाँ नमूने में शामिल एम.एस.एम.ई. कंपनियों के मुनाफों में पिछले तीन वर्षों में क्रमशः 16 प्रतिशत, 23.6 प्रतिशत व 12.3 प्रतिशत की वृद्धि हुई, वहाँ लिस्टेड कंपनियाँ लगातार सिकुड़ते लाभांशों की समस्या से जूझ रही थीं, जो इन तीन वर्षों में क्रमशः 2 प्रतिशत, 5.1 प्रतिशत और 0.7 प्रतिशत से कम हुए।

जहाँ अनेक बड़ी कंपनियाँ बैंकों से अपेक्षाकृत ऊँची ब्याज दर पर उठाए गए भारी ऋणों के बोझ से दबी है, वहीं छोटे उद्योगों को अकसर बैंक से कर्जा मिलने में दिक्कते आती हैं और वे आंतरिक स्रोतों या वैकल्पिक स्रोतों से फंड जुटाते हैं।

सन् 2006 और 2014 के दरम्यान अनेक प्राइवेट इक्विटी व वेंचर कैपिटल कंपनियों के माध्यम से करीब 3,000 लघु और मध्यम आकार की कंपनियों में 60 बिलियन डॉलर्स से अधिक पूँजी का प्रवाह हुआ, जबकि पिछले 6 वर्षों में करीब 350 कंपनियाँ स्टॉक एक्सचेंजों के प्राइमरी मार्केट में आई.पी.ओ. के माध्यम से पूँजी जुटाने में सक्षम हो सकीं।

कुल मिलाकर सांख्यिकी विभाग द्वारा जारी जी.डी.पी. के आँकड़ों की विश्वसनीयता को रिजर्व बैंक द्वारा जारी आँकड़ों से काफी बल मिला है। आवश्यकता है कि छोटे और मध्यम आकार के उद्योगों को और भी प्रोत्साहन व संरक्षण मिले।

(मुंबई में प्रकाशित दैनिक 'हमारा महानगर' में शुक्रवार 06-05-2016 को व्यापार पृष्ठ पर प्रकाशित)

□

71

बढ़ती डिफॉल्ट समस्या है चिंताजनक

हाल ही में भारत के वित्त राज्य मंत्री द्वारा संसद के उच्च सदन (राज्यसभा) में पेश किए गए आँकड़ों के अनुसार, सरकारी बैंकों में दिसंबर 2015 तक टॉप 100 नॉन परफॉर्मिंग खातों (एन.पी.ए.) में सरकारी बैंकों के करीब 1.73 लाख करोड़ रुपए अटके हुए हैं। इनमें से 7,686 खाते ऐसे हैं, जो कि जान-बूझकर डिफॉल्ट करनेवालों की श्रेणी में हैं, जिन पर इन सार्वजनिक क्षेत्र के बैंकों का 66,190 करोड़ रुपए बकाया हैं।

गौरतलब है कि जानते-बूझते डिफॉल्ट करनेवालों (विलफुल डिफॉल्टर्स) की संख्या पिछले तीन वर्षों में 5,554 से बढ़कर 7,686 तक पहुँच चुकी है, जबकि इस दौरान इन पर बकाया राशि की मात्रा 27,749 करोड़ रुपए से लगभग दुगुनी होकर 66,190 करोड़ रुपए हो चुकी है।

सार्वजनिक बैंकों के लिए खराब ऋणों की समस्या इस कदर बढ़ चुकी है कि 500 करोड़ रुपए की बकाया राशिवाले भी 1,365 ऋण खाते हैं। उधर टॉप 50 डिफॉल्टरों पर 12,11,832 करोड़ रुपए बकाया हैं। ज्यादातर इंफ्रास्ट्रक्चर, स्टील और टेक्सटाइल क्षेत्र में एन.पी.ए. की समस्या अधिक गंभीर बन गई है।

रिजर्व बैंक ऑफ इंडिया के गवर्नर ने हाल ही में संसदीय पैनल के समक्ष सरकारी बैंकों में बढ़ते खराब ऋणों का प्रमुख कारण समग्र क्षेत्रों में व्याप्त आर्थिक मंदी को बताया है।

हालाँकि यह बात ध्यान देने योग्य जरूर है कि जब सरकारी और निजी क्षेत्र के बैंक इसी आर्थिक वातावरण में काम कर रहे हैं, तब निजी क्षेत्र के बैंकों में खराब ऋणों की मात्रा महज 2.2 प्रतिशत और सार्वजनिक क्षेत्र के बैंकों में 5.98 प्रतिशत क्यों है? खासतौर पर यह मसला गंभीर इसलिए भी है, क्योंकि सार्वजनिक क्षेत्र के बैंकों के पास देश के बैंकिंग असेट के 70 प्रतिशत हिस्से पर नियंत्रण है।

जाहिर तौर पर सार्वजनिक क्षेत्र के बैंकों में प्राथमिक क्षेत्रों में ऋण देने के विशिष्ट मानदंड, ऋणों के लिए स्वीकृत प्रोजेक्टों के क्रियान्वयन में देरी, ऋण जोखिम मूल्यांकन

(क्रेडिट रिस्क अप्रेजल) में ढिलाई, आर्थिक वातावरण में उछाल आने पर तेजी से ऋण देने की प्रथाएँ आदि ऐसे अनेक तत्त्व हैं, जिनके कारण इन बैंकों में खराब ऋणों की समस्या निजी क्षेत्र के बैंकों से कहीं अधिक विकट है।

इसके अलावा वैश्विक अर्थव्यवस्था में छाई आर्थिक मंदी ने भी बढ़ते एन.पी.ए. की समस्या को हवा दी है। यदि कुछ बड़े बैंकों के आँकड़ों का विश्लेषण करें तो एस.बी.आई. ग्रुप के 1700 'विलफुल' डिफॉल्टरों पर करीब 18,660 करोड़ रुपए बकाया हैं। पंजाब नेशनल बैंक में 904 खातों में 10,869.72 करोड़ रुपए, सेंट्रल बैंक आदि इंडिया में 730 खातों में 4,408 करोड़ रुपए, यूको बैंक में 628 खातों में 4,251 करोड़ रुपए, ओरिएंटल बैंक ऑफ कॉमर्स में 373 खातों में 3,834 करोड़ रुपए, केनरा बैंक में 615 खातों में 3,213 करोड़ रुपए, यूनियन बैंक ऑफ इंडिया में 657 खातों में 3,006 करोड़ रुपए और आंध्रा बैंक में 376 खातों में करीब 2,957 करोड़ रुपए बकाया है।

यदि सकल खराब ऋणों के आकार की बात करें, तो सार्वजनिक क्षेत्र के बैंकों द्वारा दिए गए 49.58 लाख करोड़ रुपए में से करीब 3.61 लाख करोड़ रुपए के ऋण खराब (एन.पी.ए.) हो चुके हैं।

गौरतलब है कि हाल ही में किंगफिशर एयरलाइंस में जिस प्रकार बैंकों के करीब 9,000 करोड़ अभी भी फँसे होने का मसला गरम हुआ है, संसद से लेकर आम लोगों तक में बैंकों में बढ़ते खराब ऋणों की समस्या के प्रति चिंता बढ़ी है।

दरअसल, खराब ऋणों को चिह्नित करने और उनकी वसूली करने की प्रक्रिया काफी लंबी और जटिल है। फिर भारत जैसे जनसंख्या बाहुल्य रखनेवाले देश में खराब ऋणों की वसूली करते समय प्रभावित कंपनियों में रोजगार कर रहे श्रमिकों व अन्य हितधारकों को हितों के संरक्षण का भी मसला भी महत्त्वपूर्ण समझा जाता है।

कुल मिलाकर बढ़ते एन.पी.ए. की समस्या से निपटने के लिए प्रभावी कदम तेजी से उठाए जाने की आवश्यकता है। देश में आर्थिक वातावरण बेहतर बनाने और आर्थिक विकास दर में वृद्धि से इस समस्या को प्रभावी तौर पर नियंत्रित किया जा सकता है। साथ ही, विलफुल डिफॉल्टरों पर कड़ी कार्यवाही किए जाने की भी आवश्यकता है।

(मुंबई में प्रकाशित दैनिक 'हमारा महानगर' में शुक्रवार 13-05-2016 को व्यापार पृष्ठ पर प्रकाशित)

□

72

मात्र एक प्रतिशत लोगों ने भरा टैक्स

हाल ही में आयकर (इनकम टैक्स) से संबंधित आँकड़ों को पारदर्शी बनाने के संदर्भ में भारत सरकार ने पिछले 15 वर्षों के टैक्स रेकॉर्ड जगजाहिर किए हैं। हालाँकि व्यक्तिगत आँकड़े सिर्फ निर्धारण वर्ष (असेसमेंट ईयर) 2012-13 के लिए ही उपलब्ध कराए गए हैं। इसके अनुसार, वर्ष 2012-13 में भारत की जनसंख्या के मात्र एक प्रतिशत लोगों ने आयकर भरा। इसके अलावा सिर्फ 5,430 व्यक्ति ऐसे रहे, जिन्होंने एक करोड़ रुपए से अधिक राशि का आयकर अदा किया। अगर सौ से 500 करोड़ रुपए के कर चुकानेवालों के टॉप-वर्ग की बात करें, तो सिर्फ 3 लोग इस वर्ग में शामिल हैं, जिन्होंने कुल 437 करोड़ रुपए का कर भरा अर्थात् औसतन करीब 145.80 करोड़ रुपए का टैक्स अदा किया।

अगर वेतन प्राप्त करनेवाले करदाताओं का विश्लेषण करें, तो सिर्फ 17,516 व्यक्ति ऐसे हैं, जिन्होंने अपना वेतन एक से पाँच करोड़ के वर्ग में रजिस्टर किया, जबकि केवल छह लोग ऐसे हैं, जिन्होंने अपना वेतन 50 से 100 करोड़ रुपए वाले वर्ग में दर्ज कराया।

गौरतलब है कि कुल 2.87 करोड़ लोगों ने इनकम टैक्स रिटर्न भरा, लेकिन इनमें से 1.62 करोड़ लोगों ने रिटर्न तो भरा, पर कोई टैक्स अदा नहीं किया। अर्थात् करीब 1.25 करोड़ लोगों ने ही टैक्स भरा, जो भारत की करीब 123 करोड़ जनसंख्या का करीब एक प्रतिशत बनता है। इनमें से करीब 1.11 करोड़ (89 प्रतिशत) लोगों ने 1.5 लाख रुपए से कम रुपए कर (टैक्स) के रूप में अदा किए, जबकि इनके द्वारा भरे गए टैक्स का औसत आकार महज 21,000 हजार रुपए रहा और इन्होंने सम्मिलित रूप से 23,000 करोड़ रुपए का कर चुकाया। इसके विपरीत 1 करोड़ से 5 करोड़ रुपए की राशि का टैक्स भरनेवाले 5,000 व्यक्तियों ने कुल 8,907 करोड़ रुपए का टैक्स अदा किया।

टैक्स आँकड़ों से यह भी पता चला है कि वेतन प्राप्त करनेवाले ज्यादातर करदाताओं की वार्षिक आय 5.5 से 9.5 लाख रुपए की रेंज में रही। इनकी संख्या 20.23 लाख रही, जबकि इनमें से 19.18 प्रतिशत लोग ऐसे थे, जिनका सालाना वेतन 2.5 से 3.5 लाख रुपए

के वर्ग में था। हालाँकि सन् 2014-15 तक करदाताओं की संख्या बढ़कर 4.87 करोड़ हो गई है, लेकिन यह अब भी भारत की जनसंख्या का करीब 4.87 प्रतिशत बनता है।

भारत के आयकर विभाग द्वारा जारी 84 पन्नों की यह रिपोर्ट कई अर्थशास्त्रियों और विश्लेषकों को करदाताओं से संबंधित वो आँकड़े बताने के लिए प्रकाशित की गई है, जिस पर वे वृहद स्तर पर रिसर्च और विश्लेषण कर सकें। जाहिर तौर पर इससे आनेवाले वर्षों में कर संग्रहण का पूर्वानुमान (फोरकॉस्ट) लगाने और बेहतर आयकर नीति का गठन करने में मदद भी मिल सकती है।

बहरहाल, इस रिपोर्ट ने दो तरह के सवाल खड़े कर दिए हैं। एक तो यह कि क्या भारत में आर्थिक असमानता वाकई इतनी अधिक है कि 99 प्रतिशत लोगों की आय टैक्स अदा करने की न्यूनतम सीमा से कम है, क्योंकि सिर्फ 1 प्रतिशत लोग कर अदा करते हैं। दूसरा सवाल यह भी है कि कहीं ऐसा तो नहीं कि बहुत से लोग जिनकी आय कर-योग्य (टेक्सेबल) है, वे आयकर रिटर्न भरने से परहेज करते हों।

दोनों ही निष्कर्ष अपने स्तर पर विचार करने योग्य हैं, क्योंकि यदि अधिक लोग करयोग्य आय की श्रेणी में आते हैं या फिर कर चुकाने योग्य आय पर कर चुकाने के लिए प्रतिबद्ध होते हैं, तो इस प्रकार आयकर के माध्यम से भारत सरकार की राजस्व आय को बढ़ाया सकता है, जिससे देश में आर्थिक क्रियाओं का स्तर भी तेजी से बढ़ाया जा सकता है।

गौरतलब है कि भारत जैसे जनसंख्या बाहुल्य वाले देश में जहाँ करीब एक-तिहाई जनसंख्या अभी भी गरीबी की समस्या से त्रस्त है, सरकार को सामाजिक सुरक्षा, शिक्षा, सामान्य स्वास्थ्य और आधारभूत सुविधाएँ मुहैया कराने के लिए भारी मात्रा में सार्वजनिक खर्चे करने होते हैं, जिसके लिए प्रत्यक्ष करों द्वारा मिलनेवाली आय उसके राजस्व का एक महत्त्वपूर्ण स्रोत है।

जाहिर है कि आयकर की चोरी की प्रवृत्ति का संकेत भी इस रिपोर्ट में मिलता है, जो विदेशों में जमा काला धन वसूलने के जैसी ही एक बड़ी चुनौती पेश करती है। आवश्यकता है कि एक ओर देश में आर्थिक क्रियाओं का स्तर बढ़े, तो दूसरी ओर टैक्स-बेस (कर आधार) को कुछ और व्यापक बनाने की दिशा में प्रभावी कदम उठाए जाएँ।

(मुंबई में प्रकाशित दैनिक 'हमारा महानगर' में शुक्रवार 20-05-2016 को व्यापार पृष्ठ पर प्रकाशित)

□

73

चीन की अर्थव्यवस्था पर बढ़ रहा है ऋणों का भार

हाल ही में जारी आँकड़ों के अनुसार, चीन की अर्थव्यवस्था में ऋणों का भार तेजी से बढ़ता जा रहा है। न सिर्फ सार्वजनिक क्षेत्र में, बल्कि निजी क्षेत्र में भी ऋणों की मात्रा बढ़ रही है। गौरतलब है कि चीन की अर्थव्यवस्था में ऋणों का भार बढ़ते जाने की प्रवृत्ति सन् 2008 के बाद से ही अधिक प्रखर हो चली है। विशेषकर यह भी कहा जा सकता है कि शायद वैश्विक अर्थव्यवस्था में सन् 2008 के बाद से ही छाए ग्लोबल मंदी के बादलों से दूर रहने अथवा उससे प्रभावी तौर पर निपटने की मंशा से चीन की अर्थव्यवस्था में तेजी से विकास करने के लिए ऋणों का सहारा लिया गया, ताकि चीन विश्वभर के देशों की तुलना में सर्वाधिक अच्छी विकास दर से प्रगति कर सके।

इस दौरान चीन ने अद्‌भुत प्रदर्शन दिखाते हुए जबरदस्त विकास दर तो हासिल की लेकिन शनैः-शनैः उसकी अर्थव्यवस्था पर ऋणों का भार भी बढ़ता गया। सन् 2015 के अंत तक इन ऋणों का आकार जहाँ सार्वजनिक क्षेत्र (पब्लिक सेक्टर) में चीन की सकल राष्ट्रीय आय का 240 प्रतिशत हो गया, वहाँ निजी क्षेत्र (प्राइवेट सेक्टर) में भी यह बढ़कर 200 प्रतिशत से अधिक हो चला है।

गौरतलब है कि सन् 2007-08 में वैश्विक मंदी का दौर शुरू होने से पूर्व अमेरिकी अर्थव्यवस्था में भी कुछ इसी तर्ज पर ऋणों का बोझ बढ़ा था। वहाँ तब एक तरह का गंभीर वित्तीय संकट उठ खड़ा हुआ था, बल्कि अनेक अर्थशास्त्रियों ने तो इसे सन् 1932 के वृहद मंदी के युग के बाद का सबसे विकट वित्तीय संकट करार दिया था।

तब वहाँ कई नामी वित्तीय संस्थान व सैकड़ों की तादाद में बैंक और कॉर्पोरेट इस मंदी की मार से आहत हुए थे और उन्हें वहाँ की सरकार द्वारा इस मुसीबत से बेल आउट (बाहर निकालने) के प्रयास भी किए गए थे। इस मंदी की चपेट में जापान और यूरोप की अनेक विकसित अर्थव्यवस्थाएँ भी आईं और गंभीर वित्तीय संकुचन के हालात भी पनपे।

चीन में कुछ इसी प्रकार के हालात न पैदा हो जाएँ, ऐसी आशंका पनप रही है, क्योंकि एक ओर तो ऋणों का आकार बढ़ता जा रहा है, और दूसरी ओर उसकी आर्थिक विकास दर धीमी पड़ती जा रही है।

चिंता की बात तो यह है कि ऋण उठाने की प्रवृत्ति अभी भी कायम है। जैसा कि आँकड़े बताते हैं, इस कैलेंडर वर्ष के प्रारंभ में जनवरी माह में चीनी बैंकों ने 385 बिलियन डॉलर्स के मूल्य के नए ऋण वितरित किए। यही नहीं, फरवरी माह के अंत में द पीपल्स बैंक ऑफ चायना (केंद्रीय बैंक) ने बैंकों द्वारा बनाए रखे जानेवाले कैश रिजर्व्स की मात्रा कम कर दी, जिससे कि करीब 100 बिलियन डॉलर्स के मूल्य के अतिरिक्त ऋण जारी करने की क्षमता बढ़ी है। चीन में खराब ऋणों का आकार भी बढ़ता जा रहा है, जो कि दिसंबर 2014 में वहाँ की सकल राष्ट्रीय आय का 1.2 प्रतिशत था और अब बढ़कर 1.9 प्रतिशत हो चला है।

बहुत सारे सरकारी उपक्रम तो इतनी आय भी उपार्जित नहीं कर पा रहे कि अपने बकाया ऋणों पर ब्याज की राशि भी चुका पाएँ, बल्कि वे इसके लिए और अधिक ऋण उठाने पर मजबूर हो चुके हैं। बैंकों की भी दुविधा यह है कि यदि वे ऋणों को वसूलने के लिए सख्ती करें तो उससे चीन की अर्थव्यवस्था के और भी आहत होने की संभावना है।

हालाँकि हालात इतने भी नहीं बिगड़े हैं कि सन् 1997-98 के वित्तीय संकट (एशियन क्राइसिस) जैसी स्थिति उत्पन्न हो जाए, जहाँ विदेशी ऋणों का भार अपेक्षाकृत ज्यादा था, क्योंकि चीन में 95 प्रतिशत से ज्यादा घरेलू ऋण हैं।

इसके अलावा चीन पूँजीगत नियंत्रण को बेहतर ढंग से लागू करने में सक्षम है। यही नहीं, उसके पास भारी मात्रा में विदेशी मुद्रा के भंडार भी हैं। दूसरा, वहाँ की केंद्रीय सरकार पर ऋणों का भार अपेक्षाकृत कम है और इस लिहाज से वह अन्य वित्तीय संस्थानों की मदद कर सकती है।

तीसरा, चीन की अर्थव्यवस्था निर्यात-आधारित है और अगर किसी भी प्रकार से वे अपने निर्यात बढ़ा पाए, तो वहाँ पर आर्थिक क्रियाओं के स्तर को गति प्रदान कर सकेंगे, हालाँकि ये सब इतना आसान भी नहीं होगा।

कुल मिलाकर यह बात साफ है कि चीन जितना जल्दी बढ़ते ऋणों की समस्या से बाहर निकल सके, उतना ही बेहतर होगा। यह न सिर्फ चीन के लिए, बल्कि समग्र वैश्विक अर्थव्यवस्था के लिए भी लाभकारी सिद्ध होगा।

(मुंबई में प्रकाशित दैनिक 'हमारा महानगर' में शुक्रवार 27-05-2016 को व्यापार पृष्ठ पर प्रकाशित)

□

74

अमेरिकी केंद्रीय बैंक ने दिए ब्याज दर बढ़ाने के संकेत

हाल ही में अमेरिकी फेडरल रिजर्व बैंक (फेड) की अध्यक्षा ने वहाँ पर ब्याज दरों में वृद्धि की पुरजोर संभावना व्यक्त की है। हालाँकि उनके अनुसार ऐसा करने के लिए जरूरी होगा कि अमेरिकी अर्थव्यवस्था में विकास दर बढ़ने का रुख कायम रहे और नए रोजगार के अवसर यूँ ही बढ़ते रहें।

गौरतलब है कि अमेरिकी अर्थव्यवस्था में लगातार उल्लेखनीय सुधार के संकेत मिल रहे हैं और अब ऐसा लग रहा है कि वहाँ आर्थिक विकास दर भी कुछ जोर पकड़ रही है। यही कारण है कि फेड की अध्यक्षा जेनेट येलन को लगता है कि शायद अब वो वक्त आ गया है जिसमें ऐसे लाभकारी समीकरण दिखाई दे रहे हैं कि निकट भविष्य में ब्याज दरों में वृद्धि की संभावना पर विचार किया जा सकता है।

उल्लेखनीय है कि इससे पूर्व दिसंबर 2015 में ब्याज की दरों में करीब एक दशक के अंतराल के बाद कुछ वृद्धि की गई थी। हाल ही में अमेरिकी सरकार ने इस वर्ष की प्रथम तिमाही में वहाँ की सकल राष्ट्रीय आय (जी.डी.पी.) के विकास दर के पूर्वानुमान को 0.5 प्रतिशत से बढ़ाकर 0.8 प्रतिशत कर दिया है। इसके अलावा वहाँ हाउसिंग और खुदरा बिक्री (रिटेल सेल्स) के क्षेत्र में भी सकारात्मक रुख पनप रहे हैं।

लेकिन फिर भी हालात इतने भी अच्छे नहीं बन पड़े हैं कि अब की बार ब्याज दरों में कोई बड़ी वद्धि कर दी जाए। यही कारण है कि मिस येलेन ने एक ओर तो ब्याज दरों में शनैः-शनैः और थोड़ी-थोड़ी वृद्धि करने की सिफारिश की है तो दूसरी ओर समूचे विश्व को ब्याज दरों में वृद्धि की वजह से होनेवाले उतार-चढ़ाव के प्रति सावधान रहने की बात भी की है, विशेष तौर पर तब जबकि अमेरिका में अब भी महँगाई की दर फेड की अपेक्षाओं से कम है।

वैश्विक बाजारों में तेल की कमजोर कीमतों और अमेरिकी मुद्रा 'डॉलर' की

विनिमय दर मजबूत होने की वजह से यद्यपि महँगाई की दर कम है, लेकिन जिस प्रकार इन तत्त्वों में कुछ स्थिरता आती दिखाई दे रही है, उन्हें लगता है कि अगले दो वर्षों में यह लगभग फेड की अपेक्षाओं के अनुरूप दो प्रतिशत के स्तर तक पहुँच ही जाएगी। इसके अलावा वहाँ रोजगार के नए अवसर तो पनप रहे हैं, पर श्रमिकों को दिए जानेवाले वेतन में कोई उल्लेखनीय वृद्धि नहीं देखी जा रही जो इस बात को इंगित करता है कि रोजगार के क्षेत्र में विकास दर अभी भी कमजोर ही है।

अमेरिकी फेड की अध्यक्षा ने भले ही ब्याज दरों में वृद्धि की संभावना व्यक्त की है पर जानकारों की मानें तो फिलहाल इस महीने में कोई वृद्धि होने की संभावना नजर नहीं आ रही, क्योंकि आर्थिक आँकड़े अभी इतने स्पष्ट नहीं हैं कि अमेरिकी अर्थव्यवस्था की साफ-साफ तसवीर पेश कर सकें। इसके अलावा वैश्विक अर्थव्यवस्था पर प्रस्तावित बैक्सिट (अर्थात् ब्रिटेन के यूरोपियन यूनियन से बाहर होने) की संभावना पर किए जानेवाले फैसले का क्या असर पड़ेगा, यह भी स्पष्ट नहीं है।

गौरतलब है कि सन् 2007-08 के बाद से ही अमेरिका में मुद्रा प्रसार की नीति के चलते ब्याज दरें नगण्य स्तर पर बनी हुई हैं ताकि कैसे भी करके, वहाँ की अर्थव्यवस्था को वृहद् आर्थिक मंदी जैसे दौर में चले जाने से रोका जा सके। लेकिन अब जब कि अमेरिकी अर्थव्यवस्था में विकास की संभावनाएँ देखी जा रही हैं तो जाहिर-सी बात है कि ब्याज दरों को आर्थिक मंदी के दौर के पूर्व स्तर पर स्थापित करने पर विचार हो रहा है।

नीतिगत दरों में वृद्धि से वहाँ जिन परिवारों (हाउसहोल्ड्स) और कंपनियों ने ऋण उठाए हुए हैं, उन पर ब्याज दरों का अतिरिक्त भार पड़ेगा। नए ऋणों की लागत भी बढ़ जाएगी। ब्याज दरें बढ़ने से स्टॉक मार्केट से वैश्विक अर्थव्यवस्था तक पर महत्त्वपूर्ण प्रभाव पड़ सकते हैं।

फिलहाल नीतिगत दरें करीब 0.37 प्रतिशत हैं, जबकि सन् 2007 में इनका स्तर 5.25 प्रतिशत था। जानकारों की मानें तो अगर फेड नीतिगत दरें बढ़ाता भी है तो ज्यादा संभावना है कि करीब 0.25 प्रतिशत की सांकेतिक वृद्धि की जा सकती है।

जाहिर है कि विश्व भर के देशों में, जिनमें भारत भी शामिल है, काफी उत्सुकता होगी कि अब की बार क्या अमेरिकी फेड वाकई ब्याज दरें बढ़ाएगा और यदि ऐसा हुआ तो किस प्रकार उसके प्रभाव को सीमित रखा जाए ताकि वैश्विक बाजारों में स्थिरता का माहौल बना रहे।

(मुंबई में प्रकाशित दैनिक 'हमारा महानगर' में शुक्रवार 03-06-2016 को व्यापार पृष्ठ पर प्रकाशित)

□

75

आर्थिक विकास दर वृद्धि में कितनी सार्थक

हाल ही में जारी अस्थायी (प्रोह्विजनल) आँकड़ों के अनुसार, भारत की सकल राष्ट्रीय आय में वित्तीय वर्ष 2015-16 के दौरान 7.6 प्रतिशत की दर से वृद्धि हुई है। इसका सीधा-सा अभिप्राय यह है कि इस बार चीन को भी कहीं पीछे छोड़ते हुए भारत विश्व का सबसे तेज गति से विकास करनेवाला देश बन गया है।

यहाँ तक कि वर्ष की अंतिम तिमाही (जनवरी-मार्च 2016) में आर्थिक विकास दर 7.9 प्रतिशत की दर से बढ़ी जो बल्कि उम्मीद से भी कुछ अधिक अच्छा प्रदर्शन रहा।

जाहिर सी बात है कि आर्थिक विकास दर के ये आँकड़े इस बात का आभास दे रहे हैं कि देश में आर्थिक क्रियाओं का स्तर तेजी से बढ़ रहा है। उदाहरण के लिए, इस वर्ष जनवरी से अप्रैल के दरम्यान विद्युत (इलेक्ट्रिसिटी) उत्पादन औसतन 10.23 प्रतिशत की दर से बढ़ा, जबकि सन् 2015 में इसी अंतराल (पीरियड) में यह मात्र 1.91 प्रतिशत से बढ़ा था। इसी प्रकार पिछले तीन महीनों में जहाँ डीजल का उपभोग औसतन 10.6 प्रतिशत से बढ़ा, वहीं पेट्रोल का उपभोग 14.5 प्रतिशत से बढ़ा है। खासतौर पर औद्योगिक पेट्रोलियम जिसका उपभोग मशीनरी एवं ऑटोमोबाइल सेक्टर में मुख्यत: किया जाता है, उसका उपभोग 22 प्रतिशत की दर से बढ़ा है।

आर्थिक क्रियाओं के स्तर को सीधे तौर पर प्रभावित करनेवाला एक और संकेतक है, सीमेंट क्षेत्र का प्रदर्शन। पिछले वर्ष की अंतिम तिमाही में जहाँ इसकी बिक्री (सेल्स) में 4.7 प्रतिशत की कमी आई थी, वहाँ इस वर्ष बल्कि सीमेंट कारोबार में 17.1 प्रतिशत की विकास दर से वृद्धि होती दिखाई दे रही है।

इसी प्रकार आर्थिक विकास दर को परिलक्षित करनेवाला एक और क्षेत्र है, कमर्शियल वाहनों की मांग। यहाँ भी पिछले तीन महीनों में कारोबार तेजी से बढ़ा है। जहाँ मध्यम और भारी कमर्शियल वाहनों का कारोबार 28 प्रतिशत से बढ़ा, वहीं

हल्के (लाइट) कमर्शियल वाहनों की सेल्स में औसतन 13 प्रतिशत की वृद्धि दर्ज की गई है। नेशनल हाईवे कंस्ट्रक्शन का कार्य 20 किलोमीटर प्रति दिन की दर से बढ़ रहा है, जो एक वर्ष पूर्व 10 किलोमीटर प्रति हुआ करता था।

यहाँ तक कि विकास की आहट बी.एस.ई. स्टॉक एक्सचेंज पर लिस्टेड टॉप 100 कंपनियों के कारोबार में भी महसूस की गई, जिनमें पिछली अनेक तिमाहियों के निराशाजनक प्रदर्शन के बाद औसतन 5 प्रतिशत की वृद्धि दिखाई दी। इस बार डबल डिजिट (10 प्रतिशत से अधिक) विकास दर हासिल करनेवाली कंपनियों का हिस्सा 50 प्रतिशत रहा, जबकि पिछले वर्ष करीब 34 प्रतिशत कंपनियों ने ही यह जादुई आँकड़ा पार किया था।

अर्थशास्त्र के नजरिए से देखें तो आर्थिक विकास दर के आँकड़ों में कुछ विसंगतियाँ भी दिखाई दे रही हैं। गौरतलब है कि सकल राष्ट्रीय आय देश में निजी तथा सार्वजनिक क्षेत्र का उपभोग (कन्जंप्शन), निवेश तथा शुद्ध निर्यात (निर्यात व आयात का अंतर) समाहित होते हैं। देश में उपभोग की माँग बढ़ने पर सामान्य तौर पर निजी तथा सार्वजनिक क्षेत्र में निवेश बढ़ता है, ताकि उस बढ़ी हुई मांग को पूरा करने के लिए वस्तुओं और सेवाओं का उत्पादन बढ़ाया जा सके। यदि सकल राष्ट्रीय आय के आँकड़ों की बारीकी से जाँच की जाए तो कुछ प्रमुख क्षेत्रों में उत्पादन बढ़ा है, पर ज्यादातर विनिर्माण क्षेत्र में विकास दर अभी भी सुस्त पड़ी है।

निक्केई इंडिया मैन्युफेक्चरिंग परचेंजिंग मेनेजर्स (पी.एम.आई.) सूचकांक का स्तर मई माह में 50.7 रहा, जो अप्रैल में 50.5 था अर्थात् यद्यपि यह सूचकांक विनिर्माण क्षेत्र में वृद्धि का संकेत अवश्य दे रहा है, पर जिस प्रकार केंद्रीय सांख्यिकी विभाग के आँकड़े इस क्षेत्र में 9.3 प्रतिशत की विकास दर दिखा रहे हैं, पी.एम.आई. सूचकांक में दर्ज की गई .02 अंकों की वृद्धि हैरान करनेवाली अवश्य है।

अगर निवेश की बात करें तो अप्रैल माह में वर्ष-दर-वर्ष आधार पर क्रेडिट विकास दर 9.1 प्रतिशत से कहीं कम 8.4 प्रतिशत रही, जो कि औद्योगिक क्रेडिट मांग में मंदी का संकेत दे रहा है। इसी प्रकार यदि निर्यातों की बात करें तो पिछले 17 महीनों से इनके डॉलर मूल्य में लगातार कमी आ रही है।

इसके अलावा सकल स्थिर पूँजी विनिर्माण दर (ग्रॉस फिक्सड कैपिटल फॉर्मेशन रेट), जो सन् 2012 में सकल राष्ट्रीय आय का 34.4 प्रतिशत थी, वह सन् 2015 में घटकर 32 प्रतिशत हो गई है। उधर, अनेक कंपनियाँ भारी कर्ज के बोझ तले दबी हैं और खराब ऋणों की प्रतिशत बढ़ता जा रहा है।

इन्हीं विसंगतियों के मद्देनजर कहा जा सकता है कि यद्यपि जी.डी.पी. बढ़ी

है और वह भी विश्व में नंबर वन रफ्तार से, यह एक अच्छा संकेत है, पर फिर भी निवेश और एक्सपोर्ट क्षेत्र में विकास दर बढ़ाने के लिए त्वरित उपाय किए जाने की आवश्यकता है।

(मुंबई में प्रकाशित दैनिक 'हमारा महानगर' में शुक्रवार 10-06-2016 को व्यापार पृष्ठ पर प्रकाशित)

□

76

रिजर्व बैंक ने जारी की नई ऋण पुनर्गठन नीति

हाल ही में रिजर्व बैंक ऑफ इंडिया ने खराब ऋणों का दबाव झेल रहे कमर्शियल बैंकों व विनियमन के दायरे में मौजूद ऋण देनेवाले अन्य संस्थानों को कुछ राहत पहुँचाने के उद्‌देश्य से इन ऋणों के पुनर्गठन हेतु नई नीति जारी की है।

गौरतलब है कि बैंकों से भारी यात्रा में ऋण उठाने वाली कई कंपनियाँ गंभीर वित्तीय संकट के दौर से गुजर रही हैं। आमतौर पर जो रणनीतिक ऋण पुनर्गठन प्रक्रिया, जिसे संक्षेप में एस.डी.आर. मैकेनिज्म के नाम से भी जाना जाता है, उसके तहत बैंकों को बकाया ऋणों के संदर्भ में निर्धारित प्राविधीकरण (प्रोह्विजनिंग) करने और ऋणों को इक्विटी में परिवर्तित करने पर मार्क-टु-मार्केट प्रोह्विजन करने हेतु 18 महीनों का वक्त दिया जाता है, लेकिन कई बार बड़े ऋण खातों में जब अनियमितता पाई जाती है, तो जाहिर है, बैंकों को काफी ज्यादा प्रोह्विजनिंग करने की जरूरत होती है। इससे बैंकों की अपनी बैलेंस शीट पर दबाव बढ़ जाता है।

यही कारण है कि रिजर्व बैंक ने कुछ विशिष्ट मामलों में ऋण पुनर्गठन के नए मानदंड सुझाए हैं। उल्लेखनीय है कि पिछले करीब दो वर्षों से रिजर्व बैंक ने खराब ऋणों की समस्या से निपटने के लिए अनेक प्रयास किए हैं। उदाहरण के लिए, दिसंबर 2014 में उसने बैंकों को इंफ्रास्ट्रक्चर कंपनियों को दिए गए ऋणों के भुगतान के लिए मियाद (मेच्योरिटी) बढ़ाने की इजाजत दी, जिसके तहत वे 5/25 स्कीम के तहत इन ऋणों की मियाद बढ़ा कर 25 वर्ष तक कर सकते हैं।

उसके बाद जून 2015 में बैंकों को अपने बकाया ऋणों को इक्विटी में परिवर्तित करके खराब ऋणों से ग्रस्त कंपनियों के प्रमोटर बदलने का विकल्प दिया, लेकिन लगता है कि शायद ये सब उपाय प्रभावी तौर पर पर्याप्त साबित नहीं हो सके और अब जबकि

बैंकों के समक्ष करीब 6 लाख करोड़ रुपए के मूल्य के खराब ऋणों का भयंकर दबाव है, रिजर्व बैंक ने एक नई स्कीम सुझाई है।

इस नई स्कीम में दबाव झेल रहे ऋणों को दो भागों में बाँटा जाएगा। एक वो जो ठीक-ठाक है अर्थात् जिसके बारे में यह कहा जा सकता है कि वे मौजूदा नियम और शर्तों के मुताबिक चुकाए जा सकते हैं और दूसरा वह, जिसे चुकाने की क्षमता उधारकर्ता में नहीं है। अब ऋण देनेवाले बैंक आदि इस खराब हुए हिस्से को ही इक्विटी अथवा कन्वर्टिबल डेट (अर्थात् इक्विटी में परिवर्तित किए जा सकने वाले ऋण) में बदल सकते हैं।

उल्लेखनीय है कि ठीक-ठाक (सस्टेनेबल) ऋण उसे समझा जाएगा, जिसके बारे में ऋण देनेवाले संयुक्त संस्थानों के संघ (ज्वाइंट लेंडर्स फोरम) एक स्वतंत्र तकनीकी आर्थिक व्यवहार्यता जाँच (टेक्नोइकॉनामिक वाएबिलिटी) के आधार पर यह राय बनाते हैं कि ऋणों की 50 प्रतिशत से अधिक मात्रा ऐसी है कि भविष्य में मिलने वाले कैश-फ्लो (नकदी प्रवाह) मौजूदा स्तर पर भी रहें तब भी इन्हें नियत तिथि पर मौजूदा नियमों और शर्तों के तहत चुकाया जा सकता है।

यहाँ फिर तीन विकल्प भी दिए गए हैं। पहला यह कि मौजूदा प्रमोटर शेयर होल्डिंग में बहुमत लिए प्रभावित कंपनी में अपना नियंत्रण बनाए रखेंगे। दूसरा यह कि निर्धारित प्रक्रिया के तहत मौजूदा प्रमोटरों को बदल दिया जाए और तीसरा यह कि जहाँ उधार देनेवाले ऋणदाताओं के पास शेयर होल्डिंग में बहुमत आ जाए, तो वे या तो मौजूदा मैनेजमेंट को जारी रख सकते हैं या फिर किसी अन्य कार्यकारी एजेंसी या व्यावसायिक समूह को भी उसका प्रबंधन सौंप सकते हैं।

इसके अलावा यह स्कीम सिर्फ उन्हीं कंपनियों पर लागू है जिनके प्रोजेक्ट्स में कमर्शियल गतिविधि शुरू हो चुकी है और जिन पर सभी संस्थानों का संयुक्त रूप से कम-से-कम 500 करोड़ रुपए बकाया है। हालाँकि उन मामलों में जहाँ मौजूदा प्रमोटर का जुर्म साबित किया जा चुका है, वहाँ यह स्कीम तब तक लागू नहीं की जा सकेगी, जब तक कि उस प्रमोटर को बदल न दिया जाए अथवा कंपनी के प्रबंधन से उसे बाहर न कर दिया जाए।

कुल मिलाकर रिजर्व बैंक का यह नया प्रयोग कितना सफल होगा, यह तो वक्त ही बताएगा। जानकारों की मानें, तो इस प्रक्रिया में काफी जटिलताएँ हैं। सबसे पहले तो बकाया ऋणों को अच्छे और खराब दो भागों में डालना काफी चुनौतीपूर्ण कार्य है। दूसरा, अर्थव्यवस्था में विकास दर भले ही 7.9 प्रतिशत दर्ज की गई हो पर देश के 70 प्रतिशत बैंकिंग बिजनेस पर वर्चस्व रखनेवाले पब्लिक सेक्टर बैंकों द्वारा पिछले वित्तीय वर्ष में दिए गए ऋणों के आकार में औसतन 2.26 प्रतिशत की वृद्धि आई है, जबकि

डिपॉजिट भी महज 1.74 प्रतिशत से बढ़े हैं। जब तक अर्थव्यवस्था में आर्थिक क्रियाओं का स्तर तेजी से नहीं बढ़ता, यह सुनिश्चित करना मुश्किल होगा कि पुनर्गठन किए गए 'ठीक-ठाक' समझे जानेवाले ऋणों में से कितना हिस्सा बैंक वसूल कर पाएँगे? साथ ही, जो ऋण इक्विटी में कन्वर्ट हुए, उनका मूल्यांकन कहीं और भी कम हो गया, तो भी बैंकों को नुकसान दर्ज करना पड़ सकता है। फिर, बीमार कंपनियों का प्रबंधन हाथ में लेकर उन्हें ठीक से चला पाना भी कोई कम चुनौतिपूर्ण कार्य नहीं है।

(मुंबई में प्रकाशित दैनिक 'हमारा महानगर' में शुक्रवार 17-06-2016 को व्यापार पृष्ठ पर प्रकाशित)

□

77

क्या धूमिल हो जाएगी रिजर्व बैंक की छवि

आजकल वित्तीय बाजारों के चुनिंदा विशेषज्ञों में रिजर्व बैंक के गवर्नर रघुराम राजन के एक फैसले पर चर्चा गरम है। जी नहीं, इस बार चर्चा का विषय नीतिगत दरें या रिजर्व बैंक की कोई नई नीति नहीं है, बल्कि उसके गवर्नर रघुराम राजन का वो बयान है, जिसमें उन्होंने अपने संस्थान के कर्मचारियों को पत्र के माध्यम से स्पष्ट किया कि 4 सितंबर, 2016 को उनका कार्यकाल समाप्त होने के बाद वे शिक्षण क्षेत्र में लौट जाना चाहेंगे, जो कि उनका अंतिम गंतव्य है।

गौरतलब है कि गवर्नर साहब ने इस पत्र में कहीं यह जिक्र तक नहीं किया कि उन्हें किसी ने जाने के लिए कहा है। अलबत्ता, उन्होंने अपने कार्यकाल की कुछ उपलब्धियों का बखान अवश्य किया है।

देखने में यह एक औपचारिक संवाद है, जो किसी भी संस्थान के प्रमुख अपने स्टॉफ को संस्थान के कामकाज के बारे में अकसर लिखा करते हैं, लेकिन जिस प्रकार देश के प्रमुख अखबारों और मीडिया चैनलों में रिजर्व बैंक के गवर्नर के फैसले पर चर्चा चली, वह वाकई आश्चर्यजनक है।

अनेक पहलुओं पर विचार किए गए और लगभग एक असुरक्षा, या यूँ कहें घबराहट का माहौल भी बना कि ब्रेक्जिट के तर्ज पर यदि 'रेक्जिट' (राजन का पलायन) हो गया तो न जाने कौन सा तूफान उठ खड़ा होगा?

उल्लेखनीय है कि इस बारे में कोई दो राय नहीं है कि राजन बेहद शिक्षित और ऊँचे दर्जे के विद्वान समझे जा सकते हैं, लेकिन जब एडमस्मिथ, मार्शल, पीगू, शुम्पीटर और कीन्स जैसे गहन अर्थशास्त्रियों के जाने के बाद भी अर्थव्यवथाएँ चली हैं और कौटिल्य के बाद भी अर्थशास्त्र एक शिक्षा-स्तंभ की तरह खड़ा है तो उसका कारण है उनके द्वारा प्रतिपादित सिद्धांत, जो आनेवाली पीढ़ीयों के लिए मार्गदर्शन करते हैं।

उल्लेखनीय है कि राजन रिजर्व बैंक के 23वें गवर्नर हैं और आज जिस संस्थान को सँभाले हुए हैं, वह पिछले 22 गवर्नरों के विजन और मार्गदर्शन से निर्मित है। रिजर्व

बैंक की स्थापना 1 अप्रैल 1935 को ब्रिटिश राज में पारित आर.बी.आई. ऐक्ट, 1934 के तहत हुई थी। 15 अगस्त 1947 को आजाद होने के बाद 1 जनवरी 1949 को इसका राष्ट्रीयकरण किया गया। एक विकासशील देश में रिजर्व बैंक भारतीय सरकार द्वारा प्रस्तावित विकास की रणनीतियों का अहम हिस्सा रहा है।

रिजर्व बैंक का एक संगठनात्मक ढांचा है, जिसके टॉप पर है, 21 सदस्यीय केंद्रीय निदेशक मंडल (सेंट्रल बोर्ड ऑफ डायरेक्टर्स), जिनमें निर्धारित चयन प्रक्रिया के तहत गवर्नर, 4 डिप्टी गवर्नर्स व अन्य निदेशकों की नियुक्ति की जाती है।

रिजर्व बैंक के गवर्नर ने अपने कार्यकाल की समाप्ति पर शिकागो स्थित विश्वविद्यालय, जहाँ से छुट्टी की दरख्वास्त देकर उन्होंने रिजर्व बैंक का कामकाज सँभाला था, पुनः लौटकर शिक्षण करने की इच्छा क्या जाहिर की, ऐसी हेडलाइंस बनीं कि मानो उन्होंने दूसरी मर्तबा गवर्नर बनने से इंकार कर दिया है, जबकि तथ्य ये है कि अभी उनका कार्यकाल पूर्ण होने में करीब दो महीने बाकी हैं।

गौरतलब है कि रघुराम राजन के कार्यकाल में अनेक उपलब्धियों का जिक्र यहाँ करना आवश्यक है। जैसा कि उनके पत्र में उल्लेख है कि उन्होंने सन् 2013 में ऐसे वक्त कामकाज सँभाला, जब महँगाई की दर बहुत ऊँची थी और विकास दर कमजोर। इसके अलावा रुपए का मूल्य लगातार कम हो रहा था। उनके कार्यकाल में रिजर्व बैंक की महँगाई-केंद्रित मौद्रिक नीति के चलते महँगाई की दर में कमी आई। यहाँ ध्यान देने योग्य बात यह भी है कि पिछले करीब दो वर्षों में अंतरराष्ट्रीय बाजारों में तेल और अन्य कमोडिटीज की कीमतों में काफी कमी आई है, जिसका असर भी भारतीय अर्थव्यवस्था पर पड़ा है। इसके अलावा सरकार द्वारा क्रियान्वित राजकोषीय नीति, मानसून, कृषि उत्पादन, व्यापार नीति और अन्य आर्थिक नीतियाँ भी महँगाई के स्तर को प्रभावित करती हैं।

कुल मिलाकर, यद्यपि रघुराम राजन ने रिजर्व बैंक की भूमिका को एक महत्त्वपूर्ण मुकाम तक पहुँचाया है, लेकिन फिर भी यह समझना आवश्यक है कि किसी भी देश की अर्थव्यवस्था को मौद्रिक नीति के अलावा भी कई अन्य तत्त्व प्रभावित करते हैं और जितना अधिक तालमेल इन तत्त्वों में बैठाया जा सके, देश की अर्थव्यवस्था उससे लाभान्वित ही होगी।

उम्मीद की जानी चाहिए कि अगले गवर्नर जो भी हों, रिजर्व बैंक की गौरवमयी भूमिका को नए मुकाम तक पहुँचा पाने में सफल हों।

(मुंबई में प्रकाशित दैनिक 'हमारा महानगर' में शुक्रवार 24-06-2016 को व्यापार पृष्ठ पर प्रकाशित)

□

78

क्या है ब्रेक्सिट के मायने?

हाल में ब्रिटेन में संपन्न हुए एक जनमत संग्रह में एक ऐतिहासिक फैसला हुआ। ब्रिटेन के नागरिकों ने उसके यूरोपियन यूनियन (ई.यू.) से बाहर निकलने के पक्ष में वोट क्या दिया कि विश्वभर के वित्तीय बाजारों में भारी हलचल मच उठी। ब्रिटेन की मुद्रा पाउंड का मूल्य सन् 1985 के बाद के न्यूनतम स्तर पर गिर गया। यही नहीं, अनेक उदीययान अर्थव्यवस्थाओं की करेन्सी भी डगमगा उठी।

उधर भारतीय शेयर बाजार तथा रुपए का मूल्य भी इसके अपवाद नहीं रहे। जहाँ रुपए का मूल्य यू.एस. डॉलर्स के मुकाबले एक प्रतिशत गिर गया, वहीं शेयर बाजार के स्वास्थ्य का प्रतीक सेंसेक्स शुरुआती दौर में करीब 1100 अंक गिरकर कुछ सुधरा अवश्य, पर फिर भी 604 अंक लुढ़क गया। सोने की कीमतें 4.28 प्रतिशत बढ़ गईं, तो तेल जैसी अनेक कमोडिटीज के डॉलर मूल्य में वृद्धि देखी गई।

भारत के वित्तीय बाजारों में हुई हलचल इतनी तेज हुई मानो किसी अनहोनी की आशंका से वह सहम उठा। यहाँ तक कि भारत के वित्त मंत्री को कहना पड़ा कि भारत ब्रेक्सिट के अल्पकालीन और मध्यकालीन परिणामों से निपटने के लिए अच्छी तरह से तैयार है और इस समय जब वैश्विक वित्तीय बाजारों में उतार-चढ़ाव की स्थिति बनी है, तो जाहिर तौर पर वैश्विक निवेशकों का रुझान भारत की ओर होगा, जो आज स्थिरता और विकास के पैमाने पर अपना एक विशिष्ट स्थान वैश्विक अर्थव्यवस्था में स्थापित कर चुका है।

भारतीय अर्थव्यवस्था के मूलभूत तत्त्व मजबूत हैं और विदेशी मुद्रा भंडार तथा महँगाई की स्थिति आरामदायक बनी हुई है। कुछ ऐसा ही विश्वास रिजर्व बैंक के गवर्नर ने भी जताया है। सवाल यह है कि जब सब कुछ ठीक-ठाक है तो ब्रिटेन के भविष्य को परिभाषित करते वहाँ के लोगों के जनमत का प्रभाव भारत में क्यों पड़ा और क्यों विश्व भर के वित्तीय बाजारों में हलचल मची।

दरअसल, यूरोपियन यूनियन 28 सदस्य राष्ट्रों का एक राजनीतिक-आर्थिक संगठन

है, जिसकी एक जबरदस्त ऐतिहासिक पृष्ठभूमि है। सन् 2014 में यूरोपियन यूनियन की सकल राष्ट्रीय आय 18.495 ट्रिलियन डॉलर्स रही, जो वैश्विक जी.डी.पी. का करीब 24 प्रतिशत था जबकि विश्व भर की जनसंख्या के 7.3 प्रतिशत लोग यहाँ निवास करते हैं। इनमें से अधिकांश देशों को मानव विकास सूचकांक में ऊँचा स्थान प्राप्त है। यूरोपियन यूनियन का संयुक्त राष्ट्र, विश्व व्यापार संगठन, जी-8 और जी-20 जैसे वैश्विक राजनयिक और आर्थिक संगठनों में सीधा प्रतिनिधित्व है।

जाहिर है, ई.यू. को विश्व में एक संभावित महाशक्ति के रूप में भी देखा जाता है। अब अगर ब्रिटेन का यूरोपियन यूनियन (ई.यू.) से पलायन हुआ तो इसका परिणाम क्या होगा, यह इस बात पर निर्भर करेगा कि अलग होने के बाद उसके ई.यू. से किस प्रकार के ताल्लुकात बनेंगे। फिर ब्रिटेन को विश्व भर के देशों के साथ नए सिरे से व्यापारिक समझौते करने होंगे।

एक आधिकारिक अनुमान के अनुसार, ब्रेक्सिट के बाद ब्रिटिश परिवारों को सन् 2030 तक करीब 4,300 पाउंडस प्रतिवर्ष की अतिरिक्त लागत झेलनी होगी। एक अन्य दावे के अनुसार, ब्रेक्सिट से वहाँ की अर्थव्यवस्था को 100 बिलियन पाउंड्स का नुकसान झेलना पड़ सकता है। लेकिन दूसरी ओर कई विशेषज्ञों का यह भी मानना है कि ब्रिटेन अब अपने संसाधनों का उपयोग बेहतर ढंग से कर सकेगा, अपनी अंतरराष्ट्रीय सीमाओं पर बेहतर नियंत्रण स्थापित कर सकेगा और यूरोपियन विस्थापितों के ब्रिटेन में आने से उसके सार्वजनिक सेवाओं, जैसे कि स्वास्थ्य व शिक्षा आदि पर बढ़ रहा भार कुछ कम हो सकेगा। हालाँकि अभी ब्रिटेन के ई.यू. से आधिकारिक पलायन की प्रक्रिया पूरी होने में करीब 2 वर्ष तक का समय लग सकता है। इस दौरान पलायन (एक्जिट) की शर्तों और व्यापार समझौतों के नए सिरे से पारिभाषित किया जाएगा।

जाहिर है, जब तक बिट्रेन लिस्बन अनुबंध (ट्रीटी) की धारा 50 के तहत औपचारिक रूप से ई.यू. से अलग नहीं हो जाता, तब तक ब्रिटेन ई.यू. का सदस्य बना रहेगा और यही कारण है कि फिलहाल ब्रेक्सिट से वित्तीय बाजारों पर अल्पकाल या मध्यकाल में कोई बड़ा प्रभाव पड़ने की संभावना कुछ कम ही है। जाहिर है कि ब्रेक्सिट के दीर्घ कालीन प्रभाव अवश्य पड़ेंगे, लेकिन दीर्घ काल में बहुत से परिवर्तन वैश्विक अर्थव्यवस्था में आएँगे और उनके सम्मिलित प्रभाव से ही ब्रेक्सिट के मायने ठीक से समझ आएँगे।

(मुंबई में प्रकाशित दैनिक 'हमारा महानगर' में शुक्रवार 01-07-2016 को व्यापार पृष्ठ पर प्रकाशित)

□

79

रोजगार केंद्रित होगी नई कपड़ा नीति

हाल ही में जारी एक आधिकारिक सूचना के अनुसार, केंद्र सरकार शीघ्र ही एक नई राष्ट्रीय कपड़ा नीति (नेशनल टेक्सटाइल पॉलिसी) घोषित करनेवाली है, जिससे करीब साढ़े तीन करोड़ (35 मिलियन) अतिरिक्त रोजगार के अवसर उत्पन्न होने की संभावना है और टेक्सटाइल क्षेत्र होनेवाले निर्यातों का स्तर सन् 2024-25 तक बढ़कर 300 बिलियन डॉलर्स (करीब 20.50 लाख करोड़ रुपए) हो जाने की बात की गई है। जाहिर है, नई नीति से वस्त्र निर्माण क्षेत्र विनिर्माण को जबरदस्त प्रोत्साहन मिलने की संभावना है।

इस नई नीति का फोकस यह है कि किस प्रकार सूत कातने से लेकर वस्त्र निर्माण तक की प्रक्रिया में हर स्तर पर विनिर्माण बढ़े? अर्थात् फैब्रिक से लेकर गारमेंट प्रोसेसिंग तक की हर स्टेज पर विनिर्माण को प्रोत्साहन देने के लिए ही नई राष्ट्रीय टेक्सटाइल नीति का निर्माण हो रहा है।

गौरतलब है कि कुछ समय पूर्व ही केंद्र सरकार ने कपड़ा एवं वस्त्र निर्माण क्षेत्र को प्रोत्साहन देने की मंशा से 6,000 करोड़ रुपए के जिस पैकेज की घोषणा की है, उसे भी नई टेक्सटाइल नीति का ही एक हिस्सा समझा जा सकता है। बताया गया है कि इस पैकेज को शीघ्र ही लागू किया जाएगा और इससे करीब एक करोड़ नए रोजगार के अवसरों का सृजन होगा। इस पैकेज में टेक्सटाइल क्षेत्र में लागू करों (टैक्स) में राहत तथा उत्पादन बढ़ाने के संदर्भ में कई प्रकार की प्रोत्साहन राशि प्रदान करने के प्रस्ताव शामिल हैं।

यहीं नहीं, इस नीति को व्यापक बनाते हुए इस उद्योग में कार्यरत श्रमिकों से संबंधित मसलों को भी संबोधित किया गया है, जिनमें श्रम-कल्याण जैसे मुद्दे शामिल हैं। साथ ही, वस्त्र निर्माण क्षेत्र में निवेश कैसे बढ़े और भविष्य में टेक्सटाइल और वस्त्र निर्माण उद्योग क्षेत्र में तरक्की का रास्ता कैसे पारिभाषित किया जाए, इसकी भी विवेचना की गई है।

दरअसल, भारत में कृषि के बाद टेक्सटाइलस दूसरा सबसे बढ़ा रोजगार का क्षेत्र है और यह न सिर्फ कुशल श्रमिक, बल्कि अकुशल श्रमिकों के लिए भी करीब 4.5 करोड़ रोजगारों का स्रोत है। भारत जून 2014 में टेक्सटाइल विनिर्माण के क्षेत्र में विश्व में नवंबर दो पोजिशन पर था, जबकि सिल्क और कॉटन उत्पादन के क्षेत्र में भी उसका स्थान द्वितीय था। जूट के उत्पादन में भारत नवंबर वन है और अगर कुल वैश्विक टेक्सटाइल और गारमेंट बाजार की बात की जाए, तो इसका आकार करीब 40 बिलियन डॉलर था।

यह सभी आँकड़े यही इंगित करते हैं कि टेक्सटाइल नीति 2000 के बाद इस क्षेत्र में एक नई और व्यापक नीति की आवश्यकता नजर आ रही थी और ऐसे में उम्मीद की जा रही है कि नई नीति इस क्षेत्र में भारी विकास की संभावनाओं को मूर्तरूप देने में सक्षम होगी, क्योंकि पिछले डेढ़ दशकों से यह क्षेत्र अनेक समस्याओं से ग्रसित रहा और वैश्विक बाजारों में इसका हिस्सा लगातार कम होता रहा, जबकि बांग्लादेश और वियतनाम जैसे अपेक्षाकृत छोटे देशों ने इस मार्केट में अपनी उपस्थिति दर्ज करा ली।

सन् 2014-15 में टेक्सटाइल और वस्त्र निर्माण क्षेत्र में विकास दर महज 1.3 प्रतिशत रही। गौरतलब है कि टेक्सटाइल क्षेत्र वैश्विक बाजारों में एक प्रतिस्पर्धात्मक उद्योग है और एक मौसमी (सीजनल) उद्योग होने के नाते भी यह विशिष्ट समस्याओं से ग्रसित है। साथ ही, यूरोपियन यूनियन के मंदी के दौर ने भी इस उद्योग को काफी आहत किया।

सरकारी आँकड़ों के अनुसार, अप्रैल 2016 तक करीब 592 टेक्सटाइल मिलों ने अपना कारोबार बंद कर दिया, जिनमें करीब 3 लाख लोगों का रोजगार छिना है। भारत जैसे विकासशील देश में करोड़ों लोगों को रोजगार देनेवाले विनिर्माण क्षेत्र और देश की सकल राष्ट्रीय आय और निर्यात क्षेत्र में महत्त्वपूर्ण योगदान देनेवाले टेक्सटाइल क्षेत्र को वाकई विशेष नीति की आवश्यकता है जो इसे फिर से नई ऊँचाइयों तक ले जा सके।

(मुंबई में प्रकाशित दैनिक 'हमारा महानगर' में शुक्रवार 08-07-2016 को व्यापार पृष्ठ पर प्रकाशित)

□

80

व्यापक क्षेत्रीय आर्थिक नीति कितनी प्रभावी

हाल ही में न्यूजीलैंड के सबसे बड़े शहर ऑकलैंड में आसियान ग्रुप के सदस्य देशों के बीच एक व्यापक क्षेत्रीय आर्थिक नीति का प्रारूप तैयार करने के लिए गहन वार्त्ता का दौर चला। पिछले करीब चार वर्षों से इस विषय पर चर्चा कर रहे इन देशों में अब कहीं ऐसे आसार नजर आ रहे हैं कि शायद इस बार ये किसी ठोस निर्णय पर पहुँच ही जाएँगे।

उल्लेखनीय है कि आसियान एक राजनीतिक-आर्थिक संगठन है, जिसके दस सदस्य राष्ट्र हैं। 8 अगस्त 1967 में मूलरूप से इंडोनेशिया, मलेशिया, फिलिपींस, सिंगापुर और थाइलैंड द्वारा इस संगठन को बनाया गया, जिसमें कालांतर में ब्रुनेई, कंबोडिया, लाओस, माएनमार और वियतनाम भी आ जुड़े।

इस संगठन का उद्देश्य सदस्य राष्ट्रों में आर्थिक विकास, सामाजिक विकास और सामाजिक-सांस्कृतिक उन्नति का मार्ग प्रशस्त करना था। साथ ही, क्षेत्रीय स्थायित्व बनाए रखना और शांतिपूर्ण ढंग से पारस्परिक मतभेदों को सुलझा लेना भी इसका एक उद्देश्य था।

जल्द ही आसियान विश्व के प्रमुख देशों के समक्ष एक प्रभावशाली ग्रुप के रूप में स्थापित हुआ। जाहिर सी बात है कि जब करीब 4.4 मिलियन वर्ग किलोमीटर (वैश्विक क्षेत्रफल का 3 प्रतिशत) क्षेत्र कवर करनेवाले इन देशों में करीब 625 मिलियन लोग (वैश्विक जनसंख्या का 8.8 प्रतिशत) रहते हैं और इनकी सम्मिलित आय 2.8 ट्रिलियन डॉलर्स है, तो इन्हें अहमियत मिलना तो लाजिमी था ही, अगर इस ग्रुप को एक इकाई मान लिया जाए, तो इनका वैश्विक अर्थव्यवस्था में सातवां स्थान बनता है। फिर चीन, भारत, बांग्लादेश आदि उदयीमान देशों के साथ इन आसियान देशों की सीमाएँ जुड़ी हैं, जो धीरे-धीरे इन देशों के साथ स्वतंत्र व्यापार समझौतों के जरिए आ जुड़े।

सन् 2012 में भारत ही में जब आसियान के साथ शिखर सम्मेलन का आयोजन हुआ तब इन देशों के साथ करीब 79.86 बिलियन डॉलर्स का व्यापारिक संबंध था।

दरअसल, वर्ष 1992 से ही जब भारत आसियान से संवाद के जरिए जुड़ा, तब से इस ग्रुप के देशों के साथ द्विपक्षीय व्यापार तेजी से बढ़ता रहा है। बाद में सन् 2009 में मुक्त व्यापार करार फाइनल हुआ, जो 1 जनवरी, 2010 से लागू किया गया।

आसियान की बढ़ती अहमियत का अंदाजा इसी बात से लगाया जा सकता है कि पिछले करीब चार वर्षों से भारत व चीन सहित अन्य विकसित अर्थव्यवस्थाएँ, जिनमें ऑस्ट्रेलिया, जापान, दक्षिण कोरिया और न्यूजीलैंड शामिल हैं, एक व्यापक आर्थिक नीति इस क्षेत्र के साथ लागू करने के लिए प्रयासरत हैं, जिसके तहत आसियान देशों के साथ एक मुक्त व्यापार समझौता फाइनल किया जा सके।

जाहिर है कि सभी देशों में सामानों के आयात निर्यात पर लागू शुल्क (टेरिफ) की दरों को लेकर कुछ मतभेद हैं, विशेषकर कृषि आधारित वस्तुओं और सेवाओं के आदान-प्रदान को लेकर कुछ मुद्दों पर आम-सहमति होना बाकी है। जहाँ तक भारत का सवाल है, उसका आसियान देशों के साथ पहले से ही मुक्त व्यापार समझौता है, जिसमें लगभग 80 प्रतिशत सामानों पर कोई शुल्क नहीं है। जापान, दक्षिण कोरिया और अन्य देशों के साथ भारत ने पृथक समझौते किए हैं।

सवाल यह है कि आसियान और उसके सभी सहयोगी देशों के साथ यदि मुक्त व्यापार समझौता हो गया, तो यह भारत के लिए कितना लाभदायक सिद्ध होगा? वस्तुतः इस ग्रुप के साथ जुड़े चीन व कोरिया जैसे देशों के साथ प्रतिस्पर्धा कर पाना काफी चुनौतीपूर्ण हो सकता है। यही कारण है कि कई भारतीय कंपनीज विभिन्न देशों के साथ पृथक तौर पर किए गए मौजूदा एफटीए (फ्री ट्रेड ऐग्रीमेंट) को बेहतर समझ रही हैं। खासतौर पर कृषि बाजारों पर इस व्यापक आर्थिक नीति के लागू होने से विपरित प्रभाव पड़ सकते हैं, लेकिन दूसरी ओर इस नीति से टेक्सटाइल, चमड़ा, प्रोसेस्ड फूड, मशीनरी और इलेक्ट्रॉनिक वस्तुओं का निर्माण करनेवाली कंपनियों में निवेश बढ़ने की संभावना है।

फिलहाल आसियान आर्थिक नीति को फाइनल होने में एक वर्ष तक का समय लग सकता है और इस दौरान भारत के समझ यह चुनौती है कि किस प्रकार वह अपने हितों का संरक्षण करते हुए यह क्षेत्रीय समझौता कर पाता है।

(मुंबई में प्रकाशित दैनिक 'हमारा महानगर' में शुक्रवार 15-07-2016 को व्यापार पृष्ठ पर प्रकाशित)

□

81

आई.एम.एफ. ने कम किए आर्थिक विकास दर के पूर्वानुमान

हाल ही में अंतरराष्ट्रीय मुद्रा कोष ने यूरोपियन यूनियन से ब्रिटेन के अलग होने के फैसले (ब्रेक्सिट) के मद्देनजर अप्रैल 2016 में जारी सन् 2016 और 2017 के आर्थिक विकास दर के पूर्वानुमान को 0.1 प्रतिशत अंकों से कम कर दिया है। इसके फलस्वरूप अब वैश्विक अर्थव्यवस्था के सन् 2016 में 3.1 प्रतिशत व सन् 2017 में 3.4 प्रतिशत से बढ़ने का पूर्वानुमान लगाया गया है।

जाहिर है कि आई.एम.एफ. के अनुसार ब्रेक्सिट के फैसले से आर्थिक, राजनीतिक और संस्थागत ढ़ाँचे में भारी अनिश्चितता की स्थिति उत्पन्न हो सकती है, जिससे पहले से ही नाजुक दौर से गुजर रहा व्यावसायिक वातावरण और उपभोक्ताओं का विश्वास और भी आहत हो सकता है। यही कारण है कि वैश्विक आर्थिक आउटलुक में कुछ कटौती की गई है।

अंतरराष्ट्रीय मुद्रा कोष के मुख्य अर्थशास्त्री और आर्थिक सलाहकार के अनुसार, ब्रेक्सिट ने मानो मौजूदा कामकाज पर करारा आघात किया है। अब जैसे-जैसे यह प्रक्रिया आगे बढ़ेगी, इसके परिणाम सामने आते जाएँगे। फिलहाल इसके संभावित नतीजों को ठीक से मापना भी काफी मुश्किल है।

उल्लेखनीय है कि इसी वर्ष 23 जून को ब्रिटेन में हुए जनमत संग्रह में ब्रेक्सिट के पक्ष में पड़े फैसले के बाद वहाँ की सरकार बदली है और यह सब एक ऐसे समय हुआ है, जहाँ वैश्विक विकास दर पहले ही कमजोर पड़ी है। ऐसे में विशेषकर ब्रिटेन और यूरोपियन यूनियन के दरम्यान बदले समीकरण इन दोनों ही अर्थव्यवस्थाओं पर विपरीत प्रभाव डाल सकते हैं। अब देखना यह है कि दोनों अर्थव्यवस्थाओं में जो व्यापारिक और वित्तीय ताल्लुकात हैं वो कितनी सरलता से और उम्मीद के मुताबिक परिवर्तित किए जा सकते हैं और जाहिर है कि इसका

प्रभाव भी उतना ही कम या ज्यादा पड़ेगा।

आई.एम.एफ. के अनुसार, इस वर्ष ब्रिटेन की अनुमानित विकास दर 1.7 प्रतिशत रहेगी जो कि पूर्व में घोषित पूर्वानुमान से 0.2 प्रतिशत अंक कम की गई है, जबकि सन् 2017 के लिए इसका पूर्वानुमान 0.9 प्रतिशत अंक कम करके 1.3 प्रतिशत बताया गया है, जबकि यूरो क्षेत्र में विकास दर का पूर्वानुमान सन् 2016 में 1.6 प्रतिशत तो सन् 2017 में 1.4 प्रतिशत बताया गया है। हालाँकि ये पूर्वानुमान भी इस मान्यता पर आधारित हैं कि दोनों अर्थव्यवस्थाओं में बहुत ज्यादा व्यापारिक प्रतिबंध नहीं लगाए जाएँगे और वित्तीय बाजारों में कोई बड़ी गिरावट नहीं आएगी।

जाहिर है कि आई.एम.एफ. को अंदेशा है कि यदि सब कुछ जैसा सोचा वैसा नहीं हुआ तो इससे न सिर्फ ब्रिटेन और यूरोपियन यूनियन, बल्कि समूची वैश्विक विकास दर आहत हो सकती है। गौरतलब है कि सन् 2015 में यूरोपियन यूनियन की सकल राष्ट्रीय आय 16.22 ट्रिलियन डॉलर्स थी जो इसे विश्व की दूसरी सबसे बड़ी अर्थव्यवस्था का दर्जा देता है।

हालाँकि यूरोपियन यूनियन के साथ की गई ट्रीटी (संधि) की धारा 50 के तहत ई.यू. से अलग की प्रक्रिया के तहत ब्रिटेन के पास व्यापार शुल्क (टेरिफ), देशांतरण (माइग्रेशन) और विनियमन (रेग्युलेशन) से जुड़े मसलों पर नए समझौते करने के लिए दो वर्ष तक का समय उपलब्ध है और इस लिहाज से निकट भविष्य में ब्रेक्सिट का कोई बड़ा प्रभाव शायद न भी पड़े, पर लगता है कि आई.एम.एफ. की आउटलुक कम होने का ताल्लुक कहीं-न-कहीं एक और भी बड़ी समस्या से है, जिसके परिप्रेक्ष्य में यह ब्रेक्सिट की समस्या कुछ अधिक प्रखरता से सामने आ गई है और यह समस्या है, विकसित अर्थव्यवस्थाओं की लगातार कमजोर रहती आर्थिक विकास दर की।

उल्लेखनीय है कि पिछले छह वर्षों में इन अर्थव्यवस्थाओं की औसत विकास दर महज 1.6 प्रतिशत रही है और अगर इसमें सन् 2008 तक का अंतराल और शामिल कर लें तो यह औसत और भी कम करीब 1.1 प्रतिशत बनता है। इसके सापेक्ष यदि विकासशील और उदयीमान अर्थव्यवस्थाओं का प्रदर्शन देखें तो सन् 2008 से 2016 के दरम्यान औसत विकास दर 5 प्रतिशत से कुछ अधिक ही रही है। इनमें विशेष रूप से भारत और चीन जैसे उदयीमान देशों का प्रदर्शन औसत से काफी ऊपर रहा।

कुल मिलाकर ब्रेक्सिट के नकारात्मक प्रभाव इसलिए भी उभर रहे है कि पहले से ही शिथिल पड़ी वैश्विक अर्थव्यवस्था इतनी कमजोर समझी जा रही है

कि जरा–सी भी अनिश्चितता इसे अस्थिर बना सकती है और शायद यही कारण है कि आई.एम.एफ. ने अपनी आर्थिक आउटलुक में सांकेतिक कटौती कर के सभी को ब्रेक्सिट के संभावित नकारात्मक प्रभावों से आगाह किया है।

(मुंबई में प्रकाशित दैनिक 'हमारा महानगर' में शुक्रवार 22-07-2016 को व्यापार पृष्ठ पर प्रकाशित)

□

82

निर्यातों में वृद्धि है एक सकारात्मक रुख

हाल ही में भारत सरकार के वाणिज्य एवं उद्योग मंत्रालय द्वारा जारी आँकड़ों के अनुसार, पिछले 18 महीनों से लगातार गिरावट का रुख अख्तियार किए हुए निर्यातों में जून माह के डॉलर मूल्यों में 1.27 प्रतिशत और रुपए मूल्यों में 6.72 प्रतिशत की वृद्धि दर्ज की गई। इस दौरान निर्यातों को स्तर जून 2015 के 22,289.43 मिलियन डॉलर्स (1,42,342 करोड़ रुपए) के मुकाबले जून 2016 में बढ़कर 22,572.30 मिलियन डॉलर्स (करीब 1,51,905 करोड़ रुपए) हो गया है।

उल्लेखनीय है कि इस बार गैर-पेट्रोलियम उत्पादों के एक्सपोर्टस में 3.06 प्रतिशत की वृद्धि हुई है, जो काफी सकारात्मक ट्रेंड समझा जा सकता है। साथ ही, यदि ब्रेक्सिट (यूरोपियन यूनियन से ब्रिटेन के पलायन का निर्णय) के परिप्रेक्ष्य में देखा जाए जो तमाम अनिश्चितता की संभावनाओं के बावजूद बल्कि इस क्षेत्र में किए जा रहे निर्यातों में 4.33 प्रतिशत की वृद्धि दर्ज की गई है। हालाँकि अमेरिका, जापान व चीन को किए जानेवाले निर्यातों में क्रमश: 7.44, 2.23 एवं 1.79 प्रतिशत की कमी आई है।

इस प्रकार सामानों के निर्यातों में तो सकारात्मक रुख उभरने ही लगे हैं, साथ ही सेवाओं के निर्यात भी डॉलर मूल्यों के आधार पर 4.28 प्रतिशत से बढ़े हैं। हालाँकि जहाँ तक आयातों का सवाल है, वहाँ वस्तुओं के आयात (इंपोर्टस) 7.33 प्रतिशत से कम हुए, पर सेवाओं के आयात 10.29 प्रतिशत से बढ़े।

लेकिन कुल मिलाकर अप्रैल से जून तक की तिमाही में व्यापार घाटा पिछले वर्ष की तुलना में 62.01 प्रतिशत कम रहा अर्थात् निर्यातों के मुकाबले आयात अधिक तेजी से कम हुए, विशेषकर गोल्ड के आयातों में 38.5 प्रतिशत की कमी आई है। साथ ही, तेल (पेट्रोलियम) और कोयले की आयात कीमतों में भी गिरावट हुई, जिससे एक ओर व्यापार घाटा काफी मात्रा में कम हुआ तो दूसरी ओर निर्यातों के मूल्य में कुछ सुधार होने का भी लाभ उसे मिला।

कई क्षेत्रों में, जैसे कि सूचना एवं प्रौद्योगिकी (इन्फॉर्मेशन टेक्नोलॉजी) और टेक्स्टाइल एवं वस्त्र उद्योग में रुपए के मूल्य में कुछ कमी आने से हमारे निर्यातों की प्रतिस्पर्धात्मक क्षमता बढ़ी है, लेकिन साथ ही ब्रेक्सिट की वजह से ब्रिटिश पाउंड और ई.यू. की करेंसी कमजोर पड़ने से स्टील जैसे उन तमाम क्षेत्रों में भारतीय उत्पादों को कड़ी टक्कर मिली है, जहाँ ब्रिटिश व यूरोपियन उत्पादों के साथ उनकी सीधी प्रतिस्पर्धा है।

ब्रेक्सिट के आधिकारिक तौर पर लागू होने में करीब दो वर्ष तक का समय लग सकता है, लेकिन फिर भी किसी भी महत्त्वपूर्ण मसले पर व्याप्त अनिश्चितता की स्थिति अंतरराष्ट्रीय व्यापार और पूँजी प्रवाह, दोनों को ही प्रभावित करती है और जब कि करीब 50 मिलियन की आबादीवाले ई.यू. क्षेत्र की सकल राष्ट्रीय आय 16 ट्रिलियन यू.एस. डॉलर्स हो तो जाहिर सी बात है, वहाँ की अर्थव्यवस्था पर पड़ने वाले नकारात्मक या सकारात्मक प्रभावों का असर तो हमारे व्यापारिक ताल्लुकातों पर पड़ेगा ही। विशेष रूप से तब जब कि ब्रिटेन के साथ सन् 2015-16 में भारत का द्विपक्षीय व्यापार करीब 14.02 बिलियन डॉलर्स रहा हो और उसके साथ 3.64 बिलियन डॉलर्स का व्यापार अधिशेष सरप्लस) हो।

दरअसल, भारतीय निर्यातों का मसला इसलिए भी अहम् है, क्योंकि इस क्षेत्र का भारत की सकल राष्ट्रीय आय में योगदान लगातार बढ़ रहा है। जाहिर है, इस क्षेत्र में यदि कोई सकारात्मक रुख नजर आते हैं तो इसका सीधा असर देश की अर्थव्यवस्था पर पड़ता है।

दूसरा महत्त्वपूर्ण कारण है कि निर्यात क्षेत्र में भारत के प्रदर्शन पर घरेलू तत्त्वों के साथ-साथ वैश्विक तत्त्वों का भी काफी असर पड़ता है। पिछले 18 महीनों से कमजोर वैश्विक मांग और शिथिल पड़ी आर्थिक विकास दर का नकारात्मक असर भी हमारे निर्यातों को आहत किए हुए है। इसके अलावा अन्य देशों की, जिनके साथ हमारे व्यापारिक ताल्लुकात हैं, घरेलू मुद्रा की रुपए के साथ तय विनिमय दर का भी वैश्विक व्यापार के स्तर पर प्रभाव पड़ता है। ऐसे में भारत में निर्यातों के अनुकूल वातावरण तैयार करना हमारी शीर्ष प्राथमिकताओं में से एक होना चाहिए। साथ ही, निर्यातों को प्रोत्साहन देने के लिए उचित आर्थिक वातावरण बनाए रखने और स्थायित्व के साथ विकास करने और महँगाई को नियंत्रण में रखने की भी आवश्यकता है।

(मुंबई में प्रकाशित दैनिक 'हमारा महानगर' में शुक्रवार 29-07-2016 को व्यापार पृष्ठ पर प्रकाशित)

□

83

बदलेगा वस्तु एवं सेवा कर का ढाँचा

एक लंबे इंतजार के बाद वस्तु एवं सेवा कर (संविधान संशोधन) विधेयक, जो जी.एस.टी. के नाम से ज्यादा मशहूर है, राज्यसभा ने पास कर दिया है। उल्लेखनीय है कि मई 2015 में यह विधेयक पहले ही लोकसभा द्वारा पारित किया जा चुका है।

जी.एस.टी. बिल भारत के संविधान में 122वें संशोधन के रूप में दर्ज हुआ है। जाहिर है, यह विधेयक जब लागू होगा तब भारत में अप्रत्यक्ष करों के ढांचे में एक बड़ा बदलाव नजर आएगा।

वस्तुतः जी.एस.टी. के माध्यम से भारत में अब राष्ट्रीय स्तर पर 'वेट' (वेल्यू ऐडड टैक्स) लागू किया जाएगा। यह वस्तओं और सेवाओं पर लगाया जानेवाला एक व्यापक कर होगा, जो मौजूदा अप्रत्यक्ष करों (इनडायरेक्ट टैक्सेज) के स्वरूप को बदल देने वाला है। और इस लिहाज से इसे भारत में 90 के दशक से जारी आर्थिक सुधारों की कड़ी में एक बड़ी उपलब्धि के रूप में भी देखा जा रहा है।

जी.एस.टी. बिल लागू किए जाने के उपरांत अब भाँति-भाँति के करों के स्थान पर एक सिंगल टैक्स रेट लगा दी जाएगी, जिससे प्राप्त राजस्व को केंद्र व राज्यों में आधा-आधा 'शेयर' किया जा सकता है। इसके लागू किए जाने के लिए राष्ट्रपति के हस्ताक्षर होने बाकी हैं। हालाँकि उससे पूर्व भारत के 29 राज्यों में से आधे राज्यों की विधानसभाओं की सहमति इसे प्राप्त करनी होगी।

जी.एस.टी. बिल के लागू होने का सबसे बड़ा फायदा यह होगा कि विभिन्न वस्तुओं और सेवाओं पर एक ही रेट से कर लगेगा और यही रेट पूरी सप्लाई चेन अर्थात् उत्पादन से उपभोक्ता तक पहुँचने के दरम्यान हर कड़ी पर लगाई जाएगी। जी.एस.टी. के तहत रजिस्टर्ड व्यवसाय (बिजनेसेज) अपने उत्पादों में प्रयुक्त कच्चे माल व अन्य वस्तुओं पर चुकाए गए कर का 'टैक्स-क्रेडिट' (करों में छूट) ले सकेंगे। केंद्र और राज्य सरकारों द्वारा वसूले जा रहे विभिन्न करों को अब एक ही

जी.एस.टी. में समाहित कर दिया जाएगा, जिससे अप्रत्यक्ष करों की वसूली आसान होगी और प्रशासनिक कुशलता बढ़ेगी।

उपभोक्ताओं को भी बड़ा फायदा मिलने की संभावना है, क्योंकि सभी प्रकार के अप्रत्यक्ष करों का भार, जो वर्तमान में करीब 25 से 30 प्रतिशत है, वह करीब 7 से 12 प्रतिशत कम होने की संभावना है। हालाँकि जी.एस.टी. कर लागू होने की प्रस्तावित तिथि 1 अप्रैल, 2017 बताई गई है, पर फिर भी इसे लागू करने के लिए एक लंबी प्रक्रिया पूरी करनी होगी।

फिलहाल जी.एस.टी. बिल के लिए संविधान संशोधन बिल पर राष्ट्रपति के हस्ताक्षर होने के बाद जी.एस.टी. काउंसिल की स्थापना की जाएगी, जो जी.एस.टी. बिल का मसौदा (ड्राफ्ट) तैयार करने के लिए अपनी सिफारिशें देगी। उसके बाद केंद्र सरकार जी.एस.टी. विधेयक का मसौदा तैयार करेगी। उसके बाद देश की संसद द्वारा यह बिल पास किया जाना है। साथ ही, राज्यों के विधान मंडल (लेजिसलेचर) द्वारा इसकी अनुमोदना होनी बाकी है। इसके बाद राष्ट्रपति की अनुमोदना की फिर से आवश्यकता पड़ेगी। तदुपरांत जी.एस.टी. बिल लागू किया जा सकता है।

वित्त मंत्री की मानें तो जी.एस.टी. लागू होने पर संघीय ढाँचे के तहत सर्वोत्तम आर्थिक प्रशासन की प्राप्ति होगी। इससे एक ओर सरकारी राजस्व बढ़ेगा और कई स्थानों पर टैक्स चोरी के मामले घटेंगे तो दूसरी ओर टैक्स पर टैक्स (कासकेडिंग इंफेक्ट) का भार कम होगा। टैक्स रेट में कमी आने से महँगाई भी कम होने की संभावना है। फिलहाल अरविंद सुब्रमण्यम पैनल द्वारा सुझाई गई 18 प्रतिशत की दर पर चर्चा जारी है और इस बात की अधिक संभावना है कि फाइनल टैक्स रेट इससे कुछ ही कम-ज्यादा हो सकती है।

जहाँ तक 'एक देश-एक टैक्स रेट' के फायदों का प्रश्न है, अधिकांश राजनीतिक दलों में सामान्य तौर पर सकारात्मक दृष्टिकोण है कि अंततः जी.एस.टी. से भारत की अर्थव्यवस्था को इसका लाभ ही मिलेगा, लेकिन राज्यों की स्वायत्तता, राजस्व में कमी की संभावना आदि को लेकर कुछ संशय भी हैं, जिसका निराकरण करना इसे सफलतापूर्वक लागू करने की दिशा में आवश्यक हो सकता है।

जाहिर है, अब जी.एस.टी. विधेयक के कानून बनने का रास्ता तो साफ हो गया है, लेकिन सभी राज्यों में इसे लागू करना काफी चुनौतीपूर्ण साबित हो सकता है। हो सकता है, तय समय तक इसे लागू करने के प्रयोजन में जी.एस.टी. बिल को एक वित्त विधेयक के रूप में पेश कर दिया जाए, हालाँकि कुछ विपक्षी दल चाहते हैं कि इस पर संसद के दोनों सदन में चर्चा हो। बहरहाल, संविधान संशोधन

विधेयक बिल पास होने से एक बात तो तय है कि जी.एस.टी. को हकीकत बनने में अब कोई बड़ी परेशानी नहीं होगी और जल्द ही यह भारत में अप्रत्यक्ष करों के ढांचे में बड़े बदलाव के रूप में जाना जाएगा।

(मुंबई में प्रकाशित दैनिक 'हमारा महानगर' में शुक्रवार 05-08-2016 को व्यापार पृष्ठ पर प्रकाशित)

□

84

मौद्रिक नीति में नहीं दिखा कोई बड़ा बदलाव

हाल ही में रिजर्व बैंक ने इस वर्ष की तृतीय द्विमासिक मौद्रिक समीक्षा में घोषित मौद्रिक नीति में नीतिगत दरों को यथावत रखा है। फलस्वरूप, रेपो रेट 6.5 प्रतिशत और कैश रिजर्व अनुपात 4 प्रतिशत सहित अन्य नीतिगत दरें अपने पूर्व स्तर पर बनी हुई हैं।

मौद्रिक नीति में ऐसे अनेक वैश्विक और घरेलू तत्त्वों का मूल्यांकन किया गया है, जो कि सामान्यतया इसे प्रभावित किया करते हैं। बताया गया है कि पिछली द्विमासिक मौद्रिक समीक्षा (जून 2016) के बाद के घटनाक्रम से वैश्विक आउटलुक कुछ मलिन (बादलों से घिरी) लग रही है। विकसित अर्थव्यवस्थाओं में कैलेंडर वर्ष 2016 की दूसरी तिमाही में विकास दर उम्मीद से कुछ कम ही रही है। हालाँकि इनकी आउटलुक को मिश्र (मिक्सड) बताया गया है। अमेरिका में जहाँ रोजगार बढ़ने से सकारात्मक रुख पनपे हैं, वहाँ यूरो जोन (क्षेत्र) में कुछ बैंकों पर दबाव पड़ने और ब्रेक्सिट (यूरो क्षेत्र से ब्रिटेन का पलायन) निर्णय से अनिश्चितता की स्थिति उत्पन्न हुई है। जापान में आर्थिक मंदी और औद्योगिक उत्पादन में कमी का अंदेशा भी लगाया गया है।

जहाँ तक अन्य उदीयमान अर्थव्यवस्थाओं का सवाल है, चीन में वर्ष की दूसरी तिमाही में वहाँ की सकल राष्ट्रीय आय बढ़ी है, लेकिन उसके बाद जुलाई में विनिर्माण की रफ्तार कुछ कमजोर भी पड़ी है। इसके अलावा, रूस और ब्राजील में यद्यपि आर्थिक मंदी के हालात कुछ सुधरे जरूर हैं, पर अभी भी नीतिगत अनिश्चितता और नरम कमोडिटी कीमतों की वजह से वहाँ की आउटलुक कमजोर ही लग रही है।

इसके विपरीत, रिजर्व बैंक ने घरेलू अर्थव्यवस्था में मौजूद ऐसे अनेक तत्त्वों का मूल्यांकन किया है, जिनकी बदौलत देश में तेजी से विकास को बल मिला है। इनमें मानसून के आगमन और उसकी वजह से देश की 80 प्रतिशत धरती पर औसत से अधिक वर्षा के फलस्वरूप खरीफ की फसल की बुवाई का संतोषजनक रहना शामिल

है। इसके अलावा मई माह में औद्योगिक उत्पादन बढ़ा है और साथ ही माइनिंग (खनन) क्षेत्र में सुधार आया है।

विशेषकर पूँजीगत वस्तुओं का उत्पादन 8 प्रतिशत की दर से बढ़ा है और उपभोक्ता वस्तुओं की मांग भी मजबूत हो रही है। साथ ही, सर्विसेज क्षेत्र में भी काफी सकारात्मक रुख नजर आ रहे हैं। पिछले दो महीनों में वित्तीय सिस्टम में तरलता बढ़ी है, जिसके लिए रिजर्व बैंक ने विभिन्न उपाय भी किए हैं। उधर, वैश्विक बाजारों में 18 महीनों से लगातार कम हो रहे निर्यातों में वृद्धि का रुख पनपा है, तो आयातों में कमी का सिलसिला जारी है, जिसकी वजह से व्यापार घाटे में कमी आई है। इस दौरान विदेशी मुद्रा भंडार बढ़कर 367.7 बिलियन (5 अगस्त, 2016) हो चला है।

अब सवाल यह है कि मौद्रिक नीति को प्रभावित करनेवाले अनेक सकारात्मक तत्त्वों के मौजूद होने के बाद भी फिलहाल नीतिगत दरों में कटौती क्यों नहीं की गई? इसका प्रमुख कारण रहा, महँगाई का बढ़ता स्तर। जून माह में उपभोक्ता मूल्य सूचकांक, जो कि देश में खुदरा महँगाई के स्तर का द्योतक समझा जाता है, बढ़कर पिछले 22 महीनों के उच्चतम स्तर पर पहुँच गया है। विशेष रूप से खाद्य महँगाई काफी तेजी से बढ़ी है।

हालाँकि इस वर्ष मानसून अच्छे रहने की वजह से कृषि उत्पादन बढ़ने और परिमाणस्वरूप महँगाई कम हो जाने की भी अच्छी संभावनाएँ हैं, लेकिन सातवें वेतन आयोग की सिफारिशें पूरी तरह से लागू किए जाने पर महँगाई को हवा भी मिल सकती है। रिजर्व बैंक की मानें, तो सन् 2017 में 5 प्रतिशत महँगाई दर का पूर्वानुमान बढ़ने का जोखिम फिलहाल दिखाई दे रहा है।

अतः एक बार फिर महँगाई के मुद्दे को प्राथमिकता देते हुए नीतिगत दरों को यथावत रखा गया है। साथ ही, वित्तीय प्रणाली में तरलता बनाए रखने के उपाय जारी रखे जाएँगे। कुल मिलाकर यद्यपि रिजर्व बैंक ने नीतिगत दरों की फिलहाल कटौती भले ही न की हो, पर एक सकारात्मक या यूँ कहें कि आशावादी दृष्टिकोण अवश्य प्रस्तुत किया है, जिससे उम्मीद बँधी है कि यदि महँगाई काबू में रही तो अगली मौद्रिक समीक्षा में नीतिगत दरों में कुछ कटौती की अपेक्षा तो की ही जा सकती है।

(मुंबई में प्रकाशित दैनिक 'हमारा महानगर' में शुक्रवार 12-08-2016 को व्यापार पृष्ठ पर प्रकाशित)

□

85

महँगाई का बढ़ता स्तर चिंताजनक

हाल ही में केंद्रीय सांख्यिकी दफ्तर (सी.एस.ओ.) द्वारा जारी आँकड़ों के अनुसार, जुलाई 2016 में खुदरा मूल्य सूचकांक 6.07 से बढ़ा, जो पिछले 23 महीनों का अधिकतम स्तर है। विशेषकर खाद्य वस्तुओं की कीमतों में वृद्धि दर अपेक्षाकृत अधिक रही।

खुदार महँगाई की दर अब 6 प्रतिशत के सहनशील स्तर को पार कर चुकी है, जो रिजर्व बैंक और सरकार द्वारा संयुक्त रूप से स्थापित किया गया था। यह इसलिए भी चिंताजनक है, क्योंकि खाद्य पदार्थों के मूल्य में वृद्धि इसका प्रमुख कारण रही, बावजूद इसके कि इस बार मानसून की सेहत अच्छी रही है और कई स्थानों पर तो बल्कि बारिश औसत स्तर से भी काफी अच्छी रही है।

गौरतलब है कि जुलाई 2015 में खुदरा महँगाई की दर 3.69 प्रतिशत थी, जबकि जून 2016 में यह 5.26 प्रतिशत थी। भारतीय अर्थव्यवस्था में महँगाई की दर का सीधा असर मौद्रिक नीति पर पड़ता है। हाल ही में अपनी तृतीय मौद्रिक समीक्षा में रिजर्व बैंक ने महँगाई दर में संभावित वृद्धि को भांपते हुए नीतिगत दरों में कटौती की गुंजाइश खारिज करते हुए उन्हें यथावत (अपने पूर्व स्तर पर) बनाए रखा था।

उल्लेखनीय है कि नीतिगत दरों का ऊँचा स्तर जहाँ उपभोक्ता मांग पर अंकुश रखने का काम करता है, वहीं उत्पादकों के लिए उनके उत्पादों की लागत भी बढ़ा देता है, जिससे भी वस्तुओं की कीमतें बढ़ सकती हैं। इसके अलावा कीमतों में वृद्धि की अपेक्षा भी कीमतों को हवा ही देती है। आनेवाले समय में सातवें वेतन आयोग की सिफारिशें लागू होने पर उपभोक्ताओं की औसत खर्च योग्य आय बढ़ने की संभावना है, जिससे उपभोक्ता मांग में वृद्धि होने और कीमतों पर दबाव बढ़ने की आशंका है। दूसरा, सातवें वेतन आयोग की सिफारिशें लागू होने पर केंद्रीय वित्त मंत्री के लिए राजकोषीय घाटे को 3.5 प्रतिशत के निर्धारित स्तर पर रखना भी काफी चुनौतीपूर्ण साबित हो सकता है।

हालाँकि दूसरी ओर औद्योगिक उत्पादन 2.1 प्रतिशत से बढ़ा है, जो कि पिछले

आठ महीनों का अधिकतम स्तर है। खनन क्षेत्र में विकास दर 4.7 प्रतिशत रही, जबकि विनिर्माण क्षेत्र 0.9 प्रतिशत और विद्युत क्षेत्र 8.3 प्रतिशत से बढ़ा है। यदि उद्योगों की बात करें तो कुल 22 उद्योग समूहों में से 18 में सकारात्मक विकास दर दर्ज की गई है। सबसे अधिक वृद्धि दर 'रेडियो, टी.वी. एवं संचार उपकरण' में देखी गई, जो 15.8 प्रतिशत रही। इसके अलावा मोटर वाहन व ट्रेलर्स में 8.8 प्रतिशत व अन्य वाहनों में 8.7 प्रतिशत की वृद्धि दर रही। हालाँकि इलेक्ट्रिकल मशीनरी उत्पादन में 46.1 प्रतिशत की कमी आई और चमड़ा उत्पादों में 13.8 प्रतिशत।

गौरतलब है कि बेसिक (आधारभूत) वस्तुओं का उत्पादन जून 2016 में पिछले वर्ष के मुकाबले जहाँ 5.9 प्रतिशत से बढ़ा, वहीं पूँजीगत वस्तुओं का उत्पादन बल्कि 16.5 प्रतिशत से घटा। उधर, इंटरमीजिएट (मध्यवर्ती) उत्पादों की वृद्धि दर 6.1 प्रतिशत रही। उपभोक्ता उत्पाद 2.8 प्रतिशत से बढ़े।

ये सब आँकड़े भी औद्योगिक उत्पादन के संदर्भ में मिश्र प्रदर्शन की ओर संकेत देते हैं। विशेषकर पूँजीगत उत्पादों में गिरावट घटती निवेश मांग की ओर इशारा करती है।

अब सकारात्मक पहलुओं की बात करें तो अच्छे मानसून की वजह से इस बार ग्रामीण भारत में उपभोक्ता मांग बढ़ने की संभावना है। साथ ही, खाद्य वस्तुओं की कीमतें भी कुछ कम हो सकती हैं। सातवें वेतन आयोग की सिफारिशें लागू होने से भी उपभोक्ता मांग को बल मिल सकता है। अत: एक ओर औद्योगिक उत्पादन को प्रोत्साहन मिलने की संभावना है, तो दूसरी ओर महँगाई पर दबाव भी बढ़ सकता है।

हाल ही में जारी अन्य आँकड़ों के अनुसार, थोक मूल्य सूचकांक (होलसेल प्राइस इंडेक्स) में जुलाई माह में पिछले माह की तुलना में एक प्रतिशत और वर्ष दर वर्ष आधार पर 3.55 प्रतिशत की वृद्धि देखी गई है। एक ओर जहाँ खाद्य वस्तुओं के थोक मूल्यों में 2.4 प्रतिशत की वृद्धि दर्ज की गई, वहीं गैर-खाद्य वस्तुओं के थोक मूल्य 2.3 प्रतिशत से बढ़े।

उधर, जुलाई माह में भारत के निर्यात (एक्सपोर्टस) 6.84 प्रतिशत से घटे हैं। कुल मिलाकर भारतीय अर्थव्यवस्था के संदर्भ में मिश्र रुझान दिखाई दे रहे हैं। ऐसे में देश की मौद्रिक, व्यापार व राजकोषीय नीति सहित समस्त आर्थिक नीतियों में व्यापक समन्वय स्थापित किए जाने की आवश्यकता है, जिससे एक ओर महँगाई पर काबू रखा जा सके, तो दूसरी ओर निवेश सेंटीमेंट बढ़े, ताकि औद्योगिक उत्पादन में दिखाई दे रहे सकारात्मक रुझानों को जारी रखा जा सके।

(मुंबई में प्रकाशित दैनिक 'हमारा महानगर' में शुक्रवार 19-08-2016 को व्यापार पृष्ठ पर प्रकाशित)

□

86

इंटरनेट से बदलेगी भारत की तसवीर

हाल ही में सॉफ्टवेयर और सेवा कंपनियों के राष्ट्रीय संघ (नासकॉम) और अकामाई टेक्नोलॉजिस कंपनी (यू.एस.ए.) द्वारा जारी की गई एक रिपोर्ट में अनुमान लगाया गया है कि भारत में सन् 2020 तक करीब 730 मिलियन इंटरेट उपभोक्ता होंगे। गौरतलब है कि अंतरराष्ट्रीय टेलीकम्युनिकेशन यूनियन (आई.टी.यू.) की एक रिपोर्ट के अनुसार, सन् 2015 में इंटरनेट उपभोक्ताओं (यूजर्स) की सँख्या करीब 462 मिलियन थी और इस लिहाज से भारत का स्थान चीन (721 मिलियन) के बाद दूसरा है, लेकिन यदि कुल जनसंख्या के प्रतिशत के संदर्भ में बात करें तो चीन में जहाँ 52 प्रतिशत लोगों को इंटरनेट सुविधा प्राप्त है, वहाँ भारत में 34.8 प्रतिशत लोग इंटरनेट का प्रयोग करते हैं।

वैश्विक स्तर पर देखें तो जहाँ सँख्या के आधार पर भारत का स्थान दूसरा है, वहाँ प्रतिशत के आधार पर 126वाँ है, तो इस प्रकार यह कहा जा सकता है कि कुछ हद तक एक डिजिटल डिवाइड है, जो इंगित करती है कि सूचना एवं संचार प्रौद्योगिकी तक पहुँच बनानेवाले और इनसे अभी तक महरूम रहनेवाले लोगों की सँख्या में काफी अंतर है।

नासकॉम की रिपोर्ट के अनुसार अगले पाँच वर्षों में इंटरनेट यूजर्स की सँख्या काफी तेजी से बढ़ेगी और खास बात ये है कि नए यूजर्स में से 75 प्रतिशत लोग ग्रामीण क्षेत्रों से आ जुड़ेंगे। समझा जा सकता है कि आनेवाले समय में ग्रामीण भारत में रोजमर्रा की जिंदगी और सामाजिक रूप से काफी बड़े बदलाव आएँगे, जिससे न सिर्फ रोजगार के अवसर बढ़ेंगे, बल्कि सभी के लिए लाभदायक अवसरों की उपलब्धता भी बढ़ेगी। यह भी अनुमान लगाया गया है कि ई-कॉमर्स (इंटरनेट के माध्यम) से होनेवाले कारोबार का 70 प्रतिशत हिस्सा मोबाइल फोन के जरिए होगा। साथ ही, यह अनुमान भी लगाया गया है कि नए इंटरनेट यूजर्स में से 75 प्रतिशत लोग अपनी स्थानीय (लोकल) भाषा में इंटरनेट जानकारी का उपयोग कर सकेंगे।

जाहिर सी बात है, इंटरनेट की दुनिया बड़ी होने से इस पर आधारित कारोबार जैसे

कि ई-कॉमर्स, यात्रा (ट्रेवल) और होटल (आतिथ्य) क्षेत्रों में काफी प्रगति होगी। साथ ही, सार्वजनिक सेवाओं, वित्तीय सेवाओं और संचार क्षेत्र में भी अभूतपूर्व तरक्की होगी।

भारत में इंटरनेट से लैस नागरिकों (नेटीजंस) की तादाद बढ़ने से ई-कॉमर्स मार्केट का आकार तेजी से बढ़ने की संभावना है। उल्लेखनीय है कि नासकॉम की रिपोर्ट के अनुसार, फिलहाल भारत में ई-कॉमर्स इंडस्ट्री का आकार करीब 17 बिलियन डॉलर्स है। सन् 2020 तक स्मार्ट फोन यूजर्स की सँख्या बढ़कर 702 मिलियन हो जाने की संभावना है जिसकी वजह से ऑनलाइन शॉपिंग का प्रयोग भी तेजी से बढ़ेगा।

एक अन्य क्षेत्र है, वित्तीय प्रौद्योगिकी (फाइनेंशियल टेक्नोलॉजी), जहाँ इंटरनेट से जुड़ाव न सिर्फ इस क्षेत्र की तसवीर बदल देगा, बल्कि भारतीय अर्थव्यवस्था को भी इससे काफी लाभ मिलेगा। वित्तीय प्रौद्योगिकी में प्रयुक्त सॉफ्टवेयर मार्केट का आकार अनुमानतः 1.2 बिलियन डॉलर्स है, और यह 2020 तक 1.7 गुना बढ़ जाएगा, ऐसा अनुमान लगाया गया है।

इसके अलावा शिक्षा, व्यापार, व सार्वजनिक सेवाओं के क्षेत्र में भी तरक्की होने की संभावना है। जाहिर तौर पर गाँवों में इंटरनेट पहुँचने से न सिर्फ शहरों और गाँवों के बीच डिजिटल डिवाइड (कंप्यूटर से जुड़ाव का अंतर) कम होगा, बल्कि भारत और विकसित देशों के बीच का डिजिटल अंतर भी कम होगा। उल्लेखनीय है कि इस कड़ी में रेलवे स्टेशनों और ग्रामीण इलाकों में फ्री वाई-फाई सुविधा प्रदान करने की दिशा में किए जा रहे प्रयास भारत में डिजिटल सेवाओं को एक नई ऊँचाई देंगे।

कहा जाता है कि भारत की तरक्की का रास्ता गाँवों से होकर जाता है और अब यह भी कहें कि गाँवों की तरक्की में इंटरनेट का महत्त्वपूर्ण योगदान होगा, तो शायद यह अतिशयोक्ति नहीं होगा।

(मुंबई में प्रकाशित दैनिक 'हमारा महानगर' में शुक्रवार 26-08-2016 को व्यापार पृष्ठ पर प्रकाशित)

□

87

धीमी पड़ रही है आर्थिक विकास दर

हाल ही में केंद्रीय सांख्यिकी कार्यालय (सी.एस.ओ.) द्वारा जारी आँकड़ों के अनुसार, वित्तीय वर्ष 2016-17 की प्रथम तिमाही में भारत की सकल राष्ट्रीय आय (जी.डी.पी.) की विकास दर 7.1 प्रतिशत रही। गौरतलब है कि इससे पूर्व मार्च माह में सप्ताह हुई तिमाही में विकास दर 7.9 प्रतिशत थी, जोकि काफी प्रभावशाली समझी गई थी। अगर सन् 2014-15 के जून माह में समाप्त हुई तिमाही की बात करें तो तब भी विकास दर 7.5 प्रतिशत रही थी।

दरअसल, जून 2016 के प्रदर्शन का यदि पिछली छह तिमाहियों के प्रदर्शन के सापेक्ष विश्लेषण किया जाए, तो यह भारतीय अर्थव्यवस्था की सबसे धीमी आर्थिक विकास दर है, हालाँकि 7.1 प्रतिशत की विकास दर पर भी भारत अभी भी विश्व में नंबर वन पोजीशन बनाए हुए है, क्योंकि चीन की आर्थिक विकास दर इस दरम्यान 6.7 प्रतिशत ही रही। यदि भारत के आर्थिक मामलों के सचिव की मानें तो अब भी भारत की अर्थव्यवस्था में 8 प्रतिशत की दर से विकास करने की संभावना नजर आ रही है, क्योंकि इस वर्ष जहाँ एक ओर मानसून अच्छे रहे हैं, वहीं दूसरी ओर भारत सरकार द्वारा पिछले दो वर्षों से विभिन्न क्षेत्रों में जो संरचनात्मक सुधार किए गए हैं, उनका भी सकारात्मक लाभ भारत की अर्थव्यवसथा को मिलेगा।

इसके अलावा भारत की अर्थव्यवस्था में निजी उपभोग, जिसका जी.डी.पी. में 55 प्रतिशत का योगदान है, वह 6.7 प्रतिशत से बढ़ा है। हालाँकि मार्च में समाप्त हुई तिमाही में यह 8.3 प्रतिशत से बढ़ा था। इस प्रकार भले ही इस क्षेत्र में विकास दर कुछ शिथिल पड़ी है,पर फिर भी भारत की अर्थव्यवस्था में इसका वर्चस्व बरकरार है।

हालाँकि इससे कहीं अधिक चिंता इस बात की है कि सकल अचल पूँजी विनिर्माण (ग्रॉस फिक्सड कैपिटल फॉर्मेशन) की दर जो पिछली तिमाही में 1.9 प्रतिशत से कम हुई थी, वह इस बार 3.1 प्रतिशत से कम हुई अर्थात् निजी निवेश के क्षेत्र में गतिविधियाँ बढ़ती दिखाई नहीं दे रहीं।

गौरतलब है कि सरकार की तरफ से सार्वजनिक निवेश बढ़ाने के तमाम प्रयास किए जा रहे हैं, लेकिन निवेश सेंटीमेंट में कोई उल्लेखनीय सुधार आता नहीं दिख रहा है। इसके अलावा कंस्ट्रक्शन तथा खनन के क्षेत्र में भी प्रदर्शन कुछ फीका ही रहा। जहाँ खनन क्षेत्र में उत्पादन 0.04 प्रतिशत से कम हुआ, वहीं कंस्ट्रक्शन क्षेत्र में यह महज 1.5 प्रतिशत से बढ़ा। यदि पिछले वर्ष (2014-15) की जून में समाप्त हुई तिमाही की बात करें, तो इन दोनों ही क्षेत्रों में विकास दर क्रमशः 8.5 व 4.5 प्रतिशत रही थी। इसका एक कारण इन क्षेत्रों में रुके हुए प्रोजक्ट हैं, जिन्हें पूरा करने के लिए सरकार को उचित कदम उठाने ही पड़ेंगे।

उधर, विनिर्माण व विद्युत क्षेत्र में विकास दर क्रमशः 9 एवम् 9.4 प्रतिशत रही, जो एक बेहतरीन प्रदर्शन समझा जा सकता है। उल्लेखनीय है कि पिछले वर्ष इनका प्रदर्शन क्रमशः 7.3 प्रतिशत व 4 प्रतिशत ही रहा था।

हालाँकि औसत से अच्छे मानसून के बावजूद कृषि क्षेत्र में विकास दर महज 1.8 प्रतिशत रही, जो कि पिछले वर्ष 2.6 प्रतिशत रही थी। उम्मीद की जा रही है कि आनेवाले 6 महीनों में कृषि उत्पादन में वृद्धि हो सकती है। इन सबसे परे सर्विस क्षेत्र में प्रदर्शन काफी दमदार रहा, जो पिछले वर्ष के 5.9 प्रतिशत के मुकाबले 12.3 प्रतिशत से बढ़ा। इसका प्रमुख कारण रहा, केंद्रीय सरकार द्वारा सार्वजनिक खर्च में 33.2 प्रतिशत की वृद्धि।

कुल मिलाकर भारत की जी.डी.पी. विकास दर कुछ धीमी अवश्य पड़ गई है, लेकिन अच्छे मानसून की संभावना और निजी उपभोक्ता खर्च में वृद्धि की अपेक्षा से लगता है कि आनेवाले समय में जी.डी.पी. की विकास दर कुछ बढ़ेगी ही। फिलहाल सरकार राजकोषीय घाटे के लक्ष्य के 73.7 प्रतिशत तक पहुँच चुकी है और ऐसे में 8 प्रतिशत के आर्थिक विकास दर के लक्ष्य तक पहुँचना नामुमकिन भले ही न समझा जा सके, पर जाहिर है काफी चुनौतीपूर्ण तो समझा ही जा सकता है।

(मुंबई में प्रकाशित दैनिक 'हमारा महानगर' में शुक्रवार 02-09-2016 को व्यापार पृष्ठ पर प्रकाशित)

□

88

राजन की नई चेतावनी कितनी सार्थक

हाल ही में रिजर्व बैंक के पूर्व गवर्नर रघुराम राजन ने अपने पद को छोड़ते समय एक नई चेतावनी देकर नीतिगत दरों के निम्न स्तर के संदर्भ में नई चर्चा छेड़ दी। उनके अनुसार, विश्व स्तर पर व्याप्त ब्याज की निम्न दरों की वजह से बाजारों (समझा जा सकता है कि वित्तीय और पूँजी बाजारों) में विकृत, या यूँ कहें कि भारी बदलाव (डिस्टॉर्शन) आ सकते हैं।

राजन का मानना है कि विश्व भर में फैले देशों में, जिनमें अमेरिका और रूस भी शामिल हैं, नीतिगत ब्याज दरों को कम रखा गया है, ताकि किसी प्रकार आर्थिक विकास दर मजबूत हो। लेकिन हो सकता है कि ये देश ऐसी मानसिकता में फँस जाएँ कि अंततः जब कभी वे नीतिगत दरों में इजाफा करेंगे, तो कहीं उनकी आर्थिक विकास दर शिथिल न पड़ जाए।

दरअसल पूर्व गवर्नर राजन को लगता है कि कहीं ब्याज की कम दरों की नीति (संभवतः मौद्रिक नीति) के अन्य उपकरणों (इंस्ट्रूमेंट) तथा विभिन्न प्रकार के आर्थिक सुधारों का विकल्प न समझ लिया जाए, क्योंकि वे भी आर्थिक विकास के लिए आवश्यक है।

गौरतलब है कि अमेरिकी अखबार 'न्यूयॉर्क टाइम्स' को साक्षात्कार देते हुए हमारे देश के पूर्व गवर्नर ने उक्त विचार प्रकट किए हैं। उनके बयान की क्या अहमियत है, उससे सभी लोग भलीभाँति वाकिफ हैं। इससे पहले ग्लोबल आर्थिक मंदी (सन् 2008) से तीन वर्ष पूर्व ही उन्होंने अंतरराष्ट्रीय मुद्राकोष (आई.एम.एफ.) के आर्थिक सलाहकार के पद पर कार्य करते हुए प्रबुद्ध अर्थशास्त्रियों के एक सम्मेलन में कहा था कि वैश्विक वित्तीय सिस्टम में बढ़ती जटिलताओं की वजह से जोखिम काफी तादाद में बढ़ चुका है। तब उनकी बातों को आम विचारधारा से पृथक् मानते हुए कोई खास तवज्जो नहीं दी गई, लेकिन जब तीन वर्ष बाद सन् 2008 में उनके कहे वचनों को सत्य पाया गया, तो बतौर अर्थशास्त्री उनको विशिष्ट पहचान मिली और

इस बार उन्होंने ऐसे समय अपनी चेतावनी प्रस्तुत की है, जब विश्व भर के केंद्रीय बैंकर्स में एक घबराहट-सी है कि आखिर किस प्रकार वैश्विक विकास दर को कुछ उछाल मिले।

ऐसी धारणा भी पनप रही है कि ब्याज दरों को कम करने से भी आर्थिक विकास दर को कोई विशेष प्रोत्साहन नहीं मिल पा रहा है या फिर यूँ कहें कि ब्याज दरें अपना निर्दिष्ट कार्य ठीक से नहीं निभा पा रही हैं।

उल्लेखनीय है कि रघुराम राजन, जिन्होंने गवर्नर पद से अपने कार्यकाल की समाप्ति पर यह चेतावनी जारी की है, वे भारत में सख्त मौद्रिक नीति के पक्षधर रहे हैं और जिनकी मौद्रिक नीतियों में अन्य विकल्पों से कहीं अधिक नीतिगत दरों को अहमियत मिलती रही और कई बार यह भी चर्चा गरम हुई कि ब्याज की दरें ऊँची होने से देश में आर्थिक विकास दर और कुछ हद तक महँगाई की दर पर दबाव बढ़ा ही है।

हालाँकि यह बात भी ध्यान देने योग्य है कि तीन वर्ष पूर्व जब राजन ने कार्यभार सँभाला था, तब महँगाई की दर डबल डिजिट के ऊँचे स्तर पर पहुँच चुकी थी, भारतीय मुद्रा रुपए की सेहत कमजोर थी और स्टॉक मार्केट लगभग डूबने के कगार पर था, लेकिन यह बात भी उतनी ही सही है कि लगभग सात प्रतिशत की वार्षिक विकास दर हासिल करनेवाली भारत की अर्थव्यवस्था में रोजगार और उत्पादन उतनी रफ्तार से नहीं बढ़ पा रहे, जैसा कि जरूरी है। उधर, महँगाई की दर जरूर कुछ कम हुई है और यह सरकार व रिजर्व बैंक द्वारा निर्धारित दर (6 प्रतिशत) के करीब ही है, लेकिन फिर भी किसी भी आर्थिक नीति को सिर्फ एक ही पैमाने पर तोलना कहाँ तक उचित है, यह चर्चा का विषय होना चाहिए। विशेषकर जब बात एक विकासशील देश की अर्थव्यवस्था के संदर्भ में हो, जहाँ करीब एक-तिहाई जनसँख्या गरीबी के जंजाल में फँसी हो और हर महीने करीब 10 लाख लोग श्रम बाजार में रोजगार पाने के लिए दाखिल होते हों।

राजन एक उच्च कोटि के जाने-माने अर्थशास्त्री हैं, जिनकी नीतियों के साथ-साथ उनकी जन्मतिथि, व्यक्तिगत और शैक्षणिक योग्यता की चर्चा भी बहुत हेडलाइन बटोरती है। जाहिर है, उनकी चेतावनी को गंभीरता से लिया जाना चाहिए, लेकिन यहाँ ध्यान देने योग्य बात यह है कि यह चेतावनी वैश्विक अर्थव्यवस्था के संदर्भ में है। भारत भले ही सकल राष्ट्रीय आय के हिसाब से विश्व की तीसरी बड़ी अर्थव्यवस्था है, लेकिन जनसँख्या के हिसाब से भी वह दूसरा सबसे बड़ा देश है। 1.252 बिलियन आबादीवाले इस देश में सन् 2015 में प्रति व्यक्ति जी.डी.पी. महज 1,617 डॉलर्स थी, जबकि जर्मनी, चीन व अमेरिका में यह क्रमशः 41,936, 7,925

एवं 55,805 डॉलर्स थी। जाहिर है, भारत की अर्थव्यवस्था का आर्थिक-सामाजिक और राजनीतिक ढाँचा विशिष्ट है और हमारी जरूरतें और संसाधन भी अलग हैं। हमारी अर्थव्यवस्था एक विकासशील अर्थव्यवस्था है और हमें ऐसी मौद्रिक नीति की आवश्यकता है, जो प्रोएक्टिव हो और जो अन्य आर्थिक नीतियों के साथ तालमेल बैठा पाए।

(मुंबई में प्रकाशित दैनिक 'हमारा महानगर' में शुक्रवार 09-09-2016 को व्यापार पृष्ठ पर प्रकाशित)

□

89

भारी कर्ज तले दबी है चीन की अर्थव्यवस्था

अंतरराष्ट्रीय न्यूज एजेंसी 'ब्लूमबर्ग' द्वारा जारी आँकड़ों के अनुसार, चीन के बैंकिंग सिस्टम में खराब ऋणों की मात्रा पिछले ग्यारह महीनों के उच्चतम स्तर पहुँच चुकी है। उल्लेखनीय है कि 30 जून, 2016 को चीन के खराब ऋणों की मात्रा 1.4 ट्रिलियन डॉलर्स के स्तर को पार कर चुकी है, जबकि सन् 2012 में यह महज 0.5 ट्रिलियन डॉलर्स के करीब था।

खराब ऋणों का प्रतिशत इतना बढ़ चुका है कि वहाँ के प्रमुख बैंकों के ऋण व पूँजी के अनुपात गड़बड़ाने लगे हैं। गौरतलब है कि इसी वर्ष के अप्रैल माह में जारी किए गए नए नियमों के तहत चीनी बैंकों द्वारा खराब ऋणों के संदर्भ में प्राविधीकरण की आवश्यकता के मद्देनजर अब वहाँ के प्रमुख बैंकों ने अपना पूँजीगत आधार बढ़ाने के लिए प्रयास करने शुरू कर दिए हैं।

उदाहरण के लिए, पिछले महीने में ही चीन के एक प्रमुख बैंक कॉर्पोरेशन ने करीब छह बिलियन डॉलर्स (40 बिलियन यूआन) की अतिरिक्त पूँजी बढ़ाने की योजना बनाई है, जबकि एग्रीकल्चरल बैंक ऑफ चाइना लिमिटेड और इंडस्ट्रीयल बैंक सरीखे बैंकों ने पूँजी बढ़ाने के प्रयास तेज कर दिए हैं और निवेशकों की तलाश में जुट गए हैं। गौरतलब है कि पिछले दो वर्षों में रिकॉर्ड स्तर पर फंड्स जुटाने के बावजूद चीन के अनेक छोटे-बड़े बैंक ऋणों को बढ़ते भार के कारण पूँजीगत आधार बढ़ाने के लिए लगातार दबाव झेल रहे हैं।

विभिन्न स्रोतों द्वारा लगाए गए अनुमान के अनुसार, चीन की अर्थव्यवस्था में ऋणों का स्तर वहाँ की सकल राष्ट्रीय आय का 240 से 280 प्रतिशत तक बताया गया है, जो करीब दस वर्ष पूर्व 150 प्रतिशत था। इस दौरान चीन की राष्ट्रीय आय भी तेजी से बढ़ी, जिससे कि अनुमान लगाया जा सकता है कि ऋणों की मात्रा काफी ज्यादा बढ़ चुकी है। न सिर्फ ऋणों की मात्रा बढ़ी है, बल्कि उससे कहीं अधिक गंभीर बात यह है कि ऋणों के बढ़ने की गति भी बढ़ रही है। इसका एक अभिप्राय यह भी है कि चीन की बढ़ती हुई राष्ट्रीय आय का एक बड़ा हिस्सा मौजूदा ऋणों पर ब्याज या मूल

धन की अदायगी पर खर्च होता है और जाहिर सी बात है कि इस वजह से वहाँ की आर्थिक विकास दर पर दबाव बढ़ा रहा है।

गौरतलब है कि चीन की अर्थव्यवस्था के विकास की यात्रा को गति प्रदान करने में वहाँ के बैंकों की भूमिका काफी महत्त्वपूर्ण रही है और पूँजी बाजारों की अपेक्षा ये बैंक पूँजी जुटाने का बेहतर स्रोत समझे गए हैं। वहाँ के बैंकिंग सिस्टम में टॉप के 4-5 बैंकों का जबर्दस्त दबदबा है और इनका आकार इतना बड़ा है कि ये किसी-किसी देश के समग्र बैंकिंग सिस्टम से भी बड़े हैं।

'फोर्ब्स' की एक रिपोर्ट के अनुसार, चीन की अर्थव्यवस्था में ऋणों का भार वहाँ की सकल राष्ट्रीय आय (जी.डी.पी.) की तुलना में 280 प्रतिशत है। अंतरराष्ट्रीय मुद्राकोष के अनुमान के अनुसार, सन् 2016 में चीन की राष्ट्रीय आय 13 ट्रिलियन डॉलर्स होने की संभावना है और इस लिहाज से वहाँ ऋणों की मात्रा काफी ज्यादा है, हालाँकि राहत की बात यह है कि वहाँ की राष्ट्रीय आय बढ़ रही है और वहाँ ब्याज की दरों में कमी लाने के प्रयास भी किए जा रहे हैं, लेकिन फिर भी, जिस प्रकार न्यूज एजेंसी 'रयूटर्स' ने अनुमान लगाया है कि सन् 2014 से सन् 2015 के बीच चीन में एन.पी.ए. का आकार दुगना हो चला है और इनका स्तर करीब 300 बिलियन डॉलर्स तक हो चुका है, वाकई न सिर्फ चीन के लिए बल्कि समूची वैश्विक अर्थव्यवस्था के लिए यह चिंता का सबब बनता जा रहा है।

ऐसे में प्रश्न उठता है कि यद्यपि चीन के अधिकांश बैंक सार्वजनिक क्षेत्र में है और अधिकांश ऋण स्थानीय सरकारों द्वारा उठाए गए हैं, जिनका पुनगर्ठन भी किया जा सकता है, तो इस समस्या को कितना गंभीर आँका जाए? यद्यपि चीन के पास करीब तीन ट्रिलियन डॉलर्स की विदेशी मुद्रा भंडार है और वह विश्व की टॉप 2 अर्थव्यवस्थाओं में से एक है, लेकिन वहाँ की अनेक फैक्ट्रियाँ अपनी क्षमता से काफी कम स्तर पर काम रह रही हैं। घरेलू और अंतरराष्ट्रीय बाजारों में उसके उत्पादों की माँग घट रही है, जिससे निवेश सेंटीमेंट आहत हुआ है।

हालाँकि अगस्त माह में जारी मार्केट पी.एम.आई. सूचकांक (परचेंजिंग मैनेजर्स इंडेक्स) 50.4 पर पहुँचा है, जो एक सकारात्मक संकेत है कि वहाँ आर्थिक क्रियाओं का स्तर शायद कुछ बढ़ेगा, लेकिन फिर भी जानकारों के अनुसार, चीन की समस्याएँ बहुत जटिल हैं और फिलहाल जब तक कि आर्थिक विकास दर में कोई बड़ा उछाल नहीं आता, चीन में खराब ऋणों की समस्या उसके लिए परेशानी बढ़ा सकती है।

(मुंबई में प्रकाशित दैनिक 'हमारा महानगर' में शनिवार 17-09-2016 को व्यापार पृष्ठ पर प्रकाशित)

□

90

'एक राष्ट्र-एक बजट' कितना प्रभावी

हाल ही में भारत सरकार ने हर वर्ष पृथक् रेल बजट पेश किए जाने की 92 वर्ष पुरानी प्रथा को बदलने का अहम् फैसला लिया है। इसका मकसद शायद विश्व के सबसे बड़े रेल नेटवर्क में शामिल भारतीय रेल को बड़े पैमाने पर अपने कामकाज में सुधार व विकास हेतु अधिक संसाधन व समय उपलब्ध कराना है।

गौरतलब है कि भारतीय रेल का कारोबार करीब 1,15,000 किलोमीटर लंबी पटरियों पर बिछा है और करीब 67,312 किलोमीटर मार्गों पर चलने वाली इस रेल नेटवर्क में 7,000 से अधिक स्टेशन हैं।

सन् 2014-2015 में भारतीय रेलों में 8,397 बिलियन लोग सवार हुए और औसतन हर रोज करीब 23 मिलियन (2 करोड़ 30 लाख) लोग इन ट्रेनों में सफर करते हैं, जिनमें से करीब 50 प्रतिशत लोग सब-अर्बन (लोकल) रेल सेवाओं का लाभ उठाते हैं। इसके अलावा इन पटरियों पर दौड़नेवाली मालगाड़ियों ने सन् 2014-15 में 1.05 बिलियन टन माल का वहन किया।

भारतीय रेल का आकार और कारोबार कितना विस्तृत है, इस बात का अंदाजा तो इसी बात से लगाया जा सकता है कि सन् 2014-15 में रेल विभाग का राजस्व 1.634 ट्रिलियन रुपए (करीब 24 बिलियन अमेरिकी डॉलर्स) था, जिसमें फ्रेट (मालभाड़ा) का योगदान 1.069 ट्रिलियन रुपए तो रेल टिकिट (यात्री भाड़ा) का योगदान 402.80 बिलियन रुपए था।

जाहिर है, इतने बड़े कारोबार को ठीक से चलाने के लिए बड़ी मात्रा में संसाधन तो चाहिए ही, साथ ही उनका अधिकतम उपयोग करना भी एक बड़ी जिम्मेदारी का काम है। भारतीय रेलवेज का कमर्शियल या सुविधा क्षेत्र में रोजगार देनेवाले संगठनों में विश्व भर में 7वाँ स्थान है। सन् 2013 के उपलब्ध आँकड़ों के अनुसार, रेलवे में 1.376 मिलियन कर्मचारी हैं। 31 मार्च, 2016 तक करीब 42 प्रतिशत मार्गों का विद्युतीकरण हो चुका है।

यही कारण है कि यद्यपि देश में अब रेल बजट पेश नहीं होगा और रेल बजट को आम बजट ही में समाहित किया जाएगा, ऐसा निर्णय करते समय केंद्रीय मंत्रिमंडल ने स्पष्ट कर दिया है कि रेलवे की विभागीय तौर पर चलाए जानेवाले एक वाणिज्यिक उपक्रम के रूप में अपनी अलग पहचान बनी रहेगी। यह भी माना जा रहा है कि रेलवे के कामकाज में स्वायत्तता बनी रहेगी। रेल बजट के आम बजट में विलय होने की वजह से रेलवे को केंद्र सरकार को लाभांश (डिविडेंड) का भुगतान नहीं करना पड़ेगा, हालाँकि वित्त मंत्रालय अन्य सभी मंत्रालयों के भाँति रेलवे को भी एकल बजटीय सहायता उपलब्ध कराता रहेगा।

केंद्रीय मंत्रीमंडल ने यह भी निर्णय लिया है कि अगले वर्ष से केंद्रीय बजट को पेश करने की तारीख को फरवरी माह के शुरू में ही शिफ्ट किया जाए, ताकि नए बजट में संसद द्वारा पारित राजकोषीय नीतियों को उसी वित्तीय वर्ष के प्रथम दिवस यानी कि एक अप्रैल से ही लागू किया जा सके, जिसके संदर्भ में बजट लागू किया जाना है।

उम्मीद की जानी चाहिए कि रेल बजट को अलग से पेश करने की आवश्यकता न होने पर रेलवे एक कमर्शियल उपक्रम के रूप में बेहतर ढंग से कार्य कर सकेगी और अपनी सेवाओं में पूँजीगत निवेश बढ़ा सकेगी, जिससे कि आम लोगों के लिए रेलवे का सफर और अधिक आरामदेह और किफायती बनाया जा सकेगा।

भारत जैसे विशाल क्षेत्रफल वाले देश में रेलवे का अपना विशिष्ट योगदान है। लंबी दूरी हो या लोकल सफर, उद्योग हो या कृषि क्षेत्र, गाँव हो या शहर, देश के कोने-कोने में फैला रेल नेटवर्क न सिर्फ व्यापार और व्यवसाय को प्रोत्साहन देता है, बल्कि लोगों को अपने घर, कारोबार या ऑफिस तक पहुँचने के लिए परिवहन का सबसे सस्ता विकल्प भी देता है।

रेलवे का विकास तेजी से होना देश में आर्थिक विकास दर को संबल ही प्रदान करेगा। अतः रेलवे बजट को आम बजट में समाहित करने का फैसला स्वागत योग्य है, पर आम लोगों को असल फायदा तब ही पहुँचेगा, जब रेलवे में यात्रा करना अधिक सुरक्षित बन सके, दुर्घटनाएँ कम हों और लोकल हो या लंबी दूरी की यात्रा, सफर कुछ आरामदायक बन सके।

(मुंबई में प्रकाशित दैनिक 'हमारा महानगर' में शुक्रवार 23-09-2016 को व्यापार पृष्ठ पर प्रकाशित)

□

91

बढ़ रही है भारत की प्रतिस्पर्धात्मक क्षमताएँ

हाल ही में विश्व आर्थिक मंच द्वारा जारी ग्लोबल कांपीटीटिवनेस रिपोर्ट (वैश्विक प्रतिस्पर्धात्मकता रिपोर्ट) में भारत की वरीयता (रैंकिंग) में जबर्दस्त उछाल आया है। उल्लेखनीय है कि बेहतर इंफ्रास्ट्रक्चर और बेहतरीन आर्थिक विकास दर की बदौलत भारत की वरीयता पिछले वर्ष के 55 के मुकाबले 39वें नंबर पर पहुँच गई है। इस दौड़ में भारत ने ब्राजील, रूस और दक्षिण अफ्रीका जैसे दिग्गज ब्रिक्स राष्ट्रों को पछाड़कर टॉप 40 देशों में अपनी जगह बना ली है।

हालाँकि चीन की वरीयता 28वीं है, पर पिछले वर्ष की तुलना में उसमें कोई सुधार भी नहीं आया है। गौरतलब है कि विश्व आर्थिक मंच द्वारा पिछले करीब 12 वर्षों से वैश्विक प्रतिस्पर्धा रिपोर्ट पेश करने का सिलसिला जारी है, जिसमें 12 मानकों (पैरामीटर्स) के आधार पर विभिन्न देशों की प्रतिस्पर्धात्मक क्षमता को मापा जाता है।

इस वर्ष इस सूचकांक में 138 देशों को शामिल किया गया, जिन्हें संस्थागत ढाँचे, माकूल इंफ्रास्ट्रक्चर, स्थिर अर्थव्यवस्था, पर्याप्त स्वास्थ्य व प्राथमिक शिक्षा, उच्च शिक्षा, कुशल गुड्स मार्केट, कुशल श्रम बाजार, सुविकसित वित्तीय बाजार, तकनीती सक्षमता, घरेलू व अंतरराष्ट्रीय बाजार, परिष्कृत उत्पादन प्रक्रियाओं द्वारा उत्पादन व नवीनता जैसे मानकों पर जाँचा-परखा जाता है और फिर उनकी क्रमिक वरीयता (रैंकिंग) तय की जाती है।

इस वरीयता में टॉप स्थान पर हैं, स्विट्जरलैंड, सिंगापुर और अमेरिका। भारत के पड़ोसी देश श्रीलंका, भूटान, नेपाल, बांग्लादेश व पाकिस्तान की वरीयता क्रमशः 71, 97, 98, 106 एवं 122 है। यदि दक्षिण एशिया क्षेत्र की बात करें, तो पिछले 20 वर्षों में पहली बार इस क्षेत्र में आर्थिक विकास दर चीन से भी बेहतर हो चली है और इस क्षेत्र में भारत एक चमकते सितारे की तरह नजर आ रहा है। विशेष रूप से संस्थागत

विकास और इंफ्रास्ट्रक्चर के क्षेत्र में उसका प्रदर्शन काफी सुधरा है। इसके अलावा आर्थिक स्थिरता एवं स्वास्थ्य तथा शिक्षा के क्षेत्र में भी भारत को बेहतर अंक मिले हैं।

भारत न सिर्फ दक्षिण एशिया क्षेत्र में अव्वल है, बल्कि सबसे ऊँची छलांग लगाकर रैंकिंग सुधारने वाले देशों में भी उसने शीर्ष स्थान प्राप्त किया है। घरेलू व अंतरराष्ट्रीय बाजार के आकार की बात करें, तो भारत का रैंक टॉप तीन देशों में शामिल है। परिष्कृत उत्पादन और नवीनीकरण के क्षेत्र में भारत का प्रदर्शन सुधरा है और वह टॉप 30 देशों की फेहरिस्त में पहुँच चुका है, हालाँकि तकनीकी तैयारी के क्षेत्र में 110वीं वरीयता के साथ वह काफी पीछे है। वित्तीय बाजारों के क्षेत्र में भारत का स्थान 38वाँ है, जो उसे शीर्ष विकसित पूँजी बाजारोंवाले देशों में शामिल होने का मौका देता है।

उल्लेखनीय है कि पिछले दो वर्षों में आर्थिक सुधारों की कड़ी में संस्थागत सुधार, विदेशी पूँजी को आकर्षित करने के उपाय और वित्तीय सिस्टम में पारदर्शिता बढ़ाने आदि से भारत का प्रदर्शन बेहतर हुआ है। विश्व आर्थिक मंच की रिपोर्ट के अनुसार, इसका प्रमुख श्रेय बेहतर मौद्रिक व राजकोषीय नीति तथा अंतरराष्ट्रीय बाजारों में तेल की घटती कीमतों को बताया गया है। खास बात यह है कि सभी क्षेत्रों में और भी सुधार की गुंजाइश है, जिससे उम्मीद की जा सकती है कि आनेवाले वर्षों में भारत की रैंकिंग में और भी सुधार होने की संभावना है।

इसके अलावा कुछ क्षेत्र ऐसे भी हैं, जिन्हें समस्याग्रस्त समझा गया है। इनमें टैक्सेशन विनियमन, भ्रष्टाचार की समस्या, टैक्स की ऊँची दरें, महँगाई, बढ़ते आपराधिक मामले आदि शामिल हैं, जिनकी वजह से भारत में व्यापार करना इतना आसान भी नहीं है। इन सबके बीच कुछ तत्त्व ऐसे भी हैं, जहाँ तुरंत सुधारात्मक कदम उठाए जाने की आवश्यकता है—जैसे कि शिक्षा, स्वास्थ्य और श्रम और वित्तीय समावेश जैसे तत्त्व, जहाँ सुधार की बहुत अधिक गुंजाइश है, जिससे न सिर्फ भारत के आर्थिक विकास में उछाल आएगा, बल्कि सामाजिक विकास भी तेजी से बढ़ेगा। जाहिर है, आनेवाले वर्षों में भारत की प्रतिस्पर्धात्मक क्षमता में और भी सुधार अपेक्षित है।

(मुंबई में प्रकाशित दैनिक 'हमारा महानगर' में शुक्रवार 30-09-2016 को व्यापार पृष्ठ पर प्रकाशित)

□

92

नीतिगत दरों में कटौती कितनी सार्थक

हाल ही में रिजर्व बैंक ऑफ इंडिया ने अपनी चौथी द्विमासिक मौद्रिक समीक्षा में नीतिगत दरों में 25 बेसिस अंकों की कटौती की घोषणा की है। खास बात यह है कि नीतिगत दरें अब पिछले 6 वर्षों के न्यूनतम स्तर पर पहुँच चुकी हैं। दूसरा, नीतिगत दरों में कटौती ऐसे समय की गई है, जब कि बे-मौसम बारिश, जलाशयों में जल का स्तर औसत से कम होने, 7वें वेतन आयोग की सिफारिशें लागू होने और अंतरराष्ट्रीय कमोडिटीज मार्केट में तेल सहित अनेक वस्तुओं के दाम बढ़ने का रुख आदि अनेक ऐसे तत्त्व मौजूद हैं, जिनकी वजह से यह कह पाना मुश्किल है कि आनेवाले समय में महँगाई का रुख क्या रहेगा? दूसरा, इस बार नीतिगत दरें कम करने का निर्णय मौद्रिक नीति कमिटी (एम.पी.सी.) द्वारा लिया गया है, जिसमें तीन अर्थ-विशेषज्ञों सहित 6 सदस्य हैं और नीतिगत दरों में कमी लाने का निर्णय सर्व सम्मति से लिया गया है।

तीसरा, इस बार की मौद्रिक नीति में एक नया दौर नजर आ रहा है, जहाँ रिजर्व बैंक ने भारत सरकार द्वारा महँगाई पर बने रहे दबाव कम करने के प्रयासों और देश के कई इलाकों में अच्छे मानसून के वजह से खाद्य पदार्थों की कीमतों में आई कमी के मद्देनजर नीतिगत दरों में कटौती का निर्णय लिया है जिसे आर्थिक नीतियों में समन्वय की दिशा में एक अच्छी शुरुआत के रूप में देखा जा सकता है। हालाँकि महँगाई के संदर्भ में कुछ आर्थिक सर्वेक्षणों में इस वर्ष के अंत तक महँगाई की दर 11.4 प्रतिशत तक बढ़ जाने के कयास भी लगाए गए हैं।

जाहिर है, रिजर्व बैंक के संदर्भ में, जो पिछले करीब चार वर्षों से लगातार महँगाई के मुद्दे को प्राथमिकता देता रहा है, ये सब मौद्रिक नीति के लक्ष्यों, या यूँ कहें प्राथमिकताओं में एक बड़े बदलाव के रुप में देखा जा रहा है। यदि मौद्रिक नीति का बारीकी से अध्ययन करें, तो रिजर्व बैंक ने जहाँ महँगाई बढ़ाने वाले तत्त्वों का संज्ञान लिया है, वहाँ महँगाई कम करनेवाले तत्त्वों की मौजूदगी का भी अहसास दिलाया है। इनमें पिछले 8 महीनों में सरकार द्वारा किए जा रहे संस्थागत सुधार, सड़क और रेल

यातायात क्षेत्र में भारी निवेश और व्यापार-व्यवसाय आसान बनाने की कोशिश शामिल है, जिससे उत्पादन बढ़ने और महँगाई पर सप्लाई साइड दबाव कम होने के सकारात्मक आसार नजर आ रहे हैं। साथ ही, खाद्यान-प्रबंधन के क्षेत्र में भी जो सक्रिय कदम उठाए गए हैं, उससे भी महँगाई पर दबाव कम होने की संभावना है।

लेकिन जिस प्रकार सन् 2017 में महँगाई की दर 4.2 प्रतिशत रहने का अनुमान लगाया गया है, जो कि रिजर्व बैंक द्वारा निर्धारित चार प्रतिशत के लक्ष्य से कुछ अधिक ही है, ऐसा माना जा सकता है कि शायद केंद्रीय बैंक ने एक सोचा-समझा जोखिम लिया या यूँ कहें रणनीति बनाई है। वैसे भी मौद्रिक नीति समिति के पास 4 प्रतिशत के महँगाई लक्ष्य के समक्ष प्लस-माइनस 2 प्रतिशत का मार्जिन (बैंड) है और वे इस सीमा के भीतर रहते हुए 25 बेसिस अंकों की कटौती करते हैं, तो यह एक तरह का नया प्रयोग समझा जा सकता है, जिसके परिणामों का विश्लेषण करके अगली मौद्रिक नीति में बदलाव किए ही जा सकते हैं।

जो भी हो, नीतिगत दरों में कटौती से बैंक से ऋण लेनेवाले लोगों की ई.एम.आई. (मासिक किस्त) में कमी आने की संभावना है, हालाँकि कितनी राहत उन्हें मिलेगी, यह इस पर निर्भर करेगा कि संबंधित बैंक इस कटौती का कितना हिस्सा ग्राहकों को स्थानांतरित (ट्रांसफर) करते हैं ?

बहरहाल, नीतिगत दरों में कटौती का केंद्र सरकार ने स्वागत ही किया है। केंद्रीय वित्त मंत्री के अनुसार, थोड़ी ही सही पर नीतिगत दरों में कटौती से वित्तीय सिस्टम में तरलता बढ़ेगी और इससे मौजूदा वित्तीय वर्ष में 8 प्रतिशत की प्रस्तावित आर्थिक विकास दर हासिल करने के प्रयासों को बल मिलेगा।

(मुंबई में प्रकाशित दैनिक 'हमारा महानगर' में शुक्रवार 07-10-2016 को व्यापार पृष्ठ पर प्रकाशित)

□

93

कितनी विकट है एन.पी.ए. की समस्या

हाल ही में अंतरराष्ट्रीय मुद्रा कोष (आई.एम.एफ.) द्वारा जारी अर्द्ध-वार्षिक वैश्विक वित्तीय स्थिरता रिपोर्ट (जी.एफ.एस.आर.) में भारत का जिक्र उन उदयीमान देशों की फेहरिस्त में किया गया है, जिनके बैंकिंग सिस्टम में कारोबार अथवा लाभांशों में और भी गिरावट से आहत होने की संभावना है। इसका प्रमुख कारण है, ऋणों (क्रेडिट) की विकास दर शिथिल पड़ना और खराब ऋणों का बढ़ता स्तर, जो बहुत चिंताजनक है।

यह समस्या कितनी विकट हो चली है, इसका अंदाजा इस बात से ही लगाया जा सकता है कि पिछले कुछ अर्से से भारतीय बैंकों में खराब ऋणों की सँख्या और आकार बढ़ता ही जा रहा है। करीब 6 लाख करोड़ से ऊपर के खराब ऋणों की समस्या से निजात कैसे मिले, यह निरंतर गरम चर्चा का विषय बनता जा रहा है। यहाँ तक कि भारत सरकार इन बढ़ते खराब ऋणों की समस्या से निपटने के लिए एक विशिष्ट बैंक की संरचना पर संबंधित हितधारकों से विचार-विमर्श का विकल्प भी तलाश रही है।

गौरतलब है कि मार्च 2016 के अंत में कुल सकल नॉन परफार्मिंग असेट्स (एन. पी.ए.) का आकार 5,94,929 करोड़ था, जो दिसंबर 2015 के 4 लाख करोड़ रुपए के मुकाबले करीब 2 लाख करोड़ ज्यादा था।

जाहिर है कि रिजर्व बैंक द्वारा 31 मार्च, 2017 तक बैंकों को अपनी बैलेंसशीट साफ करने की हिदायत के मद्देनजर इन बैंकों ने उन खराब ऋणों को भी जाहिर किया, जो अब तक एक तरह से छिपे हुए थे। इनमें पुनगर्ठन किए गए ऋण शामिल हैं।

एक शोध पत्र के अनुसार, खराब बैंकों की समस्या से त्रस्त बैंकों में सार्वजनिक क्षेत्र के बैंक अग्रणी हैं। इनमें इंडियन ओवरसीज बैंक (20.48 प्रतिशत), यूको बैंक (17.19 प्रतिशत), यूनाइटेड बैंक ऑफ इंडिया (14.29), सेंट्रल बैंक (13.52), बैंक ऑफ इंडिया (13.38), इलाहाबाद बैंक (12.33), आई.डी.बी.आई. बैंक (11.92),

देना बैंक (11.88), ओरिएंटल बैंक ऑफ कॉमर्स (11.45), बैंक ऑफ बड़ौदा (11.15), यूनियन बैंक ऑफ इंडिया (10.16) और केनरा बैंक 9.71 प्रतिशत खराब ऋणों की मात्रा से त्रस्त है।

आई.एम.एफ. की रिपोर्ट के अनुसार, सर्वे में शामिल 18 उदयीमान देशों में भारतीय कंपनियों का ब्याज कवरेज अनुपात (अर्थात् बकाया ऋणों पर देय ब्याज को चुकाने की क्षमता) काफी खराब है और उसका स्थान न्यूनतम आई.सी. कवरेजवाले देशों में दूसरा है। इस जी.एफ.एस. रिपोर्ट के अनुसार, सन् 2012 से 2016 के बीच ब्याज और लाभांशों का अनुपात तेजी से कम होता जा रहा है।

यदि सभी उदयीमान राष्ट्रों की बात करें तो कुल कॉर्पोरेट ऋणों का 11 प्रतिशत अर्थात् करीब 430 बिलियन डॉलर्स के मूल्य के ऋणों की अदाएगी काफी जोखिमपूर्ण है, अर्थात् इन्हें वसूल कर पाना काफी चुनौतीपूर्ण है। इसमें वे कंपनियाँ शामिल हैं, जिनके लाभाँश इतने भी नहीं हैं कि वे अपने ऋणों पर ब्याज चुका सकें।

हालाँकि अंतरराष्ट्रीय मुद्रा कोष के अनुसार, अल्पकाल में उदयीमान राष्ट्रों पर जोखिम का दबाव कम है। कारण है, अंतरराष्ट्रीय कमोडिटी बाजारों में कीमतों का कम होना, विकसित राष्ट्रों की ब्याज दरों का निचले स्तर पर बने रहना, चीन में आर्थिक वातावरण में सुधार आदि।

लेकिन मध्यकालीन जोखिम के विषय में यह रिपोर्ट एक अलग ही नजरिया अपनाती है। एक ओर वैश्विक स्तर पर राजनीतिक और नीतिगत अस्थिरता का एक माहौल बनने की संभावना आई.एम.एफ. को नजर आ रही है तो दूसरी ओर विकसित देशों में कमजोर विकास दर और नगण्य ब्याज दरों के चलते बैंकिंग सिस्टम में चुनौतियाँ बढ़ने तथा उदयीमान राष्ट्रों में कॉर्पोरेट लीवरेज (ऋणों की अधिकता) बढ़ने और खराब ऋणों की समस्या विकट होने की संभावना भी उसे दिखाई दे रही है।

यही कारण है कि आई.एम.एफ. ने सभी देशों के नीति निर्धारकों को वित्तीय स्थिरता को संरक्षित करने के लिहाज से व्यापक व परस्पर सहयोगी नीतियाँ अपनाने की हिदायत दी है। विशेषकर भारत में अधिक सतर्कता की आवश्यकता है, क्योंकि यहाँ खराब ऋणों के दबाव को देखते हुए शायद और भी प्राविधीकरण की आवश्यकता पड़ सकती है। कुल मिलाकर आनेवाले समय में वैश्विक वित्तीय सिस्टम में बढ़ते जोखिम के मद्देनजर भारत को बैंकों में बढ़ते एम.पी.ए. की समस्या का तत्त्वरित समाधान तलाशना ही होगा।

(मुंबई में प्रकाशित दैनिक 'हमारा महानगर' में शुक्रवार 14-10-2016 को व्यापार पृष्ठ पर प्रकाशित)

□

94

महँगाई में कमी का रुख लाभकारी

हाल ही में जारी आधिकारिक जानकारी के अनुसार, सितंबर माह में खुदरा (रिटेल) एवं थोक (होलसेल) महँगाई के सूचकांक में कमी आई है। जहाँ एक ओर थोक मूल्य सूचकांक में वृद्धि की दर कुछ शिथिल पड़ते हुए 3.57 प्रतिशत रही, वहीं दूसरी ओर खुदरा महँगाई का सूचकांक भी पिछले 13 महीनों के न्यूनतम स्तर पर आ पहुँचा है। केंद्रीय सांख्यिकी विभाग द्वारा जारी आंकड़ों के अनुसार, खुदरा महँगाई की दर, जो अगस्त तथा जुलाई माह में क्रमश: 5.05 व 6.07 प्रतिशत रही थी, वह सितंबर माह में कम होकर 4.31 प्रतिशत हो गई।

गौरतलब है कि महँगाई में कमी आने का प्रमुख कारण है, खाद्य पदार्थों की कीमतों में गिरावट आना जो अगस्त माह में 5.91 प्रतिशत के मुकाबले सितंबर माह में 3.88 प्रतिशत रही। विशेषकर सब्जियों की कीमतें काफी तेजी से कम हुई हैं। जाहिर है, महँगाई की दर कम होने से भारतीय अर्थव्यवस्था में सकारात्मक रुख पनपने के आसार और भी बढ़ गए हैं।

अगर खुदरा महँगाई की बात करें, तो एक ओर खाद्य वस्तुओं की महँगाई दर में शिथिलता आई हैं, तो दूसरी ओर यातायात और विद्युत, मनोरंजन, शिक्षा एवं अन्य क्षेत्रों ने भी महँगाई के औसत स्तर को कम करने में मदद की है। हालाँकि वस्त्र और हाऊसिंग क्षेत्र में महँगाई दर कुछ अधिक रही है।

दूसरी ओर, थोक महँगाई में भी लगभग यही रुख दिखाई दिया जहाँ खाद्य-वस्तुओं की गिरती कीमतों ने महँगाई का औसत कम करने में प्रमुख भूमिका अपनाई। उल्लेखनीय है कि खाद्य वस्तुओं का थोक महँगाई सूचकांक के गठन में 14.34 प्रतिशत का योगदान है और यह अगस्त माह में 8.23 प्रतिशत से कम होकर 5.7 प्रतिशत के स्तर पर आ चुका है। सब्जियों की थोक कीमतों का तो आलम यह है कि वे 10.91 प्रतिशत से बल्कि कम हो गई हैं।

गौरतलब है कि पिछले 6 महीनों से सब्जियों की कीमतें बढ़ने का रुख आखिरकार

पलटा है। दालों की थोक कीमतों की वृद्धि दर 34.55 प्रतिशत से कम हो कर 23.99 प्रतिशत रही है और इस बार खरीफ सीजन में सरकार ने 50,000 टन दालों की खरीद करने की योजना बनाई है जिसके लिए देशभर में 500 विशेष केंद्र खोले जाएँगे, जहाँ किसानों को तुरंत उनके बैंक खातों के माध्यम से डायरेक्ट भुगतान किया जाएगा। केंद्र सरकार ने भारतीय पोस्ट के देशभर में फैले डेढ़ लाख से अधिक पोस्ट ऑफिसों में भी त्योहारों के मौसम में तुअर, उड़द और चना दाल आदि बेचने की व्यवस्था करने का फैसला किया है। इससे पूर्व खादी भंडार स्टोर्स में भी इसी प्रकार की व्यवस्था करने की घोषणा की गई थी।

उल्लेखनीय है कि इस बार मानसून का मिजाज ज्यादातर क्षेत्रों में ठीक रहा है और दालों की बंपर फसल हुई है। साथ ही, सरकार ने भी जो खाद्य वस्तुओं की कीमतें कम करने के उद्देश्य से विभिन्न सकारात्मक कदम उठाए हैं, उससे भी महँगाई पर दबाव कम हुआ है।

इसके अलावा हाल ही में जब रिजर्व बैंक ने महँगाई कम होने की संभावना को भाँपते हुए नीतिगत दरों को कम करने की घोषणा की तब लग रहा था कि कहीं इससे महँगाई पर दबाव बढ़ न जाए, लेकिन सितंबर में जारी आँकड़ों से यह धारणा निर्मूल साबित हुई।

मौद्रिक नीति और अन्य आर्थिक नीतियों में महँगाई, आर्थिक विकास एवं आर्थिक स्थिरता के मुद्दों पर समन्वय का नया दौर वाकई एक अच्छा अनुभव है। उम्मीद की जा रही है कि यदि महँगाई कम होने का यह ट्रेंड अक्तूबर माह में भी जारी रहा, तो रिजर्व बैंक नीतिगत दरों में कुछ और कटौती की संभावना तलाश सकता है।

उधर दो महीनों से गिरावट का रुख अखियार करने के बाद निर्यातों (एक्सपोर्टर्स) के स्तर में भी सुधार आया है। सितंबर माह में निर्यात 4.62 प्रतिशत से बढ़े, हालाँकि आयातों में गिरावट का सिलसिला बरकरार है, जो 2.5 प्रतिशत से कम हुए हैं।

औद्योगिक उत्पादन के क्षेत्र में विकास दर अगस्त माह में 0.7 प्रतिशत से कम हुई है, लेकिन पूँजीगत उत्पादों में 22.7 प्रतिशत की कमी वाकई चिंताजनक है। उम्मीद की जानी चाहिए कि यदि महँगाई कम रहने पर नीतिगत दरों में कटौती की जाती है, तो उससे औद्योगिक उत्पादन को भी कुछ बल ही मिलेगा।

(मुंबई में प्रकाशित दैनिक 'हमारा महानगर' में शुक्रवार 21-10-2016 को व्यापार पृष्ठ पर प्रकाशित)

□

95

मिस्त्री को टाटा है कंपनी प्रशासन का मसला

हाल ही टाटा संस के चेयरमैन साइरस मिस्त्री को उसके निदेशक मंडल द्वारा बहुमत से उनके पद से हटा दिया गया। यह सब कुछ इतना अप्रत्याशित था कि शेयर मार्केट व कंपनी हितधारकों से लेकर कॉर्पोरेट जगत में रुचि रखने वाला प्रत्येक व्यक्ति आश्चर्यचकित रह गया। साथ ही, कंपनी के पूर्व चेयरमैन रतन टाटा को टाटा संस के नए चेयरमैन की नियुक्ति होने तक अंतरिम चेयरमैन के रूप में नियुक्त कर दिया गया, जो सन् 1991 से सन् 2012 तक इस उद्योग समूह के चेयरमैन रह चुके हैं।

वस्तुतः टाटा ग्रुप भारत की सबसे बड़ी ब्रांड के रूप में मशहूर है और वैश्विक स्तर पर ये ब्रांड 34वें नंबर पर है। सन् 2014 में ब्रांड फाइनांस द्वारा जारी टॉप 50 ब्रांडों में शुमार टाटा ग्रुप का मूल्यांकन करीब 21.1 बिलियन डॉलर्स है।

एक व्यापारिक प्रतिष्ठान के रूप में सन् 1868 में जमशेदजी टाटा द्वारा स्थापित यह कंपनी टाटा ग्रुप की होल्डिंग कंपनी है जिसकी करीब 66 प्रतिशत हिस्सेदारी टाटा परिवार के पास है।

टाटा समूह चाय, होटल, आयरन एंड स्टील, एविएशन, पॉवर, कंसलटेंसी, ऑटोमोबाइल, अनेक कंज्यूमर आइट्म्स, केमिकल्स, टेलीसर्विसेज आदि से लेकर कैंसर अस्पताल व अनेक शैक्षणिक संस्थानों से जुड़ा एक बड़ा बिजनेस समूह है। सन् 1961 से टाटा समूह में कार्यरत और करीब 21 वर्ष तक टाटा ग्रुप का नेतृत्व कर रहे रतन टाटा ने सन् 2012 में अपना पद स्वेच्छा से छोड़ते हुए साइरस मिस्त्री को जब अपना उत्तराधिकारी घोषित किया, तो भी यह इतना अप्रत्याशित शायद नहीं था क्योंकि मिस्त्री परिवार टाटा संस में 18.4 प्रतिशत हिस्सेदारी का साथ सबसे बड़े शेयर होल्डर थे, लेकिन जिस प्रकार निदेशक मंडल ने उन्हें अचानक पद से हटाया, ये वाकई हैरान करनेवाला वाकया बना गया। कंपनी प्रशासन से जुड़े कई मसले भी उठ खड़े हुए।

सबसे पहले तो यह स्पष्ट नहीं है कि मिस्त्री को किस कारण से हटाया गया। एक अनुमान तो यह है कि पिछले चार वर्षों में टाटा ग्रुप का ज्यादातर लाभांश महज दो कंपनियों, जगुआर लैंड रोवर व टाटा कंसलटेंसी से आ रहा था। दूसरा अनुमान यह भी है कि मिस्त्री एक ओर टाटा ग्रुप को आगे बढ़ाने के लिए नए आइडिया नहीं खोज पा रहे थे, तो दूसरी ओर मौजूदा कंपनियों का बिजनेस ठीक से नहीं सँभाल पा रहे थे। फिर वह टेलिकॉम क्षेत्र में डोकोमो का मसला हो या ब्रेक्सिट से पहले ब्रिट्रेन से टाटा व्यवसाय को उचित मार्गदर्शन देने का मसला, मिस्त्री कहीं कामयाब होते नहीं दिखाई दे रहे थे।

हालाँकि किसी भी कंपनी के व्यवसाय को अनेक घरेलू व बाहरी तत्त्व प्रभावित करते हैं। ऐसे में किसी ग्रुप की असफलता या संभावित असफलता का दारोमदार एक ही व्यक्ति पर डाला जाना कितनी सही है और उसे बाहर का रास्ता दिखाए जाने की प्रक्रिया कानूनी तौर पर कितनी सही है, ये सब कंपनी प्रशासन से जुड़े मसले हैं।

हालाँकि इन सब के बीच पदच्युत किए गए चेयरमैन ने टाटा के निदेशक मंडल को जो पाँच पेज का पृष्ठ का पत्र लिखा, वह भी कम हैरान करनेवाला नहीं है। मिस्त्री ने टाटा संस पर कंपनी प्रशासन प्रणाली की अवहेलना, कंपनी के हितधारकों की उपेक्षा के आरोप तो लगाए ही, साथ ही टाटा ग्रुप व एयर एशिया डील में करीब 22 करोड़ रुपए के घोटाले जैसे संगीन आरोप भी लगाए हैं। दोनों पक्षों द्वारा लगाए गए आरोपों व प्रत्यारोपों में कितनी सच्चाई है, यह तो आनेवाला वक्त ही उजागर करेगा, लेकिन जिस प्रकार मिस्त्री ने वित्तीय अनियमितताओं की जानकारी पद से निकाले जाने के बाद दी है, जाहिर है यह प्रश्न तो उठेगा कि अपने पद पर रहते हुए आखिर उन्होंने विसिल क्यों नहीं बजाई? जाहिर है मिस्त्री को टाटा का ये मसला कंपनी प्रशासन से जुड़े अनेक मुद्दों पर प्रकाश डालेगा।

(मुंबई में प्रकाशित दैनिक 'हमारा महानगर' में शुक्रवार 28-10-2016 को व्यापार पृष्ठ पर प्रकाशित)

□

96

पी.एम.आई. सूचकांक ने दिए सकारात्मक संकेत

हाल ही में जारी निकेई पी.एम.आई. के अनुसार अक्तूबर माह में औद्योगिक उत्पादन का सूचकांक गत 22 महीनों के उच्चतम स्तर पर पहुँच गया है। उल्लेखनीय है कि निक्केई इंडिया पी.एम.आई. इंडैक्स देश के विनिर्माण क्षेत्र में कार्यरत 500 कंपनियों के क्रय-प्रबंधकों (परचेज मैनेजर्स) के मतदान पर आधारित मासिक सर्वेक्षण द्वारा विनिर्माण गतिविधियों के स्तर का रुख दर्शाता है। इसमें नए ऑर्ड्र्स, उत्पादन, रोजगार, डिलिवरी व स्टॉक्स आदि के बारे में सर्वे में भाग ले रही कंपनियों के मैनेजर्स से जानकारी एकत्र की जाती है।

पी.एम.आई. सूचकांक की गणना में नए ऑर्ड्र्स को 30 प्रतिशत, उत्पादन को 25 प्रतिशत रोजगार को 20 प्रतिशत, सप्लायर्स के डिलिवरी टाइम्स को 15 प्रतिशत और स्टॉक्स की खरीदी को 10 प्रतिशत तरजीह (भार) दी जाती है। पी.एम.आई. सूचकांक यदि 50 के ऊपर ठहरता है, तो यह सामान्य तौर पर बेहतर विनिर्माण दर का रुख दर्शाता है, जबकि यदि इसका मूल्यांकन 50 से कम रहा तो यह औद्योगिक उत्पादन में कमी का रुख दर्शाता है।

गौरतलब है कि अक्तूबर माह में यह सूचकांक 54.4 का स्कोर बना रहा है, जो न सिर्फ सितंबर माह के 52.1 के स्कोर से अधिक है, बल्कि पिछले 22 महीनों का अधिकतम स्तर भी है। वस्तुत: दिसंबर 2014 के बाद पी.एम.आई. सूचकांक ने यह काफी अच्छी उछाल ली है। विशेषकर उत्पादन और नए ऑडर्स के क्षेत्र में उल्लेखनीय सुधार देखा गया है, जो कि देश में विनिर्माण उद्योग के लिए एक बेहतर वातावरण बनने का द्योतक है।

हालाँकि उत्पादक सामग्री में लागत बढ़ने के और कहीं-कहीं उपभोक्ताओं पर उसका भार स्थांनातरित (ट्रांसफर) किए जाने के संकेत भी मिले हैं लेकिन जिस

प्रकार पिछले 10 महीनों से औद्योगिक उत्पादन बढ़ने का संकेत लगातार इस सूचकांक के माध्यम से मिल रहा है, उससे तो यह अनुमान लगाया जा सकता है कि भारतीय अर्थव्यवस्था में आर्थिक विकास दर को बल ही मिल रहा है। हालाँकि जिस प्रकार रिजर्व बैंक ने ब्याज की दरों में कमी का रुख लिया, उससे यहाँ महँगाई बढ़ने का अंदेशा भी नजर आ रहा है।

उल्लेखनीय है कि अक्तूबर माह में रिजर्व बैंक ने रेपो रेट को 6.50 प्रतिशत से घटा कर 6.25 प्रतिशत कर दिया था। हाल ही में गठित मौद्रिक नीति समिति द्वारा लिया गया यह निर्णय जाहिर तौर पर विनिर्माण क्षेत्र में सकारात्कम प्रभाव दिखा रह है, हालाँकि दिसंबर माह में प्रस्तावित मौद्रिक समीक्षा में नीतिगत दरों में कमी का रुख कायम रहेगा या नहीं, यह इस बात पर निर्भर करेगा कि महँगाई की दर में क्या बदलाव आते हैं।

जिस प्रकार पी.एम.आई. इंडैक्स ने संकेत दिया है कि उत्पादक वस्तुओं में बढ़ी लागत का भार उत्पादों की कीमतों में समाहित किया जा रहा है, इससे तो महँगाई की दर कुछ बढ़ेगी ही। विशेष रूप से स्टील, प्लास्टिक और पेट्रोल की कीमतों में वृद्धि की संभावना इस सर्वेक्षण में बताई गई है। कुल मिलाकर जहाँ औद्योगिक उत्पादन में वृद्धि भारतीय अर्थव्यवस्था के लिए एक अच्छा संकेत है, वहीं महँगाई पर नियंत्रण रखना काफी चुनौतिपूर्ण साबित हो सकता है।

(मुंबई में प्रकाशित दैनिक 'हमारा महानगर' में शुक्रवार 04-11-2016 को व्यापार पृष्ठ पर प्रकाशित)

□

97

बड़े नोट पर बड़ी चोट का पड़ेगा दमदार असर

काले धन पर पिछले कुछ वर्षों से चर्चा काफी गरम हैं, लेकिन पहले स्वेच्छा से काले धन की जानकारी की वी.डी.एस. योजना और अब 500 व 1,000 रुपए के मौजूदा नोटों को प्रचलन से बाहर कर उन्हें नए नोटों से बदलने का फैसला, यह काले धन पर एक बड़ा एक्शन लिया गया है। जिस गोपनीयता व टाइमिंग के साथ यह घोषणा की गई वह केंद्र सरकार की 'भ्रष्टाचार मिटाओ' लक्ष्य के प्रति गम्भीरता भी उजागर करती है।

यद्यपि पब्लिक को पुराने नोटों को नए नोटों से बदलने के लिए लगभग 50 दिनों का समय दिया गया है, लेकिन जिस प्रकार इस कार्य हेतु आधार कार्ड या वोटर कार्ड जैसे पहचान पत्र बताने की अनिवार्यता रखी गई है, मोदीजी ने एक तीर से काले धन पर कई निशाने लगा दिए हैं।

अब न सिर्फ काला धन प्रचलन से बाहर हो जाएगा, बल्कि उसे सफेद में बदलनेवालों की पहचान भी करना आसान हो जाएगा। जाहिर है, इससे सरकार को टैक्स और पेनल्टी के रुप में 30 से 200 प्रतिशत तक रकम वसूलने का अवसर भी मिलेगा। दूसरी ओर, ब्लैक मनी गायब होने से काला बाजारी, मुनाफाखोरी, ड्रग माफिया व आतंकवाद जैसी गैर–कानूनी गतिविधियों पर अंकुश लगेगा।

तीसरा, काला धन और जाली नोटों के प्रचलन से बाहर होने पर अर्थव्यवस्था में सकल खर्च योग्य आय कम होगी जिससे मंहगाई भी कम होगी। विशेषकर प्रापर्टी के दाम कम होंगे। चौथा, भ्रष्टाचार के ऊपर उठाए गए इस कदम से रिश्वतखोरी और टैक्स की चोरी जैसी प्रवृत्तियों पर भी कुठराघात होगा, जिससे भारत की अर्थव्यवस्था में पारदर्शिता और प्रशासनिक दक्षता बढ़ेगी। भारत में 'ईज ऑफ डूइंग बिजनेस' अर्थात् कामकाज करना आसान हो सकेगा, जिससे अंतरराष्ट्रीय बाजारों में भारत की साख बढ़ेगी।

पाँचवाँ, अंतरराष्ट्रीय वित्तीय बाजारों में भारतीय अर्थव्यवस्था की रेटिंग भी बढ़ाई जा सकती है, जिससे कि देसी उद्योगपतियों के लिए अपेक्षाकृत कम ब्याज दरों पर ऋण की उपलब्धता बढ़ेगी।

गौरतलब है कि विश्व बैंक के द्वारा जुटाए गए आँकड़ों के अनुसार, सन् 1999 में भारत की सकल राष्ट्रीय आय (जी.डी.पी.) में 20.7 प्रतिशत हिस्सा काले धन का है, जो सन् 2007 में बढ़कर 23.2 प्रतिशत हो गया।

उल्लेखनीय है कि सन् 2011 व 2016 के दरम्यान जहाँ भारत की मुद्रा औसतन 40 प्रतिशत बढ़ी, वहाँ 500 रुपए के नोटों की संख्या 76 प्रतिशत और एक हजार रुपए के नोटों की मात्रा 109 प्रतिशत बढ़ी। एक अनुमान के अनुसार 500 रुपए के करीब 16.5 बिलियन और 1,000 रुपए के लगभग 6.7 बिलियन नोट प्रचलन में है जिनका मूल्य 14.95 लाख करोड़ है और कुल करेंसी में इनका हिस्सा 88 प्रतिशत है। माना जाता है कि नकली नोटों में भी ज्यादातर संख्या 500 व 1,000 रुपए के नोट की ही हैं। रिजर्व बैंक के आँकड़ों के अनुसार, सन् 2015-16 में कमर्शियल बैंकों द्वारा 6.5 लाख जाली नोटों की पहचान की गई है।

जाहिर है, जाली नोटों की वजह से राष्ट्र विरोधी और गैर-कानूनी गतिविधियों के बढ़ने का खतरा रहता है। साथ ही, इससे काले धन को भी बढ़ावा मिलता है। बड़े नोटों को प्रचलन से बाहर करने से अब इन सभी गतिविधियों पर अंकुश लग सकेगा। इसके अलावा जिस प्रकार एटीएम या बैंक से पैसा निकालने की अधिकतम सीमा 2,000 व 4,000 रुपए रखी गई है, उससे अधिक आवश्यकता होने पर इलेक्ट्रॉनिक माध्यम या फिर चैक अथवा ड्राफ्ट से भुगतान करने या पाने की जरूरत महसूस होगी। बहुत से लोग जिन्होंने अब तक बैंक अकाउंट नहीं खोले हैं, वे अब खाता खोलेंगे, इससे देश में कैश-लेस अर्थव्यवस्था को बढ़ावा मिलेगा। साथ ही, वित्तीय समावेश भी बढ़ेगा।

कुल मिलाकर केंद्र सरकार के इस फैसले से हो सकता है, आम लोगों को थोड़ी-बहुत असुविधा का सामना अगले कुछ दिनों में करना पड़े, लेकिन दीर्घकाल में उनकी जिंदगी आसान ही होगी। काले धन से छुटकारा देश की अर्थव्यवस्था को मजबूती देगा और महँगाई पर दबाव भी कम होगा। प्रधानमंत्री का मास्टर स्ट्रोक कामयाब होगा, ऐसी उम्मीद की जा सकती है।

(मुंबई में प्रकाशित दैनिक 'हमारा महानगर' में शुक्रवार 11-11-2016 को व्यापार पृष्ठ पर प्रकाशित)

□

98

हेजिंग पर रिजर्व बैंक का स्पष्टीकरण

हाल ही में रिजर्व बैंक ने भारतीय कॉर्पोरेट जगत द्वारा लिए गए बाह्य वाणिज्यिक ऋणों (एक्सटर्नल कमर्शियल बॉरोइंग) के संदर्भ में स्पष्टीकरण जारी किए हैं। रिजर्व बैंक ने स्पष्ट किया है कि बाह्य स्रोतों से लिए गए ऋणों पर मूलधन और कूपन भुगतान, दोनों पर पहले दिन से ही हेजिंग करवाना होगा।

दूसरा, हेजिंग इस प्रकार करनी होगी कि ऋणों के भुगतान के लिए तय अवधि तो कवर की ही जाए, बल्कि साथ में एक वर्ष का रोल ओवर विकल्प का भी इसमें समावेश हो ताकि कभी भी ऋणों का कोई भी हिस्सा ऐसा न रहे, जिसे हेजिंग के माध्यम से कवर न कर लिया गया हो।

तीसरा, अब यह संबंधित बैंकों की भी जिम्मेदारी होगी कि ई.सी.बी. का 100 प्रतिशत हेजिंग की अनिवार्यता का पालन हो।

इसके अलावा हेजिंग करते समय उधारकर्ताओं को संबंधित विदेशी मुद्रा के मूल्य में उतार-चढ़ाव के बावजूद उनका नकदी प्रवाह (कैश फ्लो) उनकी अपेक्षाओं के अनुरूप हो, यह सुनिश्चित करना होगा। उल्लेखनीय है कि अनेक भारतीय कंपनियाँ अपने कारोबारी आवश्यकताओं और घरेलू ऋणों के भुगतान के लिए भी ई.सी.बी. का सहारा लेती हैं। कई बार प्रोजेक्ट लगाने या फिर मौजूदा प्रोजेक्ट का नवीनीकरण करने या पूँजीगत उत्पादों का आयात करने के लिए भी देश के बाहर स्थित स्रोतों से ऋण लिया जाता है।

रिजर्व बैंक द्वारा जारी आँकड़ों के अनुसार, सितंबर माह में ऑटोमेटिक रूट के तहत 73 कंपनियों ने करीब 1.187 बिलियन अमेरिकी डॉलर्स मूल्य के ऋण हेतु रजिस्ट्रेशन किया, जबकि अप्रूवल रूट से पाँच कंपनियों ने 387 मिलियन डॉलर्स के बाह्य वाणिज्यिक ऋणों के लिए पंजीकरण कराया। उल्लेखनीय है कि अगस्त माह में यह आँकड़ा क्रमश: 2.586 बिलियन और 587 मिलियन डॉलर्स था। रिजर्व बैंक इन ऋणों के संदर्भ समय-समय पर नीतियाँ और गाइडलाइन जारी करता रहता है।

भारतीय कंपनियाँ मुख्यत: दो प्रकार के ऋण विदेशों से ले सकती हैं। एक तो ई.सी.बी. है, जो बैंक लोन या अन्य प्रतिभूति कृत ऋणों के रूप में लिए जा सकते हैं। दूसरा, यह एफ.सी.सी.बी. (फॉरेन करेंसी कन्वर्टिबल बांड) के जरिए भी लिए जा सकते हैं।

यह ऋण किस प्रकार से लिए जाएँ, किन लोगों या संस्थाओं से लिए जा सकते हैं, इनकी मात्रा व अवधि कितनी रखी जा सकती है और इनका उपयोग किस प्रकार और किन क्षेत्रों में किया जा सकता है, इन सभी के संदर्भ में रिजर्व बैंक नियम बनाता है और दिशा-निर्देश जारी करता है। कुछ क्षेत्रों में ई.सी.बी. ऑटोमेटिक रूट से उपलब्ध है तो कहीं सरकार से अनुमोदना (एप्रूवल) की भी आवश्यकता होती है।

जुलाई 2015 में रिजर्व बैंक ऑफ इंडिया द्वारा जारी आँकड़ों के अनुसार, कार्पोरेट क्षेत्र द्वारा वित्तीय वर्ष 2015 में विदेशी मुद्रा में लिए गए ऋणों में से 85 प्रतिशत ऋण ऐसे हैं, जिनमें हेजिंग नहीं की गई थी। अर्थात् महज 15 प्रतिशत ऋण ही ऐसे हैं, जिसे हेजिंग द्वारा कवर किया गया था।

दरअसल, जब वित्तीय बाजारों में रुपए का मूल्य स्थिर रहता है या फिर कॉर्पोरेट जगत में ऐसी धारणा रहती है कि रिजर्व बैंक रुपए का विनिमय मूल्य कमजोर नहीं पड़ने देगा तो वे ऋणों की अदायगी के संदर्भ में हेजिंग (रुपए के मूल्य में विदेशी मुद्रा के सापेक्ष उतार-चढ़ाव के जोखिम पर नियंत्रण) की जरूरत नहीं समझते और इसलिए उसकी अतिरिक्त लागत (सामान्यत: 4 से 5.5 प्रतिशत) झेलना पसंद नहीं करते, लेकिन जब रुपए का विनिमय मूल्य अस्थिरता के दौर में हो, तब हेजिंग का महत्त्व बढ़ जाता है।

भारत में नोटबंदी और अमेरिका में नए राष्ट्रपति का चुनाव ये कुछ ऐसे अप्रत्याशित परिणाम हैं, जिनसे घरेलू व अंतरराष्ट्रीय वित्तीय बाजारों में अफरा-तफरी का माहौल फिलहाल चल रहा है। यही कारण है कि रिजर्व बैंक ने ईसीबी, जो कुल बाह्य ऋणों का 37.3 प्रतिशत हिस्सा बनाते हैं, उन्हें 100 प्रतिशत तक जोखिम-रहित रखने का निर्देश दिया है।

(मुंबई में प्रकाशित दैनिक 'हमारा महानगर' में शुक्रवार 18-11-2016 को व्यापार पृष्ठ पर प्रकाशित)

□

99

समर्थन मूल्य में वृद्धि से बढ़ेगा कृषि उत्पादन

हाल ही में कृषि लागत और मूल्य आयोग (एग्रीकल्चरल कॉस्ट एण्ड प्राइसेस कमीशन) की सिफारिश के आधार पर रबी फसलों के न्यूनतम समर्थन मूल्य में वृद्धि की घोषणा की गई। दालों और तिलहन की न्यूनतम सपोर्ट कीमतों में 10 से 16 प्रतिशत वृद्धि की गई है, जबकि गेहूँ का समर्थन मूल्य 6.6 प्रतिशत बढ़ाया गया है।

गौरतलब है कि सन् 2011-12 के बाद समर्थन मूल्यों में सर्वाधिक वृद्धि की गई है। कृषि समर्थन मूल्यों में वृद्धि से किसानों की आमदनी बढ़ने की संभावना है। एक ओर अच्छे मानसून तो दूसरी ओर फसल के समर्थन मूल्यों में वृद्धि, एक तरह से किसानों के लिए सर्दियों के मौसम (रबी फसल) में बोई जानेवाली फसलों, जैसे कि गेहूं, कुछ दालों और तिलहन का उत्पादन बढ़ाने के लिए बड़ा प्रोत्साहन है।

उम्मीद की जा रही है कि इस वर्ष कृषि क्षेत्र में बंपर फसलें लहलहा उठेंगी। गौरतलब है कि इस बार गर्मियों में अच्छे मानसून की वजह से खरीफ फसलें औसत से अधिक क्षेत्रफल में तो बोई ही गईं, साथ ही इस बार उनका रिकॉर्ड उत्पादन भी हुआ। उल्लेखनीय है कि आर्थिक मामलों पर गठित कैबिनेट कमिटी ने वर्ष 2016-17 के खरीफ सीजन में सभी फसलों पर न्यूनतम समर्थन मूल्यों में वृद्धि की घोषणा की थी। यहाँ तक कि 'कृषि लागत और मूल्य आयोग' की सिफारिशों को सामान्यतया लागू किया ही जाता है पर इस बार केंद्र सरकार ने कुछ दालों और तिलहन के समर्थन मूल्यों के अलावा बोनस की भी पेशकश की, ताकि उनका उत्पादन कुछ बढ़े।

जाहिर तौर पर सरकार का उद्देश्य खाद्यान्नों की प्रभावी माँग (मांग)और आपूर्ति (सप्लाई) में अंतर को कम करना था, ताकि भारत इस क्षेत्र में आत्मनिर्भर बन सके और आयातों (इंपोर्ट्स) पर निर्भरता कुछ कम हो सके।

भारत एक कृषि प्रधान देश है। भारत की 60 प्रतिशत से अधिक भूमि खेती (कृषि)

के लिए उपयोग में लाई जा सकती है और इस लिहाज से भारत का स्थान सबसे बड़े खेती योग्य क्षेत्रफल रखनेवाले देशों की फेहरिस्त में विश्व भर में दूसरा है। भारत में करीब दो तिहाई जनसंख्या की आजीविका का स्रोत कृषि या कृषि आधारित उद्योग हैं। यही नहीं कृषि उत्पादों का भारत के निर्यातों में भी बड़ा योगदान है। विशेष रूप से जूट, चाय, कॉफी, मसालों और शक्कर का अतिरिक्त उत्पादन विदेशों में भी निर्यात कर दिया जाता है।

इसके अलावा अनेक उद्योग कृषि क्षेत्र से कच्चा माल लेते हैं और विभिन्न उत्पाद बनाते हैं। इस प्रकार खरीफ सीजन में अच्छी पैदावार के बाद रबी सीजन में फसलों के लिए सरकार की तरफ से समर्थन मूल्यों में वृद्धि से कृषि उत्पादन बढ़ने की संभावना से अनुमान लगाया जा सकता है कि इस बार कृषि क्षेत्र का प्रदर्शन बेहतर रहेगा।

जाहिर है कि देश की आर्थिक विकास दर को कृषि क्षेत्र में उत्पादन बढ़ने से बल ही मिलेगा। हाल ही में सरकार ने नोटबंदी से प्रभावित किसानों को फसल के लिए बीज खरीदने हेतु पुराने 500 रुपए के नोटों के इस्तेमाल की इजाजत दे दी है, ताकि कृषि उत्पादन पर नोटबंदी का प्रतिकूल प्रभाव न पड़े।

गौरतलब है कि किसानों के न्यूनतम समर्थन मूल्य निर्धारित करते समय अनेक तत्त्वों का विश्लेषण किया जाता है, जैसे कि मांग एवं सप्लाई, उत्पादन की लागत, बाजार मूल्य और कृषि मूल्यों के प्रति कंज्यूमर्स (उपभोक्ताओं) की माँग की संवेदनशीलता आदि। कुल मिलाकर कृषि उत्पादों का उत्पादन बढ़ने से किसान तो लाभान्वित होंगे ही साथ ही, देश की आर्थिक विकास दर भी बढ़ेगी।

(मुंबई में प्रकाशित दैनिक 'हमारा महानगर' में शुक्रवार 25-11-2016 को व्यापार पृष्ठ पर प्रकाशित)

□

100

क्या कमजोर हो रहे हैं इंफोटेक रोजगार

हाल ही में जारी आँकड़ों के अनुसार, सूचना एवं प्रौद्योगिकी (इंफोटेक) क्षेत्र में यद्यपि कारोबारी विकास दर डबल डिजिट से बढ़ रही है, लेकिन फिर भी रोजगार की विकास दर बल्कि धीमी पड़ती जा रही है। पिछले पाँच वर्षों में जहाँ आई.टी. क्षेत्र में निर्यात औसतन 13.7 प्रतिशत की दर से बढ़े हैं, वहीं रोजगार महज आठ प्रतिशत की दर से ही बढ़े।

भारत में आई.टी. तथा बिजनेस प्रोसेस मैनेजमेंट (बी.पी.एम.) उद्योग की प्रतिनिधि संस्था 'नासकॉम' के अनुसार, जहाँ सन् 2007 में आई.टी. क्षेत्र के निर्यात 30.9 प्रतिशत और रोजगार 25.4 प्रतिशत की दर से बढ़े, वहाँ वित्तीय वर्ष 2014 में यह क्रमशः 13.9 प्रतिशत और 7.0 प्रतिशत बढ़े। सन् 2015 में निर्यात 12 प्रतिशत से बढ़े, लेकिन रोजगार महज 6.7 प्रतिशत से बढ़े। चिंता की बात तो यह है कि वित्तीय वर्ष 2016 में भी कुछ इसी प्रकार का रुख अपेक्षित है, जहाँ निर्यात 10.3 प्रतिशत से तो रोजगार 5.8 प्रतिशत बढ़ने की संभावना है।

यहाँ ये बात भी ध्यान देने योग्य है कि जहाँ सन् 2007 में आई.टी. क्षेत्र में निर्यातों (एक्सपोर्ट्स) का मूल्यांकन 31.7 बिलियन डॉलर्स था, वहाँ पिछले तीन वर्षों में यह क्रमशः 87.7, 98.2 व 108.3 बिलियन डॉलर्स रहा। इस प्रकार आई.टी. क्षेत्र में कारोबारी विकास दर भले ही संतोषजनक रही हो, लेकिन रोजगार उस अनुपात में नहीं बढ़ पा रहे। आखिर इसकी क्या वजह है?

माना जा रहा है कि तकनीकी क्षेत्र में स्वचालन (ऑटोमेशन) व कृत्रिम बुद्धि (आर्टीफिशियल इंटेलिजेंस) का प्रचलन बढ़ने से भी आई.टी. क्षेत्र में नए रोजगार के अवसरों का ह्रास हो रहा है। आई.टी. सेवा क्षेत्र में कार्यरत एक शोध संस्थान, एच.एफ.एस. रिसर्च ने आँकड़ों के माध्यम से जानकारी दी है कि सन् 2021 तक भारत में आई.टी. एवं बी.पी.एम. क्षेत्र में 6.4 लाख अपेक्षाकृत कम कुशलता (लो-स्किल्ड) वाली नौकरियों का ह्रास हो सकता है।

हालाँकि इस दौरान मध्यम और उच्च कुशलतावाले क्षेत्रों में अतिरिक्त रोजगार के अवसर जरूर बढ़ेंगे, लेकिन फिर भी कुल मिलाकर 4.8 लाख नौकरियों के ह्रास होने की संभावना है। आई.टी. क्षेत्र में जूनियर, मिडिल और सीनियर कुशलता वाले पदों का अनुपात सन् 2001 में क्रमश: 67, 31 और 2 प्रतिशत था। पिछले करीब डेढ़ दशकों में ये अनुपात तेजी से बदल रहा है। अब जूनियर पोजीशंस पर 50 प्रतिशत से भी कम लोग कार्यरत हैं।

आखिर आई.टी. क्षेत्र में नौकरियों के अवसर कम होना इतना महत्त्वपूर्ण क्यों समझा जाना चाहिए, कारण है कि भारत में आई.टी. और बी.पी.एम. क्षेत्र मिलकर 143 बिलियन यू.एस. डॉलर्स का कारोबार करते हैं। देश के करीब 3.7 करोड़ लोग इस क्षेत्र में कार्यरत हैं। भारत की सकल राष्ट्रीय आय में 9.3 प्रतिशत का योगदान देनेवाला यह क्षेत्र सर्विसेज सेक्टर से किए जानेवाले निर्यातों में 45 प्रतिशत का योगदान देता है।

पिछले डेढ़ दशकों में यह उद्योग बैक-ऑफिस सपोर्ट देनेवाले उद्योग के स्तर से कहीं ऊपर उठ आज व्यावसायिक परिवर्तन के हिस्सेदार के रूप में अपनी पहचान स्थापित कर रहा है।

खास बात यह है कि जिन रोबोट, ऑटोमेशन और सॉफ्टवेयर की मदद से आई.टी. क्षेत्र में भारत ही नहीं अपितु समूचे विश्व में रोजगार के अवसर कम हो रहे हैं, उन्हें ईजाद करनेवाला और प्रयोग में लानेवाला क्षेत्र भी यही है। नई तकनीक के क्रियान्वयन से शायद जितनी तेजी से मौजूदा रोजगार के अवसर कम होते हैं, उतनी तेजी से नए अवसर नहीं पनपते।

यह एक ऐसी स्थिति है कि जहाँ नई तकनीकों के प्रयोग से इस क्षेत्र में उत्पादकता और कारोबार तो बढ़ रहे हैं, पर उतनी तेजी से औसत आय व रोजगार नहीं बढ़ पा रहे हैं। जाहिर है, ऐसे में आई.टी. क्षेत्र में श्रम कुशलता का स्तर बढ़ाने जैसे कि नई तकनीक के अनुरूप पाठ्यक्रम और कार्यकुशलता अपग्रेड करने की आवश्यकता है। भारत सरकार ने सन् 2015 में डिजिटल इंडिया का कैंपेन चलाया है, जिसके तहत सार्वजनिक सेवाओं को प्रौद्योगिकी के माध्यम से जन-जन को उपलब्ध कराने और इंटरनेट कनेक्टिविटी बढ़ाने के प्रयास किए जा रहे हैं, जिसका उद्देश्य भारत को डिजिटल टेक्टनोलॉजी के क्षेत्र में शक्तिमान बनाना है।

कुल मिलाकर आई.टी. क्षेत्र में तकनीकी विकास के माध्यम से प्रस्तुत चुनौतियों का सामना करने के लिए शिक्षण संस्थानों, आई.टी. कंपनियों और सरकार को शिक्षण और ट्रेनिंग के क्षेत्र में समन्वित प्रयास करने होंगे।

(मुंबई में प्रकाशित दैनिक 'हमारा महानगर' में शुक्रवार 02-12-2016 को व्यापार पृष्ठ पर प्रकाशित)

□

101

क्या हैं नई मौद्रिक नीति के मायने

हाल ही में रिजर्व बैंक के गवर्नर की अध्यक्षता में गठित मौद्रिक नीति समिति ने पाँचवीं द्विमासिक मौद्रिक समीक्षा में नीतिगत दरों में फिलहाल कोई बदलाव नहीं करने का निर्णय लिया है। परिणाम स्वरूप, रेपो रेट और रिवर्स रेपो रेट अपने पूर्व स्तर क्रमशः 6.25 प्रतिशत व 5.75 प्रतिशत पर यथावत हैं।

गौरतलब है कि हाल ही में घोषित नोटबंदी के फैसले के बाद यह अनुमान लगाया जा रहा था कि शायद रिजर्व बैंक नीतिगत दरों में कुछ कटौती करेगा, जिससे धीमी पड़ती आर्थिक विकास दर को कुछ संबल ही मिलेगा। लेकिन कुछ अमेरिकी फेडरल बैंक द्वारा ब्याज दरें बढ़ाए जाने की आशंका, तो कुछ घरेलू अर्थव्यवस्था में महँगाई बढ़ने की संभावना लगता है कि रिजर्व बैंक की मौद्रिक नीति समिति ने हालात साफ होने तक इंतजार करना अधिक वाजिब समझा और नीतिगत दरों में कटौती नहीं की।

हालाँकि केंद्रीय बैंक ने आगामी 10 दिसंबर से अस्थाई तौर पर 100 प्रतिशत अतिरिक्त कैश रिजर्व रेश्यो रखने की अनिवार्यता को खत्म करने का निर्णय भी लिया है, जिससे बैंकों के लिए ऋणों और डिपॉजिट, दोनों ही पर ब्याज दरें कम करने की गुंजाइश बढ़ने की संभावना है। गौरतलब है कि इस बार महँगाई पर नियंत्रण रखने के लक्ष्य को प्राथमिकता दी गई है, ताकि वित्तीय वर्ष 2016-17 की चतुर्थ तिहाई के अंत तक खुदरा महँगाई को 5 प्रतिशत तक सीमित किया जा सके। इसके अलावा वैश्विक बाजारों में कच्चे तेल की कीमतों में वृद्धि के आसार भी बने हुए हैं। उधर, घरेलू अर्थव्यवस्था पर नोटबंदी का कितना गहन अथवा विस्तृत प्रभाव पड़ेगा, उसको लेकर भी स्थिति फिलहाल स्पष्ट नहीं है।

रिजर्व बैंक के अनुसार, वित्तीय वर्ष 2016-17 की दूसरी तिमाही में औद्योगिक उत्पादन गतिविधियों के धीमे पड़ने की वजह से वास्तविक सकल मूल्य वर्धित (जी.

वी.ए.) विकास दर अपेक्षाओं से कुछ कम ही रहने की संभावना है। उपभोक्ता माँग कमोजर पड़ने से न सिर्फ उत्पादन पर असर पड़ा है, बल्कि उत्पादन के संसाधनों की औसत लागत बढ़ने से भी उद्योगों के लाभांश नीचे आ गए हैं।

यद्यपि शुद्ध निर्यातों के योगदान से सकल मांग सकारात्मक रही है, लेकिन यहाँ ध्यान देने योग्य बात यह भी है कि निर्यातों की तुलना में आयात अधिक तेजी से कम हो रहे हैं। राहत की बात यह है कि केंद्र सरकार द्वारा अपनाए गए विभिन्न उपायों व बेहतर मानसून की वजह से दूसरी तिमाही में रबी फसलों के उत्पादन का क्षेत्रफल बढ़ा है, जिससे कृषि क्षेत्र में विकास दर बढ़ने की संभावना है, लेकिन औद्योगिक उत्पादन पर नोटबंदी का नकारात्मक असर जरूर पड़ता दिख रहा है।

रिजर्व बैंक के अनुसार, वित्तीय वर्ष 2016-17 में सकल मूल्यवर्धित विकास दर अपने पूर्व अपेक्षित स्तर 7.6 प्रतिशत से कम होकर 7.1 प्रतिशत ही रहने की संभावना है। इन परिस्थितियों के मद्देनजर रिजर्व बैंक का नीतिगत दरों में कटौती नहीं करने की निर्णय युक्तिसंगत प्रतीत होता है, क्योंकि एक ऐसे देश में जहाँ करीब 90 प्रतिशत सौदे कैश (नकद भुगतान) द्वारा किए जाते हों, वहाँ यदि यकायक 86 प्रतिशत नोटों को प्रचलन से बाहर कर दिया जाए तो वाकई यह एक बहुत बड़ा बदलाव है और ऐसे अप्रत्याशित बदलाव का भारतीय अर्थव्यवस्था पर कितना सकारात्मक अथवा नकारात्मक प्रभाव पड़ेगा, इसे लेकर काफी अनिश्चितता है।

उधर, अक्तूबर माह में बैंक क्रेडिट विकास दर पिछले 6 वर्षों के न्यूनतम स्तर पर पहुँच चुकी है। रिजर्व बैंक द्वारा जारी आँकड़ों के अनुसार, बैंक क्रेडिट ग्रोथ 1.7 प्रतिशत से कम हुई। न सिर्फ बड़े उद्योगों बल्कि छोटे और मध्यम आकार के उद्योगों में भी बैंक क्रेडिट की माँग कम हुई है। बड़े उद्योगों में जहाँ क्रेडिट माँग में 1.2 प्रतिशत की कमी आई, वहाँ मध्यम व छोटे आकार के उद्योगों में यह क्रमश: 4.3 व 3.6 प्रतिशत से कम हुई है।

हालाँकि व्यक्तिगत ऋणों की विकास दर जरूर बढ़ी है, जहाँ खुदरा ऋणों की मात्रा अक्तूबर माह में 17 प्रतिशत बढ़ी है। विशेषकर हाउसिंग और वाहन के लिए ऋणों की मांग बढ़ी है।

बहरहाल, नोटबंदी के बाद देश में प्रचलित 14 लाख करोड़ रद्द किए गए पुराने नोटों में से करीब 12 लाख करोड़ रुपए बैंकिंग सिस्टम में वापस आ चुके हैं, लेकिन अर्थव्यवस्था के अनेक क्षेत्रों में कैश क्रंच (नकदी की कमी) से उत्पादन और आय प्रभावित होने की संभावना के चलते और वैश्विक बाजारों में फेड रेट्स और तेल की कीमतों के बढ़ने के आसार बढ़ने से अनिश्चितता बनी हुई है, ऐसे

में रिजर्व बैंक द्वारा नीतिगत दरों में कटौती न करने का निर्णय फिलहाल ठीक ही समझा जाना चाहिए, क्योंकि काफी उम्मीद है कि अगर महँगाई नियंत्रण में रही और वैश्विक बाजारों में स्थिरता रही, तो फरवरी माह में होने वाली आगामी मौद्रिक समीक्षा में नीतिगत दरों में कुछ कटौती की अपेक्षा तो की ही जा सकती है।

(मुंबई में प्रकाशित दैनिक 'हमारा महानगर' में शुक्रवार 09-12-2016 को व्यापार पृष्ठ पर प्रकाशित)

□

102

भारतीय अर्थव्यवस्था में नजर आ रहे हैं रुझान

हाल ही में भारत सरकार के सांख्यिकी और कार्यान्वयन मंत्रालय द्वारा जारी आँकड़ों के अनुसार, नवंबर माह में खुदरा महँगाई की दर 3.63 प्रतिशत पर पिछले दो वर्षों के न्यूनतम स्तर पर पहुँच गई। गौरतलब है कि पिछले वर्ष नवंबर माह में महँगाई की दर 5.41 प्रतिशत रही थी, जबकि इस वर्ष पिछले महीने अर्थात् अक्तूबर माह में यह 4.20 प्रतिशत रही थी।

विशेष रूप से सब्जियों की कीमतें काफी तेजी से कम हुईं। नवंबर माह में सब्जियों की कीमतों में 10.29 प्रतिशत की कमी आई, जबकि अक्तूबर माह में 5.74 प्रतिशत की गिरावट आई थी, हालाँकि इस दौरान फलों की कीमतों में क्रमश: 4.60 व 4.42 प्रतिशत की वृद्धि दर्ज की गई, जबकि अनाज और अन्य खाद्य पदार्थों की कीमतों में क्रमश: 4.8 6 और 4.40 प्रतिशत की तेजी आई। कुल मिलाकर खाद्य पदार्थों का सूचकांक 2.11 के निचले स्तर पर रहा, जबकि अक्तूबर माह में यह 3.32 प्रतिशत था।

उधर, ईंधन व विद्युत क्षेत्र में महँगाई दर नवंबर में 2.80 प्रतिशत रही, जो अक्तूबर माह में लगभग 2.81 प्रतिशत के स्तर पर रही।

जाहिर तौर पर नवंबर के प्रथम माह से लागू नोटबंदी की वजह से जो पुराने 500 और 1000 रुपए के नोट प्रचलन से बाहर कर दिए गए, उससे नकदी की कुछ कमी तो कुछ मानसून का सकारात्मक असर, महँगाई की दर खाद्य पदार्थों में विशेष रूप से कम हुई। उल्लेखनीय है कि खाद्य पदार्थों का उपभोक्ता मूल्य सूचकांक (सी.पी.आई.) में 45 प्रतिशत भार है और इस लिहाज से खाद्य सूचकांक खुदरा महँगाई की दर को काफी असरदार ढंग से प्रभावित करता है।

उपभोक्ता मूल्य सूचकांक में आई गिरावट से अब उम्मीद बढ़ गई है कि अगली मौद्रिक समीक्षा में रिजर्व बैंक नीतिगत दरों में कम-से-कम 25 बेसिस अंकों की कटौती

कर सकता है। लेकिन यदि मौजूदा वित्तीय वर्ष की अंतिम तिमाही में आर्थिक विकास दर में कुछ सकारात्मक रुख पनपते दिखाई दिए, तो नीतिगत दरों में कुछ अधिक कटौती की अपेक्षा भी की जा सकती है।

हालाँकि ऐसे में अंतरराष्ट्रीय बाजारों में तेल की कीमतों में वृद्धि का रुख और वित्तीय बाजारों में बढ़ती तरलता का वातावरण महँगाई की दर पर लगातार दबाव बनाए रख सकते हैं। अत: अधिकांश विश्लेषकों का अनुमान है कि इस वर्ष के अंतिम दौर में अधिकतम 25 बेसिस अंकों की कटौती की उम्मीद लगाई जा सकती है।

उधर, वित्तीय वर्ष 2016-17 की दूसरी तिमाही में देश का चालू खाता घाटा भी काफी तेजी से कम हुआ है। चालू खाता घाटा इस दौरान 3.4 बिलियन डॉलर्स रहा, जो कि भारत की सकल राष्ट्रीय आय का महज 0.6 प्रतिशत रहा। उल्लेखनीय है कि सन् 2015 की दूसरी तिमाही (जुलाई से सितंबर) के अंत में चालू खाता घाटा 8.5 बिलियन डॉलर्स रहा था, जो कि जी.डी.पी. का 1.7 प्रतिशत रहा था। चालू खाता घाटा में तीव्रता से आई गिरावट का मुख्य कारण है, मर्चेंडाइज घाटे में कमी, जिसकी वजह रही, हमारे आयातों का तेजी से कम होना।

व्यापार घाटा इस वित्तीय वर्ष में लगातार कम हुआ है, जिसका परिणाम यह निकला है कि मौजूदा वित्तीय वर्ष (2016-17) के पहले 6 महीनों में चालू खाता घाटा सकल राष्ट्रीय आय का महज 0.3 प्रतिशत रहा, जो कि पिछले वर्ष इसी अंतराल में 1.5 प्रतिशत रहा था। यही नहीं, वर्ष की दूसरी तिमाही में भुगतान संतुलन सकारात्मक (सरप्लस) रहा और विदेशी मुद्रा भंडार भी 8.5 बिलियन डॉलर्स से बढ़ा है, जबकि पिछले वर्ष इसमें 0.9 बिलियन डॉलर्स की कमी आई थी।

इस प्रकार महँगाई में कमी और चालू खाता घाटा कम होना, दोनों ही को भारतीय अर्थव्यवस्था के संदर्भ में सकारात्मक रुझान के रूप में देखा जा सकता है, लेकिन जिस प्रकार कृषि क्षेत्र में मूल्यों में भारी गिरावट आई है, जाहिर तौर पर वर्ष की अंतिम तिमाही में इस क्षेत्र में उत्पादन बढ़ाने हेतु और भी प्रोत्साहन दिए जाने की आवश्यकता है ताकि मूल्यों में इतनी ज्यादा कमी न आ जाए कि इसका असर कृषि उत्पादन पर पड़ जाए और इस क्षेत्र में विकास दर मंद पड़ जाए। इसी प्रकार अंतरराष्ट्रीय बाजारों में निर्यात बढ़ाने के उपाय भी करने होंगे, ताकि देश की आर्थिक विकास दर को कुछ और बल मिले।

(मुंबई में प्रकाशित दैनिक 'हमारा महानगर' में शुक्रवार 16-12-2016 को व्यापार पृष्ठ पर प्रकाशित)

□

103

फेड रेट्स से प्रभावित होगी वैश्विक अर्थव्यवस्था

हाल ही में अमेरिकी फेडरल रिजर्व बैंक की रेट सेटिंग समिति (एफ.ओ.एम.सी.) ने फेड फंड्स रेट को 0.25 प्रतिशत से बढ़ा दिया है। गौरतलब है कि सन् 2008 के आर्थिक मंदी के दौर के बाद से लगातार शून्य ब्याज दर की नीति पर कायम अमेरिकी फेडरल बैंक ने वहाँ की अर्थव्यवस्था में अच्छी विकास दर के मद्देनजर दिसंबर 2015 के बाद दूसरी बार नीतिगत दरों में वृद्धि की घोषणा की है।

ऐसा माना जा रहा है कि आगामी वर्ष 2017 में नए राष्ट्रपति डोनाल्ड ट्रंप के कार्यभार सँभालने के बाद उनके आर्थिक विकास एजेंडा के तहत प्रस्तावित अमेरिकी अर्थव्यवस्था में आर्थिक विकास दर के बढ़ने की संभावना को देखते हुए भी फेड ने ब्याज दरें बढ़ाने का फैसला किया है।

हालाँकि फेड ने आनेवाले तीन वर्षों में अमेरिकी आर्थिक विकास दर के पूर्वानुमान को 2 प्रतिशत पर कायम रखा है, लेकिन जिस प्रकार वहाँ महँगाई बढ़ रही है, उसे लगता है कि यह शीघ्र ही 2 प्रतिशत के लक्षित स्तर को छू लेगी। इसके अलावा नव-निर्वाचित प्रेसीडेंट की नीतियों के अमेरिकी अर्थतंत्र पर पड़नेवाले प्रभावों को लेकर भी फिलहाल अनिश्चितता का माहौल बना हुआ है, जिसकी वजह से भी नीतिगत दरों में सांकेतिक वृद्धि का निर्णय लिया गया है।

उदाहरण के लिए, डोनाल्ड ट्रंप ने अपने चुनावी वायदों में बड़े पैमाने पर इंफ्रास्ट्रक्चर पर खर्च बढ़ाने, संरक्षणवादी नीतियाँ अपनाने और आम लोगों पर टैक्स का भार कम करने की बात कही है। इसके एक ओर अमेरिका में घरेलू उद्योगों को उत्पादन बढ़ाने के लिए प्रोत्साहन मिलने तो दूसरी ओर अमेरिकी जनता की जेब में खर्च योग्य आय बढ़ने से उपभोक्ता मांग में वृद्धि होने की संभावना है, जिससे अमेरिकी अर्थव्यवस्था में आर्थिक विकास दर बढ़ने के आसार तो नजर आ रहे हैं, लेकिन फेड को यह अंदेशा

भी है कि कहीं इन सबसे मुद्रास्फीति न बढ़ जाए।

बहरहाल, अमेरिका विश्व की प्रमुख अर्थव्यवस्था है और उसकी मुद्रा डॉलर अंतरराष्ट्रीय बाजारों में बहु-प्रचलित विनिमय का माध्यम है और ऐसे में वहाँ के केंद्रीय बैंक की फंड रेट्स में उतार-चढ़ाव न सिर्फ अमेरिकी अर्थ-तंत्र को प्रभावित करते हैं, बल्कि समूची वैश्विक अर्थव्यवस्था, विशेषकर उयदीमान अर्थव्वस्थाओं (इमर्जिंग मार्केट्स) पर इसका महत्त्वपूर्ण प्रभाव पड़ता है।

यही कारण है कि अब अमेरिकी निवेशक भारी जोखिम से परिपूर्ण उदयीमान अर्थव्यवस्थाओं और धीमी विकास दर अर्जित कर रहे यूरो जोन से हाथ खींचकर अमेरिकी बॉण्ड मार्केट में निवेश करना बेहतर समझ सकते हैं।

गौरतलब है कि 25 बेसिस अंकों की वृद्धि के बाद अमेरिकी फेडरल बेंचमार्क रेट 0.5 से 0.75 प्रतिशत की रेंज में पहुँच जाएगी। सिर्फ यही नहीं, फेड ने स्पष्ट कर दिया है कि ब्याज दरों में वृद्धि का रुख फिलहाल पलटनेवाला नहीं है, क्योंकि अगले वर्ष (2017) में बल्कि तीन बार ब्याज दरें बढ़ाने की घोषणा की जा सकती है।

एक तरफ ब्याज दरों में अभी 75 बेसिस अंकों से वृद्धि की अपेक्षा तो दूसरी ओर नए राष्ट्रपति की प्रस्तावित रोजकोषीय प्रोत्साहन नीति, दुनिया भर के वित्तीय बाजारों में प्रतिक्रिया ऐसी रही कि अमेरिकी डॉलर का मूल्य पिछले 14 वर्षों के अधिकम स्तर पर पहुँच गया। अमेरिकी फेड दरों और अन्य प्रमुख ब्याज दरों का अंतर भी कई वर्षों के उच्च स्तर पर पहुँच गया।

यहाँ तक कि चीन की मुद्रा पर भी डॉलर्स की विनिमय दर का काफी जोरदार असर पड़ा। दुनिया भर के शेयर व कमोडिटीज मार्केट भी इसके प्रभाव से अछूते न रह सके। विशेष रूप से उयदीमान अर्थव्यवस्थाओं पर फेड रेट्स बढ़ने का दूरगामी प्रभाव पड़ेगा।

उदाहरण के लिए, चीन में डॉलर के मूल्यों में मजबूती आने से विदेशी पूँजी के बर्हिगमन का रुख पनप रहा है। अक्तूबर 2016 तक समाप्त हुए कैलेंडर वर्ष में करीब 530 बिलियन डॉलर्स का शुद्ध पूँजीगत निरगमन (नेट आउटफ्लो) चीन में देखा गया है। भारत में नवंबर माह में विदेशी संस्थागत निवेशकों में करीब 20,000 करोड़ रुपए की शुद्ध बिकवाली की है और दिसंबर माह में यह रुख कायम है।

डॉलर के मुकाबले रुपए की विनिमय दर कमजोर पड़ने और नोटबंदी की वजह से भारतीय अर्थव्यवस्था पर पड़नेवाले प्रभावों को लेकर फिलहाल जो अनिश्चितता की स्थिति है, उसके अलावा अंतरराष्ट्रीय बाजारों में कच्चे तेल (क्रूड ऑयल) की कीमतों में वृद्धि का रुख और इन सभी तत्त्वों के सापेक्ष अमेरिकी अर्थव्यवस्था में बेहतर रिटर्नस की उम्मीद, जाहिर है कि विदेशी संस्थागत निवेशकों का भारतीय पूँजी बाजारों से मोह भंग होने की काफी संभावना है।

हालाँकि बेहतर राजकोषीय अनुशासन, नोटबंदी के साइड इफेक्ट्स का उचित प्रबंधन, पर्याप्त मात्रा में मौजूद विदेशी मुद्रा भंडार और चालू खाता घाटा का कम स्तर यदि बरकरार रहे तो भारत फिलहाल फेड रेट बढ़ने से हो रहे विदेशी पूँजी पलायन को कुछ हद तक सीमित करने की क्षमता रखता है, लेकिन यह वाकई बहुत चुनौतीपूर्ण होगा।

राहत की बात यह है कि भारत में इस वर्ष मानसून के मिजाज ठीक रहे हैं और इस वजह से कृषि उत्पादन बढ़ने की संभावना है। अगर मौद्रिक नीति के नजरिए से देखें तो मौजूदा वित्तीय वर्ष के बाकी चार महीनों में खाद्य पदार्थों की आपूर्ति बढ़ने तो कुछ नोटबंदी के प्रभावों के कारण हेडलाइन उपभोक्ता मूल्य सूचकांक रिजर्व बैंक द्वारा लक्षित 5 प्रतिशत के स्तर से कुछ कम ही रहने की संभावना है। ऐसे में यदि रिजर्व बैंक ने फरवरी 2017 में होने वाली मौद्रिक समीक्षा में नीतिगत दरों में कटौती का निर्णय लिया, तो इससे भारतीय अर्थव्यवस्था को फेड रेट के प्रभाव को झेलने में कुछ बल ही मिलेगा। हालाँकि यह सब काफी कुछ महँगाई, मानसून, नोटबंदी के सकारात्मक प्रभाव और कच्चे तेल की कीमतों के रुख और जी.एस.टी. के सफल क्रियान्वयन और राजकोषीय अनुशासन जैसे तत्त्वों पर निर्भर होगा।

(मुंबई में प्रकाशित दैनिक 'हमारा महानगर' में शुक्रवार 23-12-2016 को व्यापार पृष्ठ पर प्रकाशित)

□

104

बाह्य वाणिज्यिक उधारी पर पड़ेगा अतिरिक्त भार

हाल ही में भारत सरकार के वित्त मंत्रालय द्वारा जारी आँकड़ों के अनुसार, मौजूदा वित्तीय वर्ष में करीब 29 बिलियन डॉलर्स के मूल्य के बाह्य वाणिज्यिक ऋण भुगतान के लिए बकाया हैं। गौरतलब है कि मार्च 2016 के अंत में कुल 207 बिलियन डॉलर्स के बाह्य ऋण भुगतान के लिए बकाया हैं, जिनका भुगतान आनेवाले वित्तीय वर्षों में किश्तों में किया जाना तय है। इनमें से अधिकांश हिस्सा विदेशों में बसे प्रवासी भारतीयों के डिपॉजिट करीब 90.4 बिलियन डॉलर्स के रूप में तथा 83.4 बिलियन डॉलर्स अल्पकालीन ऋणों के रूप में बकाया है।

उल्लेखनीय है कि अनेक भारतीय कंपनियाँ और पब्लिक सेक्टर इकाइयाँ (पी.एस.यू.) विदेशी स्रोतों से संसाधन जुटाने हेतु बाह्य वाणिज्यिक ऋणों (ई.सी.बी.) का इस्तेमाल करती हैं। केंद्र सरकार के आर्थिक मामलों के मंत्रालय, वित्त-विभाग और भारतीय रिजर्व बैंक मिलकर ऐसे ऋणों की निगरानी और विनियमन (रेग्यूलेशन) का काम करते हैं।

विभिन्न क्षेत्रों के लिए ई.सी.बी. की अधिकतम सीमा भी निर्धारित की गई है। उदाहरण के लिए, इंफ्रास्ट्रक्चर और ग्रीनफील्ड प्रोजेक्ट्स के लिए ई.सी.बी. के जरिए 50 प्रतिशत तक की फंडिंग की अनुमति है। इसके अलावा कॉर्पोरेट क्षेत्र में 750 मिलियन, सर्विसेज क्षेत्र में 200 मिलियन और एन.जी.ओ. को 10 मिलियन डॉलर्स के मूल्य तक बाह्य वाणिज्यिक ऋण लेने की अनुमति है।

ऋण लेनेवाले उधारकर्ता नए ई.सी.बी. से जुटाए संसाधनों का 25 प्रतिशत मौजूदा घरेलू ऋणों को चुकता करने में उपयोग कर सकते हैं, लेकिन बाकी 75 प्रतिशत ऋणों का उपयोग उन्हें नए प्रोजेक्टस में करना अनिवार्य है। सवाल यह है कि आखिर बाह्य कमर्शियल ऋणों को घरेलू ऋणों के सापेक्ष क्यों चुना जाता है?

कारण है कि भारत के मुकाबले यूरोप और अमेरिका में ब्याज दरें काफी कम हैं और इस वजह से कुछ कंपनियाँ ऊँची ब्याज दर पर बकाया मौजूदा घरेलू ऋणों का भुगतान करने के लिए भी बाह्य वाणिज्यिक ऋणों का सहारा लेती हैं।

भारत में नोटबंदी की वजह से कुछ कंपनियों के कारोबार में उपभोक्ता मांग में अल्पकालिक गिरावट की वजह से कमी देखी गई है। उधर अमेरिका में नव-निर्वाचित राष्ट्रपति डोनाल्ड ट्रंप की प्रस्तावित नीतियों के मद्देनजर और अमेरिकी फेडरल रेट्स बढ़ने से भी डॉलर्स के विनिमय मूल्य में मजबूती आई है। परिणामत: रुपए के मूल्य में अमेरिकी डॉलर के मुकाबले जो गिरावट आई है, उससे भारतीय कंपनियों के लिए रुपए के संदर्भ में बाह्य ऋणों के भुगतान का भार बढ़ गया है।

गौरतलब है कि अगले कैलेंडर वर्ष में भी अमेरिकी फेड दरों में वृद्धि का रुख कायम रहने की संभावना के मद्देनजर विदेशी निवेशकों ने पिछले करीब 3 महीनों में करीब 11 बिलियन डॉलर्स भारतीय इक्विटी और बॉण्ड्स मार्केट से बाहर निकाल लिये हैं और इस वजह से भारत की घरेलू करेंसी रुपए का मूल्य डॉलर सापेक्ष कम हुआ है।

विदेशी स्रोतों से जुटाए गए ऋणों पर रुपए की एक्सचेंज रेट में उतार-चढ़ाव का असर पड़ना तो लाजमी है। हाल ही में रिजर्व बैंक ने निर्धारित ई.सी.बी. के जोखिम को कवर करने के लिए मूल धन के साथ-साथ कूपन रेट के लिए भी पहले ही दिन से हेजिंग करने की अनिवार्यता की थी।

इसके अलावा नोटबंदी की मियाद खत्म होने के बाद कंपनियों का कारोबार धीरे-धीरे सामान्य होने की संभावना देखी जा रही है। फिलहाल भारत में विदेशी मुद्रा के पर्याप्त भंडार है। भारत विश्व में निर्यात करनेवाले देशों की फेहरिस्त में टॉप 20 देशों में शामिल है। अक्तूबर 2016 में भारत के निर्यात 23.5 बिलियन डॉलर्स के रहे और इनमें 10 प्रतिशत की वृद्धि दर्ज की गई। राहत की बात यह भी है कि भारत का चालू खाता घाटा अप्रैल से अक्तूबर के अंतराल में 53.16 बिलियन डॉलर्स रहा जो कि पिछले वर्ष के 78.24 बिलियन डॉलर्स से काफी कम रहा। जाहिर है कि यदि नोटबंदी के बाद आर्थिक क्रियाओं का स्तर सामान्य रहा या फिर बढ़ा और निर्यातों में वृद्धि का रुख कायम रहा तो निश्चित तौर पर भारतीय कंपनियों पर ई.सी.बी. के संभावित दबाव को कम करने में मदद मिलेगी।

(मुंबई में प्रकाशित दैनिक 'हमारा महानगर' में शुक्रवार 30-12-2016 को व्यापार पृष्ठ पर प्रकाशित)

□

105

खराब ऋणों की समस्या चिंताजनक

हाल ही में रिजर्व बैंक द्वारा जारी चौदहवीं वित्तीय स्थिरता रिपोर्ट में एक बार फिर भारतीय बैकों की असेट क्वालिटी (गुणवत्ता) के संदर्भ में चिंता व्यक्त की गई है। गौरतलब है कि सितंबर 2015 व सितंबर 2016 के दरम्यान बैंकों के सकल एन.पी.ए. (नॉन परफामिंग असेट्स) का अनुपात बैंकों की कुल लेनदारियों के सापेक्ष 5.1 प्रतिशत के मुकाबले 9.1 प्रतिशत हो गया।

हालाँकि दिसंबर 2015 में रिर्जव बैंक द्वारा जारी की गई रिपोर्ट में साफ तौर पर अंतिम दो तिमाही से बैंकों के खराब ऋणों के निरंतर बढ़ते जाने का रुख साफ तौर पर दिखाई दे रहा था, लेकिन पिछले 6 महीनों में एन.पी.ए. की मात्रा काफी तेजी से बढ़ी है। वित्तीय स्थिरता रिपोर्ट के अनुसार, अनेक कंपनियों में इक्विटी के सापेक्ष ऋणों का अनुपात कम भी पड़ा है, लेकिन समस्या यह है कि भारत में कॉर्पोरेट ऋणों का करीब 85 प्रतिशत हिस्सा बड़ी कंपनियों के खातों में दर्ज है, जिनमें से अनेक भारी ऋणों के बोझ तले दबी हुई हैं।

वित्तीय स्थिरता रिपोर्ट के अनुसार, आयरन व स्टील, विद्युत और खनन जैसे आधारभूत उद्योगों के क्षेत्र में न सिर्फ ऋणों की मात्रा बढ़ी है, बल्कि ब्याज का भार भी बढ़ा है।

जहाँ एक ओर केमिकल, कंप्यूटर, खाद्य पदार्थ, होटेल, रबर एवं टेक्सटाइल उद्योगों के क्षेत्र में ऋणों का अनुपात कम हुआ है, तो दूसरी ओर सीमेंट, कंस्ट्रक्शन, विद्युत उपकरण, विद्युत, आयरन एंड स्टील, पेपर, फार्मा, रियल इस्टेट, टेलिकॉम व ट्रांसपोर्ट उद्योगों में ऋणों का भार बढ़ा है

वित्तीय स्थिरता रिपोर्ट में किए गए जोखिम विश्लेषण के आधार पर निष्कर्ष निकाला गया है कि सन् 2007-08 की वैश्विक मंदी के दौर के बाद से ही कॉर्पोरेट क्षेत्र में जोखिम बढ़ने का रुख देखा गया है। राहत की बात यह है कि एक ओर जहाँ पिछले कुछ अरसे से व्यापक स्तर पर मौजूद जोखिम कुछ कम जरूर हुआ है, वहीं

दूसरी ओर कमजोर उपभोक्ता मांग के चलते कई कंपनियों के कारोबार आहत होने का जोखिम अभी भी बना हुआ है।

हालाँकि जहाँ तक अनुसूचित बैंकों की असेट गुणवत्ता का सवाल है, भले ही उनकी दबाव झेल रही लेनदारियों (एडवांसेस) का अनुपात सितंबर 2016 में समाप्त हुए 6 महीनों में 11.5 प्रतिशत से बढ़कर 12.3 प्रतिशत हो गया हो, लेकिन फिर भी फिलहाल उनके समक्ष जोखिम इतना नहीं है, क्योंकि वे नियमित रूप से अपनी बैलेंसशीट में उचित प्राविधीकरण (प्रोव्हिजनिंग) के जरिए अपने जोखिम कवर कर लेते हैं।

इसके अलावा भारतीय बैंकों का पूँजीगत अनुपात भी पर्याप्त नजर आ रहा है। जिसकी वजह से वे ऋणों की विकास दर बढ़ने पर अपना योगदान देने में सक्षम हैं। गौरतलब है कि सार्वजनिक और प्राइवेट बैंकों का पूँजी पर्याप्तता अनुपात फिलहाल 13.3 प्रतिशत पर कायम है, हालाँकि बैंकों को खराब ऋणों के संदर्भ में जो ज्यादा प्राविधीकरण करना पड़ा है, उससे उनके लाभांशों पर असर जरूर पड़ा है। इसके अलावा खराब ऋणों को रद्द करने और शुद्ध ब्याज की आमदनी कम होने से भी बैंकों के लाभाशों पर दबाव बढ़ा है।

चिंता की बात तो यह भी है कि रिजर्व बैंक द्वारा किए गए विश्लेषण में मार्च 2017 में सकल एन.पी.ए. का अनुपात बढ़कर 12.5 प्रतिशत और मार्च 2018 तक 12.0 प्रतिशत तक हो जाने की संभावना है। यही नहीं, रिजर्व बैंक को यह भी अंदेशा है कि निजी बैंकों के मुकाबले सार्वजनिक क्षेत्र में कार्यरत बैंकों की जोखिम भारयुक्त असेट के सापेक्ष पूँजीगत आधार का अनुपात कुछ कम ही रहनेवाला है, हालाँकि सिस्टम स्तर पर यह अनुपात रेग्यूलेटरी मानदंडों से बेहतर ही रहेगा।

कुल मिलाकर यद्यपि भारतीय बैंकों की बैलेंसशीट पर बढ़ते एन.पी.ए. (खराब ऋणों) की वजह से दबाव बढ़ रहा है, लेकिन फिलहाल बैंकिंग क्षेत्र में जोखिम इतना भी नहीं बढ़ा है कि जिससे वित्तीय स्थिरता पर कोई बड़ा प्रभाव पड़ जाएगा। हालाँकि रिजर्व बैंक की रिपोर्ट में वैश्विक स्तर पर व्यापार की विकास दर कमजोर पड़ने, संरक्षणवाद की प्रवृत्ति पनपने और विनिर्माण क्षेत्र में उत्पादकता बढ़ाने की रफ्तार शिथिल पड़ने के संभावित नकारात्मक प्रभावों की चर्चा भी की गई है। खासतौर पर वैश्विक वित्तीय बाजारों में अस्थिरता का माहौल बरकरार है। मौद्रिक नीति की अपनी सीमाएँ हैं और इस वजह से प्रमुख देशों में प्रचलित प्रोत्साहन नीति में बदलाव का रुख नजर आ रहा है। अमेरिकी फेड रेट्स में वृद्धि को इस दौर की शुरुआत समझा जा सकता है।

जाहिर है कि बढ़ते एन.पी.ए. की समस्या को गंभीरता से लिए जाने की आवश्यकता है और भारत जैसे विकासशील देश में जहाँ हाल ही में नोटबंदी का अहम् फैसला भी लिया गया है, मौद्रिक नीति के साथ राजकोषीय नीति में भी आर्थिक विकास बढ़ाने के

लिए समन्वित एवं प्रभावी कदम उठाने की आवश्यकता है। साथ ही, अन्य आर्थिक नीतियों के माध्यम से कॉर्पोरेट क्षेत्र में उत्पादन व उत्पाकदता बढ़ाने, रोजगार बढ़ाने और टैक्स नीति के माध्यम से उपभोक्ता मांग और निवेश बढ़ाने की आवश्यकता है। जाहिर है कि आर्थिक विकास दर में वृद्धि से ही बढ़ती एन.पी.ए. की समस्या से प्रभावी तौर पर निपटा जा सकता है।

(मुंबई में प्रकाशित दैनिक 'हमारा महानगर' में शुक्रवार 06-01-2017 को व्यापार पृष्ठ पर प्रकाशित)

□

106

श्रम नीति के लिए उपयोगी है नया रोजगार सर्वेक्षण

हाल ही में भारत के श्रम कार्यालय (लेबर ब्यूरो) ने त्रैमासिक श्रम रोजगार सर्वेक्षण रिपोर्ट पेश की है। यह सर्वेक्षण (सर्वे) अप्रैल 2016 के पहले दौर की शृंखला में नई सीरीज के रूप में गैर कृषि औद्योगिक क्षेत्र में आठ चयनित क्षेत्रों में कार्यरत उन औद्योगिक इकाइयों को कवर करता है, जहाँ 10 या उससे अधिक लोगों का रोजगार दिया गया है। ये क्षेत्र हैं विनिर्माण (मैन्युफेक्चरिंग), कंस्ट्रक्शन, व्यापार, यातायात (ट्रांसपोर्ट), शिक्षा, स्वास्थ्य, आवास व रेस्ट्रोरेंट एवं सूचना एवं प्रौद्योगिकी (आई.टी./बी.पी.ओ.) क्षेत्र। संपूर्ण भारत वर्ष में इन प्रमुख क्षेत्रों में कार्यरत करीब 10,600 औद्योगिक इकाइयों के सर्वेक्षण के आधार पर श्रम बाजार से संबंधित महत्त्वपूर्ण जानकारी जुटाई गई है, जिनसे उचित श्रम-नीतियों के निर्धारण में मदद मिल सकती है। इसके अलावा पहली बार इस व्यापक सर्वेक्षण में 18 उप-क्षेत्रों को कवर किया गया है, ताकि प्रमुख गैर-कृषि औद्योगिक क्षेत्र में रोजगार कर रहे लोगों की सही संख्या का अंदाजा लगाया जा सके। गैर-कृषि क्षेत्र में रोजगार प्रदान करनेवाले उप-क्षेत्रों में कंप्यूटर प्रोग्रामिंग कंसलटेंसी, खुदरा व्यापार, खाद्यान और पेय पदार्थ सेवाएँ और वेयरहाउसिंग क्षेत्र आदि को भी शामिल किया गया है, ताकि तकरीबन सभी प्रमुख क्षेत्रों को इस रोजगार सर्वेक्षण में शामिल किया जा सके।

गौरतलब है कि लेबर ब्यूरो सन् 2009 से ही इस प्रकार सर्वेक्षण करा रहा है। उस वक्त वैश्विक मंदी के भारत के श्रम बाजार पर पड़ रहे प्रभावों का अध्ययन करना शायद इसका प्रमुख ध्येय रहा और ज्यादातर श्रम-प्रधान उद्योगों और निर्यात-केंद्रित उद्योगों के करीब 2,000 औद्योगिक इकाइयों को ही इसमें शामिल किया गया। दिसंबर 2015 तक इस प्रकार के 28 सर्वे किए जा चुके थे, जिनमें 11 राज्यों के प्रमुख आठ क्षेत्रों को शामिल किया जा चुका था।

जाहिर है कि अबकी बार न सिर्फ भारत के सभी राज्यों को इस सर्वेक्षण में शामिल किया गया है, बल्कि प्रमुख क्षेत्रों के सभी महत्त्वपूर्ण उप-क्षेत्रों को भी कवर किया गया है, ताकि इस सर्वेक्षण के निष्कर्षों का बहु-आयामी उपयोग किया जा सके। रोजगार सर्वेक्षण में चयनित क्षेत्रों में सकल रोजगार, पुरुष-महिला अनुपात, (जेंडर रेश्यो) आदि के साथ ये भी पता लगाने की कोशिश की गई है कि कितने लोग स्वरोजगार प्राप्त हैं, तो कितने लोग दूसरी जगह नौकरियाँ करते हैं।

सर्वेक्षण के अनुसार, इन आठ क्षेत्रों में करीब 205.22 लाख लोगों को रोजगार प्राप्त है। इनमें से 199.66 लाख (72.15 प्रतिशत) लोग पुरुष और 57.15 लाख (27.8 5 प्रतिशत) महिलाएँ हैं। एक अन्य विश्लेषण के अनुसार, रोजगार प्राप्त 205.22 लाख लोगों से महज 5.56 लाख (2.71 प्रतिशत) लोग स्व-रोजगार प्राप्त हैं, जबकि बाकी 97.29 प्रतिशत लोग नौकरीपेशा हैं। अगर नौकरीपेशा लोगों की बात करें, तो इनमें से 162.96 लाख (81.62 प्रतिशत) लोग रेग्युलर (औपचारिक) श्रमिक हैं, 26.60 लाख (13.32 प्रतिशत) कांट्रेक्च्युल (ठेका पर) श्रमिक हैं, तथा 10.10 लाख (5.06 प्रतिशत) केज्युअल (अनौपचारिक) श्रमिक हैं।

अनुमानित तौर पर रोजगार प्राप्त सभी 205.22 लाख श्रमिकों में से करीब 196.68 लाख (95.84 प्रतिशत) श्रमिक पूर्ण कालिक (फुल टाइम) रोजगार प्राप्त हैं, जबकि शेष 8.54 लाख अल्प-कालिक (पार्ट टाइम) श्रमिक हैं। कुल रोजगार प्राप्त श्रमिकों में से 101.17 लाख श्रमिक विनिर्माण क्षेत्र में कार्यरत हैं, जिनमें से 2.76 प्रतिशत स्वरोजगार प्राप्त तथा 97.24 प्रतिशत लोग नौकरीपेशा हैं। कंट्रक्शन क्षेत्र में 3.67 लाख, व्यापार (ट्रेड) क्षेत्र में 14.45 लाख, ट्रांसपोर्ट क्षेत्र में 5.80 लाख, आवास व रेस्टोरेंट में 7.74 लाख, आई.टी./बी.पी.ओ. क्षेत्र में 10.36 लाख, शिक्षण क्षेत्र में 49.98 लाख व स्वास्थ्य क्षेत्र में 12.05 लाख लोगों को रोजगार मिले होने का अनुमान इस सर्वेक्षण ने लगाया है।

इस प्रकार विनिर्माण क्षेत्र सबसे अधिक रोजगार प्रदान करनेवाला क्षेत्र जबकि शिक्षा दूसरा सबसे बड़ा क्षेत्र हैं। यहाँ पर ध्यान देने योग्य बात यह है कि जहाँ एक ओर विनिर्माण क्षेत्र में पुरुष-महिला श्रमिकों का अनुपात क्रमश: 81.64 तथा 18.36 प्रतिशत है, वहीं शिक्षण क्षेत्र में यह क्रमश: 51.04 तथा 48.96 प्रतिशत है, जो दर्शाता है कि विनिर्माण क्षेत्र में महिलाओं के लिए बेहतर रोजगार के विकल्प तलाशने की गुजाइंश है। इसी प्रकार यदि विनिर्माण और कंस्ट्रक्शन क्षेत्र की तुलना करें तो विनिर्माण क्षेत्र में जहाँ 6.33 प्रतिशत अनौपचारिक श्रमिक हैं, वहीं कंस्ट्रक्शन क्षेत्र में 19.05 प्रतिशत लोग कज्युअल (अनौपचारिक) श्रमिक के तौर पर कार्यरत हैं।

गौरतलब है कि श्रम विभाग के इस सर्वेक्षण में गाँवों और शहर, दोनों में स्थित उद्यमों को नमूने के तौर पर प्रतिनिधित्व दिया गया है। साथ ही, सीजनल व केजुअल

बिजनेस को भी शामिल किया गया है। साथ ही, पब्लिक व प्राइवेट सेक्टर के लगभग सभी प्रकार के स्वामित्ववाले उद्योगों (इकाइयों) का नमूना भी लिया गया है। यहाँ तक कि रजिस्टर्ड (96.1 प्रतिशत) के साथ कुछ गैर रजिस्टर्ड (3.9 प्रतिशत) इकाइयों को भी इस सर्वे में कवर किया गया है। इन सबके अलावा भी अनेक महत्त्वपूर्ण आँकड़े इस रोजगार सर्वेक्षण में प्रस्तुत किए गए हैं। उम्मीद की जा सकती है कि श्रमिक रोजगार सर्वेक्षण द्वारा उपलब्ध कराई गई जानकारी श्रमिक बाजार से संबंधित नीतियाँ बनाने में उपयोगी सिद्ध होगी।

(मुंबई में प्रकाशित दैनिक 'हमारा महानगर' में शुक्रवार 13-01-2017 को व्यापार पृष्ठ पर प्रकाशित)

□

107

बढ़ रही है वैश्विक बेरोजगारी

हाल ही में अंतरराष्ट्रीय श्रम संगठन द्वारा जारी वैश्विक बेरोजगारी व सामाजिक आउटलुक 2017 नामक रिपोर्ट में अनुमान लगाया गया है कि सन् 2017 के अंत तक विश्व भर में कुल बेरोजगारों की सँख्या में 3.4 मिलियन (34 लाख) लोग और आ जुड़ेंगे। इसमें से 2.3 मिलियन लोग 2016 तो 1.1 मिलियन लोग सन् 2017 में बढ़ जाएँगे। इस प्रकार विश्व में बेरोजगारों की तादाद 200 मिलियन के आँकड़े को भी पार कर लेगी, जो अब तक का सर्वोच्च (रिकॉर्ड) स्तर माना जा सकता है।

गौरतलब है कि अंतरराष्ट्रीय श्रम संगठन संयुक्त राष्ट्र (यू.एन.) की एक संस्था है, जो श्रमिक मानदंडों और सामाजिक सुरक्षा के क्षेत्र में कार्यरत है। रिपोर्ट के मुताबिक, आर्थिक मंदी के चलते सन् 2016 में बेरोजगारी तेजी से बढ़ी है और विशेष रूप से एशिया, अफ्रीका, लेटिन अमेरिका और मध्य-पूर्व (मिडिल ईस्ट) के राष्ट्रों पर इसका काफी असर पड़ा है। इसका प्रमुख कारण रहा, अंतरराष्ट्रीय बाजारों में तेल तथा अन्य कमोडिटीज की कीमतों में भारी गिरावट, जिससे संबंधित राष्ट्रों में बेरोजगारी की संख्या में इजाफा हुआ।

उल्लेखनीय है कि स्विट्जरलैंड के दाओस शहर में आयोजित अंतरराष्ट्रीय आर्थिक मंच (डब्ल्यू.ई.एफ.) की वार्षिक बैठक में प्रस्तुत यह रिपोर्ट विश्व भर के नीति निर्धारकों, आर्थिक व सामाजिक विचारकों और बिजनेस दिग्गजों के समक्ष इस समस्या के प्रति न सिर्फ ध्यान खींच रही है, बल्कि यह एहसास भी दिलाती है कि इस समस्या को गंभीरता से लिए जाने की आवश्यकता है, क्योंकि सन् 2016 में भी कामगारों में व्याप्त गरीबी की समस्या ज्यों-की-त्यों बनी हुई है।

विशेष रूप से दक्षिण एशिया में आधे से अधिक श्रम जनसंख्या और उप-सहारा अफ्रीकी देशों में दो तिहाई श्रमिक गरीबी के हालात में गुजर कर रहे हैं, जिनकी खर्च योग्य आय 3.10 डॉलर्स प्रति दिन से भी कम है। चिंता की बात तो यह भी है कि श्रमिकों की गरीबी कम होने की दर लगातार कम होने का रुख सन् 2016 में भी जारी

रहा और 2017 में भी यही रुख कायम रहने की संभावना नजर आ रही है।

इस प्रकार यद्यपि विकासशील और उदयीमान (इमर्जिंग) अर्थव्यवस्थाओं में गरीबी से त्रस्त श्रमिकों की संख्या 29.4 प्रतिशत से घट कर 28.7 प्रतिशत हो जाएगी, लेकिन फिर भी गरीबी कम होने की दर शिथिल पड़ना दुनिया भर के नीति निर्धारकों के समक्ष एक बड़ी चुनौती के रूप में प्रस्तुत है। विशेष रूप से अगर सिर्फ विकासशील देशों की बात करें तो वहाँ बल्कि गरीबी की समस्या बढ़ ही रही है।

रिपोर्ट के मुताबिक, विकासशील देशों में गरीबी की रेखा से नीचे रहने वाले श्रमिकों की संख्या प्रति वर्ष 3 मिलियन बढ़ जाती है। इसके विपरीत सन् 2017 में विकसित राष्ट्रों में बेरोजगारी कम होने के आसार नजर आ रहे हैं। अनुमान लगाया गया है कि इन देशों में बेरोजगारों की कुल संख्या साढ़े छह लाख कम होगी, जिससे बेरोजगारों की संख्या सन् 2016 के 6.3 प्रतिशत से कम हो कर सन् 2017 में 6.2 प्रतिशत हो जाएगी, लेकिन यहाँ अभी भी बेरोजगारों की संख्या वैश्विक मंदी से पूर्व के स्तर के सापेक्ष काफी अधिक है।

एक अन्य प्रकार की असमानता का उल्लेख अंतरराष्ट्रीय श्रम संगठन की उक्त रिपोर्ट में किया गया है, जो कि बेरोजगारों की संख्या में महिलाओं व पुरुषों के बीच के अनुपात के संदर्भ में है। उदाहरण के लिए, उत्तरी अफ्रीका में सन् 2017 में बेरोजगार रहनेवाले श्रमिकों में महिला श्रमिकों की संख्या पुरुष श्रमिकों के मुकाबले दुगुनी रहेगी, ऐसा अनुमान लगाया गया है। यहाँ तक कि अस्थायी नौकरियोंवाले श्रमिकों में भी महिला श्रमिकों की तादाद अधिक है।

अनेक देशों में समान वेतन कानून मौजूद होने के बावजूद महिला व पुरुष श्रमिकों के बीच वेतन में 40 प्रतिशत तक की असमानता है। कुल मिलाकर वैश्विक बेरोजगारी रिपोर्ट में न सिर्फ बेरोजगारी की समस्या के विभिन्न आयाम व पहलुओं पर चर्चा की गई है, बल्कि व्यापक समाज पर इसके संभावित परिणामों की भी व्याख्या की गई है।

श्रमिकों को यदि वेतन कम मिलता है या फिर स्थाई नौकरियाँ नहीं मिलतीं तो इसका प्रतिकूल प्रभाव संबंधित देश की अर्थव्यवस्था पर पड़ता है। इसके अलावा बेरोजगारी बढ़ने से सामाजिक असंतोष को भी बढ़ावा मिलता है।

यही कारण है कि अंतरराष्ट्रीय श्रम संगठन ने दुनिया भर के नीति निर्धारकों को बेरोजगारी की समस्या को गंभीरता से लेने और श्रमिकों के जीवन स्तर में सुधार लाने के लिए त्वरित कदम उठाने की सलाह दी है।

(मुंबई में प्रकाशित दैनिक 'हमारा महानगर' में शुक्रवार 20-01-2017 को व्यापार पृष्ठ पर प्रकाशित)

□

108

क्या हैं अमेरिका संरक्षणवाद के मायने

पिछले हफ्ते अमेरिका में नव-निर्वाचित राष्ट्रपति ट्रंप के कार्यभार सँभालते ही, वहाँ अमेरिकी संरक्षणवाद के नए युग का आगाज हुआ। नए अमेरिकी प्रशासन ने स्पष्ट कर दिया कि वे अमेरिकी नौकरियों को संरक्षण प्रदान करने के लिए बाहर देशों के बीच हुए ट्रांस पैसेफिक पार्टनरशिप (टी.पी.पी.) व्यापार समझौते से बाहर निकल सकते हैं। गौरतलब है कि इसे मौजूदा अमेरिकी व्यापार नीति में एक बड़े बदलाव के रूप में देखा जा सकता है।

अमेरिकी प्रशासन ने लगता है, पूरी तरह से अपनी व्यापार रणनीति को 'अमेरिका-फर्स्ट' की तर्ज पर ढालने की तैयारी कर ली है। यह भी साफ कर दिया गया है कि अमेरिका उन सभी देशों पर कड़ी कार्यवाही करेगा, जो व्यापार समझौतों का उल्लंघन करते हैं और इस प्रक्रिया के तहत अमेरिकी श्रमिकों के हितों को आहत करते हैं।

दरअसल, अमेरिकी प्रशासन को लगता है कि कई वर्षों से लागू व्यापार समझौतों से चुनिंदा अमेरिकियों और समाज के अभिजात्य वर्ग के लोगों को ही फायदा पहुँचा, जबकि मेहनतकश अमेरिकी लोगों को इनसे नुकसान ही हुआ है।

जिस प्रकार श्रम-प्रधान कस्बों और शहरों में फैक्टरियाँ बंद पड़ीं और अच्छे वेतनवाली नौकरियों का देश के बाहर पलायन हुआ, उससे न सिर्फ अमेरिका का विनिर्माण ढाँचा (मैन्युफेक्चरिंग बेस) ध्वस्त हुआ, बल्कि अमेरिका को बढ़ते व्यापार घाटे की समस्या से भी जूझना पड़ा।

यहाँ यह जानना भी आवश्यक है कि आखिर ये ट्रांसपेसिफिक पाटर्नरशिप है क्या और नए ट्रंप प्रशासन को वर्षों से तैयार की गई मौजूदा व्यापार रणनीति में क्या खामियाँ नजर रही हैं ? दरअसल, प्रशांत महासागर की सीमाओं से सटे 12 देशों में फरवरी 2016 में टी.पी.पी. समझौता हुआ। इन सभी देशों के सम्मिलित उत्पादन का वैश्विक उत्पादन में 40 प्रतिशत हिस्सा है।

इस समझौते का मकसद था, संबंधित देशों में आर्थिक रिश्ते मजबूत करना, परस्पर

लागू किए जानेवाले व्यापार शुल्क (टेरिफ) को कम करना और आपसी व्यापार को प्रोत्साहन देना। सभी सदस्य देश आर्थिक नीतियों और विनियमन के क्षेत्र में बेहतर तालमेल भी बैठाना चाहते थे। एक तरह से यह यूरोपियन यूनियन की तर्ज पर एक नवीन एकीकृत बाजार बनाने की परिकल्पना बनाई गई थी, लेकिन इस समझौते को लागू करने से पहले सभी सदस्य राष्ट्रों द्वारा इसकी अनुमोदना करना आवश्यक था। ये देश हैं—जापान, मलेशिया, वियतनाम, सिंगापुर, ब्रुनेई, ऑस्ट्रेलिया, न्यूजीलैंड, कनाडा, मेक्सिको, चिली, पेरू और अमेरिका।

इनमें से अब तक सिर्फ जापान ने इस समझौते की पुष्टि की है। जहाँ तक अमेरिका का सवाल है, वहाँ के भूतपूर्व राष्ट्रपति ओबामा ने इस समझौते का प्राथमिकता से समर्थन किया, ताकि एशिया-पैसिफिक क्षेत्र में जहाँ चीन का प्रभाव तेजी से फैल रहा है, वहाँ अमेरिकी प्रभुत्व को बल मिल सके।

लेकिन जिस प्रकार नए राष्ट्राध्यक्ष डोनाल्ड ट्रंप ने अपने चुनावी कैंपेन ही में इसे एक 'भयानक सौदा' तक कह डाला, यह संकेत मिल ही रहा था कि चुनाव जीतने पर वे इस करार (पेक्ट) को समाप्त करने में उतनी ही प्राथमिकता दिखाएँगे। और ऐसा हुआ भी। अब विश्व भर के एक तिहाई व्यापार पर वर्चस्व रखनेवाले इन 12 देशों के बीच हुआ टी.पी.पी. सौदा खटाई में पड़ चुका है।

साफ तौर पर विश्व व्यापार संगठन द्वारा प्रस्तावित वैश्विकरण की परिकल्पना भी अब संरक्षणवाद रूपी बादलों से घिरती नजर आ रही है। बहरहाल, अब 'अमेरिका फर्स्ट' के नारे तले जिस व्यापार नीति का समर्थन अमेरिकी राष्ट्रपति ने किया है, उससे वैश्विक बाजारों पर गहरा असर पड़ेगा जिसके दूरगामी प्रभाव वैश्विक अर्थव्यवस्था पर पड़ेंगे।

(मुंबई में प्रकाशित दैनिक 'हमारा महानगर' में शनिवार 28-01-2017 को व्यापार पृष्ठ पर प्रकाशित)

□

109

बदलेगा भारत, बनेगा 'टेक' इंडिया

केंद्रीय बजट 2017–18 में तीन प्रमुख सुधारों की पहल की गई है। पहला, केंद्रीय बजट को एक फरवरी को पेश किया गया, ताकि मौजूदा वित्तीय वर्ष के समाप्त होने से पहले ही अगले वित्तीय वर्ष के लिए प्रस्तावित विधेयक पास किया जा सके। इससे नए बजट के तहत प्रस्तावित नई योजनाओं को नए वित्तीय वर्ष शुरू होते ही लागू किया जा सकेगा।

दूसरा, सन् 1924 से चली आ रही औपनिवेशिक प्रथा को बदलते हुए पहली बार रेल बजट को आम बजट में ही समाहित किया गया है। जाहिर है, इससे रेलवे का विकास यातायात के अन्य माध्यमों जैसे कि हाइवेज व अंतरदेशीय जलमार्ग आदि के विकास के साथ तालमेल बिठाते हुए समन्वित रूप से किया जा सकेगा।

तीसरा, इस बार नियोजित व अनियोजित खर्च की पृथक वर्गीकरण की परंपरा को भी खत्म किया गया है। इससे विभिन्न क्षेत्रों और मंत्रालयों के बीच आवंटन का मसला एक समग्र दृष्टिकोण से हल किया जा सकेगा।

कुल मिलाकर आर्थिक सुधारों की श्रृंखला में सबसे पहले केंद्रीय बजट की प्रस्तुति, संरचना और विस्तार में ही महत्त्वपूर्ण सुधारात्मक कदम उठाए गए हैं। वित्त मंत्री ने लोगों की अपेक्षाओं में खरा उतरने के लिए टेक (टी.ई.सी.) इंडिया के निर्माण की अवधारणा प्रस्तुत की, जिसमें एक रूपांतरित, उत्साहित और स्वच्छ भारत के निर्माण की बात की गई है।

टेक इंडिया की अवधारणा के तहत सबसे पहले प्रशासनिक गुणवत्ता के साथ लोगों के जीवन की गुणवत्ता बदलने, समाज के विभिन्न तबकों, विशेषकर युवाओं में अपनी-अपनी योग्यता के अनुरूप कार्य करने का जज्बा पैदा करने और देश में भ्रष्टाचार, काले धन और गैर-पारदर्शी राजनीतिक फंडिंग का खात्मा करने का प्रस्ताव किया गया है।

जाहिर है, बजट का फोकस केंद्र सरकार की नीतियों और कार्यक्रमों को जन-जन तक पहुँचाना है। विशेषकर ग्रामीण जनता, किसान, युवा वर्ग, गरीब व मूल सुविधाओं

से वंचित वर्ग को खास तवज्जो दी गई है, लेकिन साथ ही जिस प्रकार वित्तीय क्षेत्र, डिजिटल अर्थव्यवस्था, सार्वजनिक सेवाओं के विकास को भी महत्त्व दिया गया है और बेहतर राजकोषीय अनुशासन पर चर्चा की गई है, केंद्रीय बजट 2017-18 को एक संतुलित बजट माना जा सकता है।

पिछले वर्ष वित्तमंत्री ने अगले पाँच वर्षों में किसानों की आय दोगुनी करने का प्रस्ताव किया था। इसी कड़ी में अगले वित्तीय वर्ष 2017-18 में कृषि हेतु उपलब्ध ऋणों का आकार 10 लाख करोड़ रुपए के रिकॉर्ड स्तर पर पहुँचाने, प्राथमिक कृषि ऋण समितियों में कंप्यूटरीकरण करने और फसल बीमा व मिट्टी के हेल्थ कार्ड योजनाओं के विस्तार करने का प्रस्ताव शामिल है।

ग्रामीण इलाकों में सन् 2019 तक 50,000 ग्राम पंचायतों को गरीबी से मुक्त करने की घोषणा की गई है। प्रधानमंत्री आवास योजना के तहत सन् 2019 तक एक करोड़ आवास बनाने का प्रस्ताव है। ग्रामीण भारत और कृषि पर बजटीय आवंटन में 24 प्रतिशत की वृद्धि की गई है, जो यह दर्शाता है कि देश के आर्थिक विकास का रास्ता गाँवों से होकर गुजरता है।

बजट में महत्त्वपूर्ण फोकस रहा है, युवा-वर्ग जिनमें शिक्षा और कौशल-निर्माण हेतु अनेक कदम उठाए गए हैं। इसके अलावा स्त्री शक्ति व बाल-विकास के लिए कई मौजूदा योजनाओं के तहत बजटीय आवंटन बढ़ाया गया है। समाज के पिछड़े वर्गों के लिए लागू अनेक योजनाओं के बजटीय आवंटन में 35 फीसदी तक की वृद्धि की गई है।

केंद्रीय बजट में रेल, सड़क, नदी व हवाई यातायात के समन्वित विकास पर जोर दिया गया है। यात्रियों की सुरक्षा बढ़ाने के लिए राष्ट्रीय रेल सुरक्षा कोष की स्थापना करने का प्रस्ताव है, जिसमें अगले पाँच वर्षों में एक लाख करोड़ रुपए का फंड बनाया जाएगा। 'स्वच्छ भारत' की तर्ज पर 'स्वच्छ रेल' की अवधारणा की गई है। सड़क यातायात के क्षेत्र में हाईवेज के विकास के लिए आवंटन 57,976 करोड़ रुपए से बढ़ाकर 64,900 करोड़ रुपए का किया गया है। यातायात क्षेत्र में विकास के लिए कुल 2,41,387 करोड़ रुपए का आवंटन किया गया है।

टेलीकॉम क्षेत्र, पर्यावरणीय सुरक्षा और वित्तीय क्षेत्र में आधारभूत सुविधाएँ बढ़ाने पर जोर दिया गया है। कुल मिलाकर वित्त मंत्री ने एक प्रगतिशील व आशावादी बजट पेश करने की कोशिश की है। इसे एक प्रकार से 'लोकलुभावन बजट' भी कहा जा सकता है। टैक्सेशन के क्षेत्र में एक ओर 2.5 लाख से 5 लाख रुपए तक की आय पर व्यक्तिगत इनकम टैक्स की दर को 10 प्रतिशत से घटाकर 5 प्रतिशत कर दिया गया है, वहीं दूसरी ओर 50 लाख से अधिक आयवाले लोगों की वार्षिक आय पर देय टैक्स पर 10 प्रतिशत सरचार्ज लगा दिया गया है। हालाँकि दीर्घकालीन कैपिटल गेन के लिए

अचल संपत्ति को रखने की सीमा को 3 वर्ष से घटाकर 2 वर्ष किया गया है। साथ ही, लेटीसीजी की गणना के लिए आधार वर्ष 1981 से बदलकर 2001 कर दिया गया है। वहीं कॉर्पोरेट टैक्स के क्षेत्र में 50 करोड़ रुपए से कम कारोबारवाले उद्योगों पर लागू टैक्स दर को 30 प्रतिशत से घटाकर 25 प्रतिशत करने का प्रस्ताव किया है। इससे छोटे उद्योगों को फायदा होगा।

कुल मिलाकर बजट काफी संतुलित रूप से तैयार किया गया है, लेकिन फिर भी जब तक नोटबंदी का भारतीय अर्थव्यवस्था पर पड़नेवाले असर का पूरी तरह से आकलन नहीं हो जाता, सकल राष्ट्रीय आय और उस पर आधारित राजकोषीय घाटे का अनुमान अपेक्षा के अनुरूप रहना काफी चुनौतीपूर्ण दिखाई दे रहा है।

(मुंबई में प्रकाशित दैनिक 'हमारा महानगर' में शुक्रवार 03-02-2017 को व्यापार पृष्ठ पर प्रकाशित)

□

110

यथावत् रहीं नीतिगत दरें

हाल ही में घोषित मौद्रिक समीक्षा में रिजर्व बैंक ने मार्केट की अपेक्षाओं के प्रतिकूल जाते हुए नीतिगत दरों में कोई कटौती नहीं करने का फैसला किया है। गौरतलब है कि मौद्रिक नीति समिति के सभी छह सदस्यों ने सर्वसम्मति से यह फैसला लिया है।

रिजर्व बैंक के इस निर्णय ने वित्तीय बाजारों को लगभग चौंका ही दिया, क्योंकि दिसंबर माह में खुदरा महँगाई की दर काफी तेजी से कम होकर 3.4 प्रतिशत रही थी और ऐसे में देश की अर्थव्यवस्था पर अचानक घोषित की गई नोटबंदी के आघात के मद्देनजर वित्तीय बाजारों को यह अपेक्षा थी कि शायद इस बार रिजर्व बैंक नीतिगत दरों में कुछ कटौती करेगा, ताकि देश में आर्थिक क्रियाओं के स्तर में कुछ वृद्धि हो सके।

दरअसल, रिजर्व बैंक को लगता है कि अगले वित्तीय वर्ष की प्रथम तिमाही में देश की अर्थव्यवस्था में महँगाई बढ़ने की काफी संभावना है। रिजर्व बैंक के अनुसार, वित्तीय वर्ष 2017-18 की प्रथम व द्वितीय तिमाही में महँगाई की दर क्रमश: 4.5 व 5 प्रतिशत तक बढ़ सकती है। यह अवधारणा तीन बिंदुओं पर आधारित है। पहला, अंतरराष्ट्रीय बाजारों तेल की कीमतों में सख्ती की दौर चल रहा है। दूसरा, वैश्विक वित्तीय बाजारों में जिस तरह के घटनाक्रम नजर आ रहे हैं उससे डॉलर के सापेक्ष रुपए की विनिमय दर में अस्थिरता आने की संभावना पनप रही है। तीसरा, सातवें केंद्रीय वित्त आयोग की सिफारिशें पूरी तरह से लागू होने पर घरेलू बाजारों में कीमतें बढ़ते के आसार भी नजर आ रहे हैं।

हालाँकि दूसरी ओर रिजर्व बैंक ने केंद्र सरकार द्वारा राजकोषीय अनुशासन बनाए रखने के प्रयासों की सराहना भी की और उम्मीद भी जताई कि इससे महँगाई कम होने की संभावना है अर्थात् रिजर्व बैंक 'यदि, किंतु, परंतु' जैसी अवधारणा रखते हुए फिलहाल नीतिगत दरें कम करने का जोखिम शायद नहीं उठाना चाहता है।

फिलहाल यह भी स्पष्ट है कि अन्य बातें सामान्य रहने पर यदि महँगाई पर नियंत्रण

बरकार रहा तो रिजर्व बैंक अगली मौद्रिक नीति में नीतिगत दरों में कुछ कटौती की घोषणा कर सकता है।

दरअसल, वैश्वीकरण के इस महायुग में किसी भी देश की मौद्रिक नीति सिर्फ घरेलू अर्थव्यवस्था के तत्त्वों पर ही आधारित नहीं की जा सकती, बल्कि अंतरराष्ट्रीय बाजारों व वैश्विक अर्थव्यवस्था को प्रभावित करनेवाले प्रमुख देशों के घटना-क्रम भी मौद्रिक नीति को प्रभावित करते हैं। यही कारण है कि रिजर्व बैंक ने वर्ष 2017 में वैश्विक आर्थिक विकास दर में धीमी ही सही, पर एक सकारात्मक वृद्धि की संभावना, तेल की कीमतों में वृद्धि का रुख, ब्रिक्स राष्ट्रों में शामिल दो देशों (रूस व ब्राजील) में आर्थिक मंदी जैसे हालात, विकसित देशों द्वारा उनकी मौद्रिक नीति में सख्ती का रुख लाए जाने की संभावना और बढ़ते राजनीतिक तनावों का भी संज्ञान लिया है। फिर अमेरिका में पनपते संरक्षणवाद और आर्थिक नीतियों में संभावित बदलावों के वैश्विक अर्थव्यवस्था पर क्या प्रभाव पड़ेंगे, उसको लेकर भी स्थिति स्पष्ट नहीं है।

इन सबके बीच रिजर्व बैंक को एहसास है कि अच्छे मानसून और बंपर फसलों के चलते कृषि क्षेत्र में विकास दर भले ही संतोषजनक रही हो पर रिजर्व बैंक के औद्योगिक आउटलुक सर्वेक्षण (76वें दौर) के अनुसार मौजूदा वित्तीय वर्ष की तीसरी तिमाही में विनिर्माण क्षेत्र में कहीं बैंक क्रेडिट में कमी, तो कहीं निवेश सेंटीमेंट में गिरावट से वित्तीय स्थितियाँ खराब हुई हैं। साथ ही, सर्विसेज सेक्टर पर पिछले तीन महीनों से उत्पादन में कमी का दौर चालू है।

कुल मिलाकर, रिजर्व बैंक फिलहाल महँगाई और उत्पादन पर नोटबंदी के असर का पूरा आंकलन होने तक तटस्थ रुख अपना रहा है, हालाँकि वित्तीय सिस्टम में तरलता को सुनिश्चित करने का प्रयास जारी रखा जाएगा।

(मुंबई में प्रकाशित दैनिक 'हमारा महानगर' में शुक्रवार 10-02-2017 को व्यापार पृष्ठ पर प्रकाशित)

□

111

क्या हैं कॉर्पोरेट गवर्नेंस के मायने

हाल ही में सॉफ्टवेयर क्षेत्र में कार्यरत देश की प्रमुख कंपनियों में शुमार इंफोसिस के संस्थापक सदस्यों ने कंपनी के कामकाज में पारदर्शिता और कंपनी प्रशासन (कॉर्पोरेट गर्वनेंस) से जुड़े मसलों को लेकर चिंता जताई है। विशेषकर कंपनी के मौजूदा मुख्य प्रशासनिक अधिकारी (सी.ई.ओ.) के वेतन (49 करोड़ रुपए प्रति वर्ष), और निवर्तमान मुख्य वित्तीय अधिकारी (सी.एफ.ओ.) को 17.38 करोड़ रुपए के विच्छेद मुआवजे (सीवयरेंस कंपनसेशन) की पेशकश को लेकर कंपनी के संस्थापकों द्वारा चिंता व्यक्त की गई है।

इसके अलावा कंपनी के मुख्य अनुपालन अधिकारी (चीफ कंपलायंस ऑफिसर) के आनन-फानन में पलायन करने और उसे दिए जा रहे 8,68,250 डॉलर्स के विच्छेद मुआवजे पर भी सवाल उठाए गए हैं।

यही नहीं, इंफोसिस के प्रमुख संस्थापक नारायण मूर्ति, जिन्हें देश में कंपनी प्रशासन युग के प्रवर्तकों में शामिल किया जाता है, उन्होंने कंपनी के सी.ई.ओ. द्वारा सन् 2020 तक कारोबार को बढ़ाकर 20 बिलियन डॉलर्स के दावे के औचित्य पर भी शंका जाहिर की है, विशेषकर तब जबकि वैश्विक बाजारों में अस्थिरता का माहौल बना हुआ है।

दरअसल, अगस्त 2014 में कार्यभार सँभालने के बाद कंपनी के मौजूदा सी.ई.ओ. विशाल सिक्का ने कंपनी के कारोबार को एक नई दिशा दी, जिसे 'डिजाइन' विचारधारा भी कहा गया। पिछले कुछ वर्षों में इस कंपनी ने ऑटोमेशन (स्वचालन) व आर्टीफीशियल इंटेलीजेंस (कृत्रिम बुद्धिमत्ता) के क्षेत्र में काफी विस्तार किया है, जिससे कंपनी के कारोबार में सॉफ्टवेयर संचालित व्यावसायिक दृष्टिकोण की अवधारणा पनपी और इसे एक के बाद एक कई अधिकारियों (एक्जीक्यूटिव) के कंपनी छोड़ने के सिलसिले से जोड़ा भी गया।

जाहिर है कि जब इंफोसिस सॉफ्टवेयर क्षेत्र की एक बहु चर्चित कंपनी है और

देश से सॉफ्टवेयर निर्यात करनेवाली टॉप कंपनियों में शुमार है, तो स्टॉक मार्केट से लेकर वित्तीय विश्लेषकों की पैनी नजर इस कंपनी के प्रशासन और रिजल्ट पर जमी ही रहती है, लेकिन इस बार सवाल उठाया है कंपनी के संस्थापक नारायण मूर्ति ने, जिनके अनुसार जिस कंपनी का नाम कंपनी प्रशासन से जुड़े मसलों के अनुपालन क्षेत्र में स्वर्णाक्षरों से लिखा जाता था, वह आज इस क्षेत्र में कहीं पिछड़ रही है। उल्लेखनीय है कि करीब 20 वर्ष कंपनी का संचालन करनेवाले मूर्ति की कंपनी की इक्विटी (शेयर्स) में महज 0.38 प्रतिशत की भागीदारी है, लेकिन इस कंपनी के निर्माण और विकास में उनकी भूमिका के मद्देनजर उनकी बातों को अहमियत दिया जाना लाजिमी है, खासतौर पर तब जबकि मसला कंपनी के बुनियादी मूल्यों से जुड़ा हो।

यही कारण है कि कंपनी के कुछ संस्थापक और भूतपूर्व अधिकारियों ने मौजूदा निदेशक मंडल की सक्षमता पर ही सवाल खड़े कर दिए हैं और उसके अध्यक्ष को हटाने की भी माँग की है। गौरतलब है कि सभी प्रमोटरों की इंफोसिस में महज 13 प्रतिशत की भागेदारी है।

यहाँ सवाल यह उठता है कि जब बात कंपनी प्रशासन के मसले से जोड़ी जा रही है तो सभी शेयरहोल्डरों को अपनी राय रखने का हक है और उसके लिए कंपनी कानून 2013 व सेबी द्वारा नियम व प्रक्रिया निर्धारित है। किसी कंपनी के निदेशक मंडल का गठन व कार्य संचालन के नियम भी लागू किए गए हैं और उनके कर्तव्य व जवाबदेही भी तय की गई है।

यही कारण है कि इंफोसिस के निदेशक मंडल के अध्यक्ष ने स्पष्ट कर दिया है कि उनकी नियुक्ति शेयरहोल्डरों के द्वारा की गई है और जब निदेशक मंडल के सदस्यों को उनके नेतृत्व में विश्वास है, तो इस्तीफा देने का प्रश्न ही कहाँ उठता है, भले ही कुछ लोग ऐसे कयास क्यों न लगा रहे हों? उन्होंने यह भरोसा भी दिया कि कंपनी के प्रशासन संबंधी सभी मानकों का ध्यान रखा जा रहा है और कंपनी सभी हितधारकों के विचारों के प्रति संवेदनशील है। इसके अलावा कंपनी ने एक प्रमुख कानूनी सलाहकार कंपनी को कंपनी प्रशासन संबंधी प्रक्रियाओं को मजबूत बनाने के लिए नियुक्त भी किया है।

कुल मिलाकर कंपनी प्रशासन से जुड़े मसले उठाने के लिए जो फ्रेमवर्क (ढाँचा) है, उसमें कंपनी के संस्थापकों को अपने अधिकार और अपेक्षाओं के अंतर को समझने की आवश्यकता है। एक प्रबंधक व शेयरहोल्डर के रूप में उनकी भूमिका अलग होती है और कंपनी के कारोबार, बिजनेस मॉडल व उसमें निहित उनके हितों की व्याख्या भी जाहिर तौर पर अलग होती है।

इस प्रकार किसी कंपनी को यूँ कटघरे में खड़ा करना, न तो कंपनी के हित में है

और न ही अन्य हितधाकरों के लिए लाभकारी। बेहतर हो कि इंफोसिस के संस्थापक शेयरहोल्डरों को मिले अधिकारों का संज्ञान लेते हुए उपयुक्त कानूनों और नियमों के तहत उपलब्ध प्रक्रियाओं के तहत अपनी चिंताओं और शंकाओं का निवारण करें, ताकि दीर्घकाल में कंपनी के हितों की सुरक्षा सुनिश्चित की जा सके।

(मुंबई में प्रकाशित दैनिक 'हमारा महानगर' में शुक्रवार 17-02-2017 को व्यापार पृष्ठ पर प्रकाशित)

□

112

बढ़ती जा रही है महँगाई की समस्या

हाल ही में केंद्रीय वाणिज्यिक विभाग द्वारा जारी आँकड़ों के अनुसार जनवरी माह में थोक मूल्य सूचकांक की वार्षिक महँगाई दर पिछले 30 महीनों के उच्चतम स्तर पर पहुँच गई है। दिसंबर 2016 में थोक मूल्य सूचकांक, जो वार्षिक महँगाई दर का द्योतक माना जाता है, 3.39 प्रतिशत के स्तर पर था, जो जनवरी माह में बढ़कर 5.25 प्रतिशत हो गया है। विशेषरूप से अंतरराष्ट्रीय बाजारों में कच्चे तेल की कीमतों में वृद्धि इसका प्रमुख कारण रही। यहीं यह बात भी ध्यान देने योग्य है कि पिछले वर्ष सन् 2016 के जनवरी माह में थोक मूल्य सूचकांक माइनस 1.07 प्रतिशत रहा था, अर्थात् एक नकारात्मक रुख दरशा रहा था, जो अब बदल चला है।

हालाँकि यदि आँकड़ों का बारीकी से अध्ययन किया जाए तो खाद्य महँगाई का स्तर 270.1 से कम होकर 267.2 हो गया, अर्थात् इसमें 1.1 प्रतिशत की कमी आई है। विशेष कर तुअर दाल और चना की कीमतें क्रमश: 15 व 14 प्रतिशत कम हुईं, जबकि ज्यादातर दालों की कीमतें भी 4-7 प्रतिशत तक कम हुई है। दिसंबर 2016 के मुकाबले सब्जियाँ भी कुछ सस्ती हुई हैं और गेंहू, चावल, चाय और बाजार की कीमतें भी लगभग 1 प्रतिशत से कम हुई हैं। इसके विपरीत गैर खाद्य वस्तुओं की कीमतों में सम्मिलित रूप से 2.5 प्रतिशत की वृद्धि हुई है। इस ग्रुप में ज्यादातर विनिर्माण क्षेत्र में प्रयुक्त कृषि जन्य कच्चा माल शामिल किया जाता है, जिनकी कीमतों में 2 से 10 प्रतिशत की वृद्धि सामान्य तौर पर दर्ज की गई है। हालाँकि इस ग्रुप में कुछ कच्चे माल ऐसे हैं, जिनकी कीमतें आंशिक रूप कम हुई है।

उधर विनिर्मित (मैन्युफेक्चर्ड) उत्पादों की थोक कीमतें मामूली तौर पर 0.5 प्रतिशत से बढ़ी है। उल्लेखनीय है कि इन उत्पादों का थोक मूल्य सूचकांक में 64.97 प्रतिशत का भार है।

दरअसल थोक महँगाई दर में वृद्धि का प्रमुख कारण रहा ईंधन व विद्युत की कीमतों में वृद्धि जिनका इस थोक मूल्य सूचकांक की गणना में लगभग 15 प्रतिशत का भार है।

विशेष रूप से कोकिंग कोल (कोयला) का मूल्य 84 प्रतिशत व ईंधन (पेट्रोल) आदि की कीमतें 5–10 प्रतिशत तक बढ़ी हैं।

इस प्रकार पिछले वर्ष की तुलना में थोक मूल्य सूचकांक में यद्यपि वृद्धि दर्ज की गई है, पर यदि पिछले महीने के स्तर से तुलना की जाए, तो महँगाई की दर महज एक प्रतिशत से बढ़ी है। खाद्य पदार्थों की कीमतें, बल्कि 1.07 प्रतिशत कम हुई है। जबकि प्राथमिक वस्तुओं की कीमतें भी औसतन कुछ कम ही हुई है। हालाँकि ईंधन व विद्युत की कीमतें 4.74 प्रतिशत व विनिर्मित वस्तुओं की कीमतें 0.5 प्रतिशत से बढ़ी है। इस प्रकार थोक मूल्य सूचकांक में वृद्धि आई है, मगर पिछले वर्ष के निगेटिव जोन (माइनस 1.07) से निकल कर पॉजिटिव (सकारात्मक) जोन में आना यह संकेत देता है कि आर्थिक गतिविधियाँ कुछ बढ़ रही हैं।

उधर केंद्रीय साख्यिकी विभाग द्वारा जारी आँकड़ों के अनुसार जनवरी माह में खुदरा महँगाई दर 3.17 प्रतिशत रही, जो पिछले वर्ष इसी माह में 5.69 प्रतिशत रही थी। उल्लेखनीय है कि दिसंबर 2016 के मुकाबले भी खुदरा मूल्य सूचकांक में 0.08 प्रतिशत की मामूली सी कमी आई है। खुदरा महँगाई का स्तर कम रहने से नीतिगत दरों में कमी आने की संभावना को बल मिलता है, जिससे निवेश सेंटीमेंट में सकारात्मक रुख पनपता है। इसके अलावा जनवरी के महीने में एक्सपोर्ट (निर्यात) क्षेत्र में 4.32 प्रतिशत की वृद्धि दर्ज की गई है और पिछले पाँच महीनों से निर्यात में वृद्धि का रुख कायम है। निर्यातों के यूँ बढ़ते रहने से इस धारणा को बल मिल रहा है कि भारत के निर्यात (ट्रेड) पर नोटबंदी का कोई प्रतिकूल प्रभाव नहीं पड़ा है।

इधर अंतरराष्ट्रीय मुद्रा कोष द्वारा जारी एक रिपोर्ट में अनुमान लगाया गया है हालाँकि सन् 2016–17 में नोटबंदी की वजह से भारत की सकल राष्ट्रीय आय 6.6 प्रतिशत से बढ़ने की संभावना व्यक्त की गई थी, लेकिन अगले वित्तीय वर्ष में यह फिर से उछाल लेकर 7.2 प्रतिशत हो जाएगी। कुल मिलाकर भारत की अर्थव्यवस्था में फिलहाल आर्थिक क्रियाओं की गति कुछ बढ़ने की अपेक्षा की जा सकती है।

(मुंबई में प्रकाशित दैनिक 'हमारा महानगर' में शुक्रवार 24-02-2017 को व्यापार पृष्ठ पर प्रकाशित)

□

113

जी.डी.पी. पर नहीं दिखा नोटबंदी का असर

हाल ही में केंद्रीय सांख्यिकी विभाग ने भारत की सकल राष्ट्रीय आय (जी.डी.पी.) के अग्रिम अनुमान के जो आँकड़े जारी किए हैं, उसके अनुसार मौजूदा वित्तीय वर्ष की तृतीय तिमाही (सितंबर से दिसंबर 2016 के अंतराल) में नोटबंदी के कठिन दौर के बावजूद जी.डी.पी. करीब 7 प्रतिशत से बढ़ी है।

जाहिर है, आर्थिक विकास दर के इन आँकड़ों को काफी उत्साहजनक समझा जा सकता है, क्योंकि 8 नवंबर से लागू की गई 50 दिनों की नोटबंदी के दौरान कई क्षेत्रों में आर्थिक गतिविधि का स्तर शिथिल पड़ जाने की संभावना जताई जा रही थी, जिससे लग रहा था कि शायद नोटबंदी की वजह से आई वित्तीय तरलता की कमी देश में रोजगार, उत्पादन व आय के स्तर पर प्रतिकूल प्रभाव डाल सकती है। लेकिन केंद्रीय सांख्यिकी विभाग की मानें तो नोटबंदी का कोई बड़ा असर देश की जी.डी.पी. पर नहीं पड़ा है और देश की अर्थव्यवस्था काफी दुरुस्त है।

उल्लेखनीय है कि नोटबंदी के दौर में पुराने 500 व 1,000 रुपए के नोट चलन से बाहर करने और उन्हें नए 500 व 2,000 रुपए के नोटों से बदलने की प्रक्रिया इतनी अप्रत्याशित रही कि इसने भारत के अर्थतंत्र पर गहरा प्रभाव छोड़ा। ऐसा प्रतीत हुआ कि नोटबंदी की वजह से भारत की अर्थव्यवस्था में, जहाँ करीब 90 प्रतिशत सौदे नकदी (कैश) में किए जाते हैं, वस्तुओं और सेवाओं के उपभोग में कमी अवश्य आएगी, लेकिन जब परिणाम सामने आए तो पिछली तिमाही में निजी उपभोग (प्राइवेट कंजप्शन) बल्कि बढ़ा ही है और सांख्यिकी विभाग के अनुसार तो मौजूदा वित्तीय वर्ष की अंतिम तिमाही में निजी उपभोग की मात्रा में और भी वृद्धि होने की संभावना है। साथ ही, सार्वजनिक उपभोग भी सन् 2015-16 के 10.3 प्रतिशत के मुकाबते इस वर्ष बढ़कर 11.8 प्रतिशत हो जाने की संभावना है।

दूसरा, नोटबंदी के कठिन दौर के मद्देनजर सामान्य धारणा यह रही कि इससे निवेश सेटीमेंट पर प्रतिकूल असर पड़ेगा, लेकिन ताजा नतीजों से यह अवधारणा भी

निर्मूल साबित हुई, क्योंकि लगातार पिछली तीन तिमाही से कम हो रहे निवेश आँकड़ों में भी सकारात्मक रुख पनपा है।

तीसरा, सार्वजनिक खर्चे पहले ही राजकोषीय घाटे के पूर्वानुमान को पार कर चुके हैं और सांख्यिकी विभाग के अनुसार, यह रुख वर्ष की अंतिम तिमाही (क्यू 4) में कायम रहने की संभावना है। भारत की आर्थिक विकास दर को कृषि क्षेत्र के शानदार प्रदर्शन का लाभ मिला है, जहाँ सन् 2015-16 के 0.8 प्रतिशत के मुकाबले इस वर्ष 4.4 प्रतिशत की विकास दर का अग्रिम अनुमान लगाया गया है। अगर पिछली तिमाही की बात करें तो अच्छे मानसून के चलते इस बार खरीफ सीजन में बंपर फसल हुई और इससे कृषि क्षेत्र में 6 प्रतिशत की अच्छी विकास दर अर्जित की गई। साथ ही, रबी सीजन में भी कृषि उत्पादन का रिकॉर्ड अच्छा रहा है।

इसके अलावा सार्वजनिक प्रशासन, रक्षा व अन्य सर्विसेज के क्षेत्र में विकास दर पिछले वर्ष के 6.9 प्रतिशत के मुकाबले इस वर्ष 11.2 प्रतिशत रही। आम धारणा के विपरीत कंस्ट्रक्शन क्षेत्र में भी विकास दर 2.8 प्रतिशत से बढ़कर 3.1 प्रतिशत व सार्वजनिक सुविधाओं (पानी, बिजली, गैस आदि) के क्षेत्र में 5.1 से बढ़कर 6.6 प्रतिशत दर्ज की गई है।

हालाँकि व्यापार, होटल, यातायात सूचना व संचार सेवाओं के क्षेत्र में प्रदर्शन फीका रहा और यहाँ 10.7 प्रतिशत के मुकाबले 7.3 प्रतिशत की विकास दर रही। विशेष रूप से खनिज और उत्खनन में प्रदर्शन बहुत कमजोर रहा। जहाँ तक विनिर्माण क्षेत्र की बात है, वहाँ विकास दर 10.6 प्रतिशत (सन् 2015-16) के सापेक्ष 7.7 प्रतिशत रही। अत: नोटबंदी से कुछ क्षेत्रों पर प्रतिकूल प्रभाव भले ही पड़ा हो, पर ज्यादातर क्षेत्रों में प्रदर्शन संतोषजनक रहा है। यहाँ तक कि आर्थिक सहयोग एवं विकास संगठन (ओ.ई.सी.डी.) के अनुसार, नोटबंदी के भारत की अर्थव्यवस्था पर दूरगामी व सकारात्मक प्रभाव पड़ेंगे, जिसके फलस्वरूप अगले वित्तीय वर्ष 2017-18 में आर्थिक विकास दर 7.3 प्रतिशत व सन् 2018-19 में 7.7 प्रतिशत तक बढ़ जाएगी। इस अंतरराष्ट्रीय एजेंसी के अनुसार नोटबंदी का अगर कुछ विपरीत असर पड़ा है, तो वो अल्पकालिक ही समझा जाना चाहिए, क्योंकि दीर्घकाल में इसके अनेक फायदे नजर आएँगे, हालाँकि फिर भी कॉर्पोरेट क्षेत्र में खराब ऋणों का बढ़ता आकार, रिजर्व बैंक द्वारा नीतिगत दरों में वृद्धि का आशंका और वैश्विक अर्थव्यवस्था का खस्ता हाल आदि भारत के लिए चुनौती पेश करते रहेंगे।

(मुंबई में प्रकाशित दैनिक 'हमारा महानगर' में शुक्रवार 03-03-2017 को व्यापार पृष्ठ पर प्रकाशित)

□

114

धीमी पड़ रही है ड्रेगन की रफ्तार

सन् 2016 में आधिकारिक आँकड़ों के अनुसार, चीन की आर्थिक विकास दर 6.7 प्रतिशत रही जो पिछले 26 वर्षों का न्यूनतम स्तर है। हालाँकि यह विकास दर वहाँ की सरकार द्वारा लक्षित 6.5 से 7 प्रतिशत की रेंज (श्रेणी) के दरम्यान ही रही, पर जिस प्रकार मौजूदा वित्तीय वर्ष 2017 के लिए 6.5 प्रतिशत विकास दर का लक्ष्य तय किया गया है, विश्व भर में चर्चा छिड़ गई है कि क्या वाकई चीन के आर्थिक विकास की तूफानी रफ्तार में कुछ ब्रेक लग गया है?

यद्यपि चीन की संसद के समक्ष पेश कार्यकारी रिपोर्ट में कहा गया है कि 6.5 प्रतिशत विकास दर का लक्ष्य एक यथार्थवादी दृष्टिकोण अपनाते हुए तय किया गया है और यह स्थिर अपेक्षाओं के साथ अर्थव्यवस्था को चलाने में मदद करेगा। दरअसल, चीन के समक्ष पिछले वर्ष सार्वजनिक खर्चों में वृद्धि, बैंक ऋणों का रिकार्ड स्तर, वैश्विक अर्थव्यवस्था में जारी अनिश्चितता से निर्यातों के लिए लक्ष्य निर्धारित करने में दिक्कत और हाउसिंग मार्केट का जरूरत से ज्यादा एक्सपोजर आदि अनेक समस्याएँ सामने आईं और अब वहाँ नए वर्ष में बढ़ते ऋणों की समस्या से निपटने और बढ़ते वित्तीय जोखिम पर लगाम लगाने जैसी प्राथमिकताएँ हैं।

बात बिल्कुल स्पष्ट है। चीन के भीतर और बाहर स्थित परिस्थितियों के मद्देनजर वहाँ की सरकार को लगता है कि आनेवाले समय में बल्कि जटिलताएँ और परिस्थितियाँ और भी विकट हो सकती हैं, जिनके लिए चीन को तैयार रहने की आवश्यकता है। इस समय चीन के समक्ष रोजगार के नए अवसरों का सृजन करना सबसे बड़ी प्राथमिकता दिखाई दे रही है, क्योंकि 6.5 प्रतिशत की लक्षित विकास दर को रोजगार के अपेक्षित स्तर को पाने के लिए जरूरी बताया गया है। यही कारण है कि इस वर्ष 11 मिलियन नौकरी के नए अवसरों का सृजन करने की बात की गई है, लेकिन फिर भी इन्हें पर्याप्त नहीं माना जा सकता, क्योंकि इस वर्ष करीब 15 मिलियन (150 लाख) नए लोगों का चीन के श्रम बाजार में शामिल होने का अनुमान लगाया गया है। जाहिर है कि निर्यात

केंद्रित विनिर्माण आधारित विकास मॉडल से परे हटते हुए चीन की अर्थव्यवस्था में नौकरियों के नए अवसर उत्पन्न करना बेहद चुनौतीपूर्ण कार्य समझा जा रहा है।

गौरतलब है कि चीन विश्व का सबसे अधिक आबादी (139 करोड़) वाला देश है और वहाँ रोजगार एक बड़ा मुद्दा है, जिसे ठीक से न सँभाल पाने की स्थिति में चीन को बढ़ते सामाजिक असंतोष का सामना भी करना पड़ सकता है। जानकारों की मानें तो महज आर्थिक विकास दर को 6.5 प्रतिशत के स्तर पर बनाए रखना ही चीन में रोजगार बढ़ाने के महत्त्वाकांक्षी प्रयोजन के लिए काफी नहीं होगा।

चीन की सरकार भी शायद इस चुनौती को भली भांति समझ रही है, इसीलिए वह चीन की अर्थव्यवस्था में सभी प्रमुख क्षेत्रों में अनेक आपूर्ति-केंद्रित सुधारों और संरचनात्मक तालमेल बैठाने के लिए उचित कदम उठानेवाली है। जहाँ एक ओर गैर-वित्तीय क्षेत्र में ऋणों का भार कम करने के प्रयास किए जा सकते हैं, वहीं दूसरी ओर वित्तीय क्षेत्रों में खराब ऋणों की समस्या/ ऋणों की अदायगी में चूक (डेट डिफॉल्ट), छाया(शेडो) बैंकिंग जैसी समस्या से निपटने के उपाय भी किए जा सकते हैं।

इसके अलावा खुदरा महँगाई के स्तर को 3 प्रतिशत रखने, राजकोषीय घाटे को सकल राष्ट्रीय के 3 प्रतिशत तक सीमित करने और हाउसिंग क्षेत्र में एक्सपोजर कम करने जैसे महत्त्वाकांक्षी कदम भी उठाए जा सकते हैं।

कुल मिलाकर चीन में उदार राजकोषीय नीति का दौर जारी रहेगा, जबकि मौद्रिक नीति में विवेकपूर्ण व तटस्थ रुख अपनाया जाएगा। देखना है कि चीन में आर्थिक सुधारों के नए दौर का वहाँ की आर्थिक विकास दर को कितना बल मिल पाता है?

(मुंबई में प्रकाशित दैनिक 'हमारा महानगर' में शुक्रवार 10-03-2017 को व्यापार पृष्ठ पर प्रकाशित)

□

115

महँगाई दर में वृद्धि चिंताजनक

हाल ही में भारत सरकार के वाणिज्यिक एवं औद्योगिक मंत्रालय के आर्थिक सलाहकार विभाग ने फरवरी माह में थोक मूल्य सूचकांक बढ़ने के आँकड़े जारी किए हैं। इन आँकड़ों के हिसाब से थोक मूल्य सूचकांक (डब्ल्यू.पी.आई.) की वार्षिक दर फरवरी 2016 के मुकाबले 6.5 प्रतिशत रही, जो पिछले 39 महीनों का उच्चतम स्तर है। हालाँकि जनवरी 2017 के सापेक्ष यह वृद्धि 5.25 प्रतिशत रही, जबकि फरवरी 2016 के सापेक्ष बल्कि 0.85 प्रतिशत से कम ही हुई है।

थोक मूल्य सूचकांक से संबंधित आँकड़ों का बारीकी से अध्ययन करें तो प्राथमिक (प्राइमरी) वस्तुओं की कीमतों में जनवरी माह की तुलना में मामूली वृद्धि दर्ज की गई है, जिसमें खाद्य वस्तुओं में 0.1 और गैर खाद्य वस्तुओं में 1.5 प्रतिशत की दर से कीमतें बढ़ी हैं, लेकिन दूसरी ओर खनिज पदार्थों की कीमतें पिछले महीने की तुलना में 9 प्रतिशत तक बढ़ी हैं। गौरतलब है कि प्राइमरी वस्तुओं का थोक मूल्य सूचकांक की गणना में 20.12 प्रतिशत का भार है।

दूसरी ओर ईंधन एवं विद्युत की श्रेणी में, जिनका इस सूचकांक में 14.91 प्रतिशत भार है, पिछले माह की तुलना में 1.3 प्रतिशत कीमतें बढ़ी हैं, जबकि वर्ष दर वर्ष आधार पर 21.03 प्रतिशत की वृद्धि दर्ज की गई है।

इसके अलावा विनिर्मित वस्तुओं की बात करें तो पिछले माह की तुलना में कीमतें स्थिर रही हैं, हालाँकि वर्ष दर वर्ष आधार पर इनकी कीमतें पिछले वर्ष के मुकाबले 3.66 प्रतिशत से बढ़ीं। विनिर्मित वस्तुओं की कीमतें न बढ़ना फिलहाल राहत की बात समझी जा सकती है, लेकिन विनिर्मित खाद्य वस्तुओं की कीमतों में डबल डिजिट (करीब 10 प्रतिशत) वृद्धि हुई है, जो चिंताजनक है। विशेष रूप से शक्कर (शुगर) की कीमतें 28 प्रतिशत बढ़ी हैं, हालाँकि लौह व अन्य धातुओं के अलावा अनेक मैन्युफेक्चर्ड वस्तुओं की कीमतें स्थिर रही हैं।

कुल मिलाकर यद्यपि ज्यादातर वस्तुओं के थोक मूल्यकांक स्थिर रहे हैं, लेकिन

कुछ वस्तुओं के दाम में जबर्दस्त उछाल आया है, जिसकी वजह से थोक सूचकांक के औसत मूल्य में वृद्धि हुई है।

उधर खुदरा मूल्य सूचकांक में भी फरवरी माह में 3.65 प्रतिशत की वृद्धि हुई है। उल्लेखनीय है कि जनवरी माह में यह सूचकांक 3.17 प्रतिशत की दर से बढ़ा था, तब भारतीय रिजर्व बैंक ने महँगाई की दर में संभावित वृद्धि के आसार भाँपते हुए अपनी मौद्रिक समीक्षा में नीतिगत दरों में कटौती से परहेज रखते हुए उन्हें यथावत रखा था।

केंद्रीय सांख्यिकी विभाग द्वारा जारी आँकड़ों के अनुसार, विशेष रूप से अनाज, फलों, शक्कर, तैयार खाद्य पदार्थों के दाम पिछले वर्ष के फरवरी माह के मुकाबले कुछ अधिक ही बढ़े हैं। इसके अलावा यातायात व संचार साधनों की खुदरा कीमतें भी बढ़ी हैं। साथ ही, शिक्षा व दैनिक उपयोग की वस्तुओं के दाम भी कुछ बढ़े हैं। दूसरी ओर सब्जियों की कीमतों में 8.29 प्रतिशत की गिरावट आई है, साथ ही दालों आदि के दाम 9 प्रतिशत से कम हुए हैं। कुल मिलाकर ज्यादातर चीजों के दाम साधारणतया औसत वृद्धि दर के समीप रहे हैं।

दरअसल अंतरराष्ट्रीय बाजारों में तेल की कीमतें बढ़ने का उपभोक्ता वस्तुओं की कीमतों पर काफी असर पड़ा है, क्योंकि भारत एक विशाल देश है और किसी भी उत्पादक के लिए देश के सुदूर हिस्सों तक अपनी वस्तुओं की आपूर्ति करने में यातायात व संचार साधनों की लागत बढ़ने का सीधा असर उसके उत्पादों की खुदरा कीमतों पर पड़ता है।

ऐसे में यदि तेल की कीमतों में कुछ सुधार होता है, तो उम्मीद की जा सकती है कि मार्च महीने में थोक व खुदरा महँगाई की वृद्धि दर कुछ शिथिल पड़ सकती है। हालाँकि जहाँ तक रिजर्व बैंक का सवाल है, फिलहाल नीतिगत दरों में कोई कटौती की संभावना नजर नहीं आ रही और यदि महँगाई की दर में कुछ कमी आ भी गई, तो वह मूल्यों के स्थिर होने तक तटस्थता का रुख कायम रख सकता है।

इन सबके के बीच राहत की बात यह है कि जनवरी माह में फैक्टरी उत्पादन 2.7 प्रतिशत से बढ़ा है, जो इस वित्तीय वर्ष की दूसरी सबसे तेज विकास दर है। विशेष रूप से पूँजीगत वस्तुओं का उत्पादन 10.7 प्रतिशत से बढ़ा है, जो देश में नोटबंदी के दौर के बावजूद निवेश सेंटीमेंट में सकारात्मक सुधार का द्योतक है। उल्लेखनीय है कि मौजूदा वित्तीय वर्ष के नवंबर माह में औद्योगिक उत्पादन 5.7 प्रतिशत की रिकॉर्ड दर से बढ़ा था, जबकि दिसंबर माह में यह बल्कि 0.1 प्रतिशत की दर से कुछ कम ही हुआ था। आर्थिक उत्पादन दर में सकारात्मक रुख पनपना देश में महँगाई के स्तर पर दबाव को कम ही करेगा।

(मुंबई में प्रकाशित दैनिक 'हमारा महानगर' में शुक्रवार 17-03-2017 को व्यापार पृष्ठ पर प्रकाशित)

□

116

क्या हैं फेड दरों में वृद्धि के मायने

हाल ही में अमेरिकी फेडरल रिजर्व बैंक (फेड) ने फंड्स पर लागू ब्याज दरों को 0.75 प्रतिशत से बढ़ा कर एक प्रतिशत कर दिया है। साथ ही, फेड ने स्पष्टता से जता दिया है कि मौजूदा वित्तीय वर्ष में दो दफे और अगले वर्ष 2018 में तीन बार ब्याज दरों में वृद्धि की अपेक्षा की जा सकती है। सवाल उठता है कि आखिर क्यों सन् 2006 से सन् 2016 तक के तीन दशकों के अंतराल में दरें लगातार कम की जाती रहीं ब्याज दरों और ग्लोबल मंदी के दौर (सन् 2009) के बाद से सन् 2016 तक के अंतराल में लगभग जीरो (शून्य) प्रतिशत पर टिकी ब्याज दरों में यह वृद्धि की जा रही है।

अमेरिकी फेड की अध्यक्षा जेनेट येलेन की मानें तो यह एक बेहद स्पष्ट संकेत है कि अमेरिकी अर्थव्यवस्था की सेहत बढ़िया चल रही है। अमेरिका में बेरोजगारी की दर कम हुई है और इस वजह से वहाँ के लोगों में एक सकारात्मक दृष्टिकोण पनपा है कि अब वहाँ नई नौकरियों के अवसर बढ़ेंगे।

गौरतलब है कि पिछले 3 महीनों में दूसरी बार ब्याज दरें बढ़ाई गई हैं। हालाँकि फिर भी एक प्रतिशत की ब्याज दर को अमेरिकी ब्याज दरों की ऐतिहासिक पृष्ठभूमि के सापेक्ष काफी निम्न स्तर पर माना जा सकता है, क्योंकि सन् 1981 में इसका स्तर 19.10 प्रतिशत तक पहुँचा था। इसके अलावा फेड दरों में धीरे-धीरे और थोड़ी-थोड़ी मात्रा में वृद्धि की जा रही है, जिससे दीर्घकालीन निवेश पर कोई बहुत बड़ा प्रभाव नहीं पड़ेगा, हालाँकि अल्पकालीन ब्याज दरें—जैसे कि क्रेडिट कार्ड व वाहन ऋण (ऑटो लोन्स) आदि पर इसका तीव्रता से प्रभाव पड़ेगा।

उल्लेखनीय है कि धीरे-धीरे ही सही पर सन् 2018 के अंत तक ब्याज दरें बढ़कर तीन प्रतिशत हो जाने की संभावना बताई जा रही है। दरअसल, फेड का मानना है कि पिछले कुछ महीनों में महँगाई की दर बढ़ी है और फेड द्वारा लक्षित दो प्रतिशत की दीर्घकालीन दर के करीब पहुँच चुकी है। इस प्रकार ब्याज दरों में कमी के दौर के चलते मुद्रा स्फीति की दर को दो प्रतिशत के करीब बनाए रखने में मदद मिलेगी, हालाँकि

खाद्य महँगाई और अंतरराष्ट्रीय बाजारों में तेल की कीमतों में अनिश्चितता चुनौती पेश करते रहेंगे।

खास बात यह है कि अमेरिका में निवेश सेंटीमेंट काफी सुधरा है और बल्कि इसमें स्थिरता भी आई है। इस प्रकार अमेरिकी श्रम बाजार में मजबूती आती नजर आ रही है, हालाँकि घरेलू खर्च और अर्थव्यवस्था फिलहाल मध्यम गति से ही बढ़ रहे हैं, पर बड़ी बात यह है कि पिछले करीब एक दशक से ग्लोबल मंदी के दबाव को झेल रही अमेरिकी अर्थव्यवस्था में सकारात्मक सोच और आशावादी रुख नजर आ रहे हैं और जाहिर है, फेड चाहता है कि यह रुख यूँ ही कायम रहे और अमेरिकी अर्थव्यवस्था में कुछ मजबूती आए।

यही कारण है कि फेडरल रिजर्व ने सन् 2018 के लिए विकास दर के पूर्वानुमान को 2 प्रतिशत से बढ़ाकर 2.1 प्रतिशत कर दिया है। उन्हें यह भी उम्मीद है कि जिस प्रकार पिछले दो महीनों में अमेरिका में रोजगार की दर करीब एक दशक के न्यूनतम स्तर (4.7 प्रतिशत) पर आ गई है। उम्मीद की जा सकती है कि सन् 2017 के अंत तक यह और भी कम होकर 4.5 प्रतिशत तक आ जाएगी।

यहाँ एक अन्य बात भी महत्त्वपूर्ण है कि फेड द्वारा ब्याज दरें बढ़ाने के निर्णय को अमेरिकी अर्थव्यवस्था के घरेलू तत्त्वों के साथ-साथ वैश्विक अर्थव्यवस्था के सकारात्मक तत्त्वों से भी बल मिला है। पिछले दो वर्षों से चीन की अर्थव्यवस्था में आ रही शिथिलता, यूरोपियन यूनियन से ब्रिटेन के पलायन, अंतरराष्ट्रीय बाजारों में तेल की कीमतों में आई जबरदस्त गिरावट और वित्तीय बाजारों में अनिश्चितता और दबावों के झेल रही वैश्विक अर्थव्यवस्था में भी अब सकारात्मक रुख नजर आ रहे हैं।

जहाँ तक वित्तीय बाजारों का प्रश्न है, फेड की नीति में बदलाव का उदयीमान राष्ट्रों की अर्थव्यवस्था पर विपरीत प्रभाव पड़ने की संभावना है। उल्लेखनीय है कि ग्लोबल मंदी के दौर में अमेरिकी फेड की ब्याज दरें नगण्य स्तर पर रहीं, जिसका फायदा विकासशील देशों की कंपनियों को मिला, जिन्होंने अपनी घरेलू अर्थव्यवस्था में प्रचलित अपेक्षाकृत ऊँची ब्याज दरों के बजाए अंतरराष्ट्रीय वित्तीय बाजार के माध्यम से ऋण लिये। ऐसे में ऊँची फेड दरों से इन कंपनियों की ऋण चुकाने की क्षमता पर असर पड़ेगा। इसके अलावा इन देशों में विदेशी प्रत्यक्ष निवेश और घरेलू करेंसी की विनिमय दर में गिरावट भी आ सकती है।

(मुंबई में प्रकाशित दैनिक 'हमारा महानगर' में शुक्रवार 24-03-2017 को व्यापार पृष्ठ पर प्रकाशित)

□

117

बैंक ऋण की दर कमजोर होना चिंताजनक

हाल ही में भारतीय रिजर्व बैंक द्वारा बैंक ऋणों की क्षेत्रीय तैनाती (सेक्टोरल डिपलॉयमेंट ऑफ बैंक क्रेडिट) रिपोर्ट के अनुसार, जनवरी 2017 में वर्ष-दर-वर्ष आधार पर गैर-खाद्य क्रेडिट 3.5 प्रतिशत की दर से बढ़ा है। गौरतलब है कि जनवरी 2016 में गैर-खाद्य (नॉन-फूड) बैंक ऋणों की विकास दर 9.8 प्रतिशत रही थी। अन्य सभी क्षेत्रों में भी बैंक ऋणों की वृद्धि दर कमजोर पड़ी है।

उदाहरण के लिए, जनवरी 2017 में कृषि एवं संबंधित क्षेत्रों में बैंक ऋण 7.7 प्रतिशत बढ़े, जो कि पिछले वर्ष इसी माह में 13.4 प्रतिशत की दर से बढ़े थे। औद्योगिक क्षेत्र में बैंक ऋण 5.1 प्रतिशत से कम हुए, जबकि जनवरी 2016 में यह बल्कि 5.6 प्रतिशत की दर से बढ़े थे।

विशेष रूप से इंफ्रास्ट्रक्चर, खाद्य प्रोसेसिंग, धातु व धातु जन्य उत्पाद और टेक्सटाइल (वस्त्र) उद्योगों में बैंक ऋणों की मात्रा काफी तेजी से कम हुई है। हालाँकि ईंधन, वाहन व कंस्ट्रक्शन आदि कुछ क्षेत्रों में बैंक क्रेडिट की विकास दर बढ़ी है। दूसरी ओर, सर्विसेज क्षेत्र में बैंक ऋण 8.1 प्रतिशत से बढ़े, जबकि जनवरी 2016 में यह विकास दर 8.9 प्रतिशत रही थी। इसके अलावा व्यक्तिगत ऋणों की विकास दर 12.9 प्रतिशत रही, जबकि जनवरी 2016 में यह 18.1 प्रतिशत की दर से बढ़े थे।

उल्लेखनीय है कि बैंक क्रेडिट की क्षेत्रीय तैनाती का विश्लेषण 46 चुने हुए बैंकों द्वारा जारी मासिक आँकड़ों पर आधारित होता है, जिसे रिजर्व बैंक ने पेश किया है। गौरतलब है कि इन 46 बैंकों का कुल नॉन-फूड (गैर-फूड) क्रेडिट में 95 प्रतिशत से ज्यादा हिस्सा है और इस लिहाज से रिजर्व बैंक की इस रिपोर्ट को देशभर में बैंक-ऋणों का रुख समझने के लिए इस्तेमाल किया जा सकता है।

विशेष रूप से औद्योगिक क्षेत्र में जिस प्रकार बैंक ऋणों की माँग कमजोर पड़ी है, यह वाकई चिंताजनक है। यदि मार्च 2016 के मुकाबले जनवरी 2017 के आँकड़ों का विश्लेषण करें तो वर्ष-दर-वर्ष दर आधार पर बैंक क्रेडिट 0.9 प्रतिशत की नगण्य

दर से बढ़ा है। विशेषकर खाद्य-क्रेडिट बल्कि 14.1 प्रतिशत से कम हुआ है, जबकि गैर-खाद्य क्षेत्र में यह महज 1.2 प्रतिशत से बढ़ा है।

सामान्य धारणा के विपरीत कि भारतीय उद्योग अपने संसाधन जुटाने के लिए ज्यादातर बैंक ऋणों पर निर्भर रहते हैं, इस बार बल्कि उनकी क्रेडिट मांग कमजोर पड़ी है। यहाँ पर ध्यान देने योग्य बात यह है कि मौजूदा वित्तीय वर्ष की तीसरी तिमाही में केंद्रीय सांख्यिकी विभाग द्वारा जारी आँकड़ों के अनुसार, भारत में नोटबंदी के कठिन दौर के बावजूद सकल राष्ट्रीय आय करीब 7 प्रतिशत से बढ़ी है।

कृषि सहित ज्यादातर क्षेत्रों में प्रदर्शन सुधरा है, हालाँकि विनिर्माण, व्यापार, होटेल, यातायात जैसे क्षेत्रों में प्रदर्शन कुछ फीका भी रहा, लेकिन फिर भी जिस प्रकार विभिन्न क्षेत्रों में बैंक क्रेडिट के लिए डिमांड कमजोर पड़ी है, जाहिर है इस पर गहन मंथन भी जरूरी है। दरअसल, कॉरपोरेट सेक्टर में खराब ऋणों का बढ़ता आकार बैंकों के लिए एक बड़ा सिरदर्द बन चुका है।

आर्थिक सर्वेक्षण 2016-17 के अनुसार, बैंकों की बैंलेसशीट पर एन.पी.ए. का बढ़ता दबाव कोई छोटा-मोटा दबाव नहीं है, बल्कि विश्व बैंक की मानें तो रूस को छोड़कर विश्व की सभी मुख्य अर्थव्यवस्थाओं के मुकाबले यह 9.1 प्रतिशत पर अधिकतम दबाव है। विशेष रूप से सार्वजनिक क्षेत्रों के बैंकों पर खराब ऋणों का दबाव बढ़ा है और इस वजह से बैंकों की नए ऋणों के लिए जोखिम उठाने की क्षमता पर असर पड़ा है और वे नए ऋणों की मात्रा कम कर रहे हैं।

आर्थिक सर्वेक्षण रिपोर्ट के अनुसार, कॉरपोरेट क्षेत्र के ऋणों की वास्तविक विकास दर मौजूदा वित्तीय वर्ष (2016-17) के नवंबर माह तक एकत्र किए गए आँकड़ों के आधार पर पिछले 23 वर्षों के न्यूनतम स्तर पर पहुँच चुकी है।

इसके अलावा बैंकों ने ब्याज दर के मार्जिन को बढ़ाने की भी कोशिश की जिसकी वजह से उद्योगों पर ऋणों की लागत बढ़ी और ऋण चुकाने की उनकी क्षमता भी आहत हुई।

यही कारण है कि खराब ऋणों की समस्या से निपटने हेतु आवश्यक कदम उठाने के लिए निरंतर मंथन चल रहा है। जाहिर है, बैंक क्रेडिट की दर बढ़ाने के प्रयास तेज करने होंगे, ताकि भारत की आर्थिक विकास दर को और भी मजबूती से गतिमान बनाया जा सके।

(मुंबई में प्रकाशित दैनिक 'हमारा महानगर' में शुक्रवार 31-03-2017 को व्यापार पृष्ठ पर प्रकाशित)

□

118

मानव विकास सूचकांक ने उठाए कई गंभीर मसले

हाल ही में संयुक्त राष्ट्र विकास कार्यक्रम द्वारा जारी मानव विकास रिपोर्ट 2016 में भारत की वरीयता (रेंक) 130 से एक पायदान पीछे यानी कि 131 हो गई है। गौरतलब है कि उक्त रिपोर्ट 188 देशों के मानव विकास विश्लेषण पर आधारित है और इसमें भारत का स्थान पहले ही काफी नीचे है।

भारत का मानव विकास सूचकांक 0.624 है और यह मध्यम मानव विकास वर्ग में कांगो, नामीबिया और पाकिस्तान व भूटान जैसे अपेक्षाकृत कम विकसित देशों के समूह में वर्गीकृत किया गया है। यहाँ तक कि सार्क देशों की फेहरिस्त में भारत का स्थान श्रीलंका (73वीं वरीयता) व मालद्वीव (105वीं वरीयता) के बाद तीसरा है।

रिपोर्ट में शामिल 188 देशों में सर्वोच्च स्थान है, नार्वे का, जिसे 0.949 अंक हासिल हैं, जबकि ऑस्ट्रेलिया 0.939 व स्विट्जरलैंड भी 0.939 अंकों के साथ क्रमशः दूसरे व तीसरे स्थान पर हैं।

प्रश्न उठता है कि आखिर मानव विकास सूचकांक का क्या महत्त्व है और भारत का प्रदर्शन कमजोर होने के क्या मायने हैं? दरअसल, मानव विकास का तात्पर्य है कि क्या इस पृथ्वी पर निवास कर रहे सभी मनुष्यों को अपने जीवन को परिपूर्णता से जीने की स्वतंत्रता है या फिर कुछ गिने-चुने लोग ही ऐसा अवसर प्राप्त कर पाते हैं? कुछ इसी अवधारणा के साथ मानव विकास के पैमाने तय किए जाते हैं।

पिछले करीब 25 वर्षों में मानव विकास के क्षेत्र में अभूतपूर्व प्रगति हुई है। लोगों की औसत आयु बढ़ी है, कुपोषण कम हुआ है और बहुत से लोग गरीबी के कुचक्र से बाहर भी निकले, लेकिन दुर्भाग्य से हर मानव तक इस प्रगति का प्रतिसाद पहुँचा नहीं और अनेक जिंदगियाँ ऐसी भी रहीं, जिनके आसपास विकास की आहट तक सुनाई न दी।

यही कारण है कि इस वर्ष की मानव विकास रिपोर्ट को सन् 2030 तक हरेक मनुष्य तक मानव विकास के उच्च मानदंड पहुँचाने के उद्देश्य के लिए समर्पित किया गया है। रिपोर्ट में मोटे तौर पर दो मूलभूत प्रश्नों को उठाया गया है। पहला यह कि कौन इस विकास यात्रा में पीछे छूट गए हैं और दूसरा यह कि आखिर ऐसा हुआ क्यों?

यह लगभग 'सबका साथ सबका विकास' की तर्ज पर पनपी विचारधारा है, जहाँ ये माना जाता है कि मानव विकास तभी सार्थक है, जब यह हर मनुष्य के जीवन तक परिलक्षित हो। यह एक ऐसी विचारधारा को सामने रखती है, जिसमें हरेक को विकास की मुख्य यात्रा में शामिल किया जा सके। फिर चाहे वे गरीब, विस्थापित या शरणार्थी भी क्यों न हों? विशेष रूप से महिलाओं को भी विकास की शृंखला में शामिल करने के महत्त्व पर भी इस रिपोर्ट में चर्चा की गई है। साथ ही, मानव समाज के लिए पर्यावरणीय सुरक्षा के महत्त्व पर भी चर्चा की गई है और कहा गया है कि आर्थिक विकास के लिए बनाई गईं नीतियों को सभी देश इस प्रकार बनाएँ कि वैश्विक स्तर पर वे एक-दूसरे की पूरक बनें। इस प्रकार मानव समाज के हर तबके की जीवन जीने की गुणवत्ता में सुधार हो और विकास की इस यात्रा में कोई भी मानव पीछे न छूट जाए।

रिपोर्ट में कुछ चौंकानेवाले तथ्य सामने रखे गए हैं। पिछले 25 वर्षों में हुई जबर्दस्त तरक्की के बावजूद विश्व भर में 766 मिलियन लोग ऐसे हैं, जो 1.90 डॉलर्स प्रति दिवस या उससे भी कम आय पर गुजारा करते हैं (सन् 2013 के आँकड़ों पर आधारित)। आज भी पाँच वर्ष से कम उम्र में जान गँवानेवाले बच्चों में 45 प्रतिशत की मृत्यु का कारण है, कुपोषण। यही नहीं, विश्व भर में विभिन्न कारणों से करीब एक तिहाई भोजन व्यर्थ चला जाता है और अगर इसका एक-चौथाई हिस्सा भी बचाया जा सके तो उससे 870 मिलियन लोगों का पेट भरा जा सकता है।

विश्व में 758 मिलियन वयस्कों में से 114 मिलियन लोग तो अशिक्षित हैं। गरीबी और अशिक्षा अविकसित या विकासशील देशों में ही ऐसा नहीं है। अमेरिका व ब्रिटेन जैसे टॉप देशों में क्रमशः 32 मिलियन व 8 मिलियन वयस्क अशिक्षित हैं। अंतरराष्ट्रीय श्रम संगठन के अनुसार, विकसित राष्ट्रों में सन् 2012 तक 300 मिलियन लोग अपेक्षाकृत गरीब थे।

दरअसल, विकास का लाभ सभी को बराबर नहीं मिला। सन् 2000 में टॉप 1 प्रतिशत लोगों के पास कुल वैश्विक संपत्ति का 32 प्रतिशत हिस्सा था, जो सन्

2010 में बढ़कर 46 प्रतिशत हो गया। सूचना व प्रौद्योगिकी में जबर्दस्त तरक्की के बावजूद सिर्फ 15 प्रतिशत लोगों तक इंटरनेट सुविधा पहुँची है। कुल मिलाकर भारत सहित समूचे विश्व में मानव विकास के क्षेत्र में गंभीर व समन्वित प्रयास किए जाने की आवश्यकता है।

(मुंबई में प्रकाशित दैनिक 'हमारा महानगर' में शुक्रवार 07-04-2017 को व्यापार पृष्ठ पर प्रकाशित)

□

119

रिजर्व बैंक ने विशिष्ट बैंकों के लिए जारी किया चर्चा-पत्र

हाल ही में रिजर्व बैंक ऑफ इंडिया ने देश में विशिष्ट क्षेत्रों की थोक एवं दीर्घकालिक वित्त की जरूरतों को ध्यान में रखते हुए विशिष्ट बैंकों की स्थापना के औचित्य पर एक चर्चा पत्र जारी किया है, ताकि इनके संदर्भ में पक्ष-विपक्ष के सभी पहलुओं पर वृहद चर्चा की जा सके।

गौरतलब है कि भारत में पहली बार विशिष्ट बैंकों की अवधारणा पर 19 अक्तूबर 2007 में रिजर्व बैंक के एक तकनीकी आलेख के माध्यम से चर्चा की गई थी। इसी शृंखला में वित्त क्षेत्र में सुधार पर गठित कमिटी द्वारा देश में वित्तीय समावेश बढ़ाने के उद्देश्य से छोटे बैंकों की उपादेयता पर चर्चा की गई थी। इसके बाद सन् 2010 में भी निजी क्षेत्र में नए बैंक खोलने के सुझाव पर वृहद चर्चा की गई, जिनमें इन बैंकों के लिए न्यूनतम पूँजी की आवश्यकता, स्वामित्व व नियंत्रण एवं प्रमोटरों की पात्रता पर सुझाव माँगे गए।

वृहद चर्चा के उपरांत फरवरी 2013 में निजी (प्राइवेट) क्षेत्र में नए बैंकों की स्थापना के लिए दिशानिर्देश (गाइडलाईन) जारी किए गए। इस प्रकार देश में विशिष्ट क्षेत्रों की जरूरतों को पूरा करने के लिए विशिष्ट बैंकों की स्थापना का मार्ग प्रशस्त हुआ और इसी सिलसिले में सन् 2014 में प्राइवेट क्षेत्र में छोटे वित्त बैंकों की स्थापना के लिए गाइडलाइन जारी की गई। साथ ही, विशिष्ट भुगतान बैंकों की स्थापना के लिए भी गाइडलाइन लागू की गई।

इस शृंखला को आगे बढ़ाते हुए सन् 2016 में निजी क्षेत्र में सार्वभौमिक बैंकों का लाइसेंस देने हेतु गाइडलाइन जारी की गई और अब रिजर्व बैंक ने विशेष रूप से छोटे, मध्यम तथा बड़े उद्योगों तथा इंफ्रास्ट्रक्चर क्षेत्र में थोक एवं दीर्घकालिक वित्त की विशिष्ट आवश्यकता के मद्देनजर विशिष्ट बैंक बनाने की जरूरतों को ठीक से समझने,

या फिर यूँ कहें कि समझाने के लिए चर्चा पत्र जारी किया है, ताकि इस विषय पर सभी हितधारकों की राय ली जा सके।

दरअसल, भारत जैसे विकासशील देश में वित्तीय क्षेत्रों में बैंकों का काफी दबदबा है। जून 2016 तक देश भर के सभी वित्तीय असेट का 67 प्रतिशत बैंकों के हिस्से में था। ज्यादातर बैंक खुदरा वित्त (रिटेल फाइनांस) के साथ-साथ उद्योगों की अल्पकालिक और दीर्घकालिक जरूरतों को पूरा करते हैं। साथ ही, अनेक प्रकार के वित्त उत्पाद व सेवाएँ प्रदान करते हैं। पिछले कुछ वर्षों में यह देखा गया है कि खराब ऋणों (एन. पी.ए.) की वजह से बैंकों की बैलेंसशीट पर दबाब बढ़ता ही जा रहा है। यह भी देखा गया है कि बैंकों द्वारा छोटे-बड़े उद्योगों को दिए जानेवाले ऋणों, विशेषकर दीर्घकालिक ऋणों की विकास दर में कमी आ रही है। ऐसे में रिजर्व बैंक को लगता है कि देश में उद्योगों की दीर्घकालिक जरूरतों को पूरा करने और मध्यम तथा छोटे आकार के उद्योगों को ऋण देनेवाले क्षेत्रों को पुनर्वित्त सुविधा देने के लिए विशिष्ट बैंक महत्त्वपूर्ण योगदान दे सकते हैं।

उहादरण के लिए, 12वीं पंचवर्षीय योजना के लिए एक ट्रिलियन अमेरिकी डॉलर तक की वित्तीय आवश्यकता पड़ेगी, ऐसा अनुमान लगाया गया था, परंतु अब इसके सामने 5,000 बिलियन डॉलर्स तक की फडिंग का अंतर नजर आ रहा है। सरकार द्वारा बजटीय सपोर्ट (45 प्रतिशत) के अलावा बैंक ही इस क्षेत्र की विशिष्ट जरूरतों को पूरा करने का दूसरा सबसे बड़ा विकल्प है, लेकिन सार्वजनिक क्षेत्र के अधिकांश बैंक खराब ऋणों की समस्या से त्रस्त हैं। इंफ्रास्ट्रक्चर क्षेत्र को दिए गए ऋणों में से 24 प्रतिशत ऋण दबाव झेल रहे हैं। (जून 2015 के आँकड़ों के अनुसार) इनमें प्रमुख हैं—विद्युत, यातायात व टेलीकॉम क्षेत्र।

ऐसे में रिजर्व बैंक को लगता है कि विशिष्ट क्षेत्रों की विशिष्ट जरूरतों को पूरा करने के लिए थोक एवं दीर्घकालिक बैंक अच्छा योगदान दे सकते हैं। रिजर्व बैंक चाहता है कि सभी हितधारक इस चर्चा-पत्र के जरिए ऐसे बैंकों की उपादेयता व नियमन के विषय पर अपने विचार प्रस्तुत करें। वस्तुत: 21वीं सदी के भारत के निर्माण में इंफ्रास्ट्रक्चर व विनिर्माण क्षेत्र में भारी विकास की आवश्यकता है और इस लिहाज से विशिष्ट बैंक निश्चित ही उपयोगी सिद्ध होंगे।

(मुंबई में प्रकाशित दैनिक 'हमारा महानगर' में शुक्रवार 14-04-2017 को व्यापार पृष्ठ पर प्रकाशित)

□

120

भारतीय अर्थव्यवस्था में नजर आ रहे हैं अलग रुझान

हाल ही में जारी विभिन्न आँकड़ों के आधार पर यह निष्कर्ष निकाला जा सकता है कि भारतीय अर्थव्यवस्था एक परिवर्तन के दौर से गुजर रही है, जहाँ यह आंकलन करना जटिल है कि विभिन्न क्षेत्रों में हो रहे बदलावों का आखिर कितना असर भारत की आर्थिक विकास दर पर पड़ेगा?

सबसे पहले बात करें औद्योगिक उत्पादन दर की, जो इस वर्ष फरवरी माह में पिछले वर्ष की तुलना में 1.2 प्रतिशत से कम हुआ है। भारत सरकार के सांख्यिकी विभाग द्वारा जारी आँकड़ों के अनुसार, औद्योगिक उत्पादन सूचकांक पिछले चार महीनों के न्यूनतम स्तर पर पहुँच गया है। यही नहीं, अप्रैल 2016 से फरवरी 2017 तक के अंतराल में औद्योगिक उत्पादन महज 0.4 प्रतिशत की दर से बढ़ा है।

विशेष रूप से विनिर्माण क्षेत्र और विद्युत उत्पादन क्षेत्र में औद्योगिक उत्पादन की दर घटी है। न सिर्फ पूँजीगत वस्तुओं के उत्पादन में कमी आई है, बल्कि उपभोक्ता वस्तुओं का उत्पादन भी तेजा से घटा है, हालाँकि यहाँ भी मिश्र प्रभाव देखे जा सकते हैं। जहाँ कुछ वस्तुओं का उत्पादन काफी तीव्र गति से कम हुआ है, वहीं कुछ अन्य वस्तुओं का उत्पादन तेजी से बढ़ा भी है, लेकिन महत्त्वपूर्ण बात यह है कि औद्योगिक उत्पादन सूचकांक की गणना में शामिल 22 उद्योग समूहों में से सिर्फ 9 क्षेत्रों में सकारात्मक विकास दर रही, जबकि अन्य सभी क्षेत्रों में विकास दर नकारात्मक रही।

विशेष रूप से पूँजीगत वस्तुओं का उत्पादन 3.4 प्रतिशत से कम हुआ है। गौरतलब है कि नोटबंदी के दौर के बाद दिसंबर माह में औद्योगिक उत्पादन सूचकांक में विनिर्माण (मैन्युफेक्चरिंग) क्षेत्र 0.1 प्रतिशत की नगण्य दर से बढ़ा था, लेकिन जनवरी माह में 2.3 प्रतिशत की विकास दर और पूँजीगत वस्तुओं के उत्पादन में 10.7 प्रतिशत की विकास दर ने यह संकेत दिया था कि शायद भारतीय अर्थव्यवस्था पर नोटबंदी के

दौरान आए कैश-क्रंच (नकदी की कमी) का ज्यादा असर नहीं पड़ा, लेकिन अब जिस तरह के मिश्र आँकड़े फरवरी माह में आए हैं, उससे तो यह लग रहा था कि भारतीय अर्थव्यवस्था में आर्थिक क्षेत्र में लागू किए जा रहे सुधारों से आर्थिक वातावरण भले ही सामान्यता बेहतर बना हो, पर फिर भी विभिन्न उद्योगों में अब भी विशिष्ट संरचनात्मक सुधारों की गुंजाइश है।

दूसरी ओर, खुदरा महँगाई सूचकांक पिछले पाँच महीनों के अधिकतम स्तर पर पहुँच चुका है। आधिकारिक आँकड़ों के अनुसार, मार्च 2017 में खुदरा महँगाई वर्ष-दर-वर्ष आधार पर 3.81 प्रतिशत से बढ़ी, जबकि फरवरी माह में यह 3.65 प्रतिशत से बढ़ी थी। हालाँकि पिछले वर्ष (मार्च 2016) में खुदरा महँगाई की दर 4.83 प्रतिशत थी और इस लिहाज से खुदरा महँगाई के स्तर में वर्ष-दर आधार पर महँगाई कुछ कम अवश्य हुई हैं।

दरअसल, तेल की कीमतों में वृद्धि का काफी असर उपभोक्ता कीमतों पर पड़ा है और इस वजह से कई वस्तुओं की उत्पादन लागत बढ़ी, जिससे एक ओर खुदरा महँगाई बढ़ी, तो दूसरी ओर उपभोक्ता मांग में कमी आने से उत्पादन दर पर प्रतिकूल प्रभाव पड़ा।

लेकिन यहाँ भी मिश्र प्रभाव नजर आ रहे हैं। भारत सरकार के वाणिज्यिक (कॉमर्स) विभाग द्वारा जारी आँकड़ों के अनुसार, मार्च महीने में थोक मूल्य सूचकांक पिछले माह के 6.55 प्रतिशत के मुकाबले मार्च माह में 5.7 प्रति प्रतिशत से बढ़ा। हालाँकि मौजूदा वित्तीय वर्ष में यह 5.7 प्रतिश से बढ़ा, जबकि पिछले वर्ष इसी अंतराल में यह बल्कि 0.45 प्रतिशत से घटा था।

उधर, मार्च 2017 में निर्यातों की विकास दर 27.59 प्रतिशत रही, जिसे अब तक का शानदार प्रदर्शन समझा जा सकता है। विशेष रूप से तब जबकि रुपए के मूल्य में काफी गिरावट आई, जिसका प्रतिकूल प्रभाव आमतौर पर पड़ता है; लेकिन दूसरी ओर आयात 45.25 प्रतिशत की दर से बढ़े, जिसकी वजह से चालू खाता घाटा पिछले वर्ष को 4.93 बिलियन के मुकाबले इस वर्ष मार्च माह में 10.43 बिलियन डॉलर्स हो गया। इसका प्रमुख कारण रहा, तेल का बढ़ता आयात बिल। राहत की बात यह है कि गैर-फ्रूड क्षेत्र में क्रेडिट विकास दर 9.57 प्रतिशत रही, जो पिछले छह महीनों का अधिकतम स्तर है। कुल मिलाकर यदि अंतरराष्ट्रीय बाजारों में तेल की कीमतों और उपभोक्ता मांग सामान्य स्तर पर रहे और देश में मानसून ठीक रहे तो भारतीय अर्थव्यवस्था से एक बेहतर प्रदर्शन की उम्मीद की जा सकती है।

(मुंबई में प्रकाशित दैनिक 'हमारा महानगर' में शुक्रवार 21-04-2017 को व्यापार पृष्ठ पर प्रकाशित)

□

121

आई.एम.एफ. ने जताई वैश्विक अर्थव्यवस्था के प्रति चिंता

हाल ही में अंतरराष्ट्रीय मुद्रा कोष (आई.एम.एफ.) द्वारा जारी वर्ल्ड इकोनॉमिक आउटलुक में वैश्विक अर्थव्यवस्था के प्रति महत्त्वपूर्ण संदेश मिले हैं। इस रिपोर्ट में जहाँ एक ओर मध्यकाल में समकालीन आर्थिक विकास दर जारी रहने की संभावना व्यक्त की है, वहीं दूसरी ओर दीर्घकाल में वैश्विक अर्थव्यवस्था पर मँडरा रहे जोखिम बढ़ने और आर्थिक विकास दर कमजोर पड़ने के आसार भी उसे नजर आ रहे हैं।

गौरतलब है कि वैश्विक दृष्टिकोण रिपोर्ट में सन् 2022 तक के पाँच वर्षों में वैश्विक अर्थव्यवस्था के स्वरूप के संबंध में आँकड़े जारी किए गए हैं। रिपोर्ट में सन् 2017-18 में वैश्विक अर्थव्यवस्था के लिए 3.5 प्रतिशत विकास दर का पूर्वानुमान लगाया गया है, जो वित्तीय वर्ष 2016 के मुकाबले एक बेहतर दृष्टिकोण प्रदर्शित करता है।

रिपोर्ट के अनुसार, सन् 2018 में भी यह रुख जारी रहने की संभावना है और यही कारण है कि अगले वित्तीय वर्ष के लिए आई.एम.एफ. ने 3.8 प्रतिशत की विकास दर का पूर्वानुमान लगाया है। उल्लेखनीय है कि मौजूदा अर्थव्यवस्था में अंतरराष्ट्रीय मुद्राकोष को वैश्विक मांग में वृद्धि, आर्थिक क्रियाओं का बढ़ता स्तर, महँगाई की दर में कमी तथा वित्तीय बाजारों में सकारात्मक दृष्टिकोण के आसार नजर आ रहे हैं।

हालाँकि आगामी 5 वर्षों में आर्थिक क्रियाओं का स्तर बढ़ता ही रहे, इससे कहीं अधिक जरूरी है कि सभी देश एक एकीकृत वैश्विक अर्थव्यवस्था की अवधारणाओं के तहत अपनी राष्ट्रीय नीतियों में विश्वसनीयता कायम करते हुए सामान्य चुनौतियों का डटकर मुकाबला करें।

साथ ही, रिपोर्ट में यह भी आवश्यक समझा गया है कि विभिन्न देश अपनी घरेलू नीतियों में संरचनात्मक सुधार के उद्देश्यों में उत्पादकता में कमी और आर्थिक असमानता जैसी समस्याओं को महत्त्व देते समय संरक्षणवाद को बढ़ावा न दें।

आज अनेक विकसित राष्ट्रों में अपने राष्ट्रीय हितों को प्राथमिकता देते हुए वैश्विक नीतियाँ बनाने का प्रचलन बढ़ रहा है, जो कहीं-न-कहीं वैश्विक अर्थव्यवस्था में विकास दर के लिए मुश्किलें पैदा करने की क्षमता रखता है। हालाँकि अन्य प्रकार के जोखिम कम होने के आसार नजर आ रहे हैं और ऐसे में यदि सभी विकसित और उदयीमान देश परस्पर हितों को ध्यान में रखते हुए अपनी नीतियों का निर्धारण करेंगे, तो दीर्घकाल में यह समूची वैश्विक अर्थव्यवस्था के लिए उपयोगी ही सिद्ध होगा।

उल्लेखनीय है कि वैश्विक अर्थव्यवस्था में विकासशील एवं उदयीमान राष्ट्रों की भूमिका बढ़ती ही जा रही है। विशेष रूप से उत्पादन एवं उपभोग, दोनों ही क्षेत्रों में वैश्विक विकास दर में इनका योगदान लगभग 75 प्रतिशत है और पिछले 10 वर्षों में ही यह लगभग दोगुना हो गया है।

ऐसे में व्यापार नीतियों, वैश्विक मांग और अंतरराष्ट्रीय वित्तीय वातावरण सभी क्षेत्रों में इन देशों का महत्त्वपूर्ण योगदान है, जिसे नजरअंदाज नहीं किया जा सकता।

बहरहाल, वैश्विक व्यापार नीतियों में यदि संरक्षणवाद की अवधारणा पनपी तो अनेक देशों के भुगतान संतुलन बिगड़ सकते हैं। साथ ही, सामान्य तौर पर आर्थिक असमानता बढ़ने की भी संभावना आई.एम.एफ. को नजर आ रही है। टेक्नोलॉजी के जरिए पूँजी प्रधान औद्योगिक वातावरण पनपने से श्रमिकों के औसत वेतन पर नकारात्मक प्रभाव भी पड़ सकते हैं। ऐसे में यदि सभी देश अपनी नीतियों में परस्पर संतुलन बनाने में कामयाब हो सकें तो वैश्विक आर्थिक विकास दर को बल ही मिलेगा।

(मुंबई में प्रकाशित दैनिक 'हमारा महानगर' में शुक्रवार 20-04-2017 को व्यापार पृष्ठ पर प्रकाशित)

□

122

नीति आयोग ने बनाया तीन वर्षीय एक्शन प्लान

हाल ही में नीति आयोग ने वर्षों से चली आ रही पंच वर्षीय योजनाओं की शृंखला से परे हटते हुए सभी राज्य सरकारों के साथ वृहद चर्चा और गहन मंथन के बाद एक तीन वर्षीय एक्शन प्लान का मसौदा तैयार किया है, जिसे फिलहाल राज्य सरकारों के समक्ष जाँचने-परखने हेतु पेश किया गया है।

उल्लेखनीय है कि आजादी के बाद सन् 1950 में योजना आयोग का गठन केंद्र सरकार के तत्त्वावधान में किया गया था, जिसका नाम बदलकर 'नीति आयोग' किया गया है। दरअसल, 'नीति' कुछ शब्दों के प्रथम अक्षरों को जोड़कर बनाया गया अक्षर समूह है। अंग्रेजी में ये शब्द हैं नेशनल इंस्टीट्यूशन फॉर ट्रांसफार्मिंग इंडिया अर्थात् भारत को बदलने के लिए बना राष्ट्रीय संस्थान। यह एक तरह का बड़ा संगठनात्मक बदलाव था, जिसमें न सिर्फ संस्था का नाम बदला, बल्कि उसका प्रशासनिक तौर-तरीका और सोच भी बदली।

जहाँ एक ओर योजना आयोग केंद्र द्वारा नीचे तक पहुँचनेवाला संस्थान था, वहीं नीति आयोग नीचे से ऊपर अर्थात् राज्य सरकारों से विचार-विमर्श करते हुए काम करने की अवधारणा लेकर चलता है। यह एक प्रकार से देश के विकास की यात्रा में संघीय सहयोग की तरफ उठाया गया प्रयास है।

नीति आयोग की स्थापना योजना आयोग के स्थान पर 1 जनवरी, 2015 को की गई थी। भारत के प्रधानमंत्री नीति आयोग में अध्यक्ष पद के अनुसार आसीन है। राज्यों की जरूरतों, हिस्सेदारी, क्रियान्वयन आदि पर चर्चा के लिए एक गवर्निंग काउंसिल बनाई गई है। सभी राज्यों के मुख्यमंत्री इस काउंसिल के सदस्य हैं। इनमें केंद्र प्रशासित प्रदेशों के लेफ्टिनेंट गवर्नर भी शामिल हैं।

इस नीति आयोग का मकसद है, भारत के विकास की रणनीति को बदलते भारत

के परिवेश के अनुरूप ढालना। इस बार नीति आयोग ने 15 वर्षीय विजन के तहत अगले सात वर्षों के लिए रणनीति बनाई है, जिसके आधार पर तीन वर्षीय एक्शन सूची निर्धारित की गई है।

सबसे महत्त्वपूर्ण बात है कि तेजी से विकास कर रहे भारत में अतिरिक्त राजस्व को सर्वप्रथम उच्च प्राथमिकतावाले क्षेत्रों की तरफ मोड़ा जाएगा। इसके तहत किसानों की आय सन् 2022 तक दोगुनी करने, नौकरियों के नए अवसर पैदा करने, जमीन की कीमतें कम करने और टैक्स बेस (कराधान) बढ़ाने की बात की गई है, जिसमें कृषि जनित आय पर कर लगाने का सुझाव भी शामिल है।

मसौदे में टैक्स की अदायगी से बचने के तरीकों से निपटने और ज्यादा से ज्यादा लोगों को टैक्स की परिधि में लाने से लेकर करों की अदाएगी में सरलता लाने तक के लिए जोरदार तर्क दिए गए हैं। नीति आयोग के मसौदे में समाज के सभी वर्गों के लिए सस्ते घर उपलब्ध कराने की आवश्यकता पर भी चर्चा की गई है।

उल्लेखनीय है कि इसके लिए सबसे जरूरी है कि बड़ी मात्रा में जमीन की उपलब्धता बढ़ाई जा सके। साथ ही, बीमार कंपनियों के पास पड़ी जमीनों को अन्य उत्पादक कार्यों के लिए मुक्त करने, रेंट कंट्रोल ऐक्ट में सुधार करने और सामूहिक आवास योजना जैसे रचनात्मक सुझाव दिए गए हैं।

साथ, ही निर्यात और अधिक उत्पादकता वाले क्षेत्रों में नौकरियों के अवसर बढ़ाने और श्रम बाजार में लचीलापन लाने के लिए श्रम कानूनों में सुधार की बात की गई है। कुल मिलाकर कर नीति आयोग ने विभिन्न क्षेत्रों में विशिष्ट सुधार लाने का सुझाव दिया है। उम्मीद की जानी चाहिए कि सभी हितधारकों के साथ राय-मशवरे के साथ बनाया गया एक्शन प्लान बेहतर ढंग से क्रियान्वित किया जा सकेगा।

(मुंबई में प्रकाशित दैनिक 'हमारा महानगर' में शुक्रवार 05-05-2017 को व्यापार पृष्ठ पर प्रकाशित)

□

123

भारतीय अर्थव्यवस्था के समक्ष हैं अनेक चुनौतियाँ

हाल ही में संयुक्त राष्ट्र आर्थिक एवं सामाजिक आयोग (एशिया एवं पेसिफिक) ने अपनी बहुचर्चित वार्षिक रिपोर्ट में मौजूदा वित्तीय वर्ष में भारतीय अर्थव्यवस्था के स्थिर रहने तथा अगले वित्तीय वर्ष में आर्थिक विकास दर बढ़ने के आसार व्यक्त किए हैं।

उल्लेखनीय है कि निजी एवं सार्वजनिक उपभोग (कंजप्शन) और आधारभूत (इंफ्रास्ट्रक्चर) खर्च में वृद्धि के रुख को देखते हुए इस रिपोर्ट में उम्मीद जताई गई है कि इस वित्तीय वर्ष 2017 में भारत की आर्थिक विकास दर 7.1 प्रतिशत तक रहेगी और अगले वित्तीय वर्ष में यह बढ़कर 7.5 प्रतिशत हो जाएगी।

रिपोर्ट के अनुसार, घरेलू अर्थव्यवस्था में सरकार द्वारा आर्थिक सुधारों की झड़ी लगने और अंतरराष्ट्रीय बाजारों में तेल की कीमतें कम होने से भारतीय अर्थव्यवस्था काफी हद तक लाभान्वित हुई है। विशेष रूप से भारत में 8 नवंबर, 2016 को लागू की गई नोटबंदी के सकारात्मक पहलुओं की भी चर्चा की गई है, जिससे भारत में डिजिटलीकरण की प्रक्रिया तेज होने की बात की गई है।

लेकिन आज भी कुल कारोबार का 80 प्रतिशत हिस्सा नकद भुगतान का है और इसलिए कैश-लेस (नकदी रहित) कारोबार में बढ़ोत्तरी के लिए वित्तीय समावेश, डिजिटल साक्षरता तथा सूचना एवं प्रौद्योगिक क्षेत्र में आधारभूत सुधार तथा वित्तीय साक्षरता बढ़ाए जाने की आवश्यकता होगी।

हालाँकि भारतीय अर्थव्यवस्था में नीतिगत दरों में कमी आने के बाजवूद निवेश सेंटीमेंट अपेक्षाकृत कम रहने पर चिंता व्यक्त की गई है। न सिर्फ निजी निवेश, बल्कि सार्वजनिक निवेश में भी कमी आई है। विशेषकर भारत में खराब ऋणों और उनकी वजह से बैंकों की बैलेंसशीट पर बढ़ते दबाव को लेकर चिंता व्यक्त की गई है। जहाँ एक ओर नोटबंदी के दौर के बाद उपभोग खर्च में वृद्धि देखी जा रही है, वहीं दूसरी

ओर निवेश का स्तर बढ़ने में अभी कुछ वक्त लग सकता है।

उधर, अंतरराष्ट्रीय स्तर पर बढ़ रहे संरक्षणवाद से भारत का विदेश व्यापार (एक्सपोर्ट) आहत हो सकता है, ऐसा भी अंदेशा इस रिपोर्ट में लगाया गया है। साथ ही, अमेरिकी विदेश नीति में बदलाव, ब्रेक्सिट के साइड इफेक्ट्स और अनेक यूरोपियन देशों में होनेवाले आगामी चुनाव वैश्विक अर्थव्यवस्था में अनिश्चितता या अस्थिरता का माहौल बना सकते हैं।

जहाँ तक घरेलू स्तर पर लागू आर्थिक नीतियों का प्रश्न है, संयुक्त राष्ट्र रिपोर्ट में भारत की मौद्रिक नीति में आए बुनियादी बदलाव की भी चर्चा की गई है, जो उसके अनुसार एक 'उदार' दृष्टिकोण के बजाए 'उदासीन' रुख अख्तियार किए है, जिसकी वजह से महँगाई का जोखिम कुछ बढ़ गया है। रिपोर्ट में महँगाई का स्तर सन् 2017 में 5.3 से 5.5 प्रतिशत के स्तर तक बढ़ने और सन् 2018 में भी आधिकारिक रूप से लक्षित 4.5 से 5 प्रतिशत के स्तर से ऊपर ही रहने की आशंका व्यक्त की गई है।

इसके अलावा वित्तीय क्षेत्र में बढ़ते खराब ऋणों की वजह से जोखिम बढ़ने की ओर ध्यान खींचा गया है। सन् 2016 में सार्वजनिक बैंकों के कुल एन.पी.ए. 12 प्रतिशत से भी अधिक रहे, जिससे बैंकों के लाभांशों पर प्रतिकूल प्रभाव पड़ा। हालाँकि नोटबंदी की वजह से बैंकों की वित्तीय तरलता बढ़ी है।

कुल मिलाकर भारत की अर्थव्यवस्था में धीमी गति से ही सही, पर उत्तरोत्तर विकास की बात कही गई है। इस प्रकार देश की अर्थव्यवस्था के समक्ष प्रस्तुत चुनौतियों का सामना करते हुए आर्थिक सुधारों की श्रृंखला में विस्तार काफी हद तक आर्थिक विकास दर को प्रोत्साहन देने में सक्षम होगा।

(मुंबई में प्रकाशित दैनिक 'हमारा महानगर' में शुक्रवार 12-05-2017 को व्यापार पृष्ठ पर प्रकाशित)

□

124

बढ़ता चालू खाता घाटा चिंताजनक

हाल ही में भारत सरकार के वाणिज्यिक विभाग द्वारा जारी आँकड़ों के अनुसार, अप्रैल माह में भारत के निर्यात सन् 2016 के मुकाबले वर्ष-दर-वर्ष आधार पर 19.77 प्रतिशत की दर से बढ़े हैं। उल्लेखनीय है कि निर्यातों (एक्सपोर्टस) में आई इस वृद्धि को डॉलर में मापे गए मूल्यों के आधार पर दर्ज किया गया है।

आधिकारिक रूप से जारी आँकड़ों के अनुसार, अप्रैल 2016 में जहाँ 20,569 मिलियन डॉलर्स के निर्यात किए गए, वहीं इनका आकार अप्रैल 2017 में बढ़कर 24,635 मिलियन डॉलर्स हो गया। इस प्रकार मार्च 2017 के बाद यह लगातार दूसरा महीना है, जिसमें भारत के निर्यात डबल डिजिट विकास दर से बढ़े हैं और यह प्रदर्शन काफी उत्साहजनक माना जा सकता है।

खास बात यह है कि गैर-पैट्रोलियम व गैर-जेम्स एंड ज्यूलरी के निर्यात 17.06 प्रतिशत की दर से बढ़े हैं। हालाँकि विश्व बैंक के आँकड़ों के मुताबिक लगभग सभी प्रमुख वैश्विक अर्थव्यवस्थाओं में निर्यात के संदर्भ में प्रदर्शन अच्छा रहा है। उदाहरण के लिए, अमेरिका में 4.74 प्रतिशत, यूरोपिनयन यूनियन में 0.16 प्रतिशत और जापान में 13.30 प्रतिशत की दर से निर्यात बढ़े हैं।

हालाँकि इस दौरान चीन से किए जानेवाले निर्यातों में 1.56 प्रतिशत की कमी आई है, लेकिन फिर भी जिस प्रकार फरवरी माह में भारत के निर्यातों में नकारात्मक रुख दिखाई पड़ा था, पिछले दो महीने में एक्सपोर्ट्स का जबरदस्त प्रदर्शन एक अच्छा संकेत है। उधर, भारत के आयात भी बढ़े हैं। आँकड़ों के अनुसार अप्रैल 2017 में पिछले वर्ष की तुलना में वर्ष-दर-वर्ष आधार पर आयातों के डॉलर्स मूल्यों में 44.67 प्रतिशत की वृद्धि हुई।

विशेष रूप से तेल के आयात पिछले वर्ष के मुकाबले 30.12 प्रतिशत बढ़े। इसका प्रमुख कारण रहा, अंतरराष्ट्रीय बाजारों में तेल की कीमतों में 25.40 प्रतिशत की वृद्धि आ जाना, हालाँकि आयातों के सापेक्ष पेट्रोलियम पदार्थों के निर्यात भी 48.77 प्रतिशत

बढ़े। लेकिन जहाँ तक गैर-तेल आयातों का प्रश्न है, वे अप्रैल 2017 में 54.50 प्रतिशत की दर से बढ़े हैं और इस वजह से भारत का व्यापार संतुलन कुछ बिगड़ गया है।

वाणिज्यिक विभाग के अनुसार अप्रैल माह में व्यापार घाटे का आकार 13,249 मिलियन डॉलर्स का रहा, जो पिछले वर्ष की तुलना में लगभग दो गुना है। दरअसल भारत में तेल, स्वर्ण, इलेक्ट्रॉनिक वस्तुओं और बहुमूल्य रत्न आदि का आयात बढ़ा जरूर है, लेकिन इससे भारत से होनेवाले निर्यातों को प्रोत्साहन भी मिला है, पर फिर भी, जिस प्रकार निर्यातों के अनुपात में आयात बहुत तेजी से बढ़े हैं, भारत का चालू खाता घाटा भी चौड़ा हो गया है।

उधर, सर्विसेज के क्षेत्र में रिजर्व बैंक द्वारा जारी विज्ञप्ति के अनुसार मार्च 2017 में सर्विसेज के शुद्ध निर्यात 5,912 मिलियन डॉलर्स के रहे। यदि वित्तीय वर्ष 2016-17 की बात करें तो इस दरम्यान इनके शुद्ध निर्यात 65,214 मिलियन डॉलर्स के मूल्य के रहे। हालाँकि यह भी पिछले वित्तीय वर्ष 2015-16 के 69,419 मिलियन डॉलर्स के स्तर से भी कुछ कम ही रहे थे, लेकिन राहत की बात यह है कि आज वैश्विक स्तर पर बढ़ते हुए संरक्षणवाद के ट्रेंड के बाजवूद सर्विसेस क्षेत्र में प्रदर्शन ठीक-ठाक रहा, जिसकी वजह से कुल व्यापार संतुलन वर्ष-दर-वर्ष आधार पर पिछले वित्तीय वर्ष में 40,980 मिलियन डॉलर्स रहा, जो वर्ष 2015-16 की तुलना में 16.87 प्रतिशत कम रहा।

कुल मिलाकर भारत को निर्यात संवर्धन के क्षेत्र में किए जानेवाले उपायों को अधिक प्रोत्साहन देना होगा, जिससे कि भारत का चालू खाता घाटा और भी कम किया जा सके।

(मुंबई में प्रकाशित दैनिक 'हमारा महानगर' में शुक्रवार 19-05-2017 को व्यापार पृष्ठ पर प्रकाशित)

□

125

क्या हैं एन.पी.ए. समस्या पर अध्यादेश के मायने

हाल ही में खराब ऋणों की बढ़ती समस्या से निपटने के लिए भारत सरकार के मंत्रिमंडल द्वारा अनुमोदित अध्यादेश के तहत रिजर्व बैंक को बैंकों में बढ़ते एन.पी.ए. (नॉन परफॉर्मिंग असेट्स) की समस्या से निपटने के लिए अधिक शक्तियाँ प्रदान की गई हैं।

उल्लेखनीय है कि बैंकों में दबाव झेल रहे ऋणों की मात्रा काफी ऊँचे स्तर पर पहुँच चुकी है और ऐसे में उसके समाधान हेतु अध्यादेश के जरिए बैंकों के नियामक रिजर्व बैंक को विशिष्ट मामलों में दिशा-निर्देश जारी करने का अधिकार दिया गया है। रिजर्व बैंक अब बैंकों के खराब हुए अथवा दबाव झेल रहे ऋणों के समाधान हेतु परामर्श समितियाँ नियुक्त कर सकता है।

गौरतलब है कि ज्यादातर सार्वजनिक क्षेत्र के बैंकों में एन.पी.ए. की समस्या विकट रूप अख्तियार कर चुकी है। 31 दिसंबर, 2016 को समाप्त हुए 9 महीनों ही में खराब ऋणों का आकार एक लाख करोड़ रुपए बढ़कर 6.07 लाख करोड़ रुपए तक पहुँच चुका था। पिछले कुछ वर्षों में एन.पी.ए. की समस्या तेजी से बढ़ी ही है।

मार्च 2016 में समाप्त हुए वित्तीय वर्ष में सार्वजनिक बैंकों के सकल एन.पी.ए. 5.02 लाख करोड़ रुपए थे, जो मार्च 2015 के मुकाबले करीब 2.67 लाख करोड़ से बढ़ चुके थे। एन.पी.ए. का निरंतर बढ़ते जाना न सिर्फ बैंकों की बैलेंस शीट पर दबाव बढ़ा रहा है, बल्कि देश के सीमित संसाधनों के इस तरह एन.पी.ए. में अटक जाने से उनका इष्टतम उपयोग भी नहीं हो पा रहा है।

दरअसल, एन.पी.ए. एक ऐसा ऋण खाता है, जिस पर बैंकों को चुकाए जानेवाले मूल धन या ब्याज की अदायगी 90 से अधिक दिनों से बकाया है। ज्यादातर मेटल, टेक्सटाइल (वस्त्र उद्योग), जेम्स एंड ज्वेलरी और कंस्ट्रक्शन के क्षेत्र में एन.पी.ए. तेजी से बढ़े हैं।

देश में खराब ऋणों की समस्या से निपटने के लिए बैंकों के पास सरफेसी कानून के तहत अपने बकाया ऋणों की वसूली के अधिकार जरूर हैं, पर फिर भी एन.पी.ए. की समस्या यूँ विकट होती जा रही है, जिससे भारत सरकार को आवश्यकता महसूस हुई कि शायद अब बैंकों के नियामक केंद्रीय बैंक को इस मामले में भी दखल देने का अधिकार दिया जाना चाहिए, ताकि बैंकों को विशिष्ट मामलों में खराब ऋणों से निपटने के लिए केंद्रीय बैंक की तरफ से उचित दिशा निर्देश मिल सकें।

यही कारण है कि रिजर्व बैंक को एन.पी.ए. निरीक्षण समिति गठित करने की अनुमति दी गई है। उम्मीद की जा सकती है कि इससे केंद्रीय बैंक जटिल एन.पी.ए. मामलों में ज्यादा करीब से निगरानी कर सकेगा। इसके अलावा, अब केंद्र सरकार भी डिफॉल्ट (ऋणों की गैर-अदाएगी) सिद्ध होने पर विशिष्ट मामलों में रिजर्व बैंक को एन.पी.ए. निवारण के क्षेत्र में उचित कदम उठाने हेतु दिशा निर्देश दे सकती है।

अध्यादेश के तहत दिवालिएपन कोड को भी बैंकिंग विनियमन कानून से जोड़ा गया है। जाहिर है कि जिस प्रकार मार्च 2017 तक बैंकों के 7.1 लाख करोड़ रुपए एन.पी.ए. में अटके पड़े हैं और जिस प्रकार 37 लिस्टेड बैंकों को 2 लाख करोड़ रुपए की प्रोह्विजनिंग (प्राविधीकरण) इन खराब ऋणों के सामने करनी पड़ी है, सरकार या फिर रिजर्व बैंक एक अधिक सक्रिय भूमिका निभाने के लिए तैयार हुए हैं।

हालाँकि अभी इस संदर्भ में विस्तृत गाइडलाइन जारी होने की संभावना है और तभी यह स्पष्ट हो सकेगा कि किस प्रकार इस अध्यादेश के विभिन्न प्रावधान लागू किए जाएँगे ? एन.पी.ए. निवारण के लिए लाए गए इस अध्यादेश को समसामयिक तौर पर जरूरी समझा जा सकता है, लेकिन दीर्घ काल में नए एन.पी.ए. का सृजन न हो, इस दिशा में भी गहन चिंतन और प्रभावी कदम उठाए जाने की आवश्यकता है।

(मुंबई में प्रकाशित दैनिक 'हमारा महानगर' में शुक्रवार 26-05-2017 को व्यापार पृष्ठ पर प्रकाशित)

□

126

क्या नोट बंदी से आहत हुई आर्थिक विकास दर

हाल ही में जारी आधिकारिक आँकड़ों के अनुसार, पिछले वित्तीय वर्ष 2016-17 की अंतिम तिमाही में सकल राष्ट्रीय आय 6.1 प्रतिशत की दर से बढ़ी, जो कि इस वर्ष की औसत आर्थिक विकास दर से कुछ कम ही रही है। यही कारण है कि वर्ष 2016-17 में सकल राष्ट्रीय आय की वृद्धि दर को सरकार ने 7.1 प्रतिशत के पूर्वानुमान पर ही बनाए रखा है।

केंद्रीय सांख्यिकी विभाग द्वारा जारी इन आँकड़ों से तो यही प्रतीत होता है कि 8 नवंबर, 2016 से 30 दिसंबर तक लागू नोटबंदी का असर देश की आर्थिक विकास दर पर पड़ा है, क्योंकि हाल ही में औद्योगिक उत्पादन सूचकांक एवं थोक मूल्य सूचकांक की गणना पद्धति में नए आधार वर्ष को शामिल किए जाने के बावजूद सकल राष्ट्रीय आय पिछले 3 वर्षों की न्यूनतम दर से बढ़ी है, जबकि यह कयास लगाया जा रहा था कि औद्योगिक उत्पादन सूचकांक में दिखाई दे रही वृद्धि शायद राष्ट्रीय आय के आँकड़ों में भी परिलक्षित होगी।

उल्लेखनीय है कि इस सूचकांक की गणना में आधार वर्ष पहले 2004-05 था, जिसे बदलकर 2011-12 कर दिया गया है। पिछले वित्तीय वर्ष की तृतीय तिमाही तक विश्व की तीव्रतम गति से विकास कर रही भारतीय अर्थव्यवस्था में आर्थिक विकास दर का यों कमजोर पड़ना चिंताजनक समझा जा सकता है।

हालाँकि यदि सांख्यिकी विभाग के मुख्य सचिव की मानें तो उनके अनुसार, नोटबंदी के असर को उसके बाद आनेवाली चौथी तिमाही के नतीजों के आधार पर परखना मुश्किल है। इसके अलावा वित्तीय मंत्रालय के मुख्य आर्थिक सलाहकार के अनुसार, पिछले वित्तीय वर्ष में औसतन हासिल की गई, 7.1 प्रतिशत की विकास दर को काफी उत्साहजनक समझा जा सकता है। उनके अनुसार मौजूदा वित्तीय वर्ष में आर्थिक

विकास दर में 60–70 आधार अंकों का उछाल आने की अपेक्षा की जा सकती है।

गौरतलब है कि सन् 2015–16 की आर्थिक विकास दर को 7.9 प्रतिशत से 8 प्रतिशत और सन् 2014–15 की विकास दर को 7.2 प्रतिशत से बढ़ाकर 7.5 प्रतिशत पर संशोधित किया गया है, लेकिन फिर भी जिस प्रकार सकल पूँजी निर्माण की दर में गिरावट आई है, यह वाकई निवेश के प्रति कमजोर होते सेंटीमेंट को दर्शाता है। उल्लेखनीय है कि सन् 2016–17 की चौथी तिमाही में सकल पूँजी निर्माण दर में 2.1 प्रतिशत की गिरावट आई, हालाँकि मौजूदा वित्तीय वर्ष में यह 2.4 प्रतिशत से बढ़ा भी है, जो इस विचारधारा को बल देता है कि नोटबंदी का असर शायद एक अल्पकालिक प्रभाव था, जो वक्त के साथ धीरे-धीरे शिथिल पड़ जाएगा। अंतरराष्ट्रीय रेटिंग ऐजेंसी 'मूडीज' की मानें तो नोटबंदी का भारत की अर्थव्यवस्था पर सीमित प्रभाव ही पड़ा है और सन् 2017 और 2018 के वित्तीय वर्ष में भारत की आर्थिक विकास दर क्रमशः 7.5 और 7.7 प्रतिशत तक बढ़ जाने की संभावना है।

दरअसल, औद्योगिक उत्पादन सूचकांक के गठन में प्रयुक्त आधार-वर्ष बदल जाने से देश के विकास की दर को दरशानेवाले मुख्य संकेतकों की व्याख्या फिलहाल ठीक से कर पाना मुश्किल काम है, लेकिन राहत की बात यह है कि केंद्र सरकार ने वित्तीय वर्ष 2016–17 में राजकोषीय घाटे का आकार 3.51 प्रतिशत पर सीमित रखा है। यदि महँगाई की दर नियंत्रण में रही और आर्थिक सुधारों की शृंखला यूँ ही चलती रही तो उम्मीद की जा सकती है कि भारत की अर्थव्यवस्था नोटबंदी के अल्पकालिक प्रभावों से परे एक बेहतर विकास दर हासिल करने में सक्षम हो सकेगी।

(मुंबई में प्रकाशित दैनिक 'हमारा महानगर' में शुक्रवार 02-06-2017 को व्यापार पृष्ठ पर प्रकाशित)

□

127

पर्यावरण समझौते से यू.एस. के पलायन से बदलेंगे कई समीकरण

हाल ही में विश्व के ताकतवर देशों में अव्वल समझे जानेवाले देश अमेरिका के राष्ट्रपति डोनाल्ड ट्रंप ने वैश्विक पर्यावरण को आनेवाली पीढ़ियों के हित में सुरक्षित रखने के उद्देश्य से लागू किए गए पेरिस पर्यावरण समझौते से बाहर निकलने की घोषणा की है। ट्रंप के अनुसार, पेरिस समझौते के विभिन्न प्रावधानों को निभाना अमेरिकी अर्थव्यवस्था, और यहाँ तक कि उसकी सार्वभौमिकता के हित में नहीं है।

दरअसल, उन्हें लगता है कि सन् 2015 में लागू किए गए इस समझौते के तहत अमेरिकी व्यावसायिक व श्रमिक हितों को नुकसान ही पहुँचा है। हर क्षेत्र में 'अमेरिका फर्स्ट' का नारा बुलंद करनेवाले राष्ट्रपति ट्रंप ने एक बार फिर यह जताया कि पेरिस समझौते की शर्तें कठोर हैं और इस समझौते से बाहर निकलने का फैसला भी शायद अमेरिकी हितों के संरक्षण की नीति के मद्देनजर लिया गया है।

साफ तौर पर जिस अमेरिका को समूचे विश्व को नेतृत्व और दिशा-निर्देश देनेवाले देश के रूप में जाना-समझा जाता था, आज वहाँ के राष्ट्रपति सिर्फ अपने ही देश के हितों के संदर्भ में सोच रहे हैं।

यही कारण है कि समूचे विश्व में ट्रंप के फैसले की कड़ी निंदा भी हुई है। यहाँ तक कि अमेरिका के घरेलू वातावरण में अनेक राजनेताओं, व्यावसायिक जगत एवं अन्य लोगों ने भी ट्रंप के फैसले से नाराजगी जताई है।

गौरतलब है कि सन् 2015 में फ्रांस की राजधानी पेरिस में आयोजित सम्मेलन में विश्व के सभी देशों को पर्यावरणीय सुरक्षा के जुड़े मसलों, जैसे कि धरती के बढ़ते तापमान और उसके कुप्रभावों से बचने के तरीकों पर सभी राष्ट्रों को एक मंच पर लाने का जबरदस्त प्रयास किया गया था, विशेष रूप से विकासशील देशों को इस क्षेत्र में सकारात्मक योगदान देने में सक्षम बनाने हेतु अधिक सहायता देने की बात भी की गई थी।

पेरिस समझौते में धरती के तापमान को औद्योगिक क्रांति से पहले के दो डिग्री सेल्सियस स्तर पर लाने की बात की गई थी, जिसे और भी कम करके 1.5 डिग्री सेल्सियस तक ले जाने की बात भी की गई थी। उल्लेखनीय है कि उक्त सम्मेलन में भाग लेनेवाले 197 देशों में से 148 देशों ने इस समझौते पर मुहर लगा दी है। इन देशों में भारत भी शामिल है। सन् 2016 में लागू किए गए इस समझौते से अमेरिका का यूँ बाहर होना एक नकारात्मक दृष्टिकोण का द्योतक है।

धरती के तापमान को कम रखने जैसे समूचे विश्व के हितों की सुरक्षा जैसे मुद्दे पर एक हुए राष्ट्रों की सूची से अमेरिका का नाम कट जाना सीधे तौर पर अमेरिकी हितों को समग्र मानव जाति से हितों से पृथक् देखने की एक संकीर्ण मनोस्थिति दिखाता है। वह भी तब, जबकि फ्रांस, जर्मनी व इटली सरीखे प्रमुख देशों के संयुक्त वक्तव्य के अनुसार पेरिस समझौते की शर्तें अटल हैं और उन पर पुनर्विचार का तो प्रश्न ही नहीं उठता।

हालाँकि ट्रंप को उम्मीद है कि वे पेरिस समझौते पर मोल-भाव करने की कोशिश में कामयाब होंगे और अमेरिका के लिए एक बेहतर डील करने में कामयाब होंगे। यहाँ तक कि ट्रंप ने भारत को भी इस मसले में घसीट लिया है और यह जताने की कोशिश की है, भारत में कोयले का उत्पादन तेजी से बढ़ा है और सन् 2020 तक यह दोगुना हो जाएगा।

लेकिन शायद ट्रंप ने यह मिसाल भी ठीक नहीं दी है, क्योंकि पेरिस समझौते के लागू होने के बाद घोषित राष्ट्रीय विद्युत नीति 2016 के मसौदे में स्पष्ट रूप से कहा गया है कि सन् 2022 के बाद भारत में कोई भी कोयला आधारित विद्युत परियोजना स्थापित करने की आवश्यकता नहीं पड़ेगी।

अमेरिका, जो विश्व में प्रदूषण फैलानेवाले प्रमुख देशों में शामिल है, इस प्रकार पर्यावरण जैसे समूचे मानव समाज के लिए हितकारी मुद्दे पर यदि यूँ ही सकीर्ण रुख अपनाता रहा तो यह आनेवाले समय में एक नए वैश्विक क्रम का सृजन कर सकता है, जो शायद अमेरिकी दीर्घकालीन हित में नहीं है।

बेहतर हो, अमेरिका कम-से-कम जलवायु जैसे संवेदनशील मुद्दे पर एक जिम्मेदार रुख अपनाए।

(मुंबई में प्रकाशित दैनिक 'हमारा महानगर' में शुक्रवार 09-06-2017 को व्यापार पृष्ठ पर प्रकाशित)

□

128

अर्थव्यवस्था में नजर आ रहे हैं मिश्रित प्रभाव

हाल ही में केंद्रीय सांख्यिकी विभाग (सी.एस.ओ.) द्वारा जारी आँकड़ों के अनुसार, खुदरा महँगाई दर के रुख को दरशानेवाले उपभोक्ता मूल सूचकांक (सी.पी.आई.) मई माह में 2.18 प्रतिशत रहा, जो कि अप्रैल माह में 2.99 प्रतिशत था। साथ ही खाद्य पदार्थों की खुदरा महँगाई दर में भी मई माह में पिछले माह की तुलना में 1.05 प्रतिशत की कमी आई है।

खुदरा महँगाई की यह दर पिछले चार वर्षों के न्यूनतम स्तर पर है। यदि मई 2016 ही की बात करें तो सी.पी.आई. का स्तर 5.79 प्रतिशत था। इस प्रकार पिछले एक वर्ष में खुदरा महँगाई की दर काफी तेजी से कम हुई है।

आँकड़ों के मुताबिक, सब्जियों की कीमतों में 13.44 प्रतिशत और दालों के मूल्य में 19.45 प्रतिशत की कमी आई है। हालाँकि अनाज, दूध व शक्कर कीमतें क्रमशः 4.81, 4.56 और 9.84 प्रतिशत से बढ़ी हैं। अन्य अनेक खाद्य पदार्थों, जैसे कि अंडा, तेल, फल, मसाले, पेय पदार्थ और प्रोसेस्ड फूड आदि का मूल्य भी कुछ बढ़ा है, लेकिन फिर भी औसतन खाद्य महँगाई 0.22 प्रतिशत से कम ही हुई है।

ईंधन और विद्युत तथा हाउसिंग की कीमतें क्रमशः 5.46 और 4.84 प्रतिशत से बढ़ी हैं। अन्य वस्तुओं, जैसे कि घरेलू सामान, स्वास्थ्य, शिक्षा, मनोरंजन, संचार एवं यातायात के साधन आदि भी कुछ महँगे हुए हैं। कुल मिलाकर खुदरा मूल्य सूचकांक में आई कमी का मुख्य कारण खाद्य महँगाई दर में आई गिरावट है।

महाराष्ट्र, जिसका देश के उपभोक्ता मूल्य सूचकांक की गणना में 13.18 प्रतिशत भार है, में इसका स्तर 128.7 से मामूली तौर पर बढ़कर 129.3 हुआ है और यह राष्ट्रीय स्तर 131.4 से कुछ कम ही है। हालाँकि इस सूचकांक पर आधारित महँगाई

दर यहाँ 3.19 प्रतिशत रही जो कि राष्ट्रीय औसत से कहीं अधिक है। अन्य राज्यों में महँगाई दर सबसे अधिक जम्मू एवं कश्मीर (6.28 प्रतिशत) व दिल्ली (5.11 प्रतिशत) तथा सबसे कम महँगाई दर छत्तीसगढ़ (–0.83 प्रतिशत) व मध्य प्रदेश (0.79 प्रतिशत) में रही।

अधिकांश राज्यों में महँगाई राष्ट्रीय औसत (2.18 प्रतिशत) के करीब ही रही। खुदरा महँगाई दर का 4 प्रतिशत के लक्षित स्तर से कम रहने से यह उम्मीद बँधी है कि शायद इस बार अगस्त माह में घोषित की जानेवाली अगली मौद्रिक नीति में रिजर्व बैंक नीतिगत दरों में कुछ कटौती भी कर सकता है।

गौरतलब है कि पिछली मौद्रिक नीति में रिजर्व बैंक ने नीतिगत ब्याज दरों को यथावत ही रखा था, क्योंकि शायद उसे यह अंदेशा था कि देश की आर्थिक नीतियों में किए जा रहे परिवर्तनों के परिणाम स्वरूप घरेलू अर्थव्यवस्था में महँगाई को हवा ही मिलने की संभावना है।

इस धारणा को बल इसलिए भी मिला है, क्योंकि हाल ही में केंद्र सरकार द्वारा जारी आँकड़ों के अनुसार देश में औद्योगिक उत्पादन सूचकांक में अप्रैल 2017 में पिछले वर्ष के मुकाबले महज 3.1 प्रतिशत की वृद्धि हुई है। ऐसे में घरेलू व्यवसायियों को अपेक्षा है कि शायद रिजर्व बैंक आर्थिक विकास और उपभोक्ता माँग को प्रोत्साहन देने के लिए और देश में निवेश और औद्योगिक उत्पादन क्षमता को बढ़ाने के उद्देश्य से भी नीतिगत दरों में कटौती करेगा, क्योंकि खुदरा महँगाई की दर लगातार 4 प्रतिशत के लक्षित स्तर से कम बने रहने का रुख दरशा रही है।

उल्लेखनीय है कि 23 उद्योग समूहों में से सिर्फ 14 उद्योग समूहों में अप्रैल माह में सकारात्मक विकास दर अर्जित की है। इनमें फार्मा (29.1) प्रतिशत), तंबाकू (17.9 प्रतिशत) और मशीनरी उत्पादन (9.5 प्रतिशत) प्रमुख हैं। दूसरी ओर जिन उद्योग समूहों में उत्पादन कम हुआ है, उनमें पेय पदार्थ (19.2 प्रतिशत), मोटर वाहन (15.6 प्रतिशत) और विद्युत उपकरण (14.4 प्रतिशत) प्रमुख हैं।

इस प्रकार अनेक उद्योग समूहों में उत्पादन के आँकड़ों में विविधता है। जहाँ प्राथमिक उत्पादों में अप्रैल 2016 के सापेक्ष 3.4 प्रतिशत की विकास दर रही, वहीं पूँजीगत वस्तुओं का उत्पादन 1.3 प्रतिशत से कम हुआ है, हालाँकि मध्यवर्गीय वस्तुओं और इंफ्रास्ट्रक्चर एंड कंस्ट्रक्शन वस्तुओं का उत्पादन क्रमशः 4.6 और 5.8 प्रतिशत से बढ़ा है।

इस प्रकार धीमी गति से ही सही, लेकिन अनेक उद्योग समूहों में विकास दर सकारात्मक बन पड़ी है।

ऐसे समय में एक तरफ जहाँ नीतिगत दरों में कटौती की आवश्यकता है तो दूसरी ओर दबाव झेल रहे विशिष्ट उद्योग समूहों में संरचनात्मक सुधारों की गुंजाइश है ताकि देश की अर्थव्यवस्था में औद्योगिक उत्पादन तेजी से बढ़े।

(मुंबई में प्रकाशित दैनिक 'हमारा महानगर' में शुक्रवार 16-06-2017 को व्यापार पृष्ठ पर प्रकाशित)

□

129

क्या हैं एफ.आई.पी.बी. उन्मूलन के मायने

हाल ही में भारत सरकार के मंत्रीमंडल ने भारत में अनुमोदन मार्ग (एप्रूवल रूट) के तहत प्रत्यक्ष विदेशी निवेश (एफ.डी.आई.) के लिए किए जानेवाले आवेदन पर निर्णय करने हेतु स्थापित विदेशी निवेश संर्वधन बोर्ड (एफ.आई.पी.बी.) के उत्मूलन का निर्णय लिया है।

उल्लेखनीय है कि एफ.आई.पी.बी. पिछले 25 वर्षों से एफ.डी.आई. के लिए अनुमोदन मार्ग के तहत किए जानेवाले आवेदनों के संदर्भ में एक एकल खिड़की सुविधा के रूप में कार्यरत था। जाहिर है कि जहाँ-जहाँ एफ.डी.आई. स्वत: मार्ग (आटोमेटिक रूट) के तहत किया जा सकता है, वहाँ एफ.आई.पी.बी. से किसी पूर्व-अनुमोदना की आवश्यकता नहीं थी, हालाँकि ऐसे मामले विभिन्न क्षेत्रीय नीतियों के अधीन तय किए जाते हैं। एफ.आई.पी.बी. के तहत उपलब्ध इ-फाइलिंग सुविधा को प्रत्यक्ष विदेशी निवेश के लिए किए जानेवाले आवेदनों के निष्पादन प्रक्रिया में दक्षता और पारदर्शिता बढ़ाने की दिशा में एक महत्त्वपूर्ण कड़ी के रूप में देखा गया है। इसके अलावा इ-संचार, त्वरित निष्पादन प्रक्रिया और कागजी कार्यवाही को कम करने के क्षेत्र में भी इस बोर्ड ने उल्लेखनीय प्रयास किए हैं। अब इस बोर्ड का उन्मूलन होने पर विदेशी निवेश अनुमोदन प्रक्रिया पर विनियमन कुछ कम हो जाएगा और ऐसे मामलों का अब सीधे तौर पर संबंधित मंत्रालयों या विभागों द्वारा निष्पादन किया जा सकेगा।

विशेष मामलों में, जहाँ देश की सुरक्षा से संबंधित मामले जुड़े हैं, वहाँ प्रत्यक्ष विदेशी निवेश की अनुमोदना (एप्रूवल) के लिए गृह मंत्रालय तथा औद्योगिक नीति एवं संवर्धन विभाग के समक्ष आवेदन किया जा सकता है। जाहिर है कि अब जबकि एफ.आई.पी.बी.के उन्मूलन का मार्ग तय हो चुका है, संबंधित मंत्रालय निर्धारित दिशा-निर्देशों के तहत प्रत्यक्ष विदेशी निवेश आवेदनों के निपटारे के लिए जिम्मेदार होंगे।

सवाल उठता है कि जब एफ.आई.पी.बी. को एक एकल खिड़की निकास एजेंसी के रूप में स्थापित किया गया और इसका उद्देश्य एफ.डी.आई. अनुमोदना प्रक्रिया में सरकारी हस्तक्षेप कम कर सुशासन बढ़ाना था, तो फिर इसे क्यों बंद किया जा रहा है?

दरअसल, पिछले कुछ वर्षों में हमारे देश की एफ.डी.आई. नीति में काफी बदलाव आया है, जिसके तहत अनेक क्षेत्रों में विदेशी प्रत्यक्ष निवेश की अधिकतम सीमा बढ़ाई गई और अन्य कई क्षेत्रों को स्वत: अनुमोदना वर्ग में डाल दिया गया।

वर्तमान में केवल 11 क्षेत्र ही ऐसे बचे हैं, जहाँ एफ.आई.पी.बी. की पूर्व अनुमोदना की आवश्यकता पड़ती है। सामान्यतया इस बोर्ड ने एफ.डी.आई. क्लीयरेंस मामलों में काफी हद तक दक्षता से काम किया है, लेकिन फिर भी कहीं-कहीं कुछ विशिष्ट मामलों में उसे संबंधित मंत्रालय या ऐजेंसीज से विचार-विमर्श और समन्वय बिठाने की आवश्यकता पड़ने पर अनुमोदना करने में देरी भी हो जाया करती थी।

शायद यही कारण है कि मौजूदा सरकार ने जो कि भारत में विदेशी निवेशकों के लिए कामकाज की सुविधा (ईज ऑफ डूईंग बिजनेस) बढ़ाने की दिशा में जोर-शोर से काम कर रही हैं, एफ.आई.पी.बी. को बंद करने का निर्णय लिया है, ताकि भारत को विदेशी निवेश के लिए एक आकर्षक देश के रूप में पेश किया जा सके।

अब जब विदेशी निवेश की अनुमोदना संबंधित मंत्रालयों द्वारा ही की जानी है तो उम्मीद की जा रही है कि ऐसे आवेदनों का और भी जल्दी निपटारा किया जा सकेगा। साथ ही, अंतरराष्ट्रीय कराधान या अन्य मसलों पर संबंधित मंत्रालयों या एजेंसियों तथा एफ.आई.पी.बी. के मध्य मतभेद होने पर एफ.डी.आई. आवेदनों के अटकने की संभावना भी कम होगी।

हालाँकि विदेशी प्रत्यक्ष निवेश मामलों एफ.आई.पी.बी. की जो पकड़ और समझ पिछले 25 वर्षों से विकसित हुई है, उसका लाभ अब शायद न मिल पाए।

कुल मिलाकर अब सारा दारोमदार विभिन्न मंत्रालयों में काम कर रहे अधिकारियों पर है। देखना है कि वे कितनी सकारात्मकता और आत्म विश्वास के साथ विदेशी प्रत्यक्ष निवेश से जुड़े मामलों का निपटारा कर पाते हैं?

(मुंबई में प्रकाशित दैनिक 'हमारा महानगर' में शुक्रवार 23-06-2017 को व्यापार पृष्ठ पर प्रकाशित)

□

130

बढ़ रहा है राज्यों का राजस्व घाटा

हाल ही में रिजर्व बैंक ऑफ इंडिया द्वारा जारी किए गए आँकड़ों के अनुसार, वित्तीय वर्ष 2016 में भारत के सभी राज्यों का सम्मिलित घाटा काफी तेजी से बढ़कर 4.93 लाख रुपए तक पहुँच चुका है। हालाँकि वित्तीय वर्ष 2017 के केंद्रीय बजट में अनुमान लगाया गया था कि राज्यों के राजस्व घाटे का आकार इससे कुछ कम 4.49 लाख करोड़ रुपए के स्तर पर रहेगा।

लेकिन फिर भी यदि सन् 1990-91 की बात करें, जबकि देश में उदारीकरण का दौर शुरू हुआ था, तब सभी राज्यों का कुल राजस्व घाटा महज 18,790 करोड़ रुपए था, जो 1999-00 में बढ़कर 90,100 करोड़ रुपए हुआ और अब सन् 2015-16 में बढ़कर 4.93 लाख करोड़ रुपए हो गया है।

यदि राज्यों का विश्लेषण करें, तो सर्वाधिक राजस्व घाटा राजस्थान में रहा, जो कि 67,350 करोड़ रुपए रहा, जबकि दूसरा स्थान उत्तर प्रदेश का है जहाँ 64,320 करोड़ रुपए का राजस्व घाटा दर्ज किया गया है। इसी क्रम में महाराष्ट्र का तीसरा स्थान है, जहाँ कि 37,950 करोड़ रुपए का राजस्व घाटा रहा। इसके बाद नंबर आता है तमिलनाडु का, जहाँ 32,360 करोड़ रुपए का राजस्व घाटा हुआ। इसके अलावा बिहार, पश्चिम बंगाल व तमिलनाडु में भी राजस्व घाटा काफी ऊँचे स्तर पर रहा।

उल्लेखनीय है कि अनेक राज्यों में कृषि क्षेत्र में दिए गए ऋणों की माफी की वृहद योजनाओं की घोषणा की गई है और अन्य कई राज्यों में इस प्रकार की घोषणा पर विचार किया जा रहा है।

जानकारों की मानें तो यदि सभी कृषि-प्रधान राज्यों में किसानों के लिए कर्ज-माफी की घोषणाएँ की गईं तो कुल राजस्व घाटे पर इसका प्रभाव देश की सकल राष्ट्रीय आय के 1 से 1.30 प्रतिशत तक बढ़ सकता है। एक अनुमान के अनुसार, करीब 12 लाख करोड़ तक के कर्ज-माफी के मामले अनुमोदना के लिए आ सकते हैं।

सबसे बड़ी बात तो यह है कि एक बार कर्ज-माफी की परंपरा जो शुरू हुई, तो बार-बार हर वर्ष इस प्रकार की अपेक्षा उत्पन्न होगी और इस तरह संबंधित राज्यों का राजस्व संतुलन प्रभावित हो सकता है अर्थात् कर्ज माफी अदा करनेवाले राज्यों का राजस्व घाटा बढ़ सकता है। दरअसल, भारत में किसानों की कर्ज-माफी का सिलसिला 1990 में तत्त्वकालीन केंद्र सरकार द्वारा शुरू किया गया, जब करीब 10,000 करोड़ रुपए के मूल्य के कृषि ऋणों को माफ किया गया था। उसके बाद सन् 2008 में करीब 60,000 करोड़ रुपए के कृषि ऋणों को माफ किया गया था। इसके अलावा सन् 2014 में आंध्र प्रदेश में 24,000 करोड़ रुपए और तेलंगाना में 17,000 करोड़ रुपए की कर्ज-माफी कृषि ऋणों पर अदा की गई। हालाँकि इन घोषणाओं का कोई विशेष दीर्घकालीन प्रभाव देश की अर्थव्यवस्था पर नहीं पड़ा, पर इससे कृषि ऋणों के प्रति एक नकारात्मक दृष्टिकोण पनप सकता है, जिसकी वजह से कुछ बैंक किसानों को कर्ज देने में असहजता भी दिखा सकते हैं।

अब जबकि अनेक राज्यों में किसानों की कर्ज-माफी पर घोषणाएँ की जा रही हैं, तब जाहिर तौर पर राज्यों के राजकोषीय संतुलन पर इसका प्रतिकूल असर पड़ेगा और राज्यों का सकल राजस्व घाटा रिजर्व बैंक द्वारा अनुमानित 4.49 लाख करोड़ रुपए से कहीं अधिक भी हो सकता है। यहीं नहीं, जिन राज्य सरकारों ने कृषि ऋण माफी की योजनाएँ तैयार की हैं, उनका अन्य विकास योजनाओं पर किए जानेवाले खर्च का बजट कुछ कम भी हो सकता है।

उदाहरण के लिए, महाराष्ट्र सरकार ने हाल ही में राज्य के किसानों का डेढ़ लाख रुपए तक का कर्ज माफ करने की घोषणा की है। इसका लाभ राज्य के 89 लाख किसानों को मिलेगा। अनुमान है कि करीब 40 लाख किसान पूरी तरह कर्ज मुफ्त हो जाएँगे। उल्लेखनीय है कि इस कर्ज-माफी से सरकार की तिजोरी पर 34,022 करोड़ रुपए का अतिरिक्त भार पड़ेगा। कर्ज-माफी योजना में ऐसे प्रावधान किए गए हैं, जिससे कर्ज-माफी के हकदार किसानों तक ही इसका लाभ पहुँचे। इस प्रकार पिछले कुछ वर्षों से सूखे की मार झेल रहे किसानों को कुछ राहत अवश्य मिलेगी, पर फिर भी इसे एक अल्पकालिक उपाय ही समझा जा सकता है।

दरअसल, भारत की दो तिहाई से अधिक जनसंख्या के लिए आजीविका का स्रोत है, कृषि और कृषि आधारित उद्योग। ऐसे में कृषि क्षेत्र में सुधार और विकास के लिए उन आधारभूत समस्याओं का निदान किया जाना अति आवश्यक है, जिनकी वजह से कर्ज-माफी जैसी परिस्थितियाँ उत्पन्न होती हैं। कृषि समर्थन मूल्य का उचित निर्धारण व क्रियान्वयन, कृषि मंडी में आधारभूत सुविधाएँ बढ़ाने, उचित भंडारण

सुविधा, फसल बीमा आदि कई योजनाओं पर काम चल रहा है। आवश्यकता है कि कृषि क्षेत्र के विकास पर कुछ और तवज्जो दी जाए। कृषि क्षेत्र को प्रोत्साहन मिलने से न सिर्फ किसानों की आय बढ़ेगी, बल्कि राज्यों का राजकोषीय संतुलन ठीक करने में भी मदद मिल सकेगी।

(मुंबई में प्रकाशित दैनिक 'हमारा महानगर' में शुक्रवार 30-06-2017 को व्यापार पृष्ठ पर प्रकाशित)

□

131

जी.एस.टी. से बदलेगा अप्रत्यक्ष करों का ढाँचा

भारत के टैक्स पटल पर एक अद्वितीय पहल के रूप में जी.एस.टी. अर्थात् गुड्स एंड सर्विसेज टैक्स एक अनूठा अप्रत्यक्ष कर है, जिसे इस विशाल देश के संघीय ढाँचे के मूल भावना को ध्यान में रखते हुए लागू किया गया है। जी.एस.टी. वस्तुओं और सेवाओं पर लगाया जानेवाला वह कर (टैक्स) है, जिसे मूर्त रूप देने में 17 वर्षों का समय लगा और अब यह देश के सभी राज्यों और केंद्र शासित प्रदेशों में एक समान रूप से लागू किया गया है।

गौरतलब है कि भारत के 29 राज्यों व 6 केंद्र प्रशासित क्षेत्रों तथा राजधानी दिल्ली में 8 प्रकार के अप्रत्यक्ष कर केंद्र सरकार द्वारा और 9 प्रकार के अप्रत्यक्ष कर विभिन्न राज्य सरकारों द्वारा लगाए जाते रहे हैं। साथ ही, अलग-अलग राज्यों में एक ही वस्तु पर अलग-अलग करों का प्रावधान था, जिससे अप्रत्यक्ष करों से संबंधित टैक्स प्रशासन को चलाने में खासी दिक्कतें तो पेश आती ही थीं, साथ ही वस्तुओं व सेवाओं का उत्पादन करनेवाले और उपभोग करनेवाले उपभोक्ताओं को भी परेशानी होती थी।

इन्हीं दिक्कतों के मद्देनजर पूरे देश में एक ही प्रकार का अप्रत्यक्ष कर लागू करने का विचार सन् 1999 में तत्कालीन प्रधानमंत्री अटल बिहारी वाजपेयी और उनकी आर्थिक सलाहकार समिति ने आधिकारिक तौर पर सर्वप्रथम प्रतिपादित किया और इस विराट् कल्पना को मूर्त रूप देने के लिए एक सशक्त समिति का गठन भी किया। सन् 2003 में सरकार द्वारा गठित केलकर टास्क फोर्स ने जी.एस.टी. (वस्तु एवं सेवाकर) की एक व्यापक अवधारणा प्रस्तुत की।

सन् 2006 में पेश किए गए बजट में तत्कालीन केंद्रीय वित्त मंत्री पी. चिदंबरम ने एक अप्रैल 2010 तक जी.एस.टी. लागू करने का लक्ष्य रखा। सन् 2010 में

तत्कालीन वित्त मंत्री प्रवण मुखर्जी ने इस टैक्स के लागू करने की तारीख को आगे बढ़ाते हुए एक अप्रैल 2011 बताया। इस लंबे अंतराल में अत्यधिक वाद-विवाद और राजनीतिक मतभेदों का दौर भी अनवरत जारी रहा।

पिछले तीन वर्षों में संविधान में किए गए 122वें संशोधन से लेकर जी.एस.टी. काउंसिल द्वारा अनेक बैठकों में लिए गए सर्वसम्मत निर्णय से आखिरकार जी.एस. टी. लागू होने का मार्ग प्रशस्त हुआ और आज यह सपना साकार तो हुआ है, पर फिर भी कहीं इस टैक्स की उपादेयता को लेकर तो कहीं इससे जुड़ी प्रक्रियाओं को लेकर बहस-बाजी व शंकाओं का दौर चालू है।

लेकिन जैसा कि केंद्र सरकार ने स्पष्ट किया है कि जी.एस.टी. को एक अच्छा और सरलीकृत कर (गुड एंड सिंपल टैक्स) के रूप में देखा जाए। वास्तव में यह देश को विभिन्न प्रांतों में लागू अलग अलग टैक्स व चुंगी (सेस) के भूल भुलैया जैसे ढाँचे से मुक्त कराने का एक व्यापक प्रयास हैं।

ज्यादातर बहस जी.एस.टी. के तहत विभिन्न वस्तुओं के लिए लागू पृथक् टैक्स रेट्स को ले कर है। उल्लेखनीय है कि जी.एस.टी. के अंतर्गत 0 से पाँच प्रतिशत, 12 प्रतिशत, 18 प्रतिशत एवं 28 प्रतिशत के टैक्स रेट्स लगाए गए हैं। आम आदमी के रोजमर्रा के उपभोग में आनेवाली अधिकांश वस्तुओं पर जीरो प्रतिशत कर अर्थात् कोई कर नहीं लगाया गया है। कुछ सेवाओं, जैसे कि स्वास्थ्य सेवाओं आदि को कर मुक्त रखा गया है। सोने व हीरे पर क्रमशः 3 प्रतिशत व 0.25 प्रतिशत की विशेष दर लगाई गई है। दैनिक उपभोग के कुछ अन्य सामानों पर 12 प्रतिशत की दर लगाई गई है। इसके अलावा 18 प्रतिशत की दर ज्यादातर प्रोसेस्ड फूड व इलेक्ट्रिकल अप्लाएंसेज पर लगाई गई है।

कुछ अन्य समानों व सेवाओं पर 28 प्रतिशत की दर से टैक्स लगाया गया है। इन सबके परे पेट्रोलियम, मदिरा व विद्युत को फिलहाल जी.एस.टी. के दायरे से अलग रखा गया है और उन पर पहले की तरह ही कर लगाया जाएगा, हालाँकि ज्यादातर दैनिक उपभोग वस्तुओं पर टैक्स की दर कम रखी गई है, पर फिर भी ज्यादातर चिंता जी.एस.टी. से संबंधित अनुपालना को लेकर है।

उम्मीद की जानी चाहिए कि जी.एस.टी. से जुड़ी अनुपालना प्रक्रिया भी धीरे-धीरे स्पष्ट हो ही जाएगी। देश की अर्थव्यवस्था पर आनेवाले समय में जी.एस.टी. का सकारात्मक प्रभाव ही अधिक दिखाई देगा।

विशेष रूप से विभिन्न प्रांतों में आक्टराय (चुंगी) चेक पोस्ट हट जाने से सामानों को ले जा रहे ट्रकों और अन्य वाहनों का न सिर्फ समय बचेगा, बल्कि ईंधन

भी बचेगा। एक अनुमान के अनुसार, अगले कुछ महीनों मं जी.एस.टी. की वजह से एक लाख नए रोजागारों का सृजन होगा।

कुल मिलाकर एक राष्ट्र एक टैक्स सिस्टम की तर्ज पर बना जी.एस.टी. देश में व्यापार और व्यवसाय को नई ऊँचाई तक ले जाने में सक्षम होगा।

(मुंबई में प्रकाशित दैनिक 'हमारा महानगर' में शनिवार 08-07-2017 को व्यापार पृष्ठ पर प्रकाशित)

□

132

यूरो जापान समझौते से बढ़ेगा वैश्विक व्यापार

हाल ही में वैश्विक व्यापार में महत्त्वपूर्ण भागेदारी रखनेवाली आर्थिक ताकतों जापान व यूरोपियन यूनियन के बीच हुए व्यापार समझौते ने संरक्षणवाद से जूझ रही वैश्विक अर्थव्यवस्था में स्वतंत्र व्यापार को प्रोत्साहन देने की दिशा में एक बड़ा संदेश दिया है।

उल्लेखनीय है कि पिछले कुछ अर्से से अमेरिकी राष्ट्रपति डोनाल्ड ट्रंप द्वारा 'अमेरिका फर्स्ट' की अवधारणा और ब्रिटेन में जनमत संग्रह द्वारा ब्रेक्सिट के फैसले से विश्व भर में वैश्वीकरण के तहत सभी देशों के बीच स्वतंत्र व्यापार की अवधारणा कुछ आहत हुई है।

साथ ही, अमेरिका द्वारा प्रशांत महासागर से सटे सभी देशों के बीच मुक्त व्यापार समझौते से अलग हो जाने की घोषणा से वैश्विक व्यापार क्षेत्र में संरक्षणवाद बढ़ने की प्रवृत्ति नजर आने लगी थी।

उल्लेखनीय है कि दो या उससे अधिक देशों के बीच जब स्वतंत्र व्यापार समझौता होता है तो इसका सबसे बड़ा मकसद होता है, उनके दरम्यान स्वतंत्र व्यापार को अवरुद्ध करनेवाली बाधाओं, जैसे कि आयात या निर्यात पर लगाया जानेवाला शुल्क या अन्य प्रतिबंधों आदि को दूर हटाया जाए, ताकि इससे अंतरराष्ट्रीय स्तर पर व्यापार को बढ़ावा मिले।

जाहिर है कि वैश्विक अर्थव्यवस्था अंतरराष्ट्रीय व्यापार की मात्रा बढ़ने से सभी राष्ट्रों को अनेक फायदे पहुँचते हैं। मुक्त व्यापार से संबंधित देशों की आर्थिक विकास दर को संबल तो मिलता ही है, साथ ही एक बेहतर व्यापारिक वातावरण बनने से घरेलू कंपनियाँ अपना कारोबार अंतरराष्ट्रीय स्तर तक बढ़ा पाने में सक्षम होती हैं। विशेष रूप से विकासशील देशों में विदेशी प्रत्यक्ष निवेश को बढ़ावा तो मिलता ही है, साथ ही

विभिन्न देशों के दरम्यान टेकनॉलाजी ट्रांस्फर के अवसर भी बढ़ते हैं।

हालाँकि स्वतंत्र अंतरराष्ट्रीय व्यापार के कुछ नकारात्मक प्रभाव भी संबंधित देशों की अर्थव्यवस्था पर पड़ते हैं, जैसे कि घरेलू उद्योगों को अंतरराष्ट्रीय कंपनियों के साथ प्रतियोगिता करनी पड़ती है और इससे प्रभावित उद्योगों में नौकरियाँ या कारोबार कम भी होने की संभावना रहती है।

विशेष रूप से विकासशील देशों में आयात-निर्यात शुल्क अकसर सार्वजनिक राजस्व का एक बड़ा स्रोत रहता है और मुक्त व्यापार की स्थिति में इस स्रोत से राजस्व आय कुछ कम भी हो जाती है, लेकिन फिर भी यदि वैश्विक स्तर ज्यादातर देश यदि मुक्त व्यापार की ओर कदम बढ़ाते हैं तो सभी देशों को वैश्वीकरण से लाभान्वित होने के समान अवसर प्राप्त होंगे।

यही कारण है कि संरक्षणवाद की प्रवृत्ति को नकाराते हुए वैश्विक अर्थव्यवस्था की दो बड़ी आर्थिक ताकतों ने हाथ मिलाया है और इससे संबंधित देशों के करीब 600 मिलियन लोग, वैश्विक अर्थव्यवस्था का 30 प्रतिशत हिस्सा तथा वैश्विक व्यापार का 40 प्रतिशत हिस्सा रखनेवाले देश लाभान्वित होंगे।

उदाहरण के लिए, इस समझौते के अनुसार यूरोप में जापानी कारों पर लगाए गए शुल्क पर धीरे-धीरे कमी की जा सकती है, जिससे अमेरिका, या यूँ कहें संरक्षणवादी दृष्टिकोण रखनेवाले देशों की कारों की प्रतिस्पर्धात्मक शक्तियाँ कम होगी और यूरोपियन देशों में इनकी मांग कम हो सकती है। जाहिर है, इससे जापानी कार उद्योग लाभान्वित ही होगा।

हालाँकि इस समझौते को औपचारिक रूप दिया जाना बाकी है, पर अनुमान लगाया जा रहा है कि अगले वर्ष तक इसे लागू कर दिया जाएगा।

गौरतलब है कि जी-20 ग्रुप के हाल ही में जर्मनी में आयोजित सम्मेलन की पूर्व संध्या को इस मुक्त व्यापार समझौते की घोषणा करना, अमेरिकी राष्ट्रपति ट्रंप की तर्ज पर संरक्षणवादी अवधारणा को प्रतिपादित करनेवालों को एक करारा जवाब है, और लगता है इससे वैश्विक अर्थव्यवस्था के ताने बाने में कई समीकरण भी बदलेंगे।

(मुंबई में प्रकाशित दैनिक 'हमारा महानगर' में शुक्रवार 14-07-2017 को व्यापार पृष्ठ पर प्रकाशित)

□

133

क्या रिजर्व बैंक करेगा नीतिगत दरों में कटौती

हाल ही में भारत सरकार के सांख्यिकी विभाग द्वारा जारी आँकड़ों के अनुसार, जून माह में उपभोक्ता मूल्य सूचकांक में महँगाई दर 1.54 प्रतिशत रही, जो कि पिछले माह (मई, 2017) में 2.18 प्रतिशत रही थी। उल्लेखनीय है कि पिछले 3 महीनों से महँगाई दर में कमी का रुख लगातार जारी है।

उपभोक्ता मूल्य सूचकांक में आई कमी का प्रमुख कारण है, उपभोक्ता खाद्य मूल्य सूचकांक में जबरदस्त कमी आना। जहाँ मई माह में खाद्य महँगाई 1.05 प्रतिशत से कम हुई थी, वहाँ जून 2017 में यह बल्कि 2.12 प्रतिशत से कम हुई है।

अब जबकि खुदरा महँगाई दर मौजूदा वित्तीय वर्ष के प्रथम 6 महीनों के लिए अपेक्षित 2–3.5 प्रतिशत से भी नीचे जा चुकी है तो जाहिर तौर पर यह कयास लगाए जा सकते हैं कि शायद आगामी अगस्त माह में होने वाली मौद्रिक समीक्षा में रिजर्व बैंक नीतिगत दरों में कमी की घोषणा कर ही दे।

हालाँकि मई माह में जब खुदरा महँगाई दर 2.18 प्रतिशत रही थी तब भी उद्योगपतियों और मौद्रिक नीति विश्लेषकों से लेकर सरकार तक को उम्मीद थी कि जून माह में होने वाली मौद्रिक समीक्षा समिति की बैठक में नीतिगत दरों में कटौती की घोषणा की जा सकती है लेकिन ऐसा हुआ नहीं, बल्कि समिति के 6 सदस्यों में से 5 ने नीतिगत दरों को मौजूदा 6.25 प्रतिशत के स्तर पर बनाए रखने के पक्ष में मत प्रकट किया था।

तब शायद यह समझा गया कि महँगाई के कम होते स्तर को आधार मानकर यदि उस वक्त नीतिगत दरों में कटौती का निर्णय जल्दबाजी में लिया गया और फिर यदि महँगाई बढ़ने पर उसे बदलना पड़ा तो इससे अस्थिरता का आभास हो सकता है। यही कारण है कि मौद्रिक समीक्षा समिति ने कुछ और रुक कर महँगाई का रुख अच्छी तरह

से भांपने के बाद ही नीतिगत दरों में कटौती के संदर्भ में कोई भी निर्णय लेने का मन बनाया था।

लेकिन अब जबकि पिछले 3 महीनों से खुदरा महँगाई में कमी का रुख नजर आ रहा है और थोक महँगाई दर भी पिछले 11 महीनों के न्यूनतम स्तर पर पहुँच चुकी है तो जाहिर-सी बात है कि नीतिगत दरों में कटौती की प्रबल संभावना नजर आ रही है।

गौरतलब है कि थोक मूल्य सूचकांक में फरवरी, 2017 से ही लगातार गिरावट का रुख देखा जा रहा है, विशेष रूप से खाद्य वस्तुओं में थोक महँगाई दर काफी तेजी से कम हुई है। इसके अलावा विनिर्माण क्षेत्र में भी थोक महँगाई दर कम पड़ी है। यहाँ तक कि ईंधन के मूल्यों में भी पिछले पाँच महीनों से लगातार कमी आ रही है।

उधर, औद्योगिक उत्पादन सूचकांक पर जारी आधिकारिक आँकड़ों के अनुसार मई माह में औद्योगिक उत्पादन दर महज 1.7 प्रतिशत रही। उल्लेखनीय है कि अप्रैल माह में भी औद्योगिक उत्पादन दर महज 2.79 प्रतिशत थी, जबकि पिछले वर्ष मई माह में यह बल्कि 8 प्रतिशत रही थी। विशेष रूप से विनिर्माण क्षेत्र में औद्योगिक उत्पादन दर 1.2 प्रतिशत रही, जो वाकई चिंताजनक है।

ऐसा अनुमान भी लगाया है कि हाल ही में लागू किए गए जी.एस.टी. के विभिन्न उद्योगों पर पड़नेवाले प्रभाव के प्रति आशंकाओं के चलते शायद विनिर्माण क्षेत्र में औद्योगिक उत्पादन दर कम पड़ी हो। कारण जो भी हो, औद्योगिक उत्पादन दर कम पड़ने का सीधा असर देश की आर्थिक विकास दर पर पड़ता है।

दूसरा, जब महँगाई की दर रिजर्व बैंक द्वारा लक्षित दो से चार प्रतिशत की दर से कम है, तब रिजर्व बैंक से अपेक्षा की जा सकती है कि वह महँगाई रोकने के प्रति प्राथमिक प्रतिबद्धता को बरकरार रखते हुए भी देश की विकास दर को प्रोत्साहन देने हेतु नीतिगत दरों में कुछ कटौती करे, ताकि देश में निवेश सेंटीमेंट को बढ़ावा मिले।

(मुंबई में प्रकाशित दैनिक 'हमारा महानगर' में शुक्रवार 21-07-2017 को व्यापार पृष्ठ पर प्रकाशित)

□

134

भारत पर मंडरा रहा है जलवायु परिवर्तन का खतरा

हाल ही में एशियन डेवलपमेंट बैंक द्वारा जारी एक रिपोर्ट में एशिया एवं पेसिफिक क्षेत्र में जलवायु परिवर्तन के संदर्भ में किए गए ताजा सर्वेक्षण के आधार पर इन क्षेत्रों में बसे लोगों पर होनेवाले गंभीर प्रभावों की चर्चा की गई है।

जिस प्रकार पृथ्वी के तापमान में लगातार वृद्धि का रुख चल रहा है, एशिया एवं पेसिफिक क्षेत्र में रहने वाले लोगों के जीवन पर जलवायु परिवर्तन का बुरा असर पड़ने की संभावना बढ़ गई है।

उल्लेखनीय है कि पृथ्वी की जलवायु में लगातार बदलाव आ रहा है उससे इस क्षेत्र के प्रमुख देशों, जिसमें चीन, भारत, बांग्लादेश और इंडोनेशिया आदि शामिल हैं, तेज तूफान और बाढ़ जैसे हालात यहाँ रहने वाले लोगों की मुश्किलें बढ़ा सकते हैं। विशेष रूप से, अत्यंत खराब परिस्थितियों में बांग्लादेश, भारत और पाकिस्तान के तटीय इलाकों में बसे करीब 13 करोड़ लोगों को इस सदी के अंत तक कहीं और विस्थापित करना पड़ सकता है।

उल्लेखनीय है कि सन् 2015 में पेरिस में हुए ऐतिहासिक समझौते में जलवायु परिवर्तन के कुप्रभावों से बचने के उपायों पर वृहद चर्चा की गई थी। विशेष रूप से पृथ्वी के तापमान को औद्योगिक क्रांति से पूर्व के स्तर से 1.5 डिग्री सेल्सियस के अधिकतम स्तर तक सीमित रखने का लक्ष्य रखा गया था। साथ ही, विश्व भर में खाद्यान्नों के उत्पादन पर जलवायु परिवर्तन और ग्रीन हाउस गैस उत्सर्जन (एमिशन) का कोई खराब असर न पड़े, इसके लिए आर्थिक विकास हेतु लगाए जा रहे वित्तीय संसाधनों का उपयोग इस प्रकार से किया जाए कि विश्व भर में जलवायु पर कोई अतिरिक्त कुप्रभाव न पड़े, ऐसा लक्ष्य भी रखा गया।

गौरतलब है कि विश्व मौसम विज्ञान संगठन ने इस बात की पुष्टि कर दी है कि

सन् 1880 में मौसम मापने के उपकरणों का इस्तेमाल शुरू किए जाने के बाद से लेकर सन् 2016 सबसे ज्यादा गरम तापमानवाला वर्ष रहा था। इस वजह से बर्फ की चोटियाँ पिघलने, महासागरों में अम्लीयता बढ़ने और लगातार समुद्र जल स्तर बढ़ने, तेज समुद्री तूफान आदि से एशिया और पेसिफिक क्षेत्र के तटीय क्षेत्रों में खतरा बढ़ता जा रहा है।

इसके अलावा पिछले एक दशक से तेज गरम हवाओं और मूसलाधार बारिश से आई तबाही के मामले भी बढ़ते जा रहे है। विशेष रूप से भारत में सन् 2015 और 2016 में गरम हवाओं के चलते जन-जीवन आहत हुआ है, जिसका जिक्र भी इस रिपोर्ट में किया गया है।

जलवायु में गड़बड़ी की वजह से देश में मानसून के कम होने की संभावना भी बढ़ सकती है। जाहिर-सी बात है कि भारत जैसे कृषि प्रधान देश में मानसून कमजोर पड़ने पर सूखा जैसे हालात बनने से अनेक किसानों की आजीविका पर बुरा असर पड़ता है।

उधर ग्रीन हाउस (हानिकारक) गैसों के प्रभाव से वायु प्रदूषण फैलता है, जिससे भारत सहित सभी देशों में लोगों की रोजमर्रा जिंदगी पर खतरनाक असर पड़ता है।

ए.डी.बी. की रिपोर्ट के अनुसार, पिछले दस वर्षों में करीब 3.3 मिलियन लोगों की मृत्यु का कारण वायु प्रदूषण रहा है। वायु प्रदूषण से प्रभावित देशों में चीन का नंबर पहला तो भारत का नंबर दूसरा है। चिंता की बात तो यह भी है कि जलवायु परिवर्तन की वजह से भारत में चावल की पैदावार सन् 2030 तक 5 प्रतिशत, सन् 2050 तक 14.5 प्रतिशत और सन् 2080 तक 17 प्रतिशत तक कम होने की संभावना व्यक्त की गई है। यही नहीं, भारत में गेहूं की पैदावार 8 प्रतिशत तक कम हो सकती है।

विश्व भर में बाढ़ से प्रभावित बड़े शहरों में मुंबई, कोलकाता और चेन्नई का नाम भी इस रिपोर्ट में लिया गया है, जहाँ सन् 2005 से सन् 2050 तक बाढ़ की वजह से होनेवाले नुकसान का आँकड़ा प्रति वर्ष बढ़ने की काफी संभावना है। इस प्रकार भारत सहित सभी प्रभावित क्षेत्रों में जलवायु परिवर्तन के मसले को गंभीरता से लिए जाने की आवश्यकता है। सबसे पहले वायु प्रदूषित करनेवाली गैसों का रिसाव रोकना होगा।

जलवायु पर होनेवाले हानिकारक प्रभावों पर नियंत्रण रखते हुए आर्थिक विकास की रणनीति को अपनाने से ही दीर्घकाल में मानव जीवन को सहज बनाया जा सकेगा।

(मुंबई में प्रकाशित दैनिक 'हमारा महानगर' में शुक्रवार 28-07-2017 को व्यापार पृष्ठ पर प्रकाशित)

□

135

नीतिगत दरों में कटौती-कितनी प्रभावी

आम अपेक्षाओं के अनुरूप आखिरकार रिजर्व बैंक ने नीतिगत दरों में कटौती की घोषणा कर ही दी। परिणामस्वरूप रेपो रेट, अर्थात् वो दर जिस पर कमर्शियल बैंक रिजर्व बैंक से पैसा उधार लेते हैं, अब 6.25 प्रतिशत से 6 प्रतिशत कर दी गई है। साथ ही, रिवर्स रेपो रेट, यानि कि वह दर जिस पर रिजर्व बैंक कमर्शियल बैंकों से पैसा लेता है, उसे भी 25 बेसिस अंक कम किया गया है, जिसके फलस्वरूप यह मौजूदा 6 प्रतिशत से 25 बेसिस अंक कम होकर 5.75 प्रतिशत हो गई है।

हालाँकि यदि मौद्रिक नीति का बारीकी से विश्लेषण करें तो यह भी प्रतीत होता है कि महँगाई के मुद्दे पर रिजर्व बैंक ने अपना रुख तटस्थ ही रखा है। मौद्रिक नीति का निर्धारण करनेवाली मौद्रिक नीति समिति के अनुसार, यद्यपि देश में महँगाई की दर रिजर्व बैंक द्वारा अपेक्षित महँगाई दर से कम ही रही है, लेकिन फिर भी यह अभी पक्के तौर पर कहना मुश्किल है कि एक जुलाई 2017 से लागू जी.एस.टी. और सातवें वेतन आयोग की सिफारिशों के तहत लागू मकान किराया भत्ता और खाद्य महँगाई को प्रभावित करनेवाले आधारभूत तत्त्वों के उजागर होने आदि का आनेवाले समय में महँगाई दर पर कितना असर पड़ेगा।

इसके अलावा महँगाई को प्रभावित करनेवाले अनेक तत्त्व ऐसे हैं, जिनके कारण महँगाई पर क्या असर होगा यह फिलहाल सुनिश्चित करना संभव नहीं है। उदाहरण के लिए कृषि-ऋण छूट की वजह से बने राजकोषीय दबाव में सार्वजनिक खर्चों की गुणवत्ता में कमी आ सकती है या फिर राज्य सरकारों द्वारा यदि मौजूदा वित्तीय वर्ष में ही कर्मचारियों के वेतन बढ़ाए गए तो खुदरा महँगाई दर में और भी वृद्धि हो सकती है।

अंतरराष्ट्रीय कमोडिटीज मार्केट में पहले ही कीमतें स्थिर बनी हुई हैं और इस लिहाज से उनके कम होने का फिलहाल कोई रुख नजर नहीं आ रहा लेकिन फिर भी, जिस प्रकार मौद्रिक नीति में मौजूदा वित्तीय वर्ष की दूसरी तिमाही में उद्योगों और बैंकों की बैलेंसशीट्स में खराब ऋणों के बढ़ते दबाव का अंदेशा व्यक्त किया गया है और

इस वजह देश में आर्थिक क्रियाओं का स्तर कम होने और निवेश सेंटीमेंट आहत होने की संभावना भी जताई गई है, यह समझ पाना मुश्किल है कि आखिर रिजर्व बैंक द्वारा नीतिगत दरों में कटौती का जो फैसला लिया गया है, क्या वह पर्याप्त है ?

दरअसल, रिजर्व बैंक को अच्छे मानसून के चलते खरीफ फसल के बढ़िया आसार नजर आ रहे हैं और ग्रामीण क्षेत्रों में इंफ्रास्ट्रक्चर और हाउसिंग के क्षेत्र में बजटीय आवंटन बढ़ने से इन इलाकों में वस्तुओं की मांग बढ़ेगी। साथ ही, जी.एस.टी. की वजह से संगठित क्षेत्रों में व्यवसाय बढ़ेगा, उद्योगों पर टैक्स का केसकेडिंग ईफेक्ट (हर स्तर पर लगने वाले कर) कम होगा और उत्पादों का लागत मूल्य कम होगा जिसकी वजह से निवेश सेंटीमेंट बढ़ भी सकता है।

यही कारण है कि रिजर्व बैंक ने भारत की अर्थव्यवस्था के आर्थिक विकास दर के पूर्वानुमान को 7.3 प्रतिशत पर बरकरार रखा है। साथ ही, महँगाई की अनुमानित दर को 4 प्रतिशत से कुछ ऊपर ही रखा है।

एक ओर मौद्रिक नीति समिति ने माना है कि देश में महँगाई दर में ऐतिहासिक गिरावट आई है तो दूसरी ओर उसे देश में आर्थिक संकुचन की संभावना भी दिखाई दे रही है। ऐसे में अनेक जानकारों का यह मानना है कि रिजर्व बैंक के पास कम-से-कम 50 बेसिस अंकों से नीतिगत दरों में कटौती करने की गुंजाइश थी।

एक ऐसे समय जबकि देश में आर्थिक सुधार और निवेश सेंटीमेंट को प्रोत्साहन देने के लिए तेजी से कदम उठाए जा रहे हैं, नीतिगत दरों में महज 25 बेसिस प्वाइंट्स की कटौती इतनी भी अधिक नहीं है कि कमर्शियल बैंक अपने ग्राहकों से वसूली जानेवाली ब्याज दरों में कुछ बड़ी कटौती कर सकें। उल्लेखनीय है कि अनेक कंपनियों पर बैंकों से उठाए गए खराब ऋणों का भारी दबाव है। ऐसे में ब्याज दरों में कुछ अधिक कटौती से न सिर्फ कंपनियों, बल्कि बैंकों की बैलेंसशीट्स पर दबाव कम करने का बेहतर अवसर उपलब्ध होता।

भारत जैसे विकासशील देश में महँगाई पर नियंत्रण रखना एक बड़ी प्राथमिकता है, लेकिन तेजी से विकास करने के लिए यह भी जरूरी है कि देश में आर्थिक क्रियाओं का स्तर निर्बाध गति से बढ़ता रहे। उम्मीद की जानी चाहिए कि यदि महँगाई का स्तर रिजर्व बैंक की अपेक्षाओं से कम चलता रहा तो अगली मौद्रिक समीक्षा में रिजर्व बैंक ब्याज दरों में कुछ और कटौती की घोषणा करे।

(मुंबई में प्रकाशित दैनिक 'हमारा महानगर' में शुक्रवार 04-08-2017 को व्यापार पृष्ठ पर प्रकाशित)

□

136

क्या है शेल कंपनियों का मकड़ जाल

हाल ही में शेयर बाजार के नियामक और निवेशकों के हितों के संरक्षक सिक्योरिटीज एंड एक्सचेंज बोर्ड ऑफ इंडिया (सेबी) ने संबंधित स्टाक एक्सचेंजों को 331 शेल (निष्क्रिय) कंपनियों पर कार्यवाही करने का निर्देश क्या दिया, मानो शेयर बाजार में सनसनी सी फैल गई।

शेयर बाजार का मिजाज समझा जानेवाला निफ्टी 260 अंक टूटकर 10,000 के जादुई आँकड़े से नीचे जा पहुँचा। उधर, 30 शेयर सेंसेक्स भी करीब 250 अंक तक टूट गया।

दरअसल, सेबी द्वारा अकस्मात जारी इस ऑर्डर ने पूँजी बाजार से लेकर निवेशकों तक को आश्चर्य में डाल दिया और फिर ऐसी अफरा-तफरी मची कि अनेक निवेशकों के धन का ह्रास देखने में आया। आखिर ये शेल कंपनियाँ क्या हैं और क्यों इन कंपनियों के शेयरों के सौदे पर एक महीने में एक ही बार खरीद-फरोख्त (ट्रेडिंग) की इजाजत (हर महीने का प्रथम सोमवार) दी गई है और प्रमोटरों द्वारा इन लिस्टेड कंपनियों में शेयर ट्रांसफर करने पर संबंधित स्टॉक एक्सचेंज द्वारा जाँच-पड़ताल के बाद ही अनुमति देने का निर्देश जारी किया गया है?

वस्तुत: भारत में शेल कंपनियों की परिभाषा महज निष्क्रिय कंपनियाँ या नाममात्र की कंपनियाँ ही नहीं है, बल्कि इससे कहीं अधिक इन्हें प्राय: टैक्स की चोरी, या यूँ कहें कर-वंचन का माध्यम या कुटिल मकसद से बनाई गई कंपनियों के तौर पर भी इंगित किया जाता है। हालाँकि कानूनी तौर पर शेल कंपनियों की कोई आधिकारिक परिभाषा भारत में नहीं है न ही हर शेल कंपनी को गैर-कानूनी कहा जा सकता है, लेकिन जिन कंपनियों की पहचान शेल कंपनियों के तौर पर सेबी द्वारा जारी लिस्ट में की गई है, दरअसल उनकी एक सूची भारत सरकार के कंपनी मामलों के मंत्रालय (एम.सी.ए.) द्वारा सेबी को प्रेषित की गई थी। अब इन

कंपनियों के शेयर की ट्रेडिंग पर संबंधित स्टॉक एक्सचेंजों को गहन निगरानी रखने और जरूरत पड़ने पर स्वतंत्र आडिट व फोरेंसिक जाँच कराए जाने के निर्देश सेबी ने जारी किए हैं और अगर जाँच के बाद इन कंपनियों के परिचय पत्र (क्रेडेंशियल) सही नहीं पाए तो स्टॉक एक्सचेंज इन पर अनिवार्य रूप से डिलिस्टिंग की प्रक्रिया भी शुरू कर सकते हैं।

यह वाकई बेहद सख्त कदम सेबी ने उठाया है और जिस प्रकार तुरंत प्रभाव से इन कंपनियों के शेयर्स की ट्रेडिंग पर पाबंदियाँ लगा दी गई हैं, यह कहा जा सकता है कि शेयर मार्केट में उन निवेशकों के पैसे जरूर फँस गए हैं, जिन्होंने इन कंपनियों में अपना पैसा निवेश किया हुआ है।

एक शोध के अनुसार, भारत में रजिस्टर्ड करीब 15 लाख कंपनियों में से महज 6 लाख कंपनियाँ वार्षिक रिटर्नस दाखिल करती हैं। ऐसे में लाखों की तादाद में अनेक कंपनियाँ ऐसी भी हैं जिन पर कर परिहार (टैक्स इवेजन) से लेकर काले धन को सफेद बनाने तक के मामले सामने आए हैं।

सरकार द्वारा जारी एक प्रेस विज्ञप्ति के अनुसार, ऐसी ही कुछ कंपनियों का एक छोटा-सा नमूना भी पेश किया जा चुका है, जिन्होंने नवंबर से दिसंबर 2016 के दौरान 1,238 करोड़ रुपए जमा कराए, जो उनके सामान्य आय के प्रोफाइल (लेखा-जोखा) से कहीं ज्यादा ही अधिक था। जुलाई माह में ही प्रधानमंत्री ने एक सभा को दिए गए संबेधन में करीब एक लाख कंपनियों का रजिस्ट्रेशन रद्द किए जाने और 37,000 कंपनियों की पहचान शेल कंपनियों के तौर पर किए जाने की जानकारी भी दी है। चिंता की बात तो यह है कि ऐसी कंपनियों की संख्या 3 लाख से अधिक भी हो सकती है।

ऐसे में सेबी द्वारा उठाए गए कदम को काफी सकारात्मकता से देखा जा रहा है, लेकिन जिस प्रकार इन 331 कंपनियों को निगरानी में रखने और जाँच-पड़ताल करने का निर्देश दिया है, इससे यह भी जाहिर होता है कि शायद जाँच-पड़ताल के बाद कुछ कंपनियाँ शेल न भी पाई जाएँ। ऐसे में हो सकता है कि उन पर लगे प्रतिबंध हटा भी लिए जाएँ।

जानकारों की मानें तो 331 शेल कंपनियों की लिस्ट में कम-से-कम दस कंपनियाँ ऐसी भी हैं, जिनकी मार्केट वेल्युएशन (बाजार मूल्यांकन) 200 करोड़ रुपए से अधिक है। इनमें से कुछ ने तो सेट (सिक्योरिटी अपीलेट ट्रिब्यूनल) में सेबी के ऑर्डर पर ही रोक लगाने की बात की है। सेट से भी फिलहाल विचार रखा है कि इतना सख्त कदम उठाने से पूर्व ही संबंधित कंपनियों को अपना पक्ष रखने का

एक मौका प्राकृतिक न्याय के सिद्धांत के तहत दिया जा सकता था, जो भी हो शेल कंपनियों पर उठाए इस कदम के दूरगामी प्रभाव पूँजी बाजार पर तो पड़ेंगे, ही साथ ही एक संदेश सभी कंपनियों को जाएगा कि जो भी कंपनियाँ संदिग्ध गतिविधियों में लिप्त होंगी उन पर कभी भी कठोर कार्यवाही की जा सकती है।

(मुंबई में प्रकाशित दैनिक 'हमारा महानगर' में शनिवार 12-08-2017 को व्यापार पृष्ठ पर प्रकाशित)

□

137

आर्थिक विकास दर सुस्त पड़ना चिंताजनक

हाल ही में भारत की संसद में पेश आर्थिक सर्वेक्षण 2016-17 के द्वितीय भाग में जहाँ एक ओर भारतीय अर्थव्यवस्था में लाए जा रहे संरचनात्मक सुधारों की वजह से आर्थिक स्थायित्व के बढ़ने और एक आशावादी दृष्टिकोण पनपने की बात कही गई है, तो वहीं दूसरी ओर भारतीय अर्थव्यवस्था में कई क्षेत्रों में आर्थिक मंदी की प्रवृत्ति बढ़ने के प्रति सचेत भी किया गया है।

जाहिर-सी बात है कि इस आर्थिक सर्वेक्षण रिपोर्ट में भारत की अर्थव्यवस्था में हो रहे अनेक सकारात्मक व नकारात्मक पहलुओं की व्याख्या की गई है।

जहाँ एक ओर नोटबंदी, जी.एस.टी., एयर इंडिया का निजीकरण और बैंकों व कंपनियों की खराब होती बैलेंसशीट जैसे गंभीर मुद्दों पर सरकार द्वारा लिए गए निर्णयों और उनके क्रियान्वयन से अर्थव्यवस्था लाभान्वित हुई है, वहीं दूसरी ओर, कृषि क्षेत्र से प्राप्त होनेवाले राजस्व में कमी, गैर-अनाज खाद्य मूल्यों में कमी, कृषि ऋणों की माफी और उस वजह से सार्वजनिक खर्च हेतु उपलब्ध संसाधनों में आनेवाली संभावित कमी तथा विद्युत एवं दूर संचार उद्योगों के लाभांशों में कमी आदि कुछ ऐसे तत्त्व हैं, जिससे भारत की आर्थिक विकास दर कमजोर भी पड़ सकती है।

विशेषकर कृषि ऋण-माफी के निर्णय से भारत की सकल राष्ट्रीय आय में 0.7 प्रतिशत की कमी आ सकती है। विद्युत क्षेत्र में खराब समझे जानेवाले ऋणों की मात्रा 3.6 लाख करोड़ तक पहुँचने की संभावना है। टेलीकॉम क्षेत्र में काम कर रही कंपनियों की प्रति यूजर औसत आय सन् 2016 के मुकाबले 32 प्रतिशत कम हुई है।

उधर, नोटबंदी की वजह से सन् 2016-17 के उत्तरार्ध में नकदी (करेंसी) प्रचलन करीब 22.6 प्रतिशत कम हुआ, लेकिन उसका कुछ सकारात्मक प्रभाव भी आर्थिक विकास दर पर पड़ा। महँगाई की दर, जो जुलाई 2016 में 6.1 प्रतिशत थी, वो जून 2017 तक 1.5 प्रतिशत तक आ गई, लेकिन इसके साथ-साथ वित्तीय वर्ष 2016-17 में आर्थिक क्रियाओं के स्तर में भी कमी देखी गई।

यही कारण है कि मौजूदा वित्तीय वर्ष में अनेक सकारात्मक तत्त्वों के मौजूद होने के बावजूद आर्थिक सर्वेक्षण में भारत की आर्थिक विकास दर के पूर्वानुमान को फरवरी 2017 में पेश आर्थिक सर्वेक्षण (भाग प्रथम) में 6.75 से 7.5 प्रतिशत की रेंज (वर्ग) में ही रखा गया है, पर साथ ही यह आशंका भी व्यक्त की गई है कि आर्थिक क्रियाओं का स्तर शायद ही 7.5 प्रतिशत के उच्चतर स्तर पर पहुँच पाए। साथ ही, महँगाई दर में कमी और आर्थिक क्रियाओं के गिरते स्तर के मद्देनजर ब्याज दरों में और भी कमी करने की सिफारिश भी की गई है।

उल्लेखनीय है कि अंतरराष्ट्रीय मुद्राकोष (आई.एम.एफ.) और विश्व बैंक (वर्ल्ड बैंक) ने पहले से ही भारत की आर्थिक विकास दर का पूर्वानुमान 7.2 प्रतिशत बताया है।

उधर, जून माह में औद्योगिक मूल्य सूचकांक से प्राप्त जानकारी के अनुसार, देश का औद्योगिक उत्पादन 0.1 प्रतिशत से कम हुआ है। विशेष रूप से विनिर्माण और पूँजीगत वस्तुओं के उत्पादन में काफी गिरावट आई है। यदि अप्रैल से जून तक की तिमाही की बात करें तो औद्योगिक उत्पादन दर 2 प्रतिशत रही, जो सन् 2016 में इसी अंतराल में 7.1 प्रतिशत थी।

ऐसे में यदि भारत में आर्थिक विकास दर को प्रोत्साहन देना है, तो उद्योगों में बढ़ते ऋणों के दबाव को कम करने की आवश्यकता है। इसके अलावा जी.एस.टी. का दायरा बढ़ाकर इसे और भी प्रभावी बनाने की सिफारिश भी की गई है।

कुल मिलाकर देश में लाए जा रहे अनेक तरह के आर्थिक सुधारों की सार्थकता तभी उजागर होगी, जबकि इनके सकारात्मक प्रभाव से देश की आर्थिक विकास दर को संबल मिले।

(मुंबई में प्रकाशित दैनिक 'हमारा महानगर' में शुक्रवार 18-08-2017 को व्यापार पृष्ठ पर प्रकाशित)

□

138

इंफोसिस से जुड़ा है कंपनी प्रशासन का मसला

हाल ही में भारत में व्यावसायिक सलाहकार व प्रमुख आई.टी. कंपनी इंफोसिस के प्रथम गैर-प्रमोटर मैनेजिंग डायरेक्टर व मुख्य प्रशासनिक अधिकारी विशाल सिक्का ने अपने पद से इस्तीफा क्या दिया कि कंपनी विश्लेषकों से लेकर स्टॉक एक्सचेंज पर कंपनी के निवेशकों तक में निराशा छा गई।

हालाँकि नए एम.डी. और सी.ई.ओ. की तलाश पूरी होने तक विशाल सिक्का कंपनी प्रशासनिक उपाध्यक्ष के रूप में नियुक्त किए गए हैं और वे कंपनी के रणनीतिक निर्णय लेने और तकनीकी विकास तथा ग्राहकों से संपर्क साधने के काम करते रहेंगे। गौरतलब है कि इस दौरान वे महज एक डॉलर के वेतन पर काम करते रहेंगे। सवाल उठता है कि आखिर क्यों इंफोसिस में इस प्रकार का संकट आया?

कंपनी द्वारा दी गई जानकारी के अनुसार, दरअसल सिक्का पिछले कुछ महीनों से उन पर लगाए जा रहे व्यक्तिगत आरोपों से परेशान थे और उससे आहत होते हुए वे कंपनी के कामकाज में बदलते तकनीकी परिवेश के अनुरूप तेजी से बदलाव नहीं ला पर रहे थे।

यद्यपि जाँच करने पर कंपनी के निदेशक मंडल ने सभी प्रकार के आरोपों का बेबुनियाद पाया। जाहिर-सी बात है कि अब कंपनी के निदेशक मंडल ने न सिर्फ निवर्तमान एम.डी. के इस्तीफे पर अफसोस जताया, बल्कि पूरे जोर-शोर से सिक्का के तीन वर्ष से अधिक के कार्यकाल में कंपनी में हुए बदलावों को कंपनी के हित में बताया और कंपनी के उज्ज्वल भविष्य का भरोसा भी दिया।

प्राप्त जानकारी के अनुसार, किसी अज्ञात व्यक्ति ने भारत में सेबी और अमेरिका में सिक्योरिटी एक्सचेंज कमीशन को पत्र के माध्मय से बताया कि इंफोसिस ने इजरायली कंपनी 'पनामा' को ऊँचे मूल्यांकन पर खरीदा। सन् 2015 में इंफोसिस ने इस सॉफ्टवेयर कंपनी का अधिग्रहण 200 मिलियन डॉलर्स में किया बताया, जो कथित तौर पर उसके

वास्तविक मूल्यांकन से 25 प्रतिशत अधिक था। ऐसा भी संदेह जताया गया कि शायद इसमें इंफोसिस के कुछ टॉप प्रशासनिक अधिकारियों की मिली भगत हो। हालाँकि इंफोसिस ने साफ तौर पर इन आरोपों से इंकार करते हुए सामान्य नियमों के तहत इस मुद्दे पर जाँच का भरोसा दिया।

इस संदर्भ में इंफोसिस ने अमेरिकी कानून कंपनी गिब्सन, डन एंड क्रचर द्वारा तैयार की गई रिपोर्ट के हवाले से विशाल सिक्का को क्लीन चिट मिलने की सूचना दी, लेकिन इंफोसिस के सह-प्रमोटर नायारन मूर्ति की मानें तो सन् 2014 में इंफोसिस छोड़कर उन्होंने बड़ी गलती कर दी। उन्हें लगा कि विशाल सिक्का के वेतन में अप्रत्याशित वृद्धि और निवर्तमान मुख्य वित्त अधिकारी राजीव बंसल को दिया गया भारी सेवा-विच्छेद वेतन कंपनी प्रशासन से जुड़े मसले हैं, जहाँ टॉप अधिकारियों और कंपनी के बाकी कर्मचारियों के औसत वेतन में अंतर की कुछ सीमा तय होनी चाहिए।

इसके अलावा उन्होंने पनामा डील को भी कंपनी प्रशासन के नियमों के विरुद्ध बताया। सन् 1981 में कंपनी स्थापित करने के बाद करीब 30 वर्षों तक मुख्य प्रशासनिक अधिकारी व चेयरमैन के तौर पर काम करनेवाले मूर्ति को लगता है कि मानो यह कंपनी अपने मूलभूत आदर्शों या सिद्धांतों से कहीं-न-कहीं भटक रही है।

इंफोसिस से जुड़ा विवाद अब इतना बड़ा हो चुका है कि सभी को उत्सुकता है कि आखिर इस मामले में कौन सही है और कौन गलत? जाहिर-सी बात है कि यदि सिक्का सही है, तो फिर प्रमोटरों द्वारा निदेशक मंडल पर यूँ दबाव बनाकर एक कुशल प्रशासनिक अधिकारी को पद छोड़ने पर मजबूर करना साफ तौर पर कंपनी प्रशासन के निमयों के विरुद्ध माना जाएगा, लेकिन दूसरी तरफ यदि मूर्ति के आरोप सही हैं तो इंफोसिस के निदेशक मंडल द्वारा पारदर्शिता और निष्पक्षता की अवहेलना को भी कंपनी प्रशासन के नियमों के विरुद्ध समझा जाएगा।

बहरहाल, चूंकि यह मसला कंपनी प्रशासन से जुड़ा है, अब सेबी इस विषय पर नए सिरे से जाँच प्रारंभ करेगी, ऐसी जानकारी भी मिली है। जो भी हो, देश-विदेश में करीब दो लाख लोगों को रोजगार देनेवाली कंपनी का, जिसे कंपनी प्रशासन के मामले में अग्रणी कंपनी के तौर पर जाना जाता रहा, इस प्रकार से विवाद में उलझना वाकई चिंताजनक है। उम्मीद की जानी चाहिए कि वक्त के साथ इस मसले से जुड़े सभी पहलू और तथ्य सामने आएँगे और इससे कंपनी प्रशासन (कॉरपोरेट गर्वनेंस) प्रथाओं को नए आयाम मिलेंगे।

(मुंबई में प्रकाशित दैनिक 'हमारा महानगर' में शुक्रवार 25-08-2017 को व्यापार पृष्ठ पर प्रकाशित)

□

139

नोटबंदी का असर व्यापक

हाल ही में जारी रिजर्व बैंक ऑफ इंडिया की वार्षिक रिपोर्ट में भारत में 8 नवंबर, 2016 को 500 व 1,000 रुपए के मौजूदा नोट बंद किए जाने के संदर्भ में जो आँकड़े पेश किए गए हैं, उसके अनुसार इन विशिष्ट बैंक नोटों में से करीब 99 प्रतिशत नोट बैंकों के माध्यम से लौटा दिए गए हैं, हालाँकि यह आँकड़ा आगे की जाँच पूरी होने पर कुछ बदल भी सकता है, लेकिन मोटे तौर पर यदि यह कहा जाए कि 8 नवंबर, 2016 को प्रचलन में रहे 15.44 लाख करोड़ के मूल्य के 500 व 1,000 रुपए के नोटों में से 30 जून, 2017 तक 15.28 लाख करोड़ रुपए बैंकों में जमा कराए जा चुके हैं, तो एक सवाल जाहिर तौर पर जरूर उठता है कि क्या नोटबंदी का मूल उद्‌देश्य पूरा हुआ ?

दरअसल, नोटबंदी जैसे बड़े फैसले को महज एक आँकड़े के आधार पर परखना उचित नहीं। भले ही रिजर्व बैंक के अनुसार नोटबंदी का उद्‌देश्य नकली नोटों और काले धन पर नियंत्रण लगाना रहा हो, मगर नोटबंदी को भारत की अर्थव्यवस्था पर पड़े व्यापक प्रभावों के सापेक्ष भी परखा जाना चाहिए।

अब अगर नकली नोटों को प्रचलन से बाहर करने की बात करें तो अनुमानित तौर पर कुल नकली नोटों का 92 प्रतिशत 500 व 1,000 रुपए के मूल्य वर्ग में था और कम-से-कम नोटबंदी की वजह से यह मकसद तो पूरा हुआ।

अगर काले धन की बात करें तो 1,000 रुपए के पुराने नोटों में से 1.4 प्रतिशत नोट लौटकर नहीं आए। इसके अलावा अगर वित्त मंत्रालय की मानें तो करीब 1.75 लाख करोड़ रुपए के मूल्यांकन के प्रतिबंधित नोट, जो कि नोटबंदी के दौरान बैंकों में जमा हुए, फिलहाल जाँच के दायरे में खींचे जा चुके हैं। अब नोटबंदी के वृहद उद्‌देश्यों के सापेक्ष चर्चा करें तो देश में नोटबंदी से काले धन की प्रवृत्ति पर जोर का आघात निश्चित तौर पर लगा है अगर काफी सारा काला धन फिर से बैंकिंग सिस्टम में दाखिल हुआ भी है, तो भी इसके सकारात्मक प्रभावों को नजरअंदाज नहीं किया जा सकता। नोटबंदी के बाद प्रत्यक्ष करों के माध्यम से आनेवाली राजस्व आय में जबर्दस्त वृद्धि हुई

है। इसके अलावा वित्तीय वर्ष 2016–17 में 9.1 मिलियन नए करदाताओं ने प्रत्यक्ष कर अदा किए। इससे करदाताओं का आधार मजबूत हुआ है।

उल्लेखनीय है कि वित्तीय वर्ष 2015–16 में महज 35 मिलियन लोगों ने टैक्स रिटर्न (कर विवरणी) दाखिल की थी,जिनमें से महज 2.4 मिलियन लोगों ने अपनी आय 10 लाख रुपए या उससे अधिक बताई थी। इसके अलावा, आधिकारिक तौर पर दी गई जानकारी के अनुसार नोटबंदी के दौरान ही 10.9 मिलियन बैंक खातों में दो लाख से लेकर 80 लाख तक के और 1.48 लाख खातों में 80 लाख रुपए से अधिक मूल्य के प्रतिबंधित नोट जमा कराए गए जिनका औसत आकार क्रमश: 5.03 लाख व 3.31 करोड़ रुपए था।

नोटबंदी का एक और फायदा यह हुआ कि देश में एक नई डिजिटल क्रांति आई। खुदरा इ–पेमेंट की विकास दर जो अप्रैल–अक्तूबर 2016 में 37 प्रतिशत थी वह नवंबर माह में 70 प्रतिशत और दिसंबर माह में बढ़कर 123 प्रतिशत हो गई। नोटबंदी के बाद देश में मुद्रा का प्रचलन 17 प्रतिशत कम हुआ, जिससे महँगाई पर दबाव कम हुआ। जहाँ तक देश की आर्थिक विकास दर का प्रश्न है, वह भले ही तेजी से बढ़ी न हो, पर वैश्विक मंदी और नोटबंदी के बावजूद स्थिर ही रही है।

मौजूदा दौर में निवेश सेंटीमेंट भले ही कमजोर पड़ा हो, पर घरेलू बचत की मात्रा काफी बढ़ी है। इस प्रकार अल्पकाल में औद्योगिक उत्पादन दर में कुछ शिथिलता अवश्य आई, पर आनेवाले समय में मौद्रिक संचरण बढ़ने और बेहतर राजकोषीय प्रबंधन के कारण देश में आर्थिक क्रियाओं का स्तर बढ़ने की संभावना है।

इसके अलावा सरकार द्वारा जी.एस.टी. सहित अनेक आर्थिक सुधार के उपायों की वजह से नोटबंदी के संचयी प्रभाव भारत की अर्थव्यवस्था को भविष्य में लाभान्वित ही करेंगे।

(मुंबई में प्रकाशित दैनिक 'हमारा महानगर' में शुक्रवार 01-09-2017 को व्यापार पृष्ठ पर प्रकाशित)

□

140

बढ़ रहा है घरेलू ऋणों का आकार

हाल ही में रिजर्व बैंक द्वारा जारी वार्षिक रिपोर्ट में भारत में घरेलू ऋणों के बढ़ते आकार का आर्थिक विकास दर पर पड़नेवाले प्रतिकूल प्रभाव के विषय में चिंता व्यक्त की गई है। दरअसल, भारत की वास्तविक सकल राष्ट्रीय आय में निजी उपभोग (कंजप्शन) का योगदान पिछले कुछ वर्षों में तेजी से बढ़ा है।

सन् 2016-17 में भारत में निजी उपभोग का हिस्सा 67 प्रतिशत था और सार्वजनिक खर्च 28 प्रतिशत था, जबकि यदि एक वर्ष पूर्व के आँकड़े देखें तो यह अनुपात क्रमश: 45 प्रतिशत और 4.5 प्रतिशत था। निजी उपभोग खर्च में वृद्धि का रुख कृषि क्षेत्र में विकास दर मजबूत होने, टेलीफोन कनेक्शन की संख्या बढ़ने, अप्रत्यक्ष करों के माध्यम से सार्वजनिक राजस्व आय बढ़ने और विनिर्माण क्षेत्र में उत्पादन बढ़ने से प्रखरता के जग जाहिर भी हुआ है।

रिजर्व बैंक की रिपोर्ट के अनुसार, पिछले कुछ वर्षों में उपभोग-आधारित आर्थिक विकास का रुख स्पष्ट रूप से दिख रहा है। विशेषकर सन् 2013-14 से सन् 2016-17 तक के 3 वर्षों में व्यक्तिगत या घरेलू ऋणों की चक्रवृद्धि विकास दर 18 प्रतिशत रही, जबकि इस दौरान देश की सकल राष्ट्रीय खर्च-योग्य आय 10.2 प्रतिशत की दर से बढ़ी।

गौरतलब है कि राष्ट्रीय खर्च योग्य आय (डिसपोसेबल इनकम) देश की सकल राष्ट्रीय आय का वो हिस्सा है, जो व्यक्तियों या परिवारों को वेतन या मजदूरी, शुद्ध व्यापारिक लाभ, डिविडेंड, ब्याज, सरकारी अनुदान या विदेश आदि से प्राप्त आय के रूप में सरकार को चुकाए गए प्रत्यक्ष करों के उपरांत मिलता है। सन् 2017 के वित्तीय वर्ष में शुद्ध सकल खर्च योग्य आय का प्रतिशत कुल (सकल) राष्ट्रीय आय का 90 प्रतिशत था।

ऐसे में जब कि घरेलू ऋणों की वृद्धि दर व्यक्तिगत आय की वृद्धि दर से लगभग दुगुनी हो तो यह निष्कर्ष निकाला जा सकता है कि घरेलू ऋणों की मात्रा में वृद्धि का एक स्थायी रुख भारतीय अर्थव्यवस्था में पनप रहा है, जिसे काफी गंभीरता से लिया

जाना चाहिए। इसका कारण यह है कि सामान्य परिस्थितियों में वर्तमान में घरेलू ऋणों में वृद्धि के जरिए तेजी से बढ़ते उपभोग खर्च से अगले वित्तीय वर्ष की आर्थिक विकास दर में शिथिलता आ सकती है।

इसका एक उदाहरण है अमेरिकी अर्थव्यवस्था, जहाँ सन् 2007 से सन् 2009 के दरम्यान अत्यधिक बढ़े हुए घरेलू ऋणों की सर्विसिंग (ब्याज व मूल धन चुकाने की प्रक्रिया) के भार की वजह से वहाँ उपभोग व आर्थिक विकास दर में भीषण दुर्बलता आई।

हालाँकि भारत की परिस्थितियाँ कुछ अलग भी हैं। 130 करोड़ की आबादी वाले इस कृषि प्रधान देश की आर्थिक दर में आधे से भी ज्यादा योगदान निजी उपभोग खर्च का है, लेकिन जिस प्रकार अर्थव्यवस्था में निवेश विकास दर कमजोर पड़ी है और देश के निर्यातों (एक्सपोर्टस) में भी कोई उल्लेखनीय वृद्धि देखने में नहीं आई है, रिजर्व बैंक को लगता है कि घरेलू ऋणों की बढ़ती मात्रा का देश की अर्थव्यवस्था पर क्या प्रभाव पड़ सकता है, इसका आकलन किए जाने की आवश्यकता है।

हाल ही में किए गए एक शोध विश्लेषण का उल्लेख भी रिजर्व बैंक की इस वार्षिक रिपोर्ट में किया गया है, जहाँ यह पाया गया है कि मौजूदा वर्ष में हासिल की गई उपभोग-आधारित आर्थिक विकास दर का कुछ प्रतिकूल असर अगले वर्ष की आर्थिक विकास दर पर पड़ता ही है। एक अन्य शोध विश्लेषण के अनुसार, वित्तीय वर्ष 2017 के अंत तक भारतीयों पर बैंकों तथा नॉन बैंक फाइनांस कंपनियों से उठाए गए ऋणों का आकार करीब 25.2 लाख करोड़ रुपए है और पिछले 3 वर्षों में यह 65 प्रतिशत बढ़ा है। कुल मिलाकर लोगों की आय व वित्तीय बचत और ऋणों के बीच उचित संतुलन होना आवश्यक है, अगर कहीं बढ़ते उपभोग खर्च की वजह से मुद्रास्फीति (महँगाई) बढ़ी तो भविष्य में इससे न सिर्फ उपभोग खर्च बल्कि आर्थिक विकास दर में भी शिथिलता आ सकती है।

(मुंबई में प्रकाशित दैनिक 'हमारा महानगर' में शुक्रवार 08-09-2017 को व्यापार पृष्ठ पर प्रकाशित)

□

141

उपभोक्ता के विश्वास में गिरावट चिंताजनक

हाल ही में रिजर्व बैंक ऑफ इंडिया (आर.बी.आई.) द्वारा किए गए उपभोक्ता-विश्वास सर्वेक्षण (कंज्यूमर कांफीडेंस सर्वे) के नतीजे बेहद चौंका देनेवाले है। जून 2017 में आयोजित इस सर्वेक्षण में रिजर्व बैंक ने देश के 6 प्रमुख शहरों में कुल 5,259 लोगों से भारत के आर्थिक वातावरण, रोजगार के नए अवसरों की उपलब्धता, महँगाई की स्थिति और उनकी आय तथा खर्च के संभावित अनुमान के विषय में चर्चा की और पाया कि लगभग सभी मापदंडों के आधार पर एक नकारात्मक, या यूँ कहें कि निराशावादी रुख स्पष्ट तौर पर दिखाई दिया है।

यदि वर्तमान सूचकांक की बात करें तो यह मई 2017 के 100 अंकों के मुकाबले जून माह में 96.8 अंक रहा, जो पिछले तीन वर्षों का न्यूनतम स्तर है। सबसे पहले तो सामान्य आर्थिक परिस्थितियों की विवेचना करें तो जून माह में उत्तरदाताओं का नकारात्मक सेंटीमेंट काफी तेजी से बढ़ा है। हालाँकि आय के संदर्भ में सकारात्मक दृष्टिकोण भले ही बरकरार है, पर यह भी मई माह के 4.4 के स्कोर के मुकाबले जून माह में महज 1.4 अंक रहा। यही हाल खर्च की संभावनाओं को लेकर रहा, जहाँ मई माह की तुलना में सकारात्मक रुख में कमी आई है।

उधर जहाँ तक रोजगार और महँगाई की स्थिति का प्रश्न है, इन दोनों ही क्षेत्रों में नकारात्मक या निराशावादी दृष्टिकोण पनपता दिख रहा है, लेकिन जब इन्हीं उत्तरदाताओं से इन्हीं मापदंडों पर आनेवाले एक वर्ष में उनकी भावी उम्मीदों के विषय में प्रश्न किए गए तो आर्थिक वातावरण, आय तथा खर्च और रोजगार के लिए आशावादी दृष्टिकोण अब भी बरकरार है, हालाँकि इसकी तीव्रता कम ही हुई है। दूसरी ओर, महँगाई को लेकर निराशावादी दृष्टिकोण न सिर्फ बरकरार है, बल्कि इसकी तीव्रता बढ़ी है।

उधर एक अन्य सूचकांक जिसे बी.एस.ई.-सी.एम.आई.ई. द्वारा जारी किया जाता है, के अनुसार ग्रामीण भारत में अगस्त माह में उपभोक्ता सेंटीमेंट और भी तेजी कम हुआ है। हालाँकि सितंबर माह में इसमें कुछ स्थिरता के साथ आंशिक सुधार आता

दिखाई दे रहा है। दरअसल, खाद्य पदार्थों के क्षेत्र में महँगाई काफी तेजी से कम हुई है, जिसके कारण किसानों की औसत आय की वृद्धि दर कमजोर पड़ी है।

गौरतलब है कि मौजूदा वित्तीय वर्ष की प्रथम तिमाही में कृषि क्षेत्र में आर्थिक विकास दर कमजोर पड़ी है। हालाँकि ग्रामीण क्षेत्रों में पिछले वर्ष की तुलना में वास्तविक आय बढ़ी है और गैर-कृषि क्षेत्र में प्रदर्शन सुधरा है, लेकिन जिस प्रकार मौजूदा वित्तीय वर्ष की पहली तिमाही में सकल राष्ट्रीय आय की विकास दर वर्ष-दर वर्ष आधार पर 5.7 प्रतिशत रही और कृषि क्षेत्र में विकास दर महज 0.03 प्रतिशत रही, कई विश्लेषकों ने उपभोक्ता सूचकांकों से भारत की आर्थिक स्थिति और इसकी भावी संभावनाओं के संदर्भ में प्राप्त हुए नकारात्मक रुझानों के प्रति चिंता जताई है। विशेष रूप से भारत जैसे जनसंख्या बाहुल्य वाले देश में जो एक उपभोक्ता प्रेरित अर्थव्यवस्था है, इस प्रकार उपभोक्ता सेंटीमेंट में गिरावट के रुझान की गंभीरता को समझा जा सकता है।

विश्व बैंक के अनुसार, भारत की अर्थव्यवस्था की विकास दर सन् 2017-18 में 7.6 व सन् 2018-19 में 7.8 प्रतिशत से बढ़ने की संभावना है। उसके अनुसार नोटबंदी के दीर्घकालीन सकारात्मक प्रभाव भारत की अर्थव्यवस्था पर पड़ेंगे। एक अन्य प्रतिष्ठित शोध संस्थान बोस्टन कन्सल्टिंग ग्रुप की एक रिपोर्ट के अनुसार, सन् 2025 तक भारत विश्व की तीसरी सबसे बड़ा उपभोक्ता प्रेरित अर्थव्यवस्था के रूप में विकसित होगा और यहाँ उपभोक्ता खर्च का आकार बढ़कर 4 ट्रिलियन डॉलर्स हो जाएगा।

एक अन्य रिपोर्ट के अनुसार, सन् 2040 तक भारत अमेरिका को पीछे छोड़ते हुए विश्व की दूसरी सबसे बड़ी उपभोक्ता प्रेरित अर्थव्यवस्था बनेगा। जाहिर है, भारत में बड़े पैमाने पर किए जा रहे आर्थिक सुधारों के मद्देनजर दीर्घकाल में भारतीय अर्थव्यवस्था को लेकर आशावादी दृष्टिकोण भी है। विशेषकर जी.एस.टी. लागू होने के बाद विनिर्माण क्षेत्र में विकास दर बेहतर होने की संभावना दिख रही है।

ऐसे में कृषि क्षेत्र की समस्याओं पर तवज्जो देने और किसानों की आय बढ़ाने के लिए हरसंभव उपाय करने से भारतीय अर्थव्यवस्था को बल ही मिलेगा।

(मुंबई में प्रकाशित दैनिक 'हमारा महानगर' में शुक्रवार 15-09-2017 को व्यापार पृष्ठ पर प्रकाशित)

□

142

विकास के लिए विनिर्माण और रोजगार, दोनों अहम

हाल ही में विश्व बैंक (वर्ल्ड बैंक) द्वारा विनिर्माण-आधारित विकास मॉडल और उसमें निहित दिक्कतों पर एक रिपोर्ट जारी की गई है, जिसके अनुसार टेक्नोलॉजी के क्षेत्र में तीव्र विकास और बदलते व्यापारिक स्वरूप से निर्यात-आधारित विनिर्माण के लिए उपलब्ध अवसर प्रभावित हो रहे हैं।

आज विनिर्माण के लिए अनुकूल स्थान का चयन करने के लिए तीव्र स्वचालन (स्मार्ट ऑटोमेशन), उन्नत रोबोटिक्स और 3-डी प्रिंटिंग की सुविधा जैसे तत्त्वों को अधिक अहमियत दी जा रही है। हालाँकि नई तकनीक के प्रति रुझान कई देशों में जहाँ एक ओर अकुशल श्रमिकों के लिए रोजगार के अवसर कम करेगा, तो दूसरी ओर संबंधित राष्ट्रों में तरक्की की नई संभावनाएँ भी पेश करेगा।

दरअसल, जिस तेज गति से वैश्विक अर्थव्यवस्था में बदलाव आ रहे हैं, यह भी आवश्यक है कि एक समृद्ध समाज बने और सभी को अपनी आय बढ़ाने के लिए समान अवसर मिलें। विश्व बैंक के अनुसार, सन् 2030 तक अत्यधिक गरीबी से छुटकारा और समृद्धि के फल सभी को मिले, ये ऐसे दो लक्ष्य है, जिन्हें हासिल करने के लिए अर्थव्यवस्था के सभी क्षेत्रों में निवेश और नवीनीकरण की आवश्यकता होगी।

इसका सीधा-सा अर्थ यह है कि सिर्फ विनिर्माण क्षेत्र ही नहीं, बल्कि कृषि और सेवा क्षेत्र में भी उन्नत तकनीक और निवेश को प्रोत्साहन दिया जाना जरूरी है। श्रमिकों की औसत आय बढ़े, इसके लिए जरूरी है कि उनके लिए ऊँचे दर्जे की नौकरियाँ उपलब्ध हों। सामान्यता ऐसे अवसर मैन्युफेक्चरिंग सेक्टर में ही अधिक मिलते हैं, लेकिन अब जिस तरह विनिर्माण क्षेत्र में उत्पादन की तकनीक तेजी से उन्नत हो रही है और कई नए आविष्कार भी हो रहे हैं, किसी भी देश के नीति निर्धारकों या फिर निजी क्षेत्र के लिए भी श्रम बाजार में आनेवाले लोगों के लिए रोजगार के पर्याप्त अवसर उपलब्ध

करा पाना मुश्किल चुनौती पेश कर सकता है।

जाहिर है, अब विभिन्न देशों, विशेषकर विकासशील देशों में रोजगार के अवसर बढ़ाने के लिए नई सोच विकसित करनी होगी। कारण है कि एक ओर विकासशील अर्थव्यवस्थाओं को अपनी प्रतिस्पर्धात्मक पकड़ बनाए रखने के लिए, उत्पादन के लिए प्रयुक्त तकनीक में आधुनिकीकरण या नवीनीकरण पर जोर देना होगा, तो दूसरी ओर सभी के लिए रोजगार के पर्याप्त अवसर उपलब्ध कराने के लिए काफी मशक्कत करनी होगी।

समस्या यह भी है कि यदि कोई देश विनिर्माण क्षेत्र में हो रहे तकनीकी बदलाव को नजरअंदाज कर दे तो वैश्विक बाजार में उसकी प्रतिस्पर्धात्मक क्षमता तो कम होगी ही, साथ ही वह अपनी इष्टतम विकास दर से कहीं धीमी गति से विकास करेगा।

वर्ल्ड बैंक रिपोर्ट के अनुसार, ऐतिहासिक तौर पर आर्थिक विकास को औद्योगीकरण से जोड़कर देखा गया है अर्थात् जिन देशों में औद्योगिक उत्पादन या उत्पाकता तेजी से बढ़ी वहाँ प्रति व्यक्ति (पर केपिटा) आय भी तेजी से बढ़ी। आज भी कई विकसशील देशों में औद्योगिक उत्पादन (विनिर्माण) विकास दर और आर्थिक विकास दर में सकारात्मक संबंध देखा गया है। हालाँकि रोजगार की दृष्टि से जो ज्यादा अहम बात है, वो यह कि उत्पादन के लिए क्या तकनीक अपनाई गई। यदि औद्योगिक क्षेत्र में अकुशल श्रमिकों के लिए रोजगार के अवसर हैं, तो जाहिर तौर पर औद्योगिक विकास के साथ-साथ रोजगार और आर्थिक विकास, दोनों बढ़ते हैं।

दरअसल, आज तकनीकी क्रांति ने औद्योगिक उत्पादन को बेहद तेजी से प्रभावित किया है, लेकिन दूसरी ओर कई देशों में तकनीकी विकास के माध्यम से सेवा क्षेत्र का सकल राष्ट्रीय आय में योगदान तेजी से बढ़ा है। जहाँ तक भारत का सवाल है, सन् 1994-2015 के बीच वैश्विक उत्पादन में भारत का योगदान 1.1 प्रतिशत से बढ़कर 2.8 प्रतिशत हो गया है। यही नहीं, भारत विश्व की टॉप निर्यातक देशों की लिस्ट में शामिल है।

गौरतलब है कि भारत के निर्यातों में अधिकांश श्रम प्रधान उत्पादन तकनीक से बने उत्पादों का निर्यात शामिल है। ऐसे में भारत को जहाँ एक ओर निर्यात आधारित विनिर्माण क्षेत्र में तकनीकी नवीनीकरण और आधुनिकिकरण को प्रोत्साहन देना होगा, वहीं दूसरी ओर पारंपरिक उद्योगों, कृषि और सेवा क्षेत्र में निवेश को अधिक प्रोत्साहन देना होगा, ताकि रोजगार के पर्याप्त अवसर भी उपलब्ध हों।

भारत सरकार द्वारा तटीय आर्थिक क्षेत्रों के विकास की परियोजना भी कुछ ऐसी ही अवधारणा लेकर चल रही है, जहाँ वस्त्र, बरतन और चमड़ा जैसे निर्यात-आधारित और श्रम प्रधान उद्योगों को प्रोत्साहन देने का प्रयास किया जाएगा।

कुल मिलाकर भारत में जहाँ एक ओर निर्यात आधारित विनिर्माण क्षेत्र में नई तकनीक को प्रोत्साहन देना होगा, वहीं निर्यात आधारित पारंपरिक उद्योगों तथा अन्य घरेलू उद्योगों के साथ-साथ कृषि और सेवा क्षेत्र को भी प्रोत्साहन देना होगा, ताकि विकास व रोजगार में सामंजस्य बना रहे।

(मुंबई में प्रकाशित दैनिक 'हमारा महानगर' में शुक्रवार 22-09-2017 को व्यापार पृष्ठ पर प्रकाशित)

□

143

आर्थिक विकास दर का कमजोर पड़ना चिंताजनक

हाल ही में जारी आँकड़ों के अनुसार, जून में समाप्त हुई तिमाही में भारत की सकल राष्ट्रीय आय 5.7 प्रतिशत से बढ़ी। गौरतलब है कि नवंबर 2016 में लागू की गई नोटबंदी के बावजूद मार्च में समाप्त हुई तिमाही में सकल राष्ट्रीय आय 6.1 प्रतिशत से बढ़ी थी। आर्थिक सुधारों की कड़ी में गौर-खाद्य सब्सिडी, जन-धन खाते, प्रत्यक्ष नकदी हस्तांतरण (डायरेक्ट बेनेफिट ट्रांसफर्स), कम लागतवाली फसल-बीमा जैसे गरीबों को सीधे तौर पर फायदा पहुँचानेवाले अनेक कदम लिये जाने के बावजूद आर्थिक विकास दर का कमजोर पड़ना वाकई चिंताजनक है।

विशेष रूप से हाल ही में देश की अर्थव्यवस्था की सेहत का बैरोमीटर समझा जानेवाला शेयर मार्केट सूचकांक (सेंसेक्स) जब पिछले दस महीनों के अंतराल में सर्वाधिक तेजी से गिरा तो कई नीति विश्लेषकों ने देश की अर्थ-नीति और उसके तहत उठाए गए उपायों को देश की अर्थव्यवस्था में आई शिथिलता के लिए जिम्मेदार ठहराया है।

वस्तुतः किसी भी देश की अर्थव्यवस्था का स्थूल विश्लेषण (मेक्रोएनालिसिस) करते वक्त सिर्फ न सिर्फ आर्थिक विकास दर का चिंतन करना जरूरी है, बल्कि मौजूदा समय में विकास दर को प्रोत्साहन देनेवाले सभी अन्य तत्त्वों का विश्लेषण करना भी उतना ही आवश्यक है।

सबसे पहले यदि धीमी पड़ती आर्थिक विकास दर की बात करें तो सन् 2016 के बाद लगातार 6 तिमाही अंतरालों में आर्थिक विकास दर में गिरावट का रुख देखा गया है और ऐसे में जाहिर तौर पर सरकार ने स्थिति की गंभीरता को समझा है। आर्थिक विकास दर धीमी पड़ने के अनेक कारण हो सकते हैं, जैसे कि औसत आय कम पड़ने पर उपभोक्ताओं द्वारा वस्तुओं और सेवाओं की माँग पर खराब असर पड़ सकता है, जिससे विनिर्माण दर, निवेश सेंटीमेंट और रोजगार के अवसर आहत होते हैं। इस प्रकार देश में भावी आर्थिक क्रियाओं के स्तर पर आर्थिक विकास दर में गिरावट का प्रतिकूल

प्रभाव पड़ता है और यदि तुरंत उचित कदम न उठाए जाएँ तो आनेवाले समय में आर्थिक क्रियाओं का स्तर कम भी हो सकता है।

भारत में आर्थिक क्रियाओं का स्तर कम होने का एकमात्र कारण नोटबंदी ही नहीं है, बल्कि कई अन्य तत्त्व भी विकास की तरफ्तार पर ब्रेक लगा रहे हैं। गौरतलब है कि पिछले दो वर्षों में मानसून (बारिश) औसत से कम रहा है और इससे ग्रामीण भारत के लोगों की क्रय शक्ति पर प्रतिकूल असर पड़ा है। दूसरी ओर, औद्योगिक क्षेत्रों में अनेक कंपनियाँ भारी कर्ज के तले दबे होने से निवेश का स्तर बढ़ाने में असमर्थ रहीं, उधर नोटबंदी ने अनौपचारिक क्षेत्रों में कामकाज को मुश्किल बनाया।

इस प्रकार लगभग सभी क्षेत्र में आर्थिक क्रियाओं का स्तर कम हुआ। उधर, जी.एस.टी. के लागू होने और उसके बाद विभिन्न उद्योगों और व्यवसायों पर पड़नेवाले प्रभावों को लेकर जो असमंजस की स्थिति बनी उसने मानो एक तरह से अर्थव्यवस्था में आर्थिक क्रियाओं के सुर-ताल ही बदल दिए।

अब जिस प्रकार निर्यातों का वर्ष की प्रथम तिमाही में सकल राष्ट्रीय आय में दिया जानेवाला योगदान 19.4 प्रतिशत रहा, जो कि पिछले 14 वर्षों का न्यूनतम स्तर है, रुपए की कीमत अमेरिकी डॉलर के समक्ष पिछले 6 वर्षों के न्यूनतम स्तर पर पहुँच चुकी है। शेयर मार्केट सूचकांकों में भी गिरावट का रुख सामान्यतया देखा जा रहा है।

सरकार द्वारा नई आर्थिक सलाहकार समिति का गठन किया जाना यह दरशाता है कि सरकार भी अब विकास की गति तेज करने के उपायों को लागू करने पर गंभीरता से विचार कर रही है। साथ ही, सरकार द्वारा एक राजकोषीय प्रोत्साहन पैकेज लाए जाने की भी काफी चर्चा है। यहाँ भी समस्या यह है कि यदि सरकारी खर्च में वृद्धि की गई तो इससे राजस्व घाटा अपने लक्षित स्तर से कहीं ऊपर जाने की संभावना है।

गौरतलब है कि जुलाई माह के अंत तक केंद्र सरकार का राजस्व घाटा बजटीय अनुमान के 92.4 प्रतिशत तक पहुँच चुका है। उधर, सरकार केंद्रीय बैंक द्वारा घोषित नीतिगत दरों में कटौती की अपेक्षा भी रख रही है, लेकिन एक ऐसे माहौल में जहाँ आर्थिक नीतियों और उनसे संबद्ध प्रक्रियाओं में निरतंर हो रहे बदलाव की वजह से अनिश्चितता बढ़ी है, निवेश कैसे बढ़ेगा, यह भी चिंतन का विषय है।

ऐसे में सरकार को उन बुनियादी सुधारों पर तेजी से काम करना होगा, जिनसे आर्थिक विकास की क्रिया को जरा बल मिले। साथ ही सरकारी खर्च की गुणवत्ता भी बढ़ानी होगी।

(मुंबई में प्रकाशित दैनिक 'हमारा महानगर' में शुक्रवार 21-09-2017 को व्यापार पृष्ठ पर प्रकाशित)

□

144

मौद्रिक नीति में यथावत् रहीं ब्याज दरें

हाल ही में घोषित मौजूदा वित्तीय वर्ष की चतुर्थ द्विमासिक मौद्रिक नीति में प्रमुख नीतिगत दरों को यथावत रखा गया है। हालाँकि वर्ष की पहली तिमाही में भारत की आर्थिक विकास दर कुछ शिथिल पड़ने के बाद ऐसी अपेक्षा थी कि शायद इस बार रिजर्व बैंक द्वारा मौद्रिक नीति की समीक्षा में आर्थिक विकास को प्राथमिकता दी जा सकती है और नीतिगत दरों को कुछ कम भी किया जा सकता है, लेकिन ऐसा हुआ नहीं।

गौरतलब है कि रिजर्व बैंक की मौद्रिक समीक्षा समिति ने फिलहाल नीतिगत रेपो रेट को मौजूदा 6 प्रतिशत, रिवर्स रेपो रेट को 5.75 प्रतिशत तथा बैंक दर को 6.25 प्रतिशत पर बरकरार रखा है। ऐसा प्रतीत होता है कि मौद्रिक नीति समिति ने मध्यवर्ती काल (मीडियम टर्म) में आर्थिक विकास को सँभालते हुए भी महँगाई की दर को 2 से 6 प्रतिशत के वर्ग में नियंत्रित रखने के लक्ष्य को प्राथमिकता देने का निर्णय लिया है।

इस मौद्रिक नीति के निर्धारण में अनेक वैश्विक व घरेलू तत्त्वों का संज्ञान लिया गया। अगर वैश्विक तत्त्वों बात करें तो एम.पी.सी. ने माना कि पिछले दो महीनों में वैश्विक आर्थिक क्रियाओं का विस्तार हुआ है। जहाँ एक ओर अमेरिका, यूरोप और जापान जैसी विकसित अर्थव्यवस्थाओं में निवेश, रोजगार व उपभोक्ता खर्च आदि क्षेत्रों में प्रदर्शन सुधरता दिख रहा है, वहीं दूसरी ओर चीन, रूस, ब्राजील और दक्षिण अफ्रीका जैसी उदयीमान अर्थव्यवस्थाओं में भी आर्थिक विकास दर बेहतर होती नजर आ रही है।

यहाँ तक कि विश्व व्यापार संगठन ने भी अनुमान लगाया है कि सन् 2016 में फीके प्रदर्शन के मुकाबले सन् 2017 में वैश्विक व्यापार का स्तर तेजी से बढ़ रहा है। इसके अलावा विश्व के अनेक देशों में अनेक वस्तुओं के मूल्यों व अन्य लागत पर दबाव कम हुए हैं, जिसकी वजह से मूल्य वृद्धि की दर भी कम पड़ी है।

उधर, अंतरराष्ट्रीय वित्तीय बाजारों में भी आउटलुक सुधरी है, जिससे भी आर्थिक क्रियाओं के प्रति एक सकारात्मक दृष्टिकोण पनपा है। हालाँकि कभी अमेरिकी फेड की मौद्रिक नीति तो कभी बिगड़ते भू राजनीतिक समीकरणों ने इसे विचलित भी किया,

लेकिन कुल मिलाकर वैश्विक आर्थिक क्रियाओं का स्तर बढ़ा है, ऐसा विचार मौद्रिक नीति समिति ने प्रस्तुत किया है।

परंतु जब बात घरेलू अर्थव्यवस्था की होती है तो यहाँ वर्ष की पहली तिमाही में आर्थिक क्रियाओं का स्तर बल्कि कम ही हुआ है। कृषि क्षेत्र में खेती व पशुपालन समेत लगभग सभी क्षेत्रों में विकास दर कमजोर पड़ी है। दूसरी ओर विनिर्माण क्षेत्र में विकास दर महज 1.2 प्रतिशत रही। उधर खनन क्षेत्र में भी विकास दर में गिरावट देखी गई, हालाँकि सर्विसेज और कंस्ट्रक्शन क्षेत्र में प्रदर्शन सुधरा भी है। लेकिन वर्ष की दूसरी तिमाही में जून माह के औद्योगिक उत्पादन में कुछ सुधार हुआ है और अगस्त माह में प्रमुख आठ उद्योग समूहों (कोर सेक्टर) में बहुत अच्छा प्रदर्शन दर्ज किया गया है।

साथ ही, पिछले दो महीनों में विनिर्माण क्षेत्र में क्रय प्रबंधकों के सूचकांक पी.एम.आई. इंडेक्स में भी औद्योगिक उत्पादन बढ़ने के संकेत मिल रहे हैं, लेकिन रिजर्व बैंक की प्रमुख चिंता खाद्य महँगाई के संदर्भ में है, जहाँ जून माह में खुदरा मूल्य सूचकांक में जुलाई माह और अगस्त माह में कुछ वृद्धि दर्ज की गई, हालाँकि यह रिजर्व बैंक की अनुमानित महँगाई दर (3 प्रतिशत) के अनुरूप ही रही है, परंतु फिर भी रिजर्व बैंक को लगता है कि आनेवाले 6 महीनों में खरीफ की फसल कमजोर पड़ने, खुदरा महँगाई दर के 4.2 से 4.6 प्रतिशत तक बढ़ जाने और अंतरराष्ट्रीय बाजारों में तेल की कीमतें बढ़ने के काफी आसार हैं, जिसकी वजह से फिलहाल मौद्रिक नीति में तटस्थता का रुख अपनाया गया है।

साथ ही, रिजर्व बैंक ने वर्ष 2017-18 के लिए आर्थिक विकास दर का पूर्वानुमान 7.3 प्रतिशत से घटाकर 6.7 प्रतिशत कर दिया है, लेकिन दूसरी ओर उसने यह भी माना है कि भारतीय अर्थव्यवस्था में लाए जा रहे अनेक संचरनात्मक सुधारों के मद्देनजर मध्यवर्ती से दीर्घ कालीन समय में आर्थिक विकास दर बढ़ने की मजबूत संभावनाएँ हैं। खासतौर पर व्यावसायिक वातावरण बेहतर होने, पारदर्शिता बढ़ने और औपचारिक व्यवसाय बढ़ने से भारतीय अर्थव्यवस्था लाभान्वित होगी।

ऐसे में सबसे बड़ा सवाल यह है कि जब वैश्विक और घरेलू अर्थव्यवस्था में सुधार की मजबूत संभावनाएँ रिजर्व बैंक को दिखाई दे रही हैं और महँगाई की दर का अधिकतम अनुमान भी रिजर्व बैंक की लक्षित महँगाई दर से कम ही है, तो आखिर एक तटस्थ रुख आख्तियार करना कहाँ तक उचित है? ब्याज दर कम होने से उद्योगों पर ऋणों की अदाएगी का दबाव कम होने, निवेश और उपभोक्ता खर्च बढ़ने आदि से देश की गिरती आर्थिक विकास दर को कुछ सकारात्मक बल ही मिलता।

भारत एक विकासोन्मुख देश है, अतः विभिन्न आर्थिक नीतियों के साथ मौद्रिक नीति का तालमेल जितना अच्छा हो, उतना भारतीय अर्थव्यवस्था के लिए लाभकारी

होगा। जाहिर तौर पर फिलहाल रिजर्व बैंक ने एक सतर्क रुख अपनाया है। ऐसे में उम्मीद जरूर की जा सकती है कि आनेवाले दो महीनों में आर्थिक विकास दर ने कुछ गति पकड़ी और मूल्य वृद्धि दर सामान्य रही, तो रिजर्व बैंक शायद नीतिगत दरों में कटौती की घोषणा कर सकता है।

(मुंबई में प्रकाशित दैनिक 'हमारा महानगर' में शुक्रवार 06-10-2017 को व्यापार पृष्ठ पर प्रकाशित)

□

145

आई.एम.एफ. ने घटाया भारत की आर्थिक विकास दर का पूर्वानुमान

हाल ही में अंतरराष्ट्रीय मुद्राकोष (आई.एम.एफ.) द्वारा जारी वर्ल्ड इकोनॉमिक आउटलुक रिपोर्ट में भारत की आर्थिक विकास दर के पूर्वानुमान के आँकड़े को कुछ कम कर दिया गया है। मोटे तौर पर नवंबर 2016 मुद्रा विनिमय के क्षेत्र में और जुलाई 2017 में जी.एस.टी. लागू करने जैसे बड़े कदम उठाए जाने की वजह से आई.एम.एफ. को लगता है कि भारतीय अर्थव्यवस्था में कई उतार-चढ़ाव आए हैं, जिनकी वजह से सन् 2017 की आर्थिक विकास दर को 50 आधार अंकों से घटा दिया गया है और अब यह 6.7 प्रतिशत ही रखी गई है।

उल्लेखनीय है कि पिछली समीक्षा में विकास दर का अनुमान 7.2 प्रतिशत रखा गया था। साथ ही अगले वर्ष 2017-18 के लिए भी आर्थिक विकास दर के पूर्वानुमान को 7.7 प्रतिशत से घटाकर 7.4 प्रतिशत कर दिया गया है, क्योंकि उसे लगता है कि यद्यपि जी.एस.टी. जैसे व्यापक देश-व्यापी सुधारों से भारत की अर्थव्यवस्था को मध्य और दीर्घलाकीन समय में 8 प्रतिशत तक की विकास दर हासिल करने में सक्षम है, लेकिन फिर भी नोटबंदी के बाद जिस प्रकार मौजूदा वित्तीय वर्ष की पहली तिमाही में भारत की विकास दर 5.7 प्रतिशत रही और आर्थिक सर्वेक्षण (भाग 2) में भी भारत की आर्थिक विकास दर के पिछले अनुमान (6.7 से 7.5 प्रतिशत के बीच) से कुछ कम ही रहने का अनुमान लगाया गया है और रिजर्व बैंक ने भी भारत की विकास दर के पूर्वानुमान को 7.3 प्रतिशत से कम करके 6.7 प्रतिशत रखा है, जाहिर सी बात है कि आई.एम.एफ. की ताजा आउटलुक रिपोर्ट काफी प्रासंगिक जान पड़ती है।

हालाँकि राहत की बात यह है कि आई.एम.एफ. ने सन् 2017 में भारत में महँगाई की दर का पूर्वानुमान 4.5 प्रतिशत पर स्थिर रखा है, जो कि रिजर्व बैंक द्वारा मौद्रिक नीति के संदर्भ में लक्षित 4 प्रतिशत (2 प्रतिशत कम या अधिक) के अनुरूप ही है,

लेकिन अगले ही वर्ष महँगाई की दर थोड़ी बढ़कर 4.8 प्रतिशत हो जाएगी ऐसा अनुमान भी आई.एम.एफ. ने लगाया गया है। इस दौरान भारत का चालू खाता घाटा भी बढ़ने का पूर्वानुमान लगाया गया है।

सबसे महत्त्वपूर्ण बात यह है कि सन् 2017-18 में वैश्विक अर्थव्यवस्था के संदर्भ में आई.एम.एफ. की आउटलुक काफी हद तक सकारात्मक है और इसमें तेजी से सुधार के लक्षण दिखाई पड़ रहे हैं। यूरोप, जापान, चीन और अमेरिका जैसे समृद्ध देशों में आर्थिक विकास दर बेहतर बनने के आसार नजर आ रहे हैं।

उल्लेखनीय है कि अमेरिका और चीन की ग्रोथ आउटलुक को 0.1 प्रतिशत से बढ़ाकर क्रशमः 2.2 और 6.8 प्रतिशत कर दिया गया है, हालाँकि फिर भी अमेरिकी फेडरल बैंक द्वारा ब्याज दरों में बदलाव की आशंका को देखते हुए आई.एम.एफ. ने वैश्विक अर्थव्यवस्था में उतार-चढ़ाव की संभावना भी जताई है।

इन सब के बीच आई.एम.एफ. ने विभिन्न राष्ट्रों की वास्तविक आय की गणना पद्धति में कुछ बदलाव भी किया है। उल्लेखनीय है कि आई.एम.एफ. की वर्ल्ड इकोनॉमिक आउटलुक रिपोर्ट में शामिल देशों को दो वर्गों बाँटा गया है। पहला वर्ग आर्थिक रूप से संपन्न देशों का है, जिनकी संख्या 29 है, जबकि दूसरे ग्रुप में 154 उदयीमान और विकासशील अर्थव्यवस्थाओं को रखा गया है, जिनमें भारत भी शामिल है।

जिस प्रकार अनेक विकसित अर्थव्यवस्थाओं से भारत के व्यावसायिक संबंध हैं, निश्चित तौर पर यदि वैश्विक तौर पर स्थितियाँ बेहतर बनती हैं, तो इसका लाभ भारतीय अर्थव्यवस्था को भी मिलेगा। साथ ही भारतीय अर्थव्यवस्था में बड़े पैमाने पर हो रहे संरचनात्मक सुधारों का देश की अर्थव्यवस्था पर दीर्घकाल में सकारात्मक प्रभाव पड़ेगा और इस वजह से आई.एम.एफ. ने भारत की अर्थव्यवस्था में सन् 2022 तक विकास दर 8.2 प्रतिशत तक बढ़ जाने का पूर्वानुमान लगाया है।

कुल मिलाकर आनेवाले 2 वर्षों में भारत की आर्थिक विकास दर आंशिक रूप से आहत अवश्य होगी, लेकिन दीर्घकाल में परिस्थियाँ बेहतर होने और आर्थिक विकास दर और मजबूत होने की भी संभावना आई.एम.एफ. को नजर आ रही है।

(मुंबई में प्रकाशित दैनिक 'हमारा महानगर' में शुक्रवार 13-10-2017 को व्यापार पृष्ठ पर प्रकाशित)

□

146

थोक मूल्य सूचकांक में गिरावट एक शुभ संकेत

हाल ही में भारत सरकार के वाणिज्यिक एवं उद्योग मंत्रालय द्वारा जारी आँकड़ों के अनुसार, सितंबर माह में सभी वस्तुओं के लिए आधिकारिक रूप से जारी थोक मूल्य सूचकांक में महँगाई दर 2.6 प्रतिशत रही, जो कि पिछले माह (अगस्त 2017) में करीब 3.24 प्रतिशत रही थी।

विशेष रूप से प्राथमिक वस्तुओं के समूह में, जिसका कि इस थोक मूल्य सूचकांक की गणना में 22.62 प्रतिशत का भार है, तकरीबन 3 प्रतिशत से महँगाई दर कम हुई है। इस वर्ग में खाद्य वस्तुओं के थोक मूल्यों में औसतन 4 प्रतिशत की गिरावट दर्ज की गई है, जबकि गैर-खाद्य वस्तुओं के थोक मूल्यों में 0.2 प्रतिशत की मामूली गिरावट दर्ज की गई हालाँकि इस दौरान खनिज पदार्थों के मूल्य 1.1 प्रतिशत से बढ़े।

थोक मूल्य सूचकांक की गणना में दूसरा प्रमुख ग्रुप है, विद्युत एवं ईंधन, जिनका कुल भार 13.15 प्रतिशत है। इस वर्ग में थोक मूल्यों में औसतन 1.7 प्रतिशत की वृद्धि हुई है। अब अगर विनिर्माण उत्पादों की बात करें जिनका कि इस सूचकांक की गणना में 64.23 प्रतिशत भार है, तो इनके थोक मूल्यों में भी मामूली तौर पर 0.7 प्रतिशत की वृद्धि हुई है।

उधर, केंद्रीय सांख्यिकी विभाग द्वारा जारी आँकड़ों के अनुसार, खुदरा मूल्य सूचकांक सितंबर 2016 के मुकाबले सितंबर 2017 में महज 0.2 प्रतिशत बढ़ा है। हालाँकि पिछले महीने की तुलना में खुदरा महँगाई 0.6 प्रतिशत से बल्कि कम हुई है। वर्ष-दर-वर्ष आधार पर खुदरा महँगाई कम होने में मुख्य योगदान खाद्य वस्तुओं का रहा, जिनका मूल्य 0.23 प्रतिशत कम हुआ, जबकि रेस्टोरेंट एवं होटेल, हाउसिंग तथा सुविधाओं के क्षेत्र में कीमतें कुछ बढ़ी भीं।

लेकिन मासिक आधार पर लगभग सभी प्रमुख क्षेत्रों में महँगाई की दर या तो स्थिर

रही या कुछ कम ही हुईं। कुल मिलाकर सितंबर माह में थोक मूल्य सूचकांक की दर में कमी और खुदरा मूल्य सूचकांक में मामूली बढ़त इन दोनों ही को एक सकारात्मक रुख की तरह देखा जा सकता है, क्योंकि मौजूदा वित्तीय वर्ष की प्रथम तिमाही में देश की आर्थिक विकास दर कुछ शिथिल पड़ने पर निवेशकों से लेकर विश्लेषकों तक सभी को अपेक्षा थी कि यदि महँगाई की दर कुछ कम हुई या फिर स्थिर भी रही तो शायद रिजर्व बैंक द्वारा नीतिगत दरों में कटौती की गुंजाइश बढ़ सकती है।

उधर, केंद्रीय सांख्यिकी विभाग द्वारा जारी आँकड़ों के अनुसार अगस्त माह में औद्योगिक उत्पादन सूचकांक अगस्त 2016 के मुकाबले 4.3 प्रतिशत से बढ़ा है। विशेष रूप से खनन, मैन्युफेक्चरिंग व विद्युत क्षेत्र में सूचकांक क्रमशः 9.4, 3.1 व 8.3 प्रतिशत से बढ़ा है। यदि प्रमुख उद्योगों की बात करें तो 23 में से 10 उद्योगों में सकारात्मक विकास दर रही, हालाँकि अभी ये मोटे तौर पर लगाए गए अनुमान हैं, लेकिन फिर भी देश की धीमी पड़ती विकास दर के मद्देजनर ये काफी सकारात्मक रुझान हैं।

इसके अलावा सितंबर माह में लगभग सभी वस्तुओं के निर्यात भी काफी तेजी से बढ़े हैं। गौरतलब है कि वर्ष-दर-वर्ष आधार पर भारत के निर्यात 25.67 प्रतिशत की दर से बढ़े और इंजीनियरिंग से लेकर टेक्सटाइल तक सभी प्रमुख क्षेत्रों में निर्यात बढ़े हैं। पिछले 13 महीने से न सिर्फ निर्यात बढ़ने का सिलसिला जारी है, बल्कि व्यापार घाटा भी सितंबर माह में 0.95 प्रतिशत से कम हुआ है। जिस प्रकार हाल ही में लागू जी.एस. टी. युग में आशंका व्यक्त की जा रही थी कि शायद भारत के निर्यातों पर भी इसका कुछ प्रभाव पड़ेगा, यह वाकई एक उत्साहजनक रुख समझा जा सकता है।

कुल मिलाकर ऐसा लग रहा है कि मौजूदा वित्तीय वर्ष की दूसरी तिमाही में भारत की अर्थव्यवस्था कुछ पटरी पर आने लगी है। ऐसे में, यदि निवेश सेंटीमेंट सुधरा तो मध्यकाल से दीर्घकाल तक में इसके अच्छे प्रभाव भारत की अर्थव्यवस्था पर पड़ेंगे, हालाँकि राजकोषीय घाटे को बजट निर्धारित स्तर पर सीमित रखना एक चुनौती अवश्य है, पर यदि महँगाई की दर में स्थिरता बनी रही तो भारत की आर्थिक दर को इससे काफी बल ही मिलेगा।

(मुंबई में प्रकाशित दैनिक 'हमारा महानगर' में शुक्रवार 20-10-2017 को व्यापार पृष्ठ पर प्रकाशित)

□

147

सरकारी बैंकों का पुनः पूँजीकरण कितना सार्थक?

हाल ही में भारत सरकार के वित्त मंत्रालय ने पिछले कुछ वर्षों से खराब ऋणों के भारी-भरकम बोझ तले दबे सरकारी बैंकों में 2.11 लाख करोड़ रुपए का पूँजीगत निवेश करने का फैसला किया है।

गौरतलब है कि सरकारी बैंकों में पुनः पूंजीकरण की यह प्रक्रिया करीब 2 वर्षों के अंतराल में पूरी की जाएगी। इस प्रक्रिया में बजटीय आंवटन के जरिए सरकार सार्वजनिक क्षेत्र के बैंकों में 18,000 करोड़ रुपए के शेयर खरीदेगी। दूसरा, इन बैंकों को 58,000 करोड़ रुपए पूँजी बाजार से जुटाने होंगे और तीसरा सरकार 1,35,000 करोड़ के कुछ बाँडस इस विशिष्ट उद्देश्य की पूर्ति हेतु जारी करेगी, जिनसे प्राप्त धन से इन सरकारी बैंकों में अतिरिक्त शेयर खरीदे जाएँगे।

इस प्रकार सरकार 1,53,000 करोड़ रुपए और निजी क्षेत्र 58,000 करोड़ रुपए का पूँजी निवेश इन समस्याग्रस्त बैंकों में करेंगे, जिनका अनुपात क्रमशः 73 व 27 प्रतिशत होगा।

सवाल उठता है कि आखिरकार क्यों इतने बड़े पैमाने पर सरकारी बैंकों की पूँजी में निवेश किया जा रहा है और किस प्रकार पुनः पूंजीकरण की प्रक्रिया से भारतीय बैंकिंग सिस्टम या यूँ कहें कि भारतीय अर्थव्यवस्था प्रभावित होगी।

दरअसल, भारत जैसे तेजी से विकासोन्मुख देश में बैंकों का अपना विशिष्ट महत्त्व है, पर पिछले कुछ वर्षों से सरकारी क्षेत्र के बैंकों पर खराब ऋणों की वजह से दबाव बढ़ रहा है, जिससे उनकी नए ऋण देने की क्षमता भी आहत हुई है। हाल ही में प्रतिष्ठित रेटिंग ऐजेंसी 'केयर' (सी.ए.आर.ई.) द्वारा जारी आँकड़ों के अनुसार, मौजूदा वित्तीय वर्ष की प्रथम तिमाही में सकल एन.पी.ए. (ग्रॉस नॉन परफॉरमिंग असेट्स) की समस्या से त्रस्त टॉप 20 बैंकों में से 18 बैंक सार्वजनिक क्षेत्र में है।

इनमें प्रमुख बैंकों में शुमार आई.डी.बी.आई. बैंक में कुल ऋणों का 24.11 प्रतिशत

और इंडियन ओवरसीज बैंक में 23.6 प्रतिशत का सकल एन.पी.ए. रेश्यो वाकई खराब ऋणों की समस्या की गंभीरता को स्पष्ट रूप से दिखाता है। इसके अलावा यूको बैंक, बैंक ऑफ महाराष्ट्र, सेंट्रल बैंक ऑफ इंडिया, देना बैंक, यूनियन बैंक ऑफ इंडिया और कॉर्पोरेशन बैंक सरीखे बैंकों में खराब ऋणों का भार 15 प्रतिशत या उससे अधिक ही है।

अगर 'केयर' द्वारा नमूना सर्वेक्षण में लिए गए कुल 38 बैंकों के सम्मिलित एन.पी.ए. की बात करें तो सबसे अधिक हिस्सा स्टेट बैंक ऑफ इंडिया का है, जो कि 22.7 प्रतिशत है।

गौरतलब है कि जून 2017 के अंत तक इन 38 बैंकों के खराब ऋणों का आकार 8,29,338 करोड़ रुपए हो चुका है, जिसमें अकेले स्टेट बैंक ऑफ इंडिया का हिस्सा 1,88,068 करोड़ रुपए है। यही नहीं, अप्रैल से जून तक के अंतराल में इन बैंकों के कुल एन.पी.ए. में वर्ष-दर-वर्ष आधार पर 34.2 प्रतिशत की वृद्धि दर्ज की गई है। एक प्रकार से यदि कहा जाए कि एन.पी.ए. के मामले में समस्या ग्रस्त बैंकों की हालत बद से बदतर होती जा रही है, तो अतिश्योक्ति नहीं होगी। इन बढ़ते हुए ऋणों के लिए प्रोह्विजनिंग करने के लिए एक और बैंकों की बैलेंसशीट्स पर दबाव बढ़ गया है तो दूसरी ओर बैंकों के लिए अंतरराष्ट्रीय मानदंडों के अनुरूप कैपिटल ऐडीक्वेसी (पूँजी की पर्याप्त उपलब्धता) के अनुपात को बनाए रखना मुश्किल होता जा रहा है। उधर बैंकों से उधार लेनेवाली अनेक कंपनियाँ आर्थिक दिवालिएपन की कगार पर खड़ी हैं और हाल ही में जारी आई. बी.सी. कोड-2016 के तहत दिवालिएपन की प्रक्रिया से गुजर रही है, जिसकी वजह से भी बैंकों को अपने ऋणों की वसूली करना मुश्किल होता जा रहा है। ऐसे में सरकार द्वारा लाया गया पुन: पूँजीकरण प्रस्ताव इन लड़खड़ाते बैंकों के लिए मददगार सिद्ध होगा।

हालाँकि नए बॉण्ड और बजटीय आवंटन के जरिए संसाधन जुटाने में सरकार पर राजकोषीय दबाव भी बढ़ेगा, लेकिन अगर बैंकों की ऋण देने की क्षमता बढ़ाने से देश में आर्थिक क्रियाओं का विस्तार होता है तो दीर्घ काल में इससे भारतीय अर्थव्यवस्था लाभांवित ही होगी।

इन सबके बीच यह भी समझाना आवश्यक है कि सार्वजनिक क्षेत्र के बैंकों पर फिलहाल सरकारी वर्चस्व बना रहेगा। उम्मीद की जानी चाहिए कि बैंकिंग क्षेत्र में पुन: पूँजीकरण प्रक्रिया के साथ-साथ प्रशासनिक और प्रबंधकीय सुधार की प्रक्रिया से देश की आर्थिक विकास दर को बल ही मिलेगा।

(मुंबई में प्रकाशित दैनिक 'हमारा महानगर' में शुक्रवार 27-10-2017 को व्यापार पृष्ठ पर प्रकाशित)

□

148

भारत में व्यवसाय करना हुआ आसान

हाल ही में विश्व बैंक द्वारा जारी 'डूईंग बिजनेस 2018: रोजगार सृजन हेतु आवश्यक सुधार रिपोर्ट' में शामिल 190 देशों की सूची में भारत 30 स्थान ऊँची छलाँग लगाकर टॉप 100 देशों की फेहरिस्त में शामिल हो गया है। खास बात तो ये भी है कि रिपोर्ट द्वारा कवर किया गया अंतराल 2 जून, 2016 से 1 जून, 2017 है अर्थात् यह पीरियड देश में अप्रत्यक्ष कराधान प्रणाली में लाए गए जी.एस.टी. जैसे व्यापक आर्थिक सुधारों के पहले का है और आलम यह है कि भारत को व्यावसायिक वातावरण में तेजी से सुधार लानेवाले टॉप पाँच देशों की लिस्ट में रखा गया है। यही नहीं, दक्षिण एशियाई देशों में भारत की वरीयता प्रथम रखी गई है।

विश्व बैंक के अनुसार भारत की वरीयता में सुधार का बड़ा कारण है, पिछले कुछ अरसे से लगातार जारी व्यवस्थित रूप से किए जा रहे आर्थिक सुधार जिससे यहाँ के व्यावसायिक वातावरण को सहज बनाने में मदद मिली है। एक अन्य विश्लेषण में भी यह कहा गया है कि पिछले 15 वर्षों में भारत में आर्थिक सुधार की दिशा में करीब 37 उल्लेखनीय कदम उठाए गए, जिमनें से आधे (करीब 18) कदम पिछले चार वर्षों में उठाए गए, जो न सिर्फ आर्थिक सुधारों की गति तेज होने का संकेत है, बल्कि देश में व्यापार करने की सहजता बढ़ाने के प्रति केंद्र सरकार की प्रतिबद्धता का भी द्योतक है।

उल्लेखनीय है कि सन् 2014 में भारत की वरीयता 142वीं थी, जो सन् 2015 और 2016 में 130वीं रही। अब सीधा 100वें स्थान पर पहुँचना, जाहिर तौर पर भारत के लिए एक बड़ी उपलब्धि है। विशेष रूप से तब जबकि पिछली तिमाही में आर्थिक विकास दर में आई शिथिलता से नोटबंदी जैसे व्यापक सुधार की उपयुक्तता पर प्रश्न उठ खड़े हुए थे, हालाँकि ज्यादातर विश्लेषकों का मत था कि मध्यकाल से दीर्घकाल तक नोटबंदी के सकारात्मक प्रभाव भारत की अर्थव्यवस्था को बल ही देंगे।

गौरतलब है कि डूइंग बिजनेस 2018 रिपोर्ट इस सीरीज की शृंखला में 15वाँ संस्करण है और यह बिजनेस वातावरण से जुड़े 10-11 क्षेत्रों में विभिन्न पैमाने पर

संबंधित देशों की वरीयता तय करती है। इनमें मुख्य हैं, व्यवसाय शुरू करने की प्रक्रिया, कंस्ट्रक्शन की अनुमति की प्रक्रिया तथा विद्युत कनेक्शन, प्रापर्टी का रजिस्ट्रेशन, ऋणों की उपलब्धता, अल्पसंख्यक निवेशकों के हितों का संरक्षण, कराधान, विदेश व्यापार, बिजनेस अनुबंध लागू करने और आर्थिक दिवालिएपन के निपटाने आदि से जुड़े मसले।

खास बात यह है कि भारत ने इस वर्ष शामिल 10 वर्गों में से 9 में अपनी वरीयता में सुधार किया है। यही नहीं विद्युत कनेक्शन, ऋणों की उपलब्धता और अल्पसंख्यक (माइनोरिटी) शेयरहोल्डर्स का संरक्षण, ये तीन ऐसे क्षेत्र (वर्ग) हैं, जहाँ भारत की वरीयता टॉप 30 देशों की फेहरिस्त में पहुँच चुकी है, हालाँकि व्यापार शुरू करने, अनुबंध (कांट्रेक्टस) लागू कराने और कंस्ट्रक्शन की अनुमति (परमिट) प्राप्त करने के क्षेत्र में अभी भी सुधार की काफी गुंजाइश है।

इन सबके बीच सवाल यह भी उठता है कि आखिर विभिन्न देशों में व्यवसाय करने की सहजता को जाँच परख कर उनकी क्रमिक वरीयता निर्धारित करने का मकसद या यूँ कहें कि इसकी अहमियत क्या है? दरअसल, विश्व बैंक अंतरराष्ट्रीय स्तर पर व्यवसाय करने की महत्त्वाकांक्षा रखनेवाले व्यवसायियों के समक्ष एक तुलनात्मक अध्ययन प्रस्तुत करता है, जिससे कि वे अपने नए बिजनेस के लिए अनुकूल देश का चयन कर सकें। जाहिर सी बात है कि जिन देशों में व्यापार शुरू करने और विनियमन की प्रक्रिया निवेशकों के लिए सहज है और उनके हितों का संरक्षण करने में सक्षम है, वहाँ निवेश भी ज्यादा होने की संभावना बढ़ती है। उधर जून 2017 के बाद भी जिस प्रकार देश में अप्रत्यक्ष करों के क्षेत्र में जी.एस.टी. जैसे व्यापक सुधार, बैंकों में पुनः पूँजीकरण की प्रक्रिया व अनेक अन्य सुधार लगातार किए जा रहे हैं, अब भारत के टॉप 50 देशों में शामिल होने की संभावना पनप रही है। ऐसे में बिजनेस शुरू करने की प्रक्रिया, बिजनेस कांट्रेक्टस लागू करने और फैक्टरी आदि के लिए कंस्ट्रक्शन की अनुमति मिलने के क्षेत्र, अर्थात् जिन क्षेत्रों में अभी भी भारत की रेंक (वरीयता) काफी नीचे है, सुधार की प्रक्रिया में तेजी लाने से भारत का स्कोरकार्ड और भी सुधारेगा। उम्मीद की जा सकती है कि देश में आर्थिक सुधारों की प्रक्रिया यूँ ही कायम रही तो अगले वर्ष भारत की वरीयता और भी उन्नत होगी।

(मुंबई में प्रकाशित दैनिक 'हमारा महानगर' में शुक्रवार 03-11-2017 को व्यापार पृष्ठ पर प्रकाशित)

□

149

वैश्विक आर्थिक आउटलुक में सुधार कितना सार्थक

हाल ही में अंतरराष्ट्रीय मुद्रा कोष (आई.एम.एफ.) द्वारा जारी रिपोर्ट में वैश्विक स्तर पर आर्थिक क्रियाओं के स्तर में सुधार के आसार मजबूत होने का अनुमान लगाया गया है। गौरतलब है कि नए अनुमान के अनुसार वैश्विक आर्थिक विकास दर के सन् 2017 में 3.6 प्रतिशत और अगले वर्ष यानी सन् 2018 में 3.7 प्रतिशत रहने की संभावना व्यक्त की गई है।

उल्लेखनीय है कि यूरोप, जापान, चीन और रूस सहित अनेक उदयीमान अर्थव्यवस्थाओं में आर्थिक क्रियाओं का स्तर तेजी से बढ़ने के आसार हैं, जिसकी वजह से अमेरिकी और ब्रिटिश अर्थव्यवस्थाओं के कुछ शिथिल पड़ने के बावजूद वैश्विक आर्थिक विकास दर में मजबूती आने की संभावना बढ़ गई है, जाहिर है पिछले कुछ वर्षों से वैश्विक अर्थव्यवस्था में दिखाई पड़ रहे निराशाजनक प्रदर्शन के बाद आई.एम.एफ. ने जिस प्रकार एक सकारात्मक आउटलुक पेश किया है, उससे विश्व भर के नीति निर्धारकों को अपने-अपने देश में आर्थिक सुधार की प्रक्रिया को आगे बढ़ाने के लिए प्रोत्साहन मिलेगा, ताकि वैश्विक स्तर पर उत्पादन की मात्रा बढ़ाई जा सके और लोगों के जीवन स्तर में विस्तृत रूप से सुधार हो सके।

हालाँकि रिपोर्ट के आमुख में ही यह स्पष्ट तौर पर कहा गया है कि अधिकांश विकसित देशों में श्रमिकों को मिलनेवाले औसत पारिश्रमिक की विकास दर सन् 2008-09 के समय व्याप्त वैश्विक मंदी के दिनों के स्तर से भी कहीं नीचे ही रही है। हालाँकि मौजूदा दौर में इसका प्रमुख कारण है श्रम बाजार में आई मंदी और महँगाई में वृद्धि की संभावना आदि।

इसके अलावा पिछले 40 वर्षों में वैश्विक तापमान में लगातार वृद्धि हो रही

है और अभी भी यह सिलसिला जारी है। इस प्रकार सभी देशों में, खासतौर पर गरम जलवायु वाले देशों में उन हानिकारक गैसों का रिसाव रोकने का प्रयास तेज करने की आवश्यकता है, जिनकी वजह से धरती का औसत तापमान बढ़ रहा है।

गौरतलब है कि जलवायु, संरक्षण के लिए उचित संसाधन जुटाने हेतु संबंधित अर्थव्यवस्थाओं पर दबाव भी पड़ता है, विशेष रूप से उन देशों पर जो या तो गरीबी की समस्या से जूझ रहे हैं या फिर तेजी से विकास करने की जद्दोजहद में अपने सीमित संसाधनों का इष्टतम उपयोग करने की चेष्टा कर रहे हैं। यही कारण है कि इस बार आई.एम.एफ. ने स्पष्ट तौर पर कहा कि अंतरराष्ट्रीय समुदाय द्वारा ऐसी अर्थव्यवस्थाओं को जलवायु परिवर्तन की समस्या से निपटने में मदद करना चाहिए।

उल्लेखनीय है कि आई.एम.एफ. की वैश्विक आर्थिक आउटलुक में विश्व भर के 193 देशों के आर्थिक रुझानों के आधार पर वैश्विक आर्थिक क्रियाओं के स्तर का पूर्वानुमान पेश किया जाता है, हालाँकि इस बार विभिन्न देशों की सकल राष्ट्रीय आय को एक नए फार्मेट (प्रारूप) में प्रस्तुत किया गया है। जिसमें क्रय शक्ति समता के आधार पर विभिन्न देशों की जी.डी.पी. का तुलनात्मक आकलन किया गया है।

विश्व भर के देशों के दो मुख्य वर्गों में बाँटा गया है। जहाँ एक ओर विकसित अर्थव्यवस्थाएँ हैं, तो दूसरी ओर उदयीमान एवं विकासशील अर्थव्यवस्थाएँ। काफी विस्तृत और गहन अध्ययन के उपरांत वैश्विक आर्थिक विकास दर का पूर्वानुमान लगाया जाता है।

खास बात यह है कि जहाँ विकसित राष्ट्रों की औसत आर्थिक विकास दर का पूर्वानुमान सन् 2016 के 1.7 प्रतिशत से सुधार कर सन् 2017 व 2018 के लिए क्रमशः 2.2 व 2 प्रतिशत किया गया है, वहीं दूसरी ओर उदयमीन एवं विकासशील देशों की आर्थिक विकास दर के लिए सन् 2016 के पूर्वानुमान, जो कि 4.3 प्रतिशत था, उसे बढ़ाकर सन् 2017 और 2018 के लिए क्रमशः 4.6 एवं 4.9 प्रतिशत किया गया है।

इस प्रकार जहाँ विकसित अर्थव्यवस्थाएँ ग्लोबल मंदी से पूर्व के दशक (1999-2008) के दौरान चल रही औसत आर्थिक विकास दर 2.5 के करीब पहुँच रही हैं, वहीं दूसरी ओर विकासोन्मुख और अर्थव्यवस्थाएँ उसी अंतराल में हासिल की गई 6.2 प्रतिशत की औसत विकास दर के नीचे ही रहनेवाली है।

हालाँकि आई.एम.एफ. को लगता है कि सन् 2022 में स्थिति पलटेगी, जहाँ विकसित अर्थव्यवस्थाओं की आर्थिक विकास दर 1.7 प्रतिशत और विकासोन्मुख अर्थव्यवस्थाओं की आर्थिक विकास दर 5 प्रतिशत तक पहुँचने की संभावना है।

जो भी हो, अगर वैश्विक स्तर औसत आर्थिक विकास दर में फिलहाल सुधार होता है, तो उससे भारत की अर्थव्यवस्था को बल ही मिलेगा, क्योंकि अनेक विकसित अर्थव्यवस्थाओं से भारत के गहन व्यापारिक और व्यावसायिक संबंध हैं, जिस वजह से भारत की अर्थव्यवस्था को दीर्घकालीन लाभ ही मिलेगा।

(मुंबई में प्रकाशित दैनिक 'हमारा महानगर' में शुक्रवार 10-11-2017 को व्यापार पृष्ठ पर प्रकाशित)

□

150

अमेरिका-चीन की दोस्ती के मायने

हाल ही में एशियाई देशों की यात्रा पर निकले अमेरिकी राष्ट्रपति डोनाल्ड ट्रंप ने बदलते वैश्विक परिवेश में तेजी से उभरते देश चीन के राष्ट्रपति और उनके नेतृत्व का जम कर तारीफ की, जिसके चलते चीन की अर्थव्यवस्था ने अमेरिका को काफी पीछे छोड़ दिया है। उल्लेखनीय है कि आर्थिक उन्नति के क्षेत्र में आज चीन विश्व के सर्वाधिक संपन्न समझे जानेवाले देश अमेरिका से काफी आगे निकल चुका है।

गौरतलब है कि चीन और अमेरिका के बीच पिछले कुछ दशकों में व्यापारिक और व्यावसायिक ताल्लुकात बढ़े हैं और फिलहाल दोनों ही देश शिथिल पड़ती आर्थिक विकास दर और अन्य बढ़ते ऋणों के भार की समस्या से बाहर निकलने की जद्दोजहद में लगे हैं।

जहाँ तक दोनों देशों के बीच बढ़ते व्यापारिक रिश्तों का प्रश्न है, वहाँ चीन का पलड़ा कुछ भारी है और अमेरिका उसके साथ बढ़ते व्यापार घाटे के आकार की वजह से खासा परेशान है। हालाँकि इसके लिए वहाँ के राष्ट्राध्यक्ष ने अपने भूतपूर्व अमेरिकी नेतृत्व को ही जिम्मेदार बताया।

उल्लेखनीय है कि अमेरिका का चीन के साथ जो व्यापार घाटा है, वह 300 बिलियन डॉलर्स से ऊपर पहुँच चुका है। उधर अमेरिकी अर्थव्यवस्था भारी कर्ज से दबी है और दिसंबर 2016 तक उसके चीन से उठाए गए ऋणों का आकार 1.06 ट्रिलियन डॉलर्स के करीब था। हालात कुछ ऐसे बन पड़े हैं कि कभी 'अमेरिका फर्स्ट' का नारा बुलंद करनेवाले राष्ट्रपति ट्रंप जो अमेरिकी संरक्षणवाद के प्रबल समर्थक रहे हैं, आज चीन से अपने मार्केटस को और 'खुला' करने की बात कर रहे हैं।

उधर, चीन की अर्थव्यवस्था में भी सार्वजनिक ऋणों का भार बढ़ता जा रहा है। हाल ही में पीपल्स बैंक ऑफ चाइना (चीन का केंद्रीय बैंक) के गवर्नर ने चीन में बढ़ते ऋणों के भार की वजह से वहाँ के वित्तीय सिस्टम में बढ़ रहे छिपे हुए जटिल, अकस्मात और खतरनाक जोखिमों को लेकर विस्तृत चर्चा की है और चीनी वित्तीय

बाजारों में पूँजीगत नियंत्रण ढीला करने और गैर-चाइनीज वित्तीय संस्थानों को खुल कर भाग लेने-देने की इजाजत देने की जबरदस्त सिफारिश भी की है। गौरतलब है कि सन् 2016 में चीन में कॉर्पोरेट ऋणों का आकार वहाँ की राष्ट्रीय आय के 159 प्रतिशत तक पहुँच गया था, जबकि समग्र ऋणों का भार 270 प्रतिशत तक पहुँच चुका है। उधर चीन की आर्थिक विकास दर पिछले वर्ष 6.7 प्रतिशत रही, जो कि सन् 1990 के बाद का सबसे फीका प्रदर्शन रहा है।

कुल मिलाकर चीन और अमेरिका, दोनों ही अर्थव्यवस्थाओं में आर्थिक विकास दर बढ़ाने के लिए काफी दबाव है और दोनों ही देश एक-दूसरे को फायदा पहुँचानेवाली रणनीति (विन-विन अप्रोच) अपनाने की कोशिश कर रहे हैं। हालाँकि दोनों राष्ट्राध्यक्षों के बीच की इस मुलाकात में हाल ही में चाइनीज कंपनियों में करीब 250 डॉलर्स के अमेरिकी निवेश को ले खासा उत्साह था, तो दूसरी ओर यह स्पष्ट नहीं किया जा सका कि इनमें कौन से प्रोजेक्ट शामिल है और उनका मूल्याकांन का आधार क्या है और वे कब तक लागू होंगे।

ऐसे में अब यह देखना दिलचस्प होगा कि वैश्विक व्यापार के नजरिए से प्रतिस्पर्धात्मक रवैया रखनेवाले ये दोनों देश किस प्रकार पारस्परिक हितों का संरक्षण करते हुए अपने व्यापारिक और व्यावसायिक ताल्लुकात आगे बढ़ाते हैं। हालाँकि यदि किसी भी तरह इन आर्थिक रूप से बलशाली अर्थव्यवस्थाओं में यदि विकास दर बढ़ती है, तो यह वैश्विक अर्थव्यवस्था को बल ही प्रदान करेगा।

(मुंबई में प्रकाशित दैनिक 'हमारा महानगर' में शुक्रवार 17-11-2017 को व्यापार पृष्ठ पर प्रकाशित)

□

151

अंतरराष्ट्रीय रेटिंग में सुधार है एक सकारात्मक संकेत

हाल ही में प्रतिष्ठित रेटिंग एजेंसी 'मूडीज' ने भारत की सार्वभौमिक रेटिंग को बी.ए.ए.3 से बढ़ाकर बी.ए.ए.2 कर दिया है। यही नहीं उसने भारत की रेटिंग्स से संबंधित दृष्टिकोण को सकारात्मक से बेहतर करते हुए 'स्थायी' बताया है। इसका सीधा-सा अभिप्राय यह है कि भारत में किए जा रहे आर्थिक सुधारों के चलते न सिर्फ भारत का व्यावसायिक वातावरण सुधरा है, बल्कि इससे एक स्थाई व टिकाऊ आर्थिक विकास दर का रुख भी स्पष्ट तौर से दिखाई पड़ रहा है।

दूसरी ओर, अनेक विश्लेषकों से लेकर भारत के वित्तमंत्री की भी यह राय बनी है कि मूडीज की रेटिंग में सुधार द्वारा एक प्रकार से मौजूदा केंद्रीय सरकार द्वारा उठाए जा रहे विभिन्न आर्थिक सुधार प्रयासों को मान्यता ही मिली है।

गौरतलब है कि पिछले कुछ अंतराल से भारत की आर्थिक विकास दर कुछ धीमी पड़ने पर केंद्र सरकार द्वारा लागू किए जा रहे, अनेक आर्थिक सुधार के कार्यक्रमों की सार्थकता और यहाँ तक कि आवश्यकता को लेकर कई दफे सवाल भी उठे हैं। ऐसे में मूडीज द्वारा भारत की रेटिंग में सुधार से न सिर्फ देश के नीतिनिर्धारकों का मनोबल बढ़ेगा, बल्कि घरेलू और विदशी निवेशकों का भारत की अर्थव्यवस्था की मजबूती के प्रति सकारात्मक रवैया भी पनपेगा, जिससे भारत की अर्थव्यवस्था लाभान्वित होगी।

उल्लेखनीय है कि 13 वर्षों के अंतराल के बाद पहली बार भारत की रेटिंग्स में कुछ सुधार किया गया है, जो कि अपने आप में वाकई एक विशिष्ट उपलब्धि है। दरअसल, किसी भी देश की सार्वभौमिक रेटिंग्स वो पैमाना है, जिससे भावी निवेशक उसकी अर्थव्यवस्था के मौजूदा हालचाल और निवेश सेंटीमेंट के संदर्भ में अपनी धारणा बनाते हैं।

अब जब भारत की रेटिंग्स कुछ उन्नत हुई है, तो जाहिर तौर पर भारत में वैश्विक संस्थागत निवेशक अधिक मात्रा में निवेश करने के लिए तैयार होंगे। जिससे भारतीय

पूँजी बाजार में पोर्टफोलियो निवेश बढ़ने की संभावना बन पड़ी है। साथ ही विदेशी प्रत्यक्ष निवेश (एफ.डी.आई.), विदेशी मुद्रा में ऋणों की उपलब्धता और रुपए की विनिमय दर पर भी इसका सकारात्मक प्रभाव पड़ेगा। इसके अलावा अनेक बड़ी कंपनियाँ जो अपने कारोबार के विस्तार के लिए विदेशी स्रोतों से ऋण उठाती हैं, उनके लिए ऋणों की उपलब्धता बढ़ेगी और उनकी लागत भी कम होगी, हालाँकि छोटी व मध्यम आकार की कंपनियों को, जिनकी विदेशी मुद्रा ऋणों पर अधिक निर्भरता नहीं है, इस रेटिंग सुधार से भले ही कुछ विशेष फर्क न पड़े पर देश में निवेश सेंटीमेंट बढ़ने से सामान्यतया सभी क्षेत्रों में कार्यरत सभी छोटे-बड़े उद्योगों के कारोबार पर सकारात्मक प्रभाव पड़ने की संभावना बढ़ी है।

उधर, एक अरसे से निराशाजनक रुख झेल रहे भारतीय बॉण्ड मार्केट में भी रेटिंग्स सुधार ने एक नया जोश भरने का काम किया है। उल्लेखनीय है कि भारत के ऋण बाजार में इस वर्ष अब तक करीब 22 बिलियन डॉलर्स का और इक्विटी मार्केट में करीब 8 बिलियन डॉलर्स का विदेशी पोर्टफोलियो निवेश दर्ज किया गया है और 'मूडीज' की रेटिंग्स सुधरने पर इसमें और भी सुधार आने की संभावना बढ़ गई है।

जाहिर तौर पर 'मूडीज' ने शेयर बाजार में सक्रिय निवेशकों का मूड तो अच्छा कर ही दिया है, जो कि शेयर सूचकांकों के स्तर में आए उछाल से परिलक्षित हुआ है और जिस प्रकार से मूडीज को दीर्घकालीन परिप्रेक्ष्य में भारत की आर्थिक विकास दर में सुधार की जबर्दस्त संभावना नजर आ रही है, उससे तो यही संकेत मिलता है कि पिछले कुछ वर्षों में भारतीय अर्थयवस्था में मजबूती बढ़ी है, जिससे उसकी जोखिम बर्दाश्त करने की ताकत व साहस दोनों बढ़े हैं। हालाँकि भारत की रेटिंग्स से सुधार का सिलसिला कायम रहे, इसके लिए राजकोषीय घाटे को नियंत्रण में रखने, सार्वजनिक ऋणों का आकार सीमित रखने और जी.एस.टी. जैसे बड़े कराधान सिस्टम को और भी सरलीकृत और अच्छा बनाने जैसी चुनौतियाँ है, जिनके संदर्भ में उचित कदम भी भारत सरकार को उठाने होंगे।

उम्मीद की जा सकती है कि आर्थिक सुधारों की कड़ी यूँ ही आगे बढ़ती रही तो मध्य काल से दीर्घकाल तक भारत की अर्थव्यवस्था में अनेक बड़े और संरचनात्मक बदलाव होंगे और मूडीज ने अपनी रेटिंग सुधारकर इस बदलाव की प्रक्रिया का अनुमोदन ही किया है।

(मुंबई में प्रकाशित दैनिक 'हमारा महानगर' में शुक्रवार 24-11-2017 को व्यापार पृष्ठ पर प्रकाशित)

□

152

आई.बी.सी. कोड संशोधन अध्यादेश 2017 के मायने

हाल ही में भारत सरकार के कानून और न्याय मंत्रालय द्वारा जारी किए गए आर्थिक दिवालिएपन कोड (संशोधन) अध्यादेश, 2017 के तहत आर्थिक दिवालिएपन ने निपटने की प्रक्रिया को और भी सुदृढ़ बनाने का प्रयास किया गया है। तत्काल प्रभाव से लागू इस अध्यादेश में उन सभी व्यक्तियों को दिवालिएपन से निकलने की संकल्प योजना का मसौदा पेश करने से रोका गया है, जिनका पिछला ट्रैक रिकॉर्ड खराब है, अर्थात् ठीक नहीं है। इसका मकसद आर्थिक दिवालिएपन से उबरने की प्रक्रिया को मजबूती प्रदान करना है।

साथ ही संकल्प योजना (रिजोल्यूशन प्लान) को निवेदन के साथ प्रस्तुत करने और लेनदारों की समिति द्वारा उसके अनुमोदन पर विचार हेतु रखने के लिए भी कुछ अतिरिक्त शर्तें लगा दी गई हैं। सबसे पहले तो मौजूदा आई.बी.सी. (इंसोलवेंसी एंड बैंकरप्टसी) कोड 2016 के सेक्शन 25(2) (एच) में बदलाव किया गया है। अब दिवालिएपन से निकालने हेतु, संकल्प पत्र दाखिल करनेवाले उन्हीं आवेदकों को बुलाया जाएगा, जो कि लेनदारों की सीमिति द्वारा निर्धारित किए गए मानदंडों को पूरा कर पाएँगे। गौरतलब है कि यह समिति कोर्पेरेट ऋणकर्ता (डेटर) के कामकाज की जटिलता और कारोबार के आकार को ध्यान में रखते हुए संकल्प योजना (रेजोल्यूशन प्लान) पेश करने हेतु विशिष्ट शर्तें लगा पाने में सक्षम होंगी।

इसके अलावा मौजूदा कोड में एक धारा 29ए जोड़ी गई है, जिसके तहत अब अमुक्त दिवालिया, रिजर्व बैंक की गाइडलाइन के तहत जानबूझ कर ऋण अदा न करनेवाला (विलफुल डिफॉल्टर), जिसके ऋण खाते को खराब ऋण (एन.पी.ए.) के श्रेणी में वर्गीकृत हुए एक वर्ष से अधिक का समय बीत चुका है

या फिर उसे किसी भी आपराधिक मामले में दो या उससे अधिक वर्षों की सजा के लिए दोषी पाया गया है या फिर कंपनीज ऐक्ट 2013 के तहत वह डायरेक्टर बनने के लिए अयोग्य करार दिया गया है या तो सेबी द्वारा उसे शेयरों या शेयर मार्केट में कारोबार करने के लिए प्रतिबंधित किया गया है या फिर आई.बी.सी. कोड के तहत ही गलत लेन-देन का दोषी पाया गया है या जिसने किसी क्रेडीटर (लेनदार) के पक्ष में लागू करने योग्य गारंटी दी है, उन्हें सकंल्प योजना पेश करने के लिए अयोग्य बताया गया है।

यहाँ तक कि ऐसे लोगों से ताल्लुक रखनेवालों तक को भी इस लिस्ट में शामिल किया गया है, जो कि कॉर्पोरेट देनदार (डेटर) के प्रमोटर या मैनेजमेंट या नियंत्रण रखने की दृष्टि से जुड़े हैं। इसके अलावा जो कंपनियाँ लिक्विडेशन की प्रक्रिया से गुजर रही हैं, उनके आधिकारिक तौर पर नियुक्त लिक्विडेटर्स भी उन लोगों को देनदार कंपनी की अचल संपत्ति व अन्य असेट नहीं बेच पाएँगे, जिन्हें संकल्प योजना पेश करने योग्य नहीं समझा गया है।

जाहिर तौर पर आर्थिक दिवालिएपन से निपटने की प्रक्रिया को सख्त बनाने का प्रयास इस अध्यादेश के जरिए किया गया है, हालाँकि इस मुद्दे पर संबंधित हितधारकों ने अलग-अलग प्रतिक्रिया दी है। जहाँ पुराने कोड के अंतर्गत कर्ज में डूबी, आर्थिक दिवालिएपन की कगार पर खड़ी कंपनियों को फिर से उन्हीं प्रमोटरों द्वारा या किसी अन्य संबंधित व्यक्ति के माध्यम से फिर से अपने नियंत्रण में लेन-देन का एक रास्ता खुला था, जिससे कंपनी के लेनदारों (क्रेडिट्र्स) को असहजता महसूस होती, वहीं अब प्रमोटरों के लिए संकल्प योजना तक पेश करने की इजाजत न मिलने की स्थिति में सैकड़ों कंपनियाँ, विशेषकर लघु व मध्यम आकार की कंपनियों के लिए दिवालिएपन से निकालने हेतु कोई उपयुक्त रिजोल्यूशन प्लान न मिलने पर बस लिक्विडेशन का विकल्प ही बचेगा।

एक अनुमान के अनुसार, आर्थिक दिवालिएपन के लिए आवेदन कर चुकीं 300 लघु आकार की कंपनियों में से करीब 70 प्रतिशत कंपनियाँ ऐसी हो सकती हैं, जिन्हें दिवालिएपन से बाहर निकलने के लिए कोई थर्ड पार्टी आवेदक नहीं है। अर्थात् उनके लिए शायद लिक्विडेशन ही एक मात्र विकल्प बचे।

हालाँकि आधिकारिक तौर पर यह स्पष्ट किया गया है कि नए संशोधन के तहत सभी प्रमोटरों के लिए दिवालिया कंपनी के नियंत्रण अथवा असेट प्राप्त करने का रास्ता बंद नहीं किया गया है। ऐसे में जो प्रमोटर रेजोल्यूशन प्लान पेश करना चाहते हैं, उन्हें जाहिर तौर पर औरों से बेहतर संकल्प योजना तैयार करनी होगी।

साथ ही, अपनी नेकनीयती और साख का लेखा-जोखा भी प्रस्तुत करना होगा। उम्मीद की जा रही है कि नए अध्यादेश से कॉरपोरेट दिवालिएपन से निपटने की प्रक्रिया और भी मजबूत और पारदर्शी बन सकेगी।

(मुंबई में प्रकाशित दैनिक 'हमारा महानगर' में शुक्रवार 01-12-2017 को व्यापार पृष्ठ पर प्रकाशित)

□

153

आर्थिक विकास दर में वृद्धि उत्साहजनक

हाल ही में भारतीय सांख्यिकी विभाग द्वारा जारी आँकड़ों के अनुसार मौजूदा वित्तीय वर्ष की दूसरी तिमाही में भारत की सकल राष्ट्रीय आय पिछले वर्ष की दूसरी तिमाही के मुकाबले 6.3 प्रतिशत से बढ़ी है।

खास बात यह है कि इस दौरान 6 प्रतिशत से अधिक की आर्थिक विकास दर दर्ज करनेवाले क्षेत्रों में अग्रणी हैं मैन्युफेक्चरिंग (विनिर्माण) क्षेत्र, विद्युत और अन्य उपयोगी सेवाएँ, व्यापार, होटेल, ट्रांसपोर्ट, सूचना एवं प्रसारण सेवाएँ आदि।

इसके अलावा अन्य क्षेत्रों जैसे कि कृषि, खनन, कंस्ट्रक्शन, विभिन्न व्यावसायिक (प्रोफेशनल) सर्विसेज और रक्षा संबंधित क्षेत्रों में आर्थिक विकास दर क्रमश: 1.7 प्रतिशत, 5.5 प्रतिशत, 2.6 प्रतिशत, 5.7 प्रतिशत और 6 प्रतिशत रही। आर्थिक विकास दर में सुधार का यह रुख वाकई उत्साहजनक है, खासकर तब जबकि पिछली 5 तिमाही नतीजों में आर्थिक विकास दर में कुछ शिथिलता आती नजर आ रही थी।

इसके अलावा जहाँ खाद्य वस्तुओं, मिनरलस, विनिर्मित उत्पादों व सभी वस्तुओं के थोकमूल्य सूचकांक क्रमश: 3.4 प्रतिशत, 2.1 प्रतिशत, 2.4 प्रतिशत व 2.6 प्रतिशत की दर से बढ़े वहीं दूसरी ओर उपभोक्ता मूल्य सूचकांक महज तीन प्रतिशत की दर से बढ़ा, जबकि सन् 2016-17 की द्वितीय तिमाही में यह बल्कि 5.2 प्रतिशत से बढ़ा था।

इस प्रकार आर्थिक विकास दर में वृद्धि के साथ-साथ महँगाई की दर का रिजर्व बैंक द्वारा लक्षित महँगाई दर से कम स्तर पर रहना, भारत की अर्थव्यवस्था के लिए एक अच्छा संकेत है। उल्लेखनीय है कि पिछली तिमाही (अप्रैल से जून 2017) में जब भारत की आर्थिक विकास दर 5.7 प्रतिशत के स्तर पर थी, तो यह पिछले 13 महीनों की न्यूनतम आर्थिक विकास दर के रूप में दर्ज की गई थी और तब कहीं-न-कहीं नोटबंदी और जी.एस.टी. जैसे बड़े आर्थिक सुधारों की उपयोगिता या यूँ कहें कि आवश्यकता तक पर भी प्रश्न उठ खड़े हुए थे।

लेकिन जिस प्रकार मौजूदा वित्तीय वर्ष की दूसरी तिमाही में आर्थिक विकास दर

ने रफ्तार पकड़ी है, उससे तो यही आभास होता है कि अब नोटबंदी और जी.एस.टी. को सकारात्मक प्रभावों के तौर पर भी देखा जा सकता है। हालाँकि देश की आर्थिक विकास दर को गतिमान बनाने में निजी उपभोक्ता खर्च और सार्वजनिक खर्च का बड़ा योगदान रहता है। इन दोनों ही क्षेत्रों में स्थिति लगभग यथावत ही रही है। हालाँकि दूसरी ओर, स्थिर मूल्यों पर सकल अचल संपत्ति विनिर्माण विकास दर 4.7 प्रतिशत रही, जबकि पिछले वर्ष इसी अंतराल (दूसरी तिमाही) में यह महज 3.0 प्रतिशत रही थी।

पिछले दिनों अंतरराष्ट्रीय एजेंसी मूडीज द्वारा भारत की सार्वभौमिक रेटिंग्स में सुधार किए जाने और विश्व बैंक द्वारा 'डूइंग बिजनेस 2018-रोजगार सृजन हेतु आवश्यक सुधार' रैंकिंग्स में भारत को टॉप 100 देशों की फेहरिस्त में शामिल करने से भारत में प्रत्यक्ष विदेशी निवेश बढ़ने की संभावना और भी बढ़ी है। भारत में आर्थिक क्रियाओं का विस्तार होने से आनेवाले समय में निवेश सेंटीमेंट को बल मिल सकता है।

उधर नवंबर माह में निक्केई परचेजिंग मैनेजर्स इंडेक्स (पी.एम.आई.) ने भी कुछ उछाल ली है और यह अक्तूबर माह के 50.3 के मुकाबले 52.6 के ऊँचे स्तर पर दर्ज किया गया है, जो कि विनिर्माण क्षेत्र में नए आर्डर्स की मात्रा बढ़ने और औद्योगिक उत्पादन में वृद्धि आने का सूचक है।

इसके अलावा भारत के टॉप ऑटो मेकर्स (कार बनानेवाली कंपनियों) ने नवंबर माह में अपने उत्पादों की बिक्री में डबल डिजिट (10 प्रतिशत या अधिक) की विकास दर अर्जित है। अब यदि वैश्विक अर्थव्यवस्था की बात करें तो वहाँ भी वैश्विक आर्थिक विकास दर और वैश्विक व्यापार विकास दर में सुधार होता नजर आ रहा है। ऐसे में भारत की अर्थव्यवस्था में फिलहाल उत्तरोत्तर विकास की संभावनाएँ देखी जा रही हैं।

(मुंबई में प्रकाशित दैनिक 'हमारा महानगर' में शुक्रवार 08-12-2017 को व्यापार पृष्ठ पर प्रकाशित)

□

154

निर्यातों के लिए प्रोत्साहन है एक सकारात्मक कदम

हाल ही में भारत सरकार ने श्रम प्रधान उत्पादों के निर्यातकों को अपने निर्यात बढ़ाने के लिए कुल 8,450 करोड़ रुपए तक का प्रोत्साहन पैकेज देने की घोषणा की है। गौरतलब है कि पाँच-वर्षीय विदेश व्यापार नीति जो कि सन् 2015 में घोषित की गई थी, उसकी मध्यवर्ती समीक्षा के तहत भारत के निर्यात बढ़ाने हेतु विभिन्न कदम उठाए गए हैं।

भारत से निर्यात किए जानेवाले सामानों के लिए लागू एम.ई.आई.एस. स्कीम के तहत दी जानेवाली प्रोत्साहन राशि को मौजूदा 2 प्रतिशत से बढ़ाकर 4 प्रतिशत कर दिया गया है।

उल्लेखनीय है कि इस स्कीम के तहत श्रम प्रधान उद्योग जैसे कि चमड़ा, वस्त्र (टेक्सटाइल्स), खाद्य वस्तुएँ और कारपेट आदि को विशेष रूप से फायदा मिलेगा। इसके अलावा, भारतीय निर्यातकों को हाल ही में लागू नए जी.एस.टी. कानून से जुड़े मसलों के समाधान सुझाने हेतु विशेषज्ञों (एक्सपर्ट्स) की एक टीम गठित करने का निर्णय लिया गया है। साथ ही निर्यातकों को पूँजी रुकावट से जुड़े मसलों से बचाव हेतु आगामी एक अप्रैल से इ-वॉलेट सुविधा भी शुरू की जा रही है।

उधर जो निर्यात उद्योग अपने उत्पादों के लिए विदेशी कच्चा माल इस्तेमाल करते हैं, उन्हें स्व-सत्यापित (सेल्फ अटेस्टेट) निर्यातों के सापेक्ष शुल्क-रहित (ड्यूटी फ्री) सामान आयात करने की अनुमति दी गई है। साथ ही ड्यूटी क्रेडिट स्क्रिप प्राप्त करने की समयावधि को बढ़ाकर 24 महीने कर दिया गया है।

उल्लेखनीय है कि उक्त स्क्रिपस का उपयोग एक्सपोर्टस अपने आयात शुल्क चुकाने के लिए करते हैं। उधर केंद्र सरकार की मानें तो हाल ही में लागू किए गए जी.एस.टी. कानून भारत के निर्यात क्षेत्र के लिए एक गेम चेंजर साबित होगा और अभी

से ही इसके सकारात्मक प्रभाव दिखाई पड़ रहे हैं।

हालाँकि हाल ही में जब अक्तूबर माह में भारतीय निर्यातों का स्तर 1.1 प्रतिशत कम होकर 23.1 बिलियन डॉलर्स हो गया था, तब इस मसले को काफी गंभीरता से लिया गया, क्योंकि एक तो पिछले 15 महीनों से लगातार बढ़ रहे निर्यातों के बाद पहली बार निर्यात कुछ कम हुए और दूसरा भारत का व्यापार घाटा भी पिछले तीन वर्षों के अधिकतम स्तर पर जा पहुँचा।

उल्लेखनीय है कि भारत के निर्यातों का भारत की सकल राष्ट्रीय आय में खासा योगदान है और शायद यही कारण है कि भारत सरकार ने निर्यातों को प्रोत्साहन देने के लिए त्वरित और कारगर कदम उठाने की पेशकश की है। यही कारण है कि अनेक निर्यात संगठनों और निर्यात क्षेत्र से जुड़े उद्यमियों ने नई विदेश व्यापार नीति का स्वागत ही किया है।

विशेष रूप से हाल ही में घोषित प्रोत्साहन पैकेज से श्रम-प्रधान भारतीय एक्सपोर्ट क्षेत्र को अब अंतरराष्ट्रीय बाजारों में अपनी प्रतिस्पर्धात्मक क्षमता बढ़ाने में मदद तो मिलेगी ही, साथ ही इस क्षेत्र में रोजगार के नए अवसरों का सृजन होने में सहायता भी मिलेगी।

इसके अलावा जी.एस.टी. के माध्यम से कागजी प्रक्रियाओं के सरलीकरण की दिशा में उठाए गए कदमों से भी निर्यात क्षेत्र को लाभ पहुँचने की संभावना है। कुल मिला कर वैश्वीकरण के इस युग में भारतीय उत्पादों की वैश्विक बाजारों में पकड़ बढ़ाने के लिए यह नवीन प्रोत्साहन पैकेज काफी कारगर सिद्ध होगा और इससे भारतीय अर्थव्यवस्था जाहिर तौर पर लाभान्वित ही होगी।

(मुंबई में प्रकाशित दैनिक 'हमारा महानगर' में शुक्रवार 15-12-2017 को व्यापार पृष्ठ पर प्रकाशित)

□

155

कंपनीज संशोधन विधेयक 2017 कितना सार्थक

हाल ही में भारत की संसद ने कंपनी संशोधन विधेयक 2017 को पारित कर दिया है। उल्लेखनीय है कि कंपनी प्रशासन के मानकों में सुधार लाने, कंपनी कानून के विभिन्न प्रावधानों के तहत दोषी कंपनियों पर सख्त कार्यवाही करने और भारत में व्यवसाय करने की प्रक्रिया को कुछ और सहज बनाने के उद्‌देश्य से पेश किया गया यह बिल संसद से पारित होने के बाद अब भारत के राष्ट्रपति के हस्ताक्षर होने के साथ ही कानून की शक्ल अख्तियार कर लेगा।

नए प्रावधानों के अनुसार, अब नई गठन की गई कंपनी 30 दिनों में अपना रजिस्टर्ड ऑफिस तय कर सकेगी, जबकि रजिस्टर्ड ऑफिस का पता बदलने पर 30 दिनों के भीतर रजिस्ट्रर ऑफ कंपनीज को इसकी इत्तला दी जा सकेगी। गौरतलब है कि मौजूदा कानून के तहत यह समयावधि क्रमश: 15 दिन है।

एक बार वैधानिक ऑडिटर की नियुक्ति होने पर नियुक्ति के दरम्यान होने वाली वार्षिक आम बैठकों के दौरान उसकी नियुक्ति के अनुसमर्थन की आवश्यकता को भी अब समाप्त किया गया है। इसके अलावा यदि किसी कंपनी के सभी शेयरहोल्डर पूर्व सहमति दे दें, तो गैर-अनुसूचित (अनलिस्टेड)कंपनी की वार्षिक आम सभा अब देश में कहीं भी की जा सकती है।

कंपनीज की वार्षिक आम सभा (ए.जी.एम.) में पेश की जानेवाली डायरेक्टर्स रिपोर्ट के विभिन्न खुलासों के संदर्भ में भी महत्त्वपूर्ण प्रावधान किए गए हैं। उदाहरण के लिए, अब बोर्ड की रिपोर्ट कंपनी के मुख्य प्रशासनिक अधिकारी द्वारा जारी की जा सकती है। भले ही वह कंपनी निदेशक न भी हो। जिन खुलासों को कंपनी के वित्तीय विवरण (फाइनेंशियल स्टेटमेंट्स) में पेश किया गया है, उन्हें अब बोर्ड रिपोर्ट में दोहराने की आवश्यकता नहीं होगी। कंपनी को अब अपनी वार्षिक रिटर्न को बोर्ड रिपोर्ट के

साथ सलंग्न करने की बाध्यता भी नहीं रहेगी, बल्कि अब उसका वेब लिंक भी दिया जा सकेगा। इसी प्रकार बोर्ड रिपोर्ट में कंपनी की नीतियों को अक्षरक्षः पेश करने के बजाए उनका वेब लिंक भी दिया जा सकेगा।

साथ ही, कंपनीज की ऐसोसिएट कंपनी की परिभाषा भी बदली गई है। नई परिभाषा के अनुसार, अब कंपनी कानून की धारा 2 (6) के तहत महत्त्वपूर्ण नियंत्रण की परिधि तब ही लागू हो सकेगी, जबकि किसी कंपनी का दूसरी किसी कंपनी में वोटिंग शक्ति में 20 प्रतिशत या अधिक अथवा किसी अनुबंध के तहत कंपनी संबंधी निर्णय लेने की पावर पर नियंत्रण हो। साथ ही, कंपनी के प्रमुख प्रबंधकीय कर्मियों (के.एम.पी.) की परिभाषा में भी कुछ बदलाव किए गए हैं।

उधर संबंधित (रिलेटेड) पार्टियों की परिधि में आनेवाली कंपनियों के साथ-साथ अन्य बॉडी कॉर्पोरेट को भी शामिल किया गया है, जिससे कि इनका दायरा और भी बढ़ेगा।

इसके अलावा अब कंपनियों को अपने नाम की उपलब्धिता के संदर्भ में अनुमति मिलने के बाद यह 20 दिनों तक ही वैध रहेगी, जिस दौरान उपलब्ध कराए गए नाम पर कंपनी का गठन कर सकना संभव होगा। इसके अलावा कॉर्पोरेट सामाजिक दायित्व के निर्वहन के लिए पिछले तीन वित्तीय वर्षों के औसत आय या लाभांश के स्थान पर तत्काल पूर्ववर्ती वर्ष की आय व लाभांशों का ध्यान में रखा जाएगा।

कंपनी डायरेक्टर्स की योग्यता संबंधी पैमानों में भी कुछ बदलाव किए गए हैं। उधर कंपनी कानून की धारा 186 के तहत निवेश की शर्तों को भी खुला किया गया है और डायरेक्टर्स को दिए जानेवाले ऋणों की शर्तें में भी कुछ फेरबदल किया गया है। कुल मिलाकर कंपनीज ऐक्ट में संशोधन का यह विधेयक जब कानून बनकर लागू होगा, तब कंपनी प्रशासन के तौर-तरीकों में काफी बदलाव देखने को मिलेगा।

(मुंबई में प्रकाशित दैनिक 'हमारा महानगर' में शुक्रवार 22-12-2017 को व्यापार पृष्ठ पर प्रकाशित)

□

156

बदल रहा है ग्रामीण भारत का संरचनात्मक ढाँचा

हाल ही में (नवंबर 2017) नीति आयोग द्वारा जारी एक चर्चा-पत्र में भारत के ग्रामीण क्षेत्रों में तेजी से हो रहे बदलावों का अध्ययन पेश किया गया है, जिससे पता चलता है कि किस प्रकार कृषि प्रधान ग्रामीण अर्थव्यवस्था का स्वरूप काफी कुछ बदल सा रहा है। गौरतलब है कि इस चर्चा पत्र में सन् 1970-71 से लेकर सन् 2011-12 तक के अंतराल (करीब 40 वर्ष) में भारत की ग्रामीण अर्थव्यवस्था और रोजगार के क्षेत्र में हुए सरंचनात्मक परिवर्तनों का अध्ययन किया गया है।

आमतौर हम आज भी जब ग्रामीण भारत का जिक्र करते हैं तो जहन में एक कृषि-प्रधान ग्रामीण भारत की तसवीर उभरती है, लेकिन इस चर्चा-पत्र में पेश किए गए आँकड़ों से तो एक अलग ही छवि दिखाई पड़ती है, जहाँ आज ग्रामीण भारत में होनेवाली आय (इनकम) का प्रमुख स्रोत गैर-कृषि क्षेत्र बन चुका है। यही नहीं आज विनिर्माण क्षेत्र में उत्पादन वृद्धि का करीब आधा हिस्सा ग्रामीण क्षेत्र का है।

बात इसलिए भी खास है, क्योंकि आज भी ग्रामीण अर्थव्यवस्था का भारत की सकल राष्ट्रीय आय में योगदान 46 प्रतिशत है और देश की दो तिहाई जनसंख्या और 70 प्रतिशत श्रम-शक्ति ग्रामीण भारत में बसते हैं। एक अनुमान के अनुसार तेजी से हो रहे शहरीकरण के बावजूद सन् 2050 तक भी भारत की आधी से अधिक जनसंख्या गाँवों ही में बसर कर रही होगी।

यही कारण है कि नीति आयोग के शोध-पत्र में इस विषय पर गंभीरता से चर्चा की गई है कि आखिर ये बदलाव कितना बड़ा है और ग्रामीण भारत की अहमियत के मद्देनजर इसके क्या प्रभाव देश की अर्थव्यवस्था और रोजगार के अवसरों पर पड़ सकते हैं।

पारंपरिक रूप से ग्रामीण इलाकों में कृषि क्षेत्र अर्थव्यवस्था और रोजगार की दृष्टि

से प्राथमिक क्षेत्र रहा है। सन् 1970-71 में कृषि क्षेत्र 84.1 प्रतिशत श्रमिकों के लिए आजीविका का स्रोत था और देश की कुल शुद्ध घरेलू उत्पादन (एनडीपी) में उसका योगदान 62.4 प्रतिशत था, जबकि सन् 2011-12 में यह क्रमश: 70.9 प्रतिशत और 46.9 प्रतिशत रह गया।

अब अगर रोजगार संबंधी आँकड़ों की बात करें तो सन् 1970-71 और 2011-12 के दरम्यान देश के विनिर्माण (मैन्युफेक्चरिंग) क्षेत्र में ग्रामीण क्षेत्र का योगदान लगभग डबल (दोगुना) हो गया और यहाँ तक कि शहरी क्षेत्र के मुकाबले उसका प्रदर्शन बेहतर होता गया। लेकिन उत्पादन में आई इस वृद्धि के सापेक्ष रोजगार उतनी तेजी से न बढ़ पाया, बल्कि उसमें 4.1 प्रतिशत की कमी ही आई। हालाँकि कंस्ट्रक्शन क्षेत्र और सेवा क्षेत्र में रोजगार अपेक्षाकृत अधिक तेजी से बढ़ा।

सन् 1970-71 से सन् 2011-12 के बीच के 40 वर्षों में जहाँ भारत के ग्रामीण इलाकों की आय 229 बिलियन रुपए से बढ़कर 3199 बिलियन रुपए हो गई, वहाँ इन इलाकों में रोजगार 191 मिलियन से बढ़कर 336 मिलियन हुआ अर्थात् जहाँ आय में करीब 7 गुना वृद्धि हुई, वहाँ रोजगार में 2 गुना से भी कम वृद्धि हुई। यहाँ भी सन् 90 के दशक से पूर्व रोजगार करीब 2.16 प्रतिशत की वार्षिक दर से बढ़ा, जबकि सन् 1993-94 और 2004-05 के आर्थिक सुधार के तथाकथित दौर में यह महज 1.45 प्रतिशत की वार्षिक दर से बढ़ा। इसके बाद के दस वर्षों में रोजगार के अवसर बढ़ने की बजाए 0.28 प्रतिशत की दर से बल्कि कम होते रहे।

आखिर क्या कारण है कि ग्रामीण क्षेत्रों में जितनी तेजी से उत्पादन बढ़ा उतनी तेजी से रोजगार के अवसर न बढ़ पाए। नीति आयोग के चर्चा-पत्र में इसका एक कारण यह भी बताया गया है कि आर्थिक सुधार के उक्त पीरियड में जितने श्रमिकों ने कृषि क्षेत्र को छोड़ा उन्हें गैर-कृषि क्षेत्र में पर्याप्त संख्या में रोजगार उपलब्ध न हो सका।

इसके अलावा यह भी पाया गया कि सन् 2004-05 से 2011-12 के दशक में जब कि ग्रामीण क्षेत्रों में रोजगार के अवसर कुछ कम हो रहे थे, तब श्रम शक्ति में नए शामिल हुए लोगों में, जहाँ पुरुषों का प्रतिशत अपने औसत स्तर पर बना रहा, वहाँ महिलाओं का प्रतिशत कम हुआ।

ये महिलाएँ शायद शिक्षा के क्षेत्र में मुड़ीं या फिर कृषि क्षेत्र में आय बढ़ने से घरेलू कामकाज में जुटीं या फिर गैर-कृषि क्षेत्र खेतों या घरों से दूर होने की वजह से वहाँ न जा पाईं।

वजह चाहे जो हो, सन् 2011-12 में समाप्त हुए 40 वर्षों के इस अध्ययन से मौजूदा दौर की सरकार को ग्रामीण क्षेत्रों में रोजगार और उत्पादन बढ़ाने के लिए उचित रणनीति बनाने में मदद अवश्य मिल सकेगी। आधुनिकीकरण और ओटोमेटेड टेक्नोलॉजी

के इस दौर में यह चिंतन करना बहुत जरूरी है कि श्रम प्रधान कृषि क्षेत्र में विनिर्माण की तकनीक भी श्रम-प्रधान हो तो बेहतर है। जनसंख्या बाहुल्यवाले हमारे देश में जो आज एक युवा प्रधान देश भी है, गाँवों में विकास का मॉडल ऐसा हो कि कृषि छोड़ गैर कृषि क्षेत्र से जुड़नेवाले लोगों को उनके मौजूदा स्किल सेट के आधार पर काम मिल सके।

हालाँकि 'स्किलड इंडिया' कैम्पेन के तहत युवाओं की औसत कार्य-कुशलता में वृद्धि के प्रयास दीर्घकाल में अवश्य सकारात्मक फल देंगे पर फिर भी ग्रामीण भारत में रोजगार और विकास के अवसर तेजी से बढ़ें, इसके लिए कृषि और गैर-कृषि क्षेत्र में आधुनिक तकनीक के साथ-साथ श्रम-शक्ति में कार्य-कुशलता और दक्षता बढ़ाने की दिशा में उठाए जा रहे प्रयास जितना तेजी से बढ़ें, भारतीय ग्रामीण क्षेत्र और देश की समूची अर्थव्यवस्था इससे लाभान्वित ही होगी।

(मुंबई में प्रकाशित दैनिक 'हमारा महानगर' में शुक्रवार 21-12-2017 को व्यापार पृष्ठ पर प्रकाशित)